L'art de la politique
sur les bords de la Méditerranée
expliqué aux incrédules

Jean-Paul Claustres

# L'art de la politique
# sur les bords
# de la Méditerranée
# expliqué aux incrédules

Albin Michel

© Éditions Albin Michel S.A., 2000
22, rue Huyghens, 75014 Paris

www.albin-michel.fr

ISBN 2-226-11389-4

*À Marie-Paule, ma femme ;*
*À mes quatre enfants ;*
*À ma mère, aussi.*

# PRÉLUDE

## Quand la page est tournée

Les murs sont tendus d'une toile qui fut sans doute jaune. Des tableaux de Chéret, mal accrochés, exposent des danseuses aux cuisses grasses et aux seins lourds. Le bureau n'a rien perdu de sa tristesse. Les maires qui l'ont occupé, pendant plus de trente ans, semblent avoir eu la plus grande peine à effacer les traces du séjour de Jean Médecin. Les fauteuils du petit salon sont les mêmes, toujours aussi vieillots ; son écritoire, aussi émouvante que dramatiquement usagée, trône sur la même table de travail.

En observant Jacques Peyrat se balancer avec fierté dans un fauteuil design, je me souvenais, éberlué, du refus brutal que Jacques Médecin avait opposé, dans les années 60, aux décorateurs de la mairie. Ils avaient imaginé bouleverser l'agencement des locaux. Pendant une dizaine d'années, incapable de gommer les souvenirs de son père, Jacques avait exigé de maintenir son fessier de nouveau maire sur une vieille chaise presque bancale, demeurée sans doute majestueuse à ses yeux pour avoir été le trône paternel de l'auguste « Baron » de Nice. Peyrat lance un regard absent au téléphone qui n'en finit pas de sonner. Il attendait ce moment depuis plus de trente ans. Le téléphone peut bien lancer ses appels stridents, quel bonheur de contempler en nouveau maire ce bureau, théâtre fréquent de querelles parfois explosives avec son prédécesseur.

9

Devant le portail de la mairie, Michel Feid, le poissonnier qui fut de toutes les campagnes électorales de Jean
puis de Jacques, prend le temps de jeter un œil sur l'hor-
loge avant de pousser une petite porte qui conduit au local
des huissiers. Au fond, se trouve un minuscule cabinet de
toilettes. C'est bon d'aller pisser à la mairie comme « chez
soi », comme au bon vieux temps, quand les Médecin
régnaient sur la ville et que ce petit périmètre de trottoirs,
animé par un bistro centenaire, n'était occupé que par la
bande des copains du maire. Pendant un temps — à peine
trois ans — ils ont cru, Michel Feid comme le fleuriste
Loulou Conso et les autres, que « leur » mairie, occupée
par des « Parisiens », ne pouvait plus sérieusement représenter les Niçois. Quand on est poissonnier sur le cours
Saleya ou fleuriste au vallon de la Madeleine, on ne peut
laisser bafouer le patriotisme de clocher, la « spécificité
nissarte ». Puisque les prétendants « étrangers » ont été
chassés, il est naturel de revenir prendre son café au bar
de la mairie, et comme il ne possède pas de WC, d'aller
uriner dans les toilettes de l'hôtel de ville. C'est ainsi qu'on
sait, à Nice aussi, marquer son territoire.


À Punta del Este, petite cité balnéaire de l'Uruguay, le
jour va poindre. Il fait froid, l'atmosphère est humide, et
la seule distraction est apportée par les programmes dépri-
mants de la seule chaîne de télévision. C'est pourtant dans
cette bourgade déserte, dans ce bout du monde oublié,
que s'est réfugié Jacques Médecin. Dans l'imaginaire des
Niçois, Médecin pourtant ne peut vivre que sur un îlot
paradisiaque, entouré de filles somptueuses aux croupes
ondulantes flânant sur des plages ensoleillées. Or, à Punta
del Este, l'eau de mer est noire des déchets et des tonnes
d'alluvions charriées par le Rio de la Plata et déversés sur
les grèves. En outre, l'hiver, le froid est insoutenable.
Jacques Médecin, sur le pas de sa porte, promène un
regard vide sur ses plantations de romarin. Leur entretien
suppose des trésors d'amour et de patience. L'ex-« roi de

Nice » n'exerce plus qu'un pouvoir un peu ridicule, et soumis aux humeurs du temps austral, sur des plantations aussi saugrenues qu'attendrissantes.

Une de nos dernières rencontres s'est déroulée sur le parking désert de l'aéroport balayé par des vents violents et glacés. Je suis pour quelques heures sur cette terre lointaine, inhospitalière, dans un pays que je ne savais même pas appartenir à la planète Terre. Jacques Médecin semblait avoir du mal à extraire son long corps puissant, mais vieilli, d'une minuscule voiture de location. Il avait garé son véhicule dans l'espace le plus reculé, obsédé par la crainte de rencontrer des Français et surtout convaincu que les « services secrets » lui feraient terminer son existence, un bloc de pierre autour du cou, dans les eaux glacées de l'Atlantique Sud !

— Mais qu'est-ce que tu fous ici ?

Idiot, affligeant. Dans ce contexte incongru, le propos l'est plus encore. Nous nous observons en silence. Tout cela paraît tellement irréel. Il est impossible de capter le regard fuyant de l'ancien ministre en cavale. Comment imaginer, à cet instant, nos vingt années de vie commune ? Que faisons-nous sur cet aéroport désert ?

Je réalise soudain que c'est sur un aéroport que mon destin a basculé une première fois, petit pied-noir pleurant de rage, baissant les yeux, aveuglé par un soleil indifférent au drame qui me fermait brutalement la porte de mon Algérie natale. J'avais cru conquérir la France, m'approprier un peu de l'histoire de Nice, j'avais cru réaliser mon rêve et m'ancrer dans un coin du territoire, retrouver une tradition.

Au cours de nos deux rencontres à quelques mois d'intervalle, dans ce coin perdu, nous avons parlé et reparlé de « sa » ville, des « copains » qu'il avait abandonnés. Une jeune femme, dont la présence paraissait saugrenue, nous avait préparé un mauvais plat de pâtes. Puis, devant un vieux téléphone, j'avais tenté de le convaincre d'appeler deux ou trois de ses anciens « fidèles » ; Max Gilli surtout, qui, après avoir vécu plus de vingt-cinq ans avec lui, avait appris, un matin par la presse, le départ de « son » patron, son ami. Refus brutal et sans explications. Jacques Médecin m'a répondu « avoir tourné la page ».

Ce n'était pas la première fois que je le découvrais ainsi, capable de rompre avec une période, des hommes ou des idées. Il appelait cela « fermer un tiroir ». Une faculté exceptionnelle pour « rebondir » mais, malheureusement, fruit d'une parfaite insensibilité. Au fil des heures, nos conversations, les dernières, devenaient affreusement ennuyeuses. Il ne voulait plus parler de Nice et je sentais bien, au fond, que même ma présence le gênait. Son visiteur, fût-il son ami, était un peu la représentation vivante d'un passé faste et glorieux. N'étais-je pas devenu une espèce d'illusion dans ce décor un peu sale, dans cet appartement minuscule où Jacques Médecin n'entrait qu'après avoir longuement attendu, dans le noir au fond du parking souterrain, pour, disait-il, « s'assurer qu'il n'était pas suivi » ?

Envolées les belles illusions d'une jeunesse un peu folle !

# 1

## *Un statut d'émigré*

Au cœur de l'hiver austral, sur les rives du Rio de la Plata, j'ai dû admettre qu'une enfance commencée rue de Lyon, sous le soleil brûlant des étés algérois, ne connaîtrait jamais d'aboutissement normal. Qu'est-ce, au demeurant, qu'un aboutissement « normal » pour une enfance « normale » ?

Je n'en sais rien. Peut-être parce que, inconsciemment, je savais que je ne le connaîtrais jamais. Ce doit être, probablement, le droit de revoir « son » école, « sa » maison, celle où vous êtes né, la petite épicerie où, enfant, vous jouiez au « grand » en achetant une boîte de petits pois avec un billet de 100 francs caché au fond de votre poche. Ma mère m'avait expressément demandé de ne jamais tenir mon billet dans la main. Ah, ces Arabes d'Alger ! Ils étaient si inquiétants, capables de vous dérober votre chemise en vous jurant fidélité et amitié !

L'épicier s'appelait Buono. Il était énorme. Dans une tête de gamin pauvre, il est normal qu'un épicier soit gras et bien portant. Le gigantisme de ses réserves est à la mesure de son poids.

La plupart de ses clients étant pauvres, très pauvres, l'épicier semble très gros et très riche. Cela paraissait normal, dans la nature de la distribution des rôles sur notre planète. Comme il eût été naturel que j'épouse sa fille, aussi grassouillette qu'il était rond et riche.

13

L'âge m'a fait oublier certaines nuances essentielles : quand on naît pauvre, il ne faut pas dire « riche ». Être riche n'a pas vraiment de sens pour ceux qui n'ont rien. Qu'est-ce que cela signifie de posséder des millions, quand on partage une vieille cuvette de toilette avec des voisins ? Qu'est-ce que peut bien vouloir dire disposer de plus d'un mois de salaire, quand on s'entasse à huit ou dix dans un trois-pièces ? Être riche n'a pas de sens. Ce qui est important, c'est de connaître le goût du gruyère et du jambon. Trente ans après, j'ai encore en mémoire, quelque part au fond de mon gosier, le goût de cette première tranche de jambon qui laissait apercevoir, très vaguement, les délices de la richesse. Nous étions pauvres. Deux fois par mois, à pied, mère et enfants nous nous rendions à l'Institut Pasteur où nous étaient préparés des yaourts et autres ferments lactiques.

Être riche, c'est aussi connaître la suprême délectation de l'isolement dans un cabinet particulier pour déféquer les restes d'une tranche de jambon. Quel plaisir divin ! Une de mes tantes habitait Oran, dans ce qui s'appelait alors, sans grande fantaisie, le quartier de la marine. Évidemment, n'y vivaient que des familles de marins, tous plus extraordinaires, à mes yeux, que le capitaine de *Moby Dick*. Mon oncle était quartier-maître sur un rafiot qu'on présenterait probablement aujourd'hui comme une scandaleuse épave. Courageux, doté d'une force exceptionnelle, il avait sauvé son navire en détresse, un jour de tempête, en tranchant à la hache un filin qui retenait sa coque agonisante à une barcasse gorgée d'eau. Quand il rentrait au port, les femmes et les enfants attendaient sur le quai en récitant des prières. Oui, bien sûr, en Bretagne cela se faisait aussi, et probablement sur les bords de la mer Noire ou dans le golfe de Gascogne et peut-être même sur les rivages du Brésil. Mais si vous n'avez jamais entendu les femmes réciter, dans un patois mi-espagnol, mi-pied-noir, des incantations à la Vierge noire de l'Algérie, si vous n'avez jamais entendu, couvrant le bruit des vagues, cette lancinante lamentation collective, vous ne pouvez pas comprendre la Méditerranée.

Un soir de retour d'exploits inimaginables sur des vagues insurmontables, l'oncle annonça une décision qui devait faire de sa femme une des épouses les plus enviées du quartier de la marine : il allait, de ses propres mains, construire un WC dans son appartement, un vrai cabinet de toilette, avec chasse d'eau. « Dans » la maison ! Une révolution ! Les voisins, condamnés à faire la queue dans le couloir étroit, dans le vent et la pluie, allaient en pleurer de rage. Des cabinets à soi, voilà qui constituait un bond dans la hiérarchie sociale. La vraie richesse, c'est de pouvoir, un jour, disposer du temps et de la liberté de lire des heures entières sur votre trône, en vous foutant pas mal des urgences des voisins.

Ce cabinet de toilette fut aménagé, mais, comme les évacuations et arrivées d'eau n'existaient que dans la cuisine, il fut installé près de la gazinière, isolé par deux planches de bois d'un mètre de haut à peine. Le problème était de bien calculer l'urgence et l'importance de ses besoins, car il apparaissait inconvenant à ces nouveaux nantis de vider ses intestins, quand, à quelques centimètres à peine, se préparaient les spaghettis. Bien sûr, un gamin d'une dizaine d'années éprouve, au contraire, un malin plaisir à s'installer et à dégager des odeurs pestilentielles lorsque la tante prépare le repas ! Des toilettes donc, mais l'eau, il fallait aller la chercher, quatre fois par jour, à la fontaine la plus proche. Le robinet de la cuisine ne débitait en effet qu'un mauvais liquide salé.

La tante Néna, énorme et nonchalante, avait connu un autre bonheur, qui faisait d'elle une privilégiée presque incongrue dans ce quartier voué à une misère certes calme mais insurmontable : elle avait eu la chance d'enfanter, avec l'aide de son fabuleux marin, une fille qui se préparait à devenir professeur de latin et même de grec ! Dans un quartier où les propos les plus savants ne s'échangeaient que dans un mélange d'espagnol, d'arabe et de français, traduire Démosthène représentait vraiment le comble de l'inutile ! Une vraie richesse.

La Vierge de Santa Cruz, qui ouvrait ses bras généreux sur une colline dominant la ville, ne pouvait qu'avoir, elle-même, décidé ce miracle exceptionnel. Il fut convenu de lui rendre un hommage à la mesure de sa clémence. Tous les dimanches matin, à 3 h 30, dans les ruelles sans lumière, se constituait une procession des hommes et des femmes du quartier. Une petite vieille battait le rappel. Elle sortait de son logement en chantant des cantiques et, une lampe de mineur à la main, passait devant les entrées d'immeubles où elle savait trouver « ses » fidèles. Peu à peu, le flot des pèlerins transformait son chant timide et fluet en un chœur somptueux qui réveillait tout le quartier. Les moins matinaux n'avaient plus que quelques minutes pour enfiler une blouse et les rejoindre. Et ceux qui se fichaient éperdument de la Vierge et des prières se retournaient dans leurs draps en se disant qu'au fond ces chants qui montaient dans le silence de la nuit avaient peut-être une chance de trouver au ciel une oreille compatissante et bénéfique pour l'avenir de ce quartier. Certains dimanches, la file s'étirant sur plusieurs rues, la petite vieille, soucieuse de ne perdre personne, effectuait plusieurs fois le tour du quartier. Quand chacun avait enfin trouvé sa place, le cortège prenait la direction de la lointaine colline de Notre-Dame de Santa Cruz : trois à quatre kilomètres. Je serrais à m'en faire mal la main de ma tante qui allait s'essouffler très vite. Elle chantait trop fort et avait le plus grand mal à déplacer ses trop nombreux kilos. Certes, lucide sur ses capacités physiques, elle avait pris soin d'être la première levée et de prendre place en tête du cortège. Au bout d'un kilomètre, elle se retrouvait, épuisée par des quintes de toux, en queue des fidèles, mais chantant toujours et, surtout, accompagnée par ma mère.

Quand les événements étaient de nature exceptionnelle — l'annonce d'une tempête en mer ou le début d'une grave maladie par exemple —, outre la procession, il était décisif d'installer sur une étagère de la cuisine, entre le sel et les paquets de pâtes, un petit autel où se côtoyaient une image de la Vierge et une statuette de saint Antoine de Padoue. Une mèche brûlait dans un verre empli d'huile et la famille récitait, chaque matin, les principales prières. La tante Néna avait une conscience très personnelle de son engagement chrétien. Convaincue de ne faire que le bien et dépourvue du moindre vice, il était naturel que ses prières soient exaucées. Le ciel devait l'aider. Si le retour se faisait trop attendre, ou même manquait, elle n'hésitait pas à prendre des mesures coercitives, qui terrifiaient le gamin que j'étais, en éteignant la veilleuse et en tournant face contre le mur l'image de la Vierge et la statuette de saint Antoine. Enfin, quand la crise entre le ciel et cette femme devenait explosive, un seul recours s'avérait miraculeux : sainte Rita, dont le culte est commun à la plupart des pauvres du pourtour méditerranéen.

À peine arrivé à Nice, en 1962, le jeune immigré que j'étais devenu avait passé, seul, quelques instants dans l'église de Sainte-Rita. Le bâtiment n'est pas différent des immeubles qui l'entourent et les ruelles, étroites et sales, ressemblent à celles qui serpentaient dans le quartier de la marine à Oran. À l'abri des cris des vendeurs de pizzas qui assiègent les touristes et des hurlements des gosses, le silence de l'église m'avait rappelé les parfums d'encens mêlés à l'odeur âcre des cierges brûlés. J'avais vraiment cru trouver une suite logique entre mon enfance et ma nouvelle terre. Il n'est pas d'immigrés qui ne croient pouvoir recréer, en quelque coin du monde, le jardin de leur enfance.

Mon statut d'émigré, je l'ai découvert à Marseille, sur la Canebière, deux jours à peine après avoir débarqué en France. J'avais encore dans les oreilles le bruit des fusillades et des explosions de grenades. J'avais dans les yeux le spectacle des femmes en larmes, de mon père attendant, figé par la peur et la tristesse sur le port à demi en flammes, le départ de sa femme et des gosses silencieux. J'avais en mémoire le souvenir de mon dernier « réveillon de jour de l'an » passé chez des amis jusqu'à l'aube, car le couvre-feu empêchait toute sortie de nuit. Assis à la brasserie Le New York, les gens riaient et buvaient. Je les regardais sans comprendre. C'était donc cela, devenir émigré ? Ne même plus pouvoir parler de la tornade de feu et de sang dont vous étiez sorti vivant ?

Lentement, très lentement, parfois conscients mais le plus souvent obéissant à des automatismes inexplicables, tous mes efforts allaient tendre à me constituer de nouvelles racines. La *socca*, les tomates, les poivrons grillés et les petites rues de la vieille ville, entre le cours Saleya et le port de Nice, allaient devenir mon environnement naturel. J'étais « né » à Nice et c'est à Nice que « j'avais toujours vécu ». Je voulais follement qu'il en soit ainsi et tout tendait à me le faire croire. Je m'acharnais à épouser traditions et vie quotidienne. J'étais niçois. Je le croyais sincèrement.

Dans le plus vieux restaurant de la ville, La Trappa, adossé à la colline du Château, tous les jours, un guitariste à la voix de ténor faisait chanter *Nissa la Belle* aux convives. J'en étais. J'avais appris les paroles et, avec les fils Beltramo, je parlais du passé de la ville. C'était « mon passé » ! Je l'ai cru.

Une odeur suffit, la similitude d'un paysage qu'on croyait oublié, le goût d'un plat. On y croit si fort que le temps semble avoir retrouvé sa mémoire. Tout redevient possible puisque rien ne s'est interrompu. Le goût de la *socca* à Nice était le même que celui de la *calentita* dévorée sur les marchés arabes des banlieues d'Algérie, à peine plus épaisse, mais aussi huileuse et avec la même farine de pois chiches. Achetée brûlante et emportée encore chaude dans une assiette en carton, elle paraissait avoir été préparée par un cuisinier qui aurait pu être le « mzabite » du quartier de Belcourt à Alger. Il n'y avait donc pas eu de pleurs, de drames, de guerre, de morts et de bateaux gavés de familles en larmes regardant s'éloigner les rivages ensoleillés de leur enfance. J'étais, évidemment, né à Nice. Qui eût pu en douter ? Les palmiers étaient sans doute mieux taillés, la *calentita* plus fine et digeste, mais en m'attardant le soir sur la moyenne corniche, la baie de Nice paraissait, étrangement, ressembler à celle d'Alger. Près du port, les restaurants servent des assiettes de sardines grillées, aussi grasses et épaisses qu'à La Pêcherie d'Alger, près de l'ex-place du Gouvernement.

C'est à cette époque qu'eut lieu ma première rencontre avec Jacques Peyrat, qui n'imaginait pas encore devenir maire de Nice. En 1962, glorieux de son jeune passé de sous-lieutenant de la Légion, il avait constitué une sorte de comité d'accueil pour pieds-noirs en détresse. Flanqué d'un avocat au nom intrigant de Macchiavello et d'un médecin célèbre, Maurice Donat, fondateur du premier centre de transfusion sanguine, il avait commencé une carrière politique en constituant, dans le sillage d'Antoine Pinay, le Centre régional des indépendants et paysans. Donat, qui rêvait d'être maire de Nice, vouait aux gémonies la famille Médecin. Il avait décidé de créer un hebdomadaire confidentiel, qui allait devenir le bulletin de liaison de toute l'opposition, *Sud-Est indépendant*, et avait besoin d'un journaliste professionnel. Dans un petit bureau près de son cabinet de consultations, avenue de la Buffa, pour 500 francs par mois, j'écrivais des articles trempés dans l'acide, inspirés de simples racontars et n'obéissant qu'à un but : empêcher Jacques de succéder à Jean. Ni la fortune du docteur Donat ni le soutien de quelques irréductibles ne parvinrent à faire de cette feuille confidentielle un vrai journal. Elle fut condamnée à disparaître comme s'éteignirent les velléités politiques de son instigateur. Ce fut mon premier et bref contact avec la vie politique locale.

Jacques Peyrat, après avoir assuré la direction commerciale d'un groupe pétrolier, avait, non sans mérite, repris ses études de droit pour entamer une carrière d'avocat. Ses affinités politiques lui conféraient le privilège d'être le défenseur quasi exclusif des anciens « soldats perdus de l'OAS », mais le faisaient considérer, en conséquence, comme infréquentable par le barreau local. Il lui fallait commencer sa carrière par un stage. C'est la règle. La plupart de ses confrères n'avaient pas souhaité le recevoir dans leur cabinet. Heureusement, un accueil chaleureux et souriant lui fut réservé par un avocat communiste, William Caruchet, ancien des Brigades internationales et défenseur attitré du Parti. Son passé en Union soviétique lui avait valu le grade de « colonel honoraire de l'Armée rouge ». En effet, durant la dernière guerre, William Caruchet avait été l'adjoint de Trepper dans le réseau d'espionnage dit de l'Orchestre rouge, une émanation du GRU, le service de renseignement de l'Armée rouge. Peyrat, l'avocat des commandos Delta, et Caruchet, dont l'un des clients fut l'ayatollah Khomeyni, formèrent un curieux duo. Une amitié indiscutable et même une réelle tendresse unissaient ces deux extrémistes.

Un soir, sans s'être évidemment concertés, les deux hommes avaient donné rendez-vous au même moment à leurs clients : Peyrat attendait Jean-Jacques Susini, médecin et ancien chef politique de l'OAS ; Caruchet s'apprêtait à recevoir Guy Besse, professeur à la Sorbonne certes mais surnommé le « Souslov » français depuis qu'il avait succédé à Roger Garaudy dans le rôle de gardien du dogme au bureau politique du parti communiste. Les deux avocats ayant pris du retard dans leurs rendez-vous, les deux visiteurs se retrouvèrent face à face dans le salon d'attente. Que se passa-t-il ? Lorsque Peyrat et Caruchet vinrent chercher leurs clients, ils trouvèrent la pièce vide. Les deux hommes étaient tranquillement partis deviser dans un ignoble bistro tenu par un aimable arabe tunisien, spécialiste du couscous.

Sur les bords de la Méditerranée, plus qu'ailleurs sans doute, la douceur du climat prédispose au calme des esprits quand le soir tombe. À l'inverse, le soleil les échauffe et les rend agressifs dans la chaleur torride des journées.

2

## L'Algérie au cœur

Assis sur un banc de la promenade des Anglais, je me revois, encore gamin, entrant émerveillé dans les couloirs, pourtant crasseux et minuscules, de la rédaction du plus grand quotidien d'Algérie. Terminant mes études et sans le moindre sou, il n'était d'autre solution que de travailler : ce fut d'abord un emploi de rédacteur de nuit à *L'Écho d'Alger*.

Les soirées étaient interminables, autour d'une longue table présidée par un secrétaire de rédaction fou d'opéra. Sur fond de l'air des esclaves de *Nabucco*, j'assistais à d'attendrissantes empoignades entre des journalistes « activistes », militant ouvertement dans l'OAS, et un malheureux Algérien musulman, dont on se demandait ce qu'il pouvait bien faire là. Hadj Abdelkader Ouyaya était assis près de la porte d'entrée, comme pour mieux disparaître, avant que le climat ne devienne trop malsain et que les empoignades verbales ne basculent dans le drame. Il disparut un soir. On prétendit qu'il avait rejoint le maquis des fellagha.

Tous deux isolés, nous avions mené de longues conversations, aussi inépuisables qu'inutiles sur des thèmes oubliés et qui feraient sourire aujourd'hui : la modernité musulmane, l'intégration, la coexistence des races. Dès la proclamation de l'indépendance, le gouvernement de Ben Bella le nomma préfet en haute Kabylie.

Le soir, plongé dans des dépêches d'agence, j'écoutais,

fasciné, la star du journal, le grand reporter Robert Soulé, dicter à une sténo à moitié sourde ses exploits de la journée, puis nous assistions au défilé de personnages énigmatiques dont la venue était entourée de mystères. On entendait chuchoter des noms qui faisaient frémir ou béer d'admiration : Susini, Lagaillarde, Degueldre, Salan.

J'avais 18 ans et suivais, dans la journée, des cours à l'université. J'avais choisi la philo. Ma mère rêvait de me voir devenir avocat, mais les premiers cours d'histoire des institutions m'avaient définitivement convaincu de mon incapacité à goûter la beauté du code de Hammourabi. À Belcourt, les mères rêvaient toutes d'avoir un fils aussi exceptionnel qu'Albert Camus. Un ou deux soirs par semaine, les familles se retrouvaient pour boire une anisette autour d'une table de cuisine à laquelle une toile cirée — une découverte extraordinaire nouvellement présentée aux salons des arts ménagers — donnait une apparence de modernité. Pendant que mon père et mon oncle, cheminot et militant communiste, s'engueulaient joyeusement sur la nécessité de prolonger une grève, ma mère parlait d'Albert Camus. Elle ne savait strictement rien de son œuvre et encore moins de l'absurde de la vie. *Le Mythe de Sisyphe* lui aurait sans doute paru une sacrée foutaise, mais la gloire d'un des enfants de Belcourt était un exemple. Elle avait, il est vrai, connu la mère du prix Nobel. Non pas en se livrant à des études comparatives sur les solutions existentielles à l'incohérence des vies, préconisées par Malraux, Sartre ou Camus, mais plutôt en dissertant interminablement sur les qualités respectives de leurs serpillières.

Toutes les femmes de ce quartier étaient, bon gré mal gré, femmes de ménage auprès des bourgeoises aisées des hauteurs de la capitale algérienne. Il n'était guère possible de survivre pour une famille à sept ou dix, si les femmes, qu'elles soient d'origines française ou musulmane, ne faisaient quelques petits métiers mal payés et sans gloire. À cette époque laver un sol supposait une solide constitution physique. Il aurait été incongru d'utiliser un manche. Cassées en deux, à quelques centimètres du sol, les femmes baladaient consciencieusement la serpillière de droite à gauche et de gauche à droite indéfiniment. Ma mère avait commencé sa carrière professionnelle à 11 ans, comme toutes ses amies d'Oran, où elle avait laissé son enfance. Arrivée dans la « capitale », elle effectuait des travaux de couture, comme la mère de Camus avait fait des ménages et comme le faisait la mère de mon ami juif, Georges Timsit, qui allait devenir l'un des plus brillants chirurgiens français, ou celle d'un autre copain, musulman celui-là, Ramdani, qui allait devenir ministre de la nouvelle république algérienne.

Mon oncle, le cheminot communiste, défilait poing levé sur le trottoir de la rue de Lyon, sous les yeux rigolards de mon père qui, lui, était inscrit à la CFTC, le syndicat chrétien. Ce qui n'empêchait pas mon père d'espérer, secrètement, que la grève débouche sur une petite augmentation de salaire. Ma mère rentrait, épuisée par ses travaux de couture mais dopée par la vue de son fils tentant de traduire du grec. Elle s'installait dans la cuisine et reprenait l'assemblage du pantalon qu'elle avait confectionné et que je devrais mettre le jour de l'examen. J'étais, moi aussi, dans un coin de la cuisine. Comment eût-il pu en être autrement ? Être pauvre, c'est aussi donner une importance surdimensionnée à la cuisine. Entre le réchaud et la planche à repasser, enfants et parents se serrent. Elle me contraignait à ressasser l'alphabet grec, pendant qu'elle chantait *Nuit de Chine, Nuit câline...* Je n'ai jamais oublié les couplets d'avant-guerre. Exaspérée de m'entendre, elle s'interrompait brutalement et me faisait « réciter ». C'était un spectacle incroyable de voir cette petite femme, dont la seule gloire était d'écrire sans fautes d'orthographe (ce qui, à cette époque, n'était déjà pas si mal), apprendre avec le gamin, et sans rien y comprendre, la vie de César ou *La Nausée* de Sartre.

Tout ce monde était fabuleusement heureux. Nous riions sans cesse et, quand les soucis financiers ou l'épuisement de ma mère nous rendaient moroses, mon père se collait contre la porte d'entrée pour devenir gardien de but d'un stade imaginaire qui n'était qu'un long couloir. Chacun des enfants, balle aux pieds, tentait pendant des heures de marquer. Le jeu ne cessait que lorsque les impacts du ballon sur la porte provoquaient les véhémentes protestations des voisins. On ne pouvait pas ne pas les entendre monter de la cour.

La cour d'un immeuble pauvre tient une place exceptionnelle. C'est là que s'exprime le voisinage, c'est là aussi que s'étend le linge. Dans ce microcosme, il faut bien qu'il y ait des préséances. La propreté du slip ou du drap étendu détermine un « rang » imaginaire, une certaine hiérarchie. La largeur des caleçons de la voisine du cinquième étage était sujette à plaisanteries douteuses, et un linge troué n'aurait jamais été exposé à la vue des voisins.

Toute la famille arrêtait ses occupations le jour du bain. Il n'y avait évidemment pas de pièce prévue à cet effet. Celle qui aurait dû en faire fonction avait été sommairement aménagée pour recevoir mon lit et une étagère. Dans la cuisine, débarrassée des objets un moment inutiles, trônait une grande lessiveuse que ma mère emplissait d'eau chaude. Chacun des membres de la famille avait un tour pour s'y plonger, sous l'œil vigilant et sévère de la mère. Le plus chanceux était celui qui passait le premier. Pour éviter tout favoritisme, mon père avait instauré une loterie dont le gagnant, chaque semaine, avait le bonheur de ne pas faire trempette dans les eaux, vite sales, de ses frère et sœurs.

À Alger, qui jouissait du statut de grande ville bourgeoise, les familles dédaignaient ostensiblement les manifestations de foi publiques et sonores que j'avais connues à Oran avec la tante Néna, mais le sanctuaire de Notre-Dame d'Afrique, dominant le quartier pauvre de Bab el-Oued (où il était de tradition de voter communiste), rassemblait pourtant des processions chantantes de femmes demandant le retour d'un père de la guerre ou la réussite du fils à un examen. Ma mère avait contraint son petit monde à gravir, au moins une fois par an, à pied, les ruelles escarpées qui serpentaient entre le carrefour des « trois horloges » et le dôme de la basilique. Y déroger eût été sacrilège. Quand la situation de mon père s'améliora et que nous eûmes la possibilité, « nous aussi », d'engager une femme de ménage musulmane, il parut normal à cette dernière de nous accompagner. Cette complicité entre les deux mondes pauvres, Français d'origine ou musulmans, paraîtrait de nos jours incongrue. Il ne s'est trouvé aucun écrivain ou historien pour raconter cette entente qui dépassait, et même ignorait, les clivages ethniques.

Mes lamentables débuts en faculté de droit furent un prétexte, à l'évidence voulu par sainte Rita comme le prétendait ma mère, pour me permettre de m'inscrire en lettres et suivre des études de philosophie. Dès lors, je m'évertuais chaque soir, pendant le dîner interminable, à démontrer à ma mère que l'existence de Dieu était incompatible avec les progrès de la science. Je me trouvais d'autant plus savant que la pauvre femme ne pouvait m'opposer que sa « foi du charbonnier » et sa certitude d'avoir vu, le dimanche précédent, la Vierge lui sourire. Quand ces conversations devenaient trop explosives, mes deux grand-mères (qui nous avaient rejoints au domicile familial, portant la communauté de cinq à... sept personnes dans un trois-pièces) se levaient, dans un même mouvement et, ostensiblement, allaient s'agenouiller devant l'image de sainte Rita. Il fallait, assurément, une infinie patience à cette bonne sainte et une immense mansuétude, pour que le petit-fils, cet imbécile, prétende que Jésus avait des frères et sœurs et que la foi en Dieu pouvait très bien se passer de la croyance en la virginité de Marie. Ma mère pleurait doucement. Mon père, enragé, m'enjoignait d'aller immédiatement me coucher et, pour implorer mon « pardon », j'avais dû accepter de servir la messe. Parfaitement incapable de me réveiller à l'heure convenue, je l'ai souvent ratée cette messe du dimanche. C'en était trop ! Condamné par ma mère à vivre dans le malheur et la répulsion de mes semblables, il fut décidé que, pour ajouter à mon expiation, je serais debout tous les dimanches une heure avant les offices.

Je partais seul, à pied, jusqu'à la basilique Saint-Bonaventure, et là, n'ayant vraiment rien d'autre à faire, je replongeais dans un profond sommeil sur un fauteuil du presbytère. Le vieux curé Olland, qui m'aimait bien, ne m'appelait aux tâches sacrées qu'à la dernière minute et, encore endormi, vêtu, comme il était de règle, de la jupe rouge et d'une chasuble blanche, j'entrais dans l'église en chantant l'*Ave Maria*. Les matins de grand bonheur, il n'y avait que dix ou douze personnes. Pendant l'office, avec un autre enfant de chœur, nous passions le temps à échanger doucement des plaisanteries grivoises et à nous chamailler sur nos rôles respectifs. Il y avait, évidemment, prédominance d'un des servants sur l'autre !

Quand nos disputes devenaient un peu trop bruyantes, le vieux curé, imperturbable, interrompait tranquillement la lecture des livres saints pour administrer à l'un ou l'autre un formidable coup de pied au cul, sous les applaudissements discrets des petites vieilles agenouillées au premier rang.

Ce bon curé organisait pour les enfants du quartier, musulmans et Français, des séances de projection chaque fin de semaine. Bien que le projectionniste — rôle également tenu par le curé — se trompât dans l'ordre des bobines, nous passions des moments de bonheur parfait, partagés entre l'intérêt pour le film et la vision des filles séparées des garçons par une large travée. Le curé passait et repassait dans l'allée centrale, pendant les projections, pour s'assurer que des mains ou des pieds ne se touchaient pas, mais quand il repartait dans la cabine, aussi brièvement qu'il le pouvait, pour charger une nouvelle bobine, il s'opérait dans la salle des allées et venues suspectes. L'organisation naturelle du monde se recréait, les filles et les garçons devant être aussi proches les uns des autres que la nature, fût-elle chrétienne, le permettait. Ce brave et vieux filou de curé faisait semblant de ne rien voir, puis, en pleine projection, rallumait la salle. Figés de peur, les filles égarées chez les garçons comme les garçons un peu trop caressants attendaient le châtiment. Toujours le même : une monstrueuse paire de baffes.

Quand il devenait évident que l'un d'entre nous se complaisait excessivement dans le vice, la sanction atteignait la mesure du sacrilège : il était désigné pour faire « la foule » dans la représentation de la pastorale, à l'occasion des fêtes de Noël. Il m'est arrivé de tenir ce rôle méprisable puisque, seul au fond de la scène, il fallait crier comme cent contre Jésus, en d'autres termes être désigné publiquement à la vindicte très chrétienne du public. Petit Arabe ou petit Français, peu importait au curé Olland pour lequel nous étions tous fils de Dieu. Nous étions tous mobilisés pour le spectacle. Une année, par un incroyable concours de circonstances, ce fut un petit Arabe qui joua le rôle, envié par tous, de Jésus ! Les soirs de représentation, après des triomphes d'autant plus naturels que le public n'était composé que de nos parents, le curé nous invitait à un apéritif et décernait « ses » prix. Il récompensait avec la même vénération les valeurs morales chrétiennes et les valeurs civiques. Certains petits musulmans rigolaient doucement, mais leurs pères, arborant fièrement leurs médailles militaires, distribuaient quelques tartes. Plus tard, beaucoup plus tard, Khader ou Bechir allaient disparaître, s'isolant dans leurs bidonvilles de la cité Mahiedinne. Les rues allaient devenir de vraies frontières. Dans cette cité Mahiedinne, au-dessus de l'immeuble où je suis né, vivaient plusieurs dizaines de milliers d'Arabes, dans une effroyable promiscuité. Nos copains d'hier allaient, eux-mêmes, s'enfermer dans une sorte de ghetto.

La guerre d'Algérie ne fut, à en croire les manuels d'histoire, qu'une simple opération de maintien de l'ordre. Telle était la version officielle jusqu'à ces derniers temps. Au fond, y eut-il vraiment une « guerre d'Algérie » ? Ma fille m'explique que cette « révolution pour l'indépendance » a été la conclusion naturelle de l'occupation coloniale et — bien sûr ! — fasciste des Français. Des films à

grand spectacle montrent les femmes pieds-noirs, proté-
gées du soleil brûlant par de jolies ombrelles, se promenant dans de magnifiques calèches, tandis que leurs riches
époux trimbalent une épaisse graisse. Les auteurs expliquent que Juifs et Arabes, unis dans une même haine, aspi-
raient, ensemble, à chasser les salauds de colons. Cette
Algérie a peut-être existé. C'est curieux, je ne l'ai pas
connue. Les seules femmes pieds-noirs que j'aie rencon-
trées faisaient des ménages et mon père, comptable de son
état à l'Électricité et Gaz d'Algérie (l'ex-Compagnie
Lebon), ne possédant ni appartement ni terres, partait
chaque jour travailler à quelques centaines de mètres de
notre logement. En passant près du marchand de « zala-
bias », il s'arrêtait pour prendre un café brûlant que je
trouvais imbuvable, puis, d'un pas rapide, rejoignait son
petit bureau où l'on pratiquait la mécanographie. L'infor-
matique n'existait pas. Ma mère, plantée bien droite sur
son balcon, les yeux rivés à une paire de jumelles, guettait
son passage au coin de la rue. Son trajet était chronomé-
tré : dix ou douze minutes au plus. Il savait qu'elle le sur-
veillait, alors il lui faisait un petit signe de la main, qu'elle
ne pouvait apercevoir que de l'objectif de ses jumelles. À
ce moment seulement, la jalouse acceptait de rentrer et
de reprendre sa lessive, non sans échanger à grands cris
quelques mots acides avec sa mère et sa belle-mère qui,
elles, étaient assises et n'en finissaient pas de tricoter des
pull-overs que, de toute façon, nous ne mettrions jamais.
    L'amour que ma mère portait à son mari me paraissait
effarant. Il avait un côté inhumain, presque bestial. Plus
tard, bien plus tard, alors que nous avions dû gagner la
métropole, lorsque le malheureux, épuisé par le travail et
un cancer des os, sentit venir la mort, il lui demanda de
ne pas le quitter une minute. L'agonie, affreusement douloureuse, dura près d'un mois. Elle ne lui lâcha jamais la
main. Quand elle sentit arriver les derniers instants, elle
convoqua les enfants et petits-enfants et les pria de s'asseoir sur le lit. Mon père rendit son dernier soupir. Sans
un mot, sans une larme, elle nous mit brutalement à la

porte et exigea de le changer, seule, sans aide. Puis, elle nous rappela, pour que « son esprit évidemment toujours là » nous voie. Alors, elle s'isola dans la salle de bains pour revenir, plus d'une heure après, coiffée, parfumée et maquillée : « Voilà, maintenant, avant qu'il ne nous quitte définitivement, avant que son esprit ne disparaisse de ce monde, je veux qu'il me voie une dernière fois, belle et désirable telle qu'il m'aimait. » C'était ma mère !

Je n'ai donc découvert que très tard qu'il aurait existé une Algérie de pieds-noirs ignobles et de musulmans, malheureuses victimes. Mes copains étaient, pour la plupart, des Arabes et lorsque nous jouions sur le terrain de foot du Foyer civique, les buts marqués par Gomez, l'avant-centre, n'étaient pas racistes. Du moins, je ne les sentais pas ainsi et Rachid, le goal, se foutait pas mal que je sois ou non d'origine française. Quand mon meilleur ami, Ramdani, disparut un beau jour de la classe pour, disait-on, rejoindre les maquis FLN, quand les « événements » devinrent réellement dramatiques, quand les bombes commencèrent à exploser dans les bus et les cinémas, ma mère s'enferma dans une sorte de mutisme apeuré. Elle ne consacrait plus ses journées qu'à nous attendre. Je n'étais, moi, préoccupé que par ma quête d'Albert Camus. Je passais journées et nuits à chercher ses pas, du quartier de la marine à Oran à celui de Belcourt à Alger, les « banlieues pauvres » des deux grandes villes d'Algérie. Perdu, entre la rue Adolphe-Blasselle et la rue des Mûriers, là où le petit peuple pied-noir communiait dans la pauvreté avec les « frontaliers » des bidonvilles surchauffés, je m'imprégnais, jusqu'à l'ivresse, des parfums âcres que dégagent les échoppes des vendeurs de *calentita* et de pâtisseries arabes. C'était par là que passait Camus. C'était par là que je devais apprendre à découvrir et à juger notre monde.

J'ai eu le bonheur de le rencontrer dans ma jeunesse. Grand, séduisant, il n'était pas particulièrement beau, mais tout en lui respirait noblesse et charme. Nous étions quelques étudiants d'Alger, dans un salon de la bibliothèque dite nationale, tentant de comprendre la *Critique de la rai-*

*son pure* de Kant. Camus, que nous n'avions pas vu entrer, s'arrêta auprès de nous, sourit en découvrant le sujet de nos angoisses, s'assit et se mit à nous parler. Bonheur total. Sur les étagères mal rangées de ma fille je retrouve, quarante ans plus tard, ces ouvrages qui me fascinaient autant qu'ils me perturbaient. Alors reviennent en mémoire le soleil de l'Algérie natale, les petits Arabes qui, sur des plages infinies, tapaient plus adroitement que moi dans une vilaine pelote baptisée « ballon de football », au bord de cette mer dans laquelle s'avançaient les ruines de la splendeur conquérante romaine.

Le spectacle était fascinant, sublime. J'y passais des heures à rêver, obsédé par une irrésistible envie de tout photographier, mais surtout d'y mettre en scène un film. Totalement inexpérimenté, je m'aventurais, sans complexe, dans les studios de la télévision locale où un réalisateur complaisant accepta de m'associer à la mise en image de *La Reine Christine*. Ma collaboration était particulièrement modeste : écrire les dialogues additionnels. Collé aux basques de l'équipe technique, je me donnais l'illusion d'apprendre vite, non sans prétention, le métier de metteur en scène. Le téléfilm fut programmé un soir. La famille, à laquelle s'étaient joints voisins et amis, ingurgita l'œuvre de Montherlant pour la seule satisfaction de capter, en une seconde, le nom du « génial » rejeton au générique final. Ce « cacheton » me laissa imaginer que, dès lors, je pourrais enfin réaliser mon film qui devrait, évidemment, être intellectuel et surtout s'insérer dans les décors prodigieux de Tipasa et de Cherchell. Ce devait être l'histoire de jeunes amants découvrant, au milieu des pierres qu'avait connues saint Augustin, une statuette de Silène, le mentor de Bacchus. Toute personne la touchant se trouvait prise dans une sorte de frénésie, d'ivresse dont la suite logique était une mort brutale. Avec quelques économies et la complicité d'amis, nous installâmes caméras et projecteurs dans ces décors naturels. Je n'ai jamais terminé le film. Le bruit des bombes et les menaces terroristes nous condamnèrent à quitter une région devenue trop dangereuse.

J'y suis revenu près de vingt ans plus tard, après la chute de Boumediene et avant que l'intégrisme ne plonge l'Algérie dans un obscurantisme que n'avaient imaginé ni les Pères de l'Église, nés et morts à Tipasa, ni Camus qui sentait confusément que notre troisième génération de « pieds-noirs » était devenue, sans l'avoir vraiment perçu, algérienne. Des techniciens hongrois et tchèques avaient investi les hôtels et les anciennes casernes. Dans les bistros encore ouverts, et qui depuis sont probablement fermés, on ne servait plus d'anisette : orangeade pour les autochtones et pour les étrangers, un mauvais vin baptisé Cuvée du Président en l'honneur des nouveaux maîtres de l'Algérie. À l'entrée du musée romain qui s'étend jusqu'à la mer, le même gardien devenu presque aveugle. J'ai parlé quelques heures avec lui de « mon » Algérie et de la sienne, de la faim qui menaçait le pays et de la religion. Je l'ai assuré que mon film avait été terminé et nous nous sommes séparés en nous embrassant, convaincus que nous le verrions ensemble, un jour, dans une nation où nous nous retrouverions tendrement unis en nous reconnaissant du même pays.

J'ai quitté l'Algérie, comme la plupart des gamins de mon âge, dans le fracas des bombes et le spectacle des corps de « traîtres » musulmans ou français que nous enjambions sur les trottoirs sans oser les toucher de peur d'être accusés de quelque connivence coupable. Si j'ai pu y retourner en 1978, c'est sous prétexte d'une obscure mission que m'aurait confiée le ministère français du Tourisme. Mes sentiments, à l'arrivée à l'aéroport, étaient insupportables. J'avais l'impression épouvantable de retrouver les soldats en armes et les commandos d'ATO, composés pour la plupart d'hommes de l'Armée de libération nationale (ALN), enrôlés sous commandement français pour assurer la transition. Les ressources de la langue française sont infinies. ATO : Auxiliaires Temporaires Occasionnels. On ne peut mieux faire dans le provisoire !

J'avais conservé d'eux de sinistres souvenirs. Dans le chaos général qui marqua cette fin de la guerre d'Algérie et le départ des pieds-noirs, il était impossible de trouver un avion ou un bateau. Dans un désordre indescriptible, des milliers d'hommes et de femmes, dont ma mère, ont attendu, parfois des jours et des nuits couchés à même le sol, un moyen de quitter le pays. Le désespoir se mêlait à l'insoutenable. Quelques voyous, armés de mitraillettes ou d'énormes gourdins, passaient entre les groupes et, pour bien manifester leur dédain, dégrafaient leurs braguettes devant des femmes qui baissaient leurs yeux noyés de larmes, en égrenant d'interminables chapelets. J'avais réussi à obtenir, pour ma mère et mes sœurs, trois places sur un rafiot. Quand le bateau s'éloigna, sous les yeux de mon père que l'émotion avait pétrifié, je compris qu'après avoir surmonté mon statut de pauvre dans un pays qu'on disait peuplé de riches colons, il allait me falloir apprendre à être un immigré.

Je n'ai quitté l'Algérie que plusieurs semaines plus tard, après avoir vécu ces longues journées durant lesquelles l'OAS alternait bombes et fusillades. Passant en voiture devant l'Hôtel de Ville qui flambait, je m'étais arrêté pour contempler cette fin d'un monde sans parvenir à m'expliquer les causes de ce suicide. Un homme s'immobilisa près de moi. Son visage me rappelait de vagues souvenirs. Un ami ? Je ne sais plus, un voisin sans doute. Il me lança les clés de son somptueux appartement de la rue Michelet, en plein centre de la ville : « Prends mon appartement. Je pars, je n'ai personne à qui le donner ! » Je n'y ai jamais mis les pieds. Je n'en aurais pas eu le temps. Quelques jours plus tard, je gagnais à mon tour l'aéroport avec l'espoir de trouver une place dans un avion. Il n'atterrissait et ne décollait que des avions réguliers puisque de Gaulle avait refusé la levée du monopole du pavillon national, fidèle en cela à la fiction selon laquelle il n'y avait pas eu de « guerre d'Algérie » mais seulement des « événements ». À quelques centaines de mètres de l'aérogare, j'ai été arrêté par un de ces groupes d'ATO devenus incontrô-

lables. Ils me conduisirent dans une caserne de gendarmerie de la banlieue d'Alger où j'ai subi dix jours
d'incarcération pendant lesquels je n'avais guère à répondre que de mon âge et d'avoir été étudiant. Après avoir
été cent fois appelé pour des interrogatoires musclés, un
jeune sous-lieutenant est enfin venu me chercher pour me
libérer. Entre ma cellule et le portail de la caserne, je
devais traverser une cour de plusieurs centaines de mètres
où stationnaient des gendarmes. Je n'ai jamais oublié ce
parcours, entre les gifles et les insultes, jusqu'à la porte
gardée par un colosse dont l'adieu fut un magistral coup
de pied au cul.

C'est à ce coup de pied que je pensais en retrouvant,
vingt ans après, le sol de mon Algérie natale. Au moment
de débarquer, j'eus bêtement un mouvement de recul. Je
me suis revu, assis sur le trottoir de la rue Michelet, la
dernière nuit de l'insurrection des barricades, échangeant
quelques mots avec le chef charismatique des étudiants,
Lagaillarde, qui cachait mal son anxiété sous son uniforme
de para. Je me suis revu dans la foule des gamins, et des
plus vieux aussi, envahissant le gouvernement général de
l'Algérie, marquant le début du putsch qui allait se terminer par une reddition prévisible. Je me suis revu, caché
toute une nuit dans un fourré, sur un bas-côté de la route
du Rocher-noir, siège du Gouvernement provisoire de la
République algérienne, avec un gamin de mon âge, tandis
que patrouillaient à quelques mètres des commandos de
la Wilaya 4. Ma mère avait passé l'essentiel de cette même
nuit à prier sur son balcon. Sous ses yeux, un jeune lieute-
nant de vaisseau, passé à l'OAS et poursuivi par des gendarmes, s'était fait abattre au fusil-mitrailleur. Elle avait
hurlé, en croyant me reconnaître. Je me suis revu dans ma
voiture, « arrosé » au petit matin par une rafale de mitrail-
lette à quelques centaines de mètres du siège de la télévision où j'allais faire des piges. Je n'avais pas entendu les
sommations. Je me suis revu, arrivant à ce même aéroport,
garant correctement ma petite Dauphine et laissant les
portières ouvertes, sachant évidemment que je partais

pour toujours. Je me suis revu, disant adieu à mon père devant la porte de notre appartement. Il devait rester, le temps d'obtenir sa mutation en France et d'assurer la transition avec la future administration musulmane.

La cité Mahiedinne allait, pendant des semaines, déverser des marées d'hommes et de femmes hurlant leur haine d'autant plus fort que la plupart d'entre eux avaient vécu, pendant des années, en parfaite intelligence avec leurs copains pieds-noirs. Je me suis revu pétrifié, seul dans la nuit à quelques centaines de mètres de la Casbah, écoutant les « youyous » stridents des femmes monter dans le ciel pour fêter l'échec du putsch des généraux.

Pendant ce temps, embarquaient dans des camions bâchés les légionnaires du 1er REP, commandés par Denoix de Saint Marc. Désarmés, ils partaient pour la prison en chantant Piaf : « Non, rien de rien, non, je ne regrette rien ! »

Je me suis revu dans une des caches de l'OAS, perdu dans des discussions enfiévrées avec Jean-Jacques Susini qui voulait négocier, au nom de l'Armée secrète, avec les dirigeants du FLN. Se souvient-on que ces négociations ont eu lieu ? L'objet était de préserver une présence française sur une bande de territoire.

En me retrouvant vingt ans plus tard à l'aéroport d'Alger, dans une chaleur étouffante, j'ai tendu mon passeport au fonctionnaire qui s'est contenté de sourire en voyant mon origine. Dehors, le soleil brûlant et les mêmes odeurs âcres. Un chauffeur m'attendait. Luxe inimaginable dans un pays qui ignorait la location de voiture, ou plutôt qui la refusait pour empêcher toute forme de tourisme. Je me suis installé sur le siège avant de la vieille 4L et nous avons commencé à rouler sur l'ancienne « route moutonnière », dans un silence total. Je regardais, fasciné, le paysage dont j'avais retenu les détails. Le chauffeur me dévisageait en coin. À l'entrée d'Alger, je ne résistai pas : je lui demandai de prendre sur la gauche l'embranchement permettant de traverser Belcourt, le quartier où je suis né.

— Tu es pied-noir ?

— Oui, bien sûr.

— Alors, pourquoi ne me l'as-tu pas dit plus tôt ? Où tu veux aller ?

Comme si nous nous étions quittés la veille, nous avons parlé de ce foutu pays qui me colle à la peau. Je l'ai évoqué avec tant d'amour qu'il s'arrêta, ému, devant ma maison natale. En face, près du cinéma Le Mondial, toujours là, j'ai retrouvé le même bistro et une épicerie, la même que celle de l'énorme Buono. Nous avons pris un café et, stupéfait, je l'entendis, comme dans un rêve, me proposer de monter voir « mon » appartement.

— Tu peux y aller. N'aie pas peur, ça ne risque rien.

— Mais que veux-tu que je leur dise ? Vingt ans après, c'est absurde.

— Mais non ! Il n'y a pas de problèmes avec les pieds-noirs. Vous êtes des Algériens comme nous. Vas-y, je t'attends !

En passant le porche, encore aveuglé par le soleil, je butais sur une petite vieille, cassée en deux à soixante centimètres au-dessus du sol. Elle lavait les quelques carreaux encore entiers. Elle aurait pu être ma mère. Sa vue m'a donné des frissons. Une peur invraisemblable, totalement irrationnelle. Elle commença par bougonner en arabe et, levant les yeux, elle réalisa mon statut d'étranger. Brutalement, elle disparut.

À ma gauche, les quatre rangées de boîtes aux lettres. Machinalement, je vais vers la nôtre. Quelques marches. L'ascenseur est toujours là ; il avait été installé quelques années avant notre départ. Il ne fonctionne pas. Je commence à grimper le premier escalier. Sous ma main, le contact de la rampe à laquelle je m'agrippais enfant. Arrivé au sixième étage, je réalise l'incongruité de ma situation. Je suis terrifié. Qu'est-ce que je fais là ? Moment de panique. Je m'apprête à redescendre en courant, quand j'entends un bruit de porte qui claque. Trop tard, je suis condamné à aller jusqu'au bout de ma démarche. Je suis devant la porte de ce qui fut notre petit logement. Quelques coups discrets. Un long moment s'écoule, qui me paraît une éternité. Je tressaille. Je viens de m'entendre dire tout haut : « Mais qu'est-ce que je vais bien pouvoir leur raconter ? » La porte s'entrebâille. J'ai à peine le temps d'entrevoir un visage de jeune fille. La porte claque et c'est de nouveau le silence. Je suis angoissé et incapable du moindre geste. La porte s'ouvre de nouveau. Un homme apparaît, de l'âge qu'aurait mon père.

— Qu'est-ce que vous voulez ?

Perdant mes moyens, incapable de parler, je parviens à lui dire, presque dans un chuchotement.

— Je suis né ici. Je suis désolé. Pas vous déranger. Excusez-moi. Je voulais revoir, mais laissez, je repars.

Il me regarde longuement, sourit et alors se déroule une scène cocasse et attendrissante dont je n'ai oublié aucun détail.

— Comment tu t'appelles ?

Je lui donne mon nom.

— Comment s'appelle ton père et quel âge il a ?

Je suis stupéfait, abasourdi par ses questions. Je lui réponds, sans mentionner que ce père est mort.

— Attends ici !

Il referme la porte. Interloqué, je me retrouve à nouveau seul dans le silence du corridor. Nouvelle apparition.

— C'est vrai, j'ai vérifié. On habite ici depuis 1962 et ton père avait laissé des papiers. On les a gardés. Tu peux entrer.

Au bord des larmes, j'emprunte le long couloir qu'avec mon père nous transformions souvent en terrain de foot. À droite, la cuisine. Rien n'a changé. Plus loin, ce qui devait être une salle de bains et que la famille avait transformée en chambre. Enfin, deux autres pièces. Je lève les yeux. Du plafond pend toujours le même lustre que ma mère avait reçu en cadeau de mariage ou du moins ce qu'il en reste. Je suis né, comme mes deux sœurs, sous ce lustre. Je ne peux m'empêcher de le lui dire.

— Merci de m'avoir fait entrer. Nous avons été très heureux sous ce lustre, j'espère de tout cœur qu'il vous porte bonheur.

Il me regarde et, tout doucement :

— Tu le veux pour ta mère ? je te le donne !

— Non, garde-le. Je le lui dirai ! Garde-le et ainsi j'aurai l'impression qu'un peu de mon enfance et de mes origines demeure dans ce pays que j'aime. Je te le redis : je souhaite qu'il te porte bonheur.

Moment d'intense émotion. Je ne sais plus quoi dire. Nous nous regardons en silence. À quoi pense-t-il ?

— Tu veux un café ?

Nous sommes restés quelques instants assis, sans échanger le moindre mot. Il était heureux et gêné. J'étais perdu dans mes souvenirs. Puis, je me suis levé. Je sais que je ne reviendrai jamais. Entre ces murs toujours aussi blancs, dans ces trois pièces aussi humbles que propres, je viens de dire adieu à mes jeunes années, mais aussi au souvenir de mes père et grand-père. Je n'ai plus de maison natale, je n'ai plus de pays d'origine, sinon aux archives regroupées à Nantes. Mon statut d'émigré est scellé.

— Je peux aller un instant sur le balcon ?

— Ah non ! Les femmes sont sur le balcon, tu ne peux pas ! Tu comprends ?

Bien sûr que je comprends ! Je suis dans un pays musulman où l'intégrisme naissant n'autorise pas la vue d'une femme non voilée. Dois-je éclater de rire ? Ce serait stupide, il ne le mérite pas. Ce pays n'est plus le mien.

Dans la rue, le chauffeur, impassible en veste d'hiver sous le soleil brûlant, sirote un café. Sentant mon émotion, il ne me pose aucune question. Il me conduit devant l'école Chazot sur les bancs de laquelle se pressent des gamins qui ressemblent à ce que je fus. La maîtresse, surprise par mon intrusion, me regarde un peu inquiète. Le chauffeur lui jette hâtivement quelques mots en arabe. Elle ne pose aucune question.

L'arabe, pourquoi ai-je été assez stupide pour ne pas l'apprendre ? Puisque mes copains Youssef et Khebir parlaient si bien français, pourquoi n'ai-je pas fait l'effort de comprendre leur langue ? Était-ce, comme on le dit dans les manuels scolaires, parce que notre langue était celle des dominateurs ? Je voudrais que mes enfants sachent que cette Algérie partagée entre les bons, les purs, et par ailleurs les colons ignobles, que cette Algérie n'était pas la mienne. N'appartenait-il pas aux hommes politiques, dont le rôle est de prévoir autant que de gérer, de comprendre que nous n'étions plus seulement de bons petits Français, mais aussi des Algériens ? Il est clair que ces hommes politiques, qui installaient chaque jour leurs augustes fessiers de « vrais et purs Français » sur les sièges prestigieux de l'Assemblée, se sont montrés infiniment plus racistes et colonialistes que nous ne l'étions, mes copains Ramirez, Cohen et moi. Dans notre communauté, la pauvreté gommait les différences raciales ou religieuses. Quand j'ai obtenu, en première au lycée Gautier, un prix de thème latin, je n'ai pas eu le sentiment — pas plus que mon voisin Ramdani — que l'ignoble professeur raciste me favorisait aux dépens d'un gamin qui n'était pas de mon origine.

Et puis au fond, quelle importance, que ceux qui prétendent juger aient raison ou tort ? Je ne suis pas revenu à Alger pour contempler le spectacle désolant d'un pays qui n'a rien compris à la tragédie de l'absurde, qu'un de ses enfants pourtant avait pensée sur le port de Tipasa. L'absurde érigé en mode de vie politique. L'absurde, point de convergence des comportements des nouvelles classes sociales. L'absurde de l'agriculture, une des plus fertiles du monde, qui importait en 1970 des oranges d'Israël ! L'absurde de l'industrie tournée vers une production « stalinienne » de tracteurs et de machines-outils que les pauvres fellahs ne savaient pas conduire et encore moins réparer. L'absurde mélange de soleil et d'isolationnisme. L'absurde solitude dans laquelle s'est installé un peuple méditerranéen qui a inventé les interminables palabres, à la romaine, sur les places des villages. Je n'ai pas envie de pleurer sur cette Algérie-là. Je ne la connais pas et n'ai pas envie de la critiquer non plus. Au fond, son nom aurait dû être changé. Pourquoi ses nouveaux chefs ne l'ont-ils pas rebaptisée ? Dans une stricte cohérence avec leur esprit marxiste, et fidèles à ces illustres aînés qui décidèrent d'être soviétiques après avoir été russes et avant de le redevenir.

Est-ce que je m'en fous vraiment ? Est-ce qu'il m'est indifférent ce pays que je ne connais plus, où mon enfance est abandonnée quelque part ? Abandonnée de l'autre côté d'une mer que les plus grands philosophes, depuis deux mille cinq cents ans, ont connue. Comme moi, comme mes petits copains pauvres, arabe, juif ou chrétien, de Socrate et Platon à Nietzsche, ils l'ont tous regardée. Elle a nourri leurs rêves, éveillé leur inspiration. Elle leur a permis d'échafauder de savantes théories où il est question de la morale en société et en politique. Ils ont trempé leurs pieds dans ses vagues en regardant le ciel où ils n'ont cessé de chercher Dieu. Et Socrate a peut-être marché le long de ses rives quelques instants avant d'aller tranquillement, sans crainte, boire la ciguë pour rejoindre un monde éternel qui lui paraissait plus vrai que celui de ses déceptions terrestres. Pourquoi continuerais-je à croire que cette Méditerranée a tenté, pendant des siècles, de nous faire comprendre qu'elle était, dans toutes les langues parlées sur ses rivages, synonyme d'amitié et de tendresse, de tolérance et de compassion ? Je sens bien que « ma » Méditerranée, « mon » Algérie sont bien plus que l'accumulation de ces quelques événements qu'avec d'autres gamins de ma génération j'ai eu la faiblesse de croire composer l'Histoire, alors qu'ils n'étaient que des épiphénomènes auxquels chaleur et soleil donnaient, peut-être, l'apparence trompeuse d'une réalité. Éblouis par cette lumière, nous avions cru atteindre la connaissance. Tout cela n'aura-t-il été, au bout du compte, qu'une énorme crise d'urticaire sur une terre et une mer que Dieu a sans doute immunisées pour l'éternité contre toutes les maladies pustuleuses que nous, les hommes, avons tenté de leur inoculer ?

Je m'en fous ? Peut-on vraiment tirer un trait sur son enfance ? Peut-on sérieusement oublier être né près d'une école, en face d'un petit cinéma où j'ai rêvé en voyant pour la première fois, étalés sur toute la largeur de l'écran, les seins de Martine Carol ? À côté, dans cette cité ne vivaient que des gamins aussi pauvres que moi, ils rêvaient peut-être, eux aussi, qu'ensemble nous continuions, pour l'éternité, à regarder les vagues de « notre » Méditerranée. Dans cette petite allée des Mûriers logeait mon oncle, le cheminot communiste qui m'a fabriqué, après ses heures de travail harassant, une lunette astronomique dont il ne comprenait pas très bien l'intérêt, tant les problèmes de la terre lui paraissaient autrement plus sérieux et graves que ceux que pose la mécanique céleste. À proximité s'est élevé le premier HLM construit à Alger, qu'on appelait « la maison de 14 étages ». Dans une des caves presque insalubres, nous avions créé une troupe d'art moderne et, pour financer nos spectacles, nous y organisions, deux soirs par semaine, des surprises-parties assez bruyantes et incongrues dans ce quartier pour n'avoir connu qu'une brève existence. Près du Foyer civique, incroyable bâtiment de style stalinien, dont le seul intérêt, pour nous, était de disposer d'un terre-plein de marbre idéal pour les parties de foot. Dans un coin un peu plus sombre que les autres, un après-midi, probablement plus chaud aussi que les autres, la fille du garagiste, Paulette, qui avait une poitrine splendide, me fit découvrir les douces émotions des frôlements d'une main sur un corps brûlant. Il ne s'agissait que de frôlements dans un pays où il suffisait de regarder une fille un peu plus longuement que de nature pour être « fiancés » par les parents ! À la boutique de journaux où, avec une patience un peu honteuse, j'attendais d'être seul pour acheter des revues de « femmes nues » que le patron cachait sous une pile de livres respectables.

Peut-on tirer un trait sur ces matins d'examens, lorsque ma mère visait interminablement, des heures avant mon départ, vêtements et documents que je devais emporter ? Car il était hors de question qu'une fois sorti de l'appartement, j'y revienne chercher un objet oublié. C'était trop tard ! Comme la femme de Loth transformée en statue de sel pour s'être retournée contre l'ordre du Seigneur, j'aurais attiré sur ma tête les foudres divines !

Pendant plus de vingt ans, j'ai rêvé chaque nuit de mon Algérie natale. Je me moquais de trouver le sens caché des paroles que la plupart des hommes politiques y ont prononcées, ou de leurs promesses dont on me dit qu'elles ne lient que ceux qui y croient. Je rêvais seulement de ma rue, et, tout contre mon oreiller, je retrouvais l'odeur des *Zlabias* que m'offrait mon copain le mzabite de la rue des Mûriers à Belcourt.

Puis-je oublier le port où j'étais allé, en secret pour ne pas inquiéter ma mère, occuper pendant quelques jours un emploi de docker ? Je n'avais ni la carrure ni l'endurance pour résister plus d'une semaine. Contre un quai, mouillait un vieux rafiot rongé par la rouille, le *Djebel Dira.* Sur le pont où les matelots installaient des chaises longues, j'ai effectué en famille ma première traversée pour la France. Une nuit et deux jours de voyage. Même calme, la mer faisait de ce vieux transport d'agrumes baptisé « paquebot » un bouchon ballotté et dansant. Très vite, les passagers pris d'affreuses nausées se réfugiaient à l'abri d'un pont couvert, où l'odeur insupportable des vomissements faisait de ce voyage un véritable martyr.

Puis-je oublier, à quelques kilomètres du port, cette petite station balnéaire pompeusement baptisée « Les Bains romains » ? Mon père s'y était fait prêter, pour un mois d'été, un vieux cabanon en bois, vide et sans cuisine, mais qui me paraissait alors être une somptueuse villégiature. Évidemment, il n'y avait que quelques lits de camp et, pour y vivre un peu correctement, nous y transportions les matelas de l'appartement installés sur le toit de la minuscule voiture enfin acquise. Pendant un mois, pieds nus et vêtus d'un seul maillot, nous vivions des moments de bonheur.

Mon fils aîné a regardé, sur une des chaînes de télévision, un long reportage sur la guerre d'Algérie. Il était stupéfait.

— Mais je ne savais pas tout cela ! C'était donc une vraie guerre ?

J'ai été incapable de répondre. Je ne suis pas historien.

— Tu étais donc du côté des tueurs de l'OAS ?

Il a peut-être raison. S'il y avait des tueurs du FLN, j'étais donc, peut-être, je ne sais pas, du côté des tueurs de l'OAS. Était-ce ce qui m'importait ? Devrais-je lui demander pardon, ainsi qu'à mes autres enfants et petits-enfants, d'avoir participé un soir, dans une ferme des environs de Sidi Moussa à l'est d'Alger, près de l'aéroport, à une réunion qui allait lancer l'idée de la constitution d'une organisation secrète ? Il y avait là Susini et Salan, que je connaissais à peine, et plusieurs officiers déserteurs. Fiancé à la fille d'un propriétaire d'orangeraies de la banlieue d'Alger, je venais souvent dans cette ferme splendide qui me faisait oublier, dans les effluves des méchouis préparés par de vieux Arabes, la pauvreté du trois-pièces de mon enfance. Cette nuit-là, grisés par la gravité « historique » de l'événement, le frère de ma fiancée et moi avions pris, à tour de rôle, la garde au sommet d'une casemate aménagée, dès les premiers attentats, sur les hauteurs de la maison. Dois-je le regretter ? Peut-être. Mais si j'avais raconté cet épisode, il m'aurait fallu aussi dire que, dans le même temps, je rejoignais chaque jour en camion les quartiers français pour livrer des agrumes ou des fruits. Entre les cageots de tomates et de poivrons, je passais de vieux musulmans qui auraient fini égorgés par les terroristes de l'ALN ou mitraillés par l'OAS. Il leur était impossible, seuls, de franchir les frontières que les haines avaient dressées entre certains quartiers ou entre deux rues. Je les débarquais près de la cité Mahiedinne ; ils m'embrassaient et nous nous promettions de nous revoir « dès que les événements seraient terminés » ! L'un d'entre eux, une fois, m'a dit, avant de disparaître dans la nuit : « Quand tout sera comme avant, tu deviendras maire de Sidi Moussa et je serai avec toi ! » J'ai été un jour maire, mais ce ne fut pas d'une ville d'Algérie.

Faudrait-il que mon fils me tienne rigueur d'un comportement et m'admire pour un autre ? C'était aussi cela l'Algérie, mélange de passion et de haine, de tendresse et de violence, d'amour et de déchirement, attisés par un soleil et une bêtise malheureusement toujours intacte dans ce pays qui n'en finit pas de mourir.

Fasciné par ce qu'on appelait alors la « guerre subversive », j'ai rencontré quelques colonels qui avaient été battus en Indochine par « l'oncle Hô » et qui avaient lu Mao sans nécessairement le comprendre. Je croyais que nous pouvions, comme l'avaient fait les combattants « de l'extérieur » de l'ALN, créer une action psychologique excluant l'usage des bombes et des fusils-mitrailleurs, mettre en place une radio clandestine pour encourager les pieds-noirs à rester et les musulmans à former, avec nous, une « nouvelle Algérie ». Installée avec des moyens rudimentaires dans une camionnette banalisée, cette radio tournait dans les rues d'Alger, ne s'arrêtant jamais afin d'éviter les repérages radiogoniométriques. Mes convictions n'allaient pas jusqu'à inciter les Français d'Algérie à exterminer les musulmans, je n'y ai pas collaboré.

Qu'aurait fait Camus s'il n'avait pas eu le prix Nobel ? Qu'aurait-il fait si, resté près de sa mère et dans son quartier d'Alger, il n'avait pas imaginé, dans la tiédeur des salons littéraires parisiens, une autre fin pour notre pays ? Est-ce sacrilège de poser la question ? Peut-être. Pourtant, quand je passe de longues heures à évoquer ces souvenirs avec mon ami, avocat communiste, colonel honoraire de l'Armée soviétique et ancien jeune combattant des Brigades internationales, je découvre que d'autres ne doivent leurs « bons » choix qu'à un concours de circonstances, à une simple amitié les enrôlant dans un camp plutôt que dans un autre. Seule la persistance dans l'erreur est condamnable ; l'acceptation de l'inhumain, détestable.

Un soir, dans le minuscule salon d'un appartement des hauteurs d'Alger où j'étais donc revenu vingt ans après, sur un fond de musique arabe et devant quelques pâtisseries, j'ai évoqué cette période avec un ancien combattant de la révolution algérienne devenu haut fonctionnaire du ministère de l'Information. Ni lui ni moi n'avions le moindre désir de nous condamner ni même de juger. Notre amour de ce pays était le plus fort. J'ai trouvé moins de tolérance et plus de violence dans les livres scolaires de mes enfants que dans le ton de ce « combattant d'en face » qui, en me quittant, m'embrassa longuement en me proposant son aide pour racheter, rue de Lyon à Belcourt, l'appartement où je suis né ! Mais ce logement n'est plus le mien. L'Algérie de mon enfance a disparu dans le feu et le bruit des bombes.

# 3

## La préhistoire de la télévision

Jacques Peyrat m'avait donc accueilli en 1962, avec quelques autres baroudeurs nostalgiques de l'Algérie française. Après un passage aussi rapide que piteux dans la rédaction du journal des Indépendants et paysans, quelques anciens journalistes pieds-noirs, dont j'étais, ont rêvé d'une presse qui serait nôtre. Ce rêve prit l'apparence physique, un tantinet comique, d'un certain Lopinto, imprimeur de son état. Il était convaincu de pouvoir créer à Nice un nouvel *Écho d'Alger*, baptisé évidemment *Écho de Nice*. Nous étions en 1963. Pour compléter la similitude, il ajoutait à sa signature, à la fin de chacun de ses éditoriaux, le dessin stylisé d'une plume, comme le faisait Alain de Serigny, le patron de *L'Écho d'Alger*.

Un jour ou deux, guère plus, les Niçois crurent qu'un nouveau quotidien était né, apte à concurrencer *Nice Matin*. Il dut s'en vendre quelques milliers d'exemplaires. Mais l'entreprise était démesurée pour ce tâcheron sans le sou, seulement obsédé par la bonne orthographe de son nom au bas de ses articles. Ce malheureux Lopinto, auquel Le Pen adressait déjà des éditoriaux d'une rare violence, fut vite dépassé par les événements et surtout par les dettes qui s'accumulaient. Il trouva un excellent moyen pour n'être pas abandonné par ses journalistes (un futur grand reporter de *Match*, un futur directeur de la rédaction du *Progrès de Lyon*) : les séquestrer dans l'imprimerie dont il

45

était propriétaire dans un petit immeuble du Vieux Nice ! Ce « rapt » ne dura qu'une nuit, pendant laquelle, seul, il fit photocopier les pages de *Nice Matin* de la veille pour les imprimer sous son titre ! Lopinto était devenu fou. Son dernier article, sur cinq colonnes, commençait par : « Moi, Lopinto, je défie le préfet des Alpes-Maritimes au poignard de parachutiste sur la place Masséna. » Le gigantesque fou rire qui secoua la ville fut à la mesure de la colère des policiers qui vinrent le cueillir le matin et nous « délivrer » de la petite pièce où nous étions enfermés avec bières et sandwiches. Lopinto partit faire un séjour à l'hôpital d'où il ne sortit que pour mourir dans des circonstances à la mesure de sa démence tragi-comique : un soir d'hiver, sous une pluie battante, marchant complètement nu, couvert d'un seul imperméable, sur un trottoir de la promenade des Anglais, il éprouva un impérieux et incontrôlable besoin de s'exhiber devant une malheureuse concierge occupée à ranger ses poubelles. La brave femme en resta muette de stupeur, mais Lopinto s'écroula, victime d'un arrêt cardiaque. Mort.

Nice était devenue « ma » ville. Me promenant le soir sur la promenade des Anglais, dans la foule des touristes accoutrés de tenues ridicules, je sentais les parfums iodés de la mer qui se chargeait de me rattacher à ma jeunesse. Le dos tourné aux somptueux hôtels et aux véhicules de luxe qui promenaient des étrangers aux portefeuilles arrogants, je gardais, pendant des heures, les yeux fixés sur la plage et les galets que les vagues roulaient pour l'éternité. Cette éternité m'avait déjà fasciné quand je déambulais, de l'eau jusqu'aux cuisses, entre les ruines romaines qui s'avançaient, loin, très loin, dans les eaux bleues de Cherchell. Cette même éternité me faisait un tendre clin d'œil entre deux vieilles barques de pêcheurs, léchées par les vagues sur les rivages de Nice.

Quand la direction de ce qui était, à l'époque, l'Office de radiodiffusion et télévision française décida de créer à Nice un journal régional, il se trouva quelques rêveurs pour tenter l'aventure. Personne ne nous accordait le moindre avenir. Jean Médecin, le vieux baron, arrivé au terme d'une carrière exceptionnellement longue à la tête de la ville, souffrait atrocement d'un cancer généralisé. Son visage, toujours triste et anguleux, toisait ses interlocuteurs, impressionnés par sa haute taille autant que par ses manières étudiées et « florentines ». Toujours vêtu d'une longue cape, celui que ses amis appelaient le « prince Jean », avait manqué de peu, au congrès de Versailles de décembre 1953, d'être élu président de la République. Tout en lui exprimait la solennité. Était-ce parce qu'il sentait la mort approcher, il ne paraissait plus appartenir à ce monde.

Un jour de célébration de la fête nationale, présenté par son fils Jacques qui était encore journaliste à Europe 1, je tentais de l'installer devant une caméra.

— Cher Jean-Paul, je veux bien vous faire plaisir, vous êtes un ami de mon fils Jacques, mais vous savez bien que la télévision n'a pas le moindre avenir. La radio ! Il n'y a que la radio qui intéresse les Français.

J'étais stupéfait. Cet homme dont le destin avait été réellement exceptionnel n'avait plus la moindre conscience du monde qui l'entourait et de ses évolutions. En le regardant s'éloigner, silhouette immense et noire, soutenu par son chauffeur, symbole de cette ville de Nice maintenue dans une sorte de confort ouaté, un peu triste et sourd à tous les bruits extérieurs, je n'avais pas conscience d'assister à la fin des grands seigneurs de province. Jean Médecin était l'un des plus respectés. Il eût été inimaginable de formuler la moindre critique sur cet homme. Comme ses pairs qui dirigeaient les provinces de France, il était inattaquable. Il disposait d'un mandat quasi sacré sur lequel il eût été inconvenant, voire criminel, d'exprimer le plus modeste doute.

Nous n'étions qu'une dizaine d'aventuriers rigolards à avoir été promus FR3 Nice. Douce époque où il eût été incongru de parler de conditions de travail, d'heures supplémentaires ou même de hiérarchie professionnelle. Ce ne sont pas des journalistes qui ont créé les télévisions locales, plutôt des gamins insouciants dont les moyens techniques paraîtraient aujourd'hui proprement scandaleux. Deux caméras sur pied presque indéplaçables tant elles étaient vieilles et lourdes et des dizaines de projecteurs, eux aussi sur pied, dans une petite pièce louée aux studios de la Victorine. Le moindre déplacement relevait du sport de haut niveau. Il fallait enjamber des kilomètres de fils, se faufiler entre des rudiments de décor en bois vermoulu, le tout dans une chaleur insupportable dès que les spots étaient allumés. Le hasard fit de moi, nouvel arrivé à Nice, le présentateur du premier journal télévisé régional. Disons plutôt que j'ai tenté de le présenter, entre quelques pannes d'émetteur et des arrêts d'alimentation électrique. Il n'y avait pas vraiment de tâche déterminée ni de rôles précisés. Selon les urgences et les besoins, nous étions aussi bien cameraman de direct que régisseur, réalisateur ou présentateur.

Il faisait si chaud, la température moite était si insupportable que l'un d'entre nous avait pris l'habitude de présenter les actualités vêtu d'une chemise et d'une veste, mais en slip. Ses pieds, sous le bureau, trempaient joyeusement dans une bassine d'eau. Il suait à grosses gouttes et, de temps en temps, quand la caméra ne le suivait pas, il se rafraîchissait le front à l'aide d'une éponge qui trempait entre ses orteils ! Un soir, ordre m'est donné de tenir la caméra de direct, un casque vissé sur les oreilles permettant de rester en liaison avec le réalisateur — lui-même aussi incompétent que moi — et d'obéir à ses instructions de cadrage.

— Dévisse la manette de droite pour faire ton panoramique horizontal.

J'obéis.

— Très bien. Dévisse maintenant l'autre manette pour ajuster ton panoramique vertical.

J'obéis.

— Très bien. Je lance immédiatement l'antenne, ne touche plus à rien.

Hélas, à cette époque les caméras n'étaient pas équilibrées. Dès que j'eus lâché, l'avant de la caméra plongea vers le sol, présentant le spectacle désopilant et dramatique du caleçon du présentateur et des jambes velues trempant dans la bassine d'eau fraîche. L'antenne de direct ne résista pas au fou rire et le trio coupable fut interdit de télévision pendant quelques jours.

Le directeur régional, Maurice Ferro, un des pionniers de l'ORTF, tenait à faire des interventions en direct sur les sujets les plus divers. Avec quelque naïveté, il s'obstinait à faire semblant de paraître au débotté en plein cours de la présentation. Maurice Ferro avait une mauvaise vue. Grand et maladroit, il trébuchait sur le moindre obstacle. Un soir, à l'occasion d'une de ses interventions « inattendues », il se prit, évidemment, les pieds dans les fils électriques pour atterrir lourdement, en direct, sur le bureau du présentateur, affichant son fessier guère séduisant sur les écrans.

Il existe, à Nice, une fête locale baptisée « des cougourdons », c'est-à-dire d'énormes courges qui, dès leur apparition sur les plants, sont soumises, au gré du cultivateur, à des pressions variées par des fils et cordes habilement disposées de manière à ce que le fruit prenne des allures étranges, quelquefois cocasses sinon franchement cochonnes. Un soir, nous présentâmes cette fête à grand renfort de plaisanteries douteuses et par un étalage de cougourdons aux formes phalliques. Évidemment, une nouvelle fois nous fumes interdits d'antenne. Il en fallait peu pour que tout manquement à la morale « d'avant 68 » fût sévèrement condamné. C'était une période, pas si lointaine pourtant, où la splendide speakerine Noëlle Noblecourt fut purement et simplement licenciée pour avoir osé montrer un début de cuisse à l'antenne. Un certain ministre de l'Information, devenu champion du « libéralisme », académicien et éditorialiste au *Figaro*, venait expliquer en personne aux téléspectateurs les changements qu'il entendait opérer dans la présentation du journal télévisé national.

À Nice, nous n'étions guère préoccupés par les signes annonciateurs des profonds bouleversements sociaux qui allaient agiter la France. Région de rêve, du moins à cette époque, il suffisait d'être journaliste sur la Côte d'Azur pour rencontrer Chagall, Van Dongen ou Dunoyer de Segonzac. Chagall, merveilleusement heureux dans les jardins de la fondation Maeght, enivré par le chant des cigales, m'offrait « pour me remercier » sa signature au bas d'un petit dessin. À Èze, Van Dongen eut le bon goût de nous recevoir une dernière fois avant de mourir. À Saint-Tropez, Dunoyer de Segonzac, conscient de notre inculture artistique, nous écrivait de sa propre main l'histoire de la naissance de l'école de Saint-Tropez. Il suffisait de téléphoner à Picasso pour le rencontrer. Hélas, nos deux dernières entrevues se soldèrent par deux camouflets que je ne suis pas près d'oublier : chaque fois nos caméras, agonisantes, tombèrent en panne ! Sylvie Vartan venait gentiment dans les studios se plier à l'épreuve des play-back et Carlos, qui ne chantait pas encore, se contentait de jouer les gardes du corps de Johnny Hallyday.

Au Festival de Cannes, qui était peut-être moins professionnel que maintenant mais qui autorisait toutes les audaces aux journalistes, nous devions inventer des « coups » chaque jour avec des starlettes un peu plus niaises qu'aujourd'hui. Ce qui permettait les pires folies, comme faire baigner nue une somptueuse comédienne américaine dans une baignoire du Carlton déménagée sur le sable de la plage. La « Belle Otéro », qui n'était plus toute jeune ni belle, vivait misérablement dans un « meublé » de la rue de Belgique. Dans ce taudis, elle n'avait gardé que quelques paquets ficelés contenant plusieurs millions de titres d'emprunts russes. Elle survivait difficilement grâce au Casino de Monte-Carlo qui lui adressait une petite rente mensuelle, en souvenir des fortunes qu'elle y avait perdues ! Ils ne furent qu'une quinzaine à suivre son cercueil. Guère plus que pour Viviane Romance qui, après avoir connu une gloire inouïe, s'était retirée dans une ruine près du village de La Gaude. C'était une ancienne commanderie templière dont elle fouillait régulièrement le sol pour trouver le trésor des Templiers ! Dans une somptueuse propriété du bord de mer, à l'est de Nice, vivait la veuve de Maeterlinck. Cette incroyable demeure, bâtie à flanc de rocher, était invisible de la route. À l'entrée, poussaient des fleurs qui avaient la particularité d'être orientées non pas vers le ciel mais vers la terre. « Signe de la mort », disait la vieille dame devenue démente dans cette maison gigantesque dont l'atrium avait la dimension d'un terrain de football. Elle ne s'était jamais résignée à accepter la mort de l'auteur de *Pelléas et Mélisande* et, chaque jour, elle préparait son couvert et sa boisson préférée. Troublés, nous l'entendions nous dire gravement : « Ce matin, j'ai dit à Maeterlinck que nous aurions un très beau temps. La mer sera calme. » Près du cap d'Ail, vivait Le Corbusier. Le génial architecte refusait tout contact. Reclus dans une villa gardée par une meute de chiens, il regardait la mer. Nous sommes entrés un jour par effraction, pour le surprendre et lui voler quelques images de sa solitude. Le bougre, qui avait un caractère épouvantable, nous mit en fuite en tirant à la carabine.

Elizabeth Taylor était, elle aussi, inapprochable. Un jour, planqués devant l'hôtel Éden-Roc, nous la vîmes de loin arriver avec des dizaines de malles et un petit chien. Après l'avoir pistée une nuit et une journée, nous nous résignâmes à embarquer avec elle dans le bateau régulier qui devait la conduire aux îles de Lérins. Au moment où nous commençâmes à tourner, folle de colère elle chuchota quelques mots à Richard Burton qui l'accompagnait. Il se jeta sur moi, me prit par le cou et s'apprêtait sans doute à m'administrer une sévère correction quand il s'aperçut que Jacques Munch, reporter à *France-Soir*, photographiait la scène. Il me lâcha aussitôt, s'excusa et m'invita à m'asseoir près de la star. Troublé, je ne suis pas parvenu à lui poser la moindre question. Alors, elle m'a souri et s'est lancée dans un long monologue sur la Côte d'Azur, la France, les journalistes... et son mari « peut-être un peu trop vif » !

Catherine Deneuve, pour sa part, nous recevait en invités au bord de la piscine de La Colombe d'Or à Saint-Paul-de-Vence. Et Romy Schneider, amoureuse d'Alain Delon, était, avec lui, au générique de *La Piscine*, un film qui ne fut pas un immense succès mais qui vit les débuts de Jane Birkin. Elle ne quittait pas des yeux un Gainsbourg déjà aussi sale et toussoteux que génial. Quelques années plus tôt, Alain Delon, qui venait de terminer le tournage de *La Tulipe noire*, avait reçu les journalistes dans une boîte de nuit du Vieux Nice. Assis près de moi une partie de la soirée, il se mit à me raconter son passage dans l'armée. Pas un regard pour la jeune femme qui m'accompagnait et dont les yeux larmoyaient de tendresse.

Le peintre Ben, grand, maigre et même un peu décharné, n'avait pas encore acquis argent et gloire. Il avait ouvert, rue Tonduti-de-l'Escarène à Nice, une boutique aussi loufoque que son propriétaire, où il vendait aussi bien des boîtes de conserve vides que des vélos cassés. Il était convaincu de devenir un jour célèbre, en quoi il n'avait pas complètement tort. Nombre de ses « objets » sont aujourd'hui exposés au Centre Pompidou à Beaubourg. Nous étions devenus amis. Sa folie m'amusait, mais surtout je le savais capable de tous les sacrilèges. C'était un sujet idéal pour un journaliste. Il était clair qu'il avait du talent et qu'il devait trouver sa place dans le cercle qui devint plus tard l'école de Nice.

Pour m'être agréable — car tous les prétextes étaient bons pour l'inviter au journal régional —, il m'appela un jour pour m'annoncer qu'il avait peint mon portrait et qu'il m'attendait pour me l'offrir. Dans une grande enveloppe, il avait glissé une feuille verdâtre sur laquelle, sous sa signature, il avait collé un bout de miroir cassé... dans lequel, évidemment, je pouvais reconnaître mon portrait ! Stupide, je ne l'ai pas gardé. Aujourd'hui, célèbre et non sans talent, Ben vend ses créations à des amateurs.

À Nice la vie culturelle n'avait pas de grande densité. Un Opéra poussiéreux et gentiment désuet dont le directeur partageait son temps entre la négociation des cachets des ténors ou sopranos et l'achat de taureaux pour les arènes de Nimes dont il était le puissant imprésario. Ce brave monsieur Aymé était l'un des rares intimes de la famille Médecin. De ce fait, il connaissait les défauts et les travers des rejetons. Bien des années plus tard, même au faîte de son pouvoir sur le département, Jacques a conservé une sorte de respect craintif pour son directeur de l'Opéra et ne se serait jamais permis le moindre écart de langage devant lui.

Sur le port de Nice, dans son restaurant L'Esquinade, Marcel Béraud et sa femme, déjà un tantinet excentriques, servaient des langoustes aussi sublimes que les prix en étaient astronomiques. Dans la salle, Joseph Kessel et Louis Nucéra, qui n'était qu'un jeune militant communiste au regard fiévreux, refaisaient le monde, chaque soir, sous le regard béat d'admiration du photographe Raph Gatti. Ce dernier, qui avait un réel talent, passera quarante années de sa vie à « couvrir » les mêmes événements, aux mêmes périodes, et avec les mêmes personnalités. Il faut dire qu'il connut tout de même un moment exceptionnel. Dès son élection à la présidence de la République, Giscard d'Estaing, comme ses prédécesseurs et comme le feront ses successeurs, décida de passer ses premières vacances au fort de Brégançon. Pour rompre avec les usages, il n'hésita pas à téléphoner lui-même à des écrivains ou des journalistes, même les plus modestes. À cette époque, ces comportements paraissaient prodigieux. Pour sa première visite à Brégançon, Giscard téléphona à deux ou trois photographes. Le premier d'entre eux fut Raph Gatti, ou plutôt sa femme qui raccrocha croyant à une plaisanterie. Quand la sonnerie retentit de nouveau, Raph comprit aussitôt et devint sur-le-champ « l'ami » personnel du Président. Depuis ce jour, il ne rata plus une occasion de dire et de redire à ses amis ou relations, pour lesquels il est devenu attendrissant, que les deux grands moments de son existence avaient été les soirées avec Kessel et le coup de téléphone de Giscard.

Un jeune homme barbu avait décidé de créer la première troupe de théâtre locale aux côtés d'une splendide brune aux yeux sublimes. Guillaume Morana et Éliane Boeri (qui allait plus tard connaître la gloire sur les scènes parisiennes) animaient la troupe des Vaguants. Avec pour seul et noble objectif d'enseigner le théâtre moderne aux foules niçoises. Programme ambitieux et délicat certes, mais plus prosaïquement fada pour les vendeuses de *socca* du marché qui n'ont jamais compris pourquoi la cantatrice de Ionesco était chauve et qui, dans un haussement d'épaules, quittaient la salle où elles avaient été pourtant invitées, avant de s'esclaffer bruyamment en se tapant sur les cuisses. Morana venait passer des heures chez moi pour me raconter ses mises en scène et préparer ses passages à la télé. En buvant du café très chaud, nous nous prenions pour de grands philosophes et la petite table couverte de dessins et de notes pouvait aussi bien, dans nos cerveaux en ébullition, avoir reçu au Café de Flore les confidences écrites de Sartre ou de Boris Vian.

Les habitants de la Côte d'Azur, en ces débuts préhistoriques de la télévision, découvrent des images de leurs quartiers, de leurs rues et de leurs voisins. L'audience est incroyable, plus importante que pour les journaux nationaux. Les présentateurs deviennent de petites gloires locales, des vedettes signant autant d'autographes que les vrais comédiens. Bien entendu, la télévision régionale est un point de passage obligé pour les hommes politiques locaux. Les journalistes proposent des sujets à leur guise et une sorte d'amical consensus s'établit, chacun étant autorisé à favoriser sa mouvance politique dès lors qu'un équilibre naturel est maintenu entre toutes les tendances. Je connaissais bien Jacques Médecin. C'est donc naturellement moi qui fus chargé de couvrir les événements le concernant. Plus tard, dans un de ses ouvrages qu'il aurait été bien inspiré de ne pas publier ni même d'écrire, il dira que « j'avais été assez courageux pour parler de lui dans une télévision régionale aux mains des marxistes » ! C'est totalement faux et le propos est tellement excessif — comme, en fait, bien de ceux qu'il sera amené à tenir plus tard — qu'il inciterait plutôt à sourire. Il n'était question ni de courage ni de lâcheté. Jacques Médecin et moi étions amis et je considérais faire « naturellement » mon métier.

Oui, je connaissais bien le « Jacques ». Notre première rencontre date de 1962, à peu près au même moment où je faisais la connaissance de Jacques Peyrat qui allait, un jour, lui succéder à la mairie de Nice. Nous nous étions aperçus sur des reportages. Jacques était mon aîné et le fils du maire de Nice. Je n'étais qu'un jeune journaliste et ne savais rien, ou presque, de la politique locale. Dans un restaurant du port qui faisait la meilleure *socca* de la région, régnait un savoureux personnage aussi chaleureux que généreux : Riri Cauvin. Le « prince du Nautique » accueillait chaque soir des dizaines d'affamés connus et inconnus. Il « oubliait » parfois de présenter l'addition. Riri Cauvin nous fit déjeuner un jour ensemble. Jacques n'était pas beau. Un corps étonnamment puissant, sur-monté d'un visage de boxeur, lui donnait une apparence de lourdeur assez désagréable. Il n'était ni fin ni élégant. En revanche, il parlait ! Doté d'une capacité d'élocution exceptionnelle, frisant parfois l'insupportable, il était capa-ble de porter des jugements sur tout, et plus particulière-ment sur les sujets dont il ne savait rien. Sa voix grave et une réelle gentillesse dans les propos lui octroyaient un charme incontestable. Jacques n'était pas très riche non plus. Du moins, pour être plus précis, dans une famille effectivement très riche, son père manifestait une préfé-rence évidente pour le frère aîné, Alexandre, dont il atten-dait un avenir glorieux. Jacques n'avait pas été en mesure de poursuivre ses études plus loin qu'une capacité en droit et, fait aggravant, était devenu journaliste. Pour le « prince Jean », ce choix était à peu près synonyme de saltimbanque. Son père ne l'aidait donc guère et sa mère, effacée, soumise à l'autorité maritale, « avait — disait son fils Jacques — un coffre-fort à la place du cœur ». Jugement probablement excessif, car elle l'adorait.

Riri Cauvin aidait Jacques, comme il aidait quelques copains désargentés, dont moi. Au Nautique a commencé la carrière politique de Jacques. Il venait, en dévorant salades et pizzas, entendre des conseils et obtenir quelques subsides. Devant mon ami Jean Taousson, ex-reporter à *L'Écho d'Alger* avant de devenir un brillant collaborateur de *Paris-Match,* Jacques nous affirmait gravement, dans un chuchotement, avoir, la nuit précédente, passé clandestinement en Italie des réfugiés politiques de l'OAS. C'est possible. À cette époque, Gaston Defferre, à Marseille, se rappelait, quant à lui, au souvenir des pieds-noirs en leur répétant qu'il aurait « fait tirer sur eux s'il avait été ministre de De Gaulle ». Jacques Médecin commençait, en revanche, à attirer à lui, sans états d'âme et sans déclarations tonitruantes, une « clientèle » de ces nouveaux Niçois nés sur l'autre bord de la Méditerranée et pour lesquels Paris représentait aussi bien le Grand Nord que le centre géopolitique de la trahison et de l'abandon.

En rappelant, des années plus tard, dans un journal municipal dont j'ai été le créateur, ces propos de Gaston Defferre sur les pieds-noirs, je me souviens avoir été condamné par le tribunal correctionnel de Nice. Defferre avait, évidemment, déposé plainte. M$^e$ Lombard, avocat célèbre et redoutable, m'avait invité à déjeuner, avant le procès, dans son luxueux domicile marseillais, en compagnie de... Jean-Jacques Susini. Défenseur des intérêts du maire de Marseille, Lombard s'attendait à trouver à Nice, le fief de Médecin, un comité d'accueil de gros bras et une armada d'avocats décidés à en découdre : exemple caractéristique de l'incroyable distorsion entre l'image que se donnait le maire de Nice et la réalité. En fait, c'est un stagiaire un peu minable qui assura notre défense, dans l'indifférence totale du « Jacquou » peu préoccupé par ces problèmes qui, disait-il, ne le concernaient pas. Il était pourtant le patron de ce journal et même un actionnaire de la société éditrice. Et je fus condamné !

La carrière journalistique de Jacques Médecin a débuté à *Nice Matin*. Il a ensuite signé quelques articles dans *France Dimanche*, avant de devenir correspondant d'Europe 1 sur la Côte d'Azur. Il se plaisait à rappeler qu'il avait été le premier journaliste français à découvrir, bouleversé, le drame de la rupture, à Fréjus, du barrage de Malpasset. Ce qui est vrai. En revanche, rencontrant bien plus tard, à Paris, Jacques Paoli, à l'époque son rédacteur en chef, j'appris que les reportages de Jacques étaient entachés d'une telle diarrhée verbale qu'il était presque impossible de les diffuser. Il est vrai que Paoli, pour des raisons que je n'ai jamais élucidées, ne portait pas une grande tendresse au Jacquou ! Il n'empêche que tout au long de sa vie, Jacques Médecin adorera rappeler son passé de journaliste et citer son numéro de carte professionnelle. Entre deux morceaux de pizza, il écrivait devant Riri Cauvin des dizaines de pages, d'une violence inouïe, contre la politique du général de Gaulle. Sa secrétaire, aussi dévouée que bénévole, tapait consciencieusement sa prose et le tout partait à l'imprimerie pour quelques lecteurs aussi peu nombreux que ravis de son antigaullisme.

Son journal de combat, *Flash*, ne pesait pas vraiment dans le paysage médiatique, mais il démontrait sa présence... autant aux Niçois qu'à son père !

Jacques Médecin entra en politique, non sans mal, en étant candidat contre une femme de gauche exceptionnellement intelligente, Thérèse Roméo. Elle avait fait couvrir la ville d'affiches montrant le père, Jean Médecin, déguisé en docteur Diafoirus administrant des purges à son rejeton ! La vie politique de Jacquou commença en fait par un truquage, qu'on appellerait aujourd'hui une magouille. Une pratique qui serait à présent impensable. Au soir du dépôt des candidatures en préfecture, un employé de mairie remit une lettre signée « J. Médecin ». Tout le personnel politique local crut à une nouvelle candidature de Jean Médecin lors de cette élection cantonale qui s'est déroulée en 1961 et s'abstint. En réalité ce fut Jacques qui se présenta ! Quand Jean mourut en 1966, Jacques se fit élire conseiller municipal, en dépit des pressions inouïes exercées par un préfet qui s'était fait tailler un costume spécial le faisant ressembler à un maréchal d'Empire. Il avait tenté de manipuler le conseil municipal afin que le nouveau maire fût plus âgé et surtout « docile ». Mais les élus étaient précisément si âgés et si ambitieux qu'ils ne parvinrent pas à se mettre d'accord. Jacques fut donc élu pour la forme et pour assurer une transition. On sait ce qu'il en advint ! Le préfet Moatti partit en retraite dans l'indifférence générale pour débuter une carrière... d'écrivain de science-fiction. Curieux personnage qui aurait voulu ressembler au sergent Mariole et qui consacrera ses dernières années à écrire d'interminables et indigestes pages sur les Martiens et... la vie après la mort.

Pendant toutes ces années qui précédèrent Mai 68, la télévision régionale ne cessa d'hésiter sur le sens de sa mission. Les journalistes, vite lassés de leur notoriété évidemment très locale, tentèrent en vain d'imiter leurs confrères nationaux. Ils se mirent à dédaigner les marchés ou les petites manifestations de quartiers, sans perdre pour autant leur douce servilité de fonctionnaires d'État. Les yeux des reporters ne voyaient le monde qu'avec des œillères. Dans toutes les rédactions régionales, les collaborateurs, inspirés par l'exemple de leurs estimables confrères parisiens, cohabitaient dans un climat très complice avec les autorités locales. Quand il s'agissait de poser des questions à quelques élus, il était de bon ton de les soumettre auparavant à l'intéressé.

Ces journalistes n'étaient ni courageux ni lâches, ils étaient conformes à l'image de leurs collègues nationaux dont Georges Pompidou estimait qu'ils étaient « la voix de la France ». Mai 68 et la douloureuse remise en question des anciennes valeurs ont conduit ces gentils fonctionnaires locaux de la télévision à se demander à quoi ils pouvaient servir. Dédaignant toujours les petits faits régionaux et n'ayant guère de chance de trouver, chaque jour, des sujets à dimension nationale, ils ont imaginé s'anoblir en haïssant soudain ces élus de province, jadis leurs amis. La tentation de « tuer le père » les a atteints en même temps que leurs collègues des journaux régionaux, correspondants locaux souvent obscurs et plongés dans l'ennui de petites villes oubliées. Ils se sont pris à rêver de gloire. Ajouté à cela un mouvement plus profond, une prise de conscience par l'ensemble des Français, et nous changions d'univers. Ce choc, ce fut Mai 68, qui surprit la plupart des journalistes.

Mai 68. Paris en fièvre, Paris saisi d'un brusque accès de folie. Je n'avais pas le moindre rôle syndical. Je n'appartenais à aucun parti politique. Ces « événements » qui, dit-on, marquèrent l'histoire de France me paraissaient, même dans les affrontements brûlants du quartier Latin, ressembler à des querelles d'après matches par comparaison avec ceux que j'avais connus, dix ans plus tôt, rue d'Isly à Alger dans le feu des pistolets-mitrailleurs et des blindés légers. À Cognacq-Jay et dans les couloirs de la Maison de la Radio, journalistes et techniciens, réunis en séminaires ininterrompus, tentaient d'inventer une nouvelle radio, une nouvelle télévision. Les rumeurs les plus folles circulaient : « Alain Delon a été pressenti pour présenter un journal télévisé gouvernemental » ; « le ministre va tenter d'utiliser le réseau des télévisions régionales pour "couvrir" la France et diffuser des images probablement moins révolutionnaires ». Dans cette perspective, ou plutôt cette crainte, un Comité des sages de la télévision en grève m'incorpora pour représenter les régions et trouver une parade. Dans un studio enfumé, s'installa un Soviet permanent de diffusion d'informations des grévistes. Un journal radiodiffusé interne fut créé, émettant chaque jour la « bonne parole » auprès de tous les « émeutiers » disséminés sur le territoire. Ce journal parlé choisit, pour être l'un de ses présentateurs, un « camarade » issu des régions : ce fut moi. Étais-je conscient du choix politique que mon engagement impliquait ? Je n'y ai pas vraiment réfléchi. De Gaulle paraissait affaibli. De Gaulle, sous la pression populaire, allait quitter le pouvoir. Ce fut, plus probablement, le souvenir de ma mère qui domina alors mes pensées. Dans les studios enfumés et sales, Léon Zitrone passait allégrement, face aux grévistes, du soutien à la trahison. Stéphane Collaro justifiait, avec la même conviction, son souci de défendre le service public et son ras-le-bol des consignes gouvernementales.

Dans un camping du petit village de La Brague, à quelques mètres des studios niçois de la télévision gardés par les gendarmes, nous organisions des conférences publiques sur la liberté de la presse. Les responsables politiques régionaux, sollicités pour apporter leur appui, réagirent avec plus ou moins d'opportunisme. Le bon Virgile Barel, patron charismatique des communistes, voulait bien nous accorder son soutien moral mais s'excusait de ne pouvoir alimenter la caisse des journalistes en grève. Jacques Médecin avait, avec nous, de curieuses relations. J'étais, paradoxalement, le porte-parole des gauchistes, ces « pourrisseurs » qui allaient faire choir la France aux abîmes. Toutefois, son antigaullisme viscéral l'incitait à nous aider et son récent passé de journaliste l'engageait à observer avec une réelle sympathie cette agitation un peu folle qui devait « libérer » la presse de la tutelle de l'État. Je doute que cette tutelle l'ait gêné dans la présentation que je faisais de son action de maire, mais, au fond, les raisons profondes des engagements et des soutiens, peu importaient pourvu que nous puissions les obtenir.

Dans des salles enfiévrées, les stars de la télé de l'époque tenaient meetings et tentaient d'expliquer leurs états d'âme à des publics que je soupçonne d'avoir été plus intéressés de voir leurs idoles que par le fond des discours passionnés. J'y retrouvais certains de ceux qui avaient partagé avec moi les micros de la radio algéroise entre 1958 et 1962 : Philippe Labro, déjà le plus talentueux de tous ; le gentil Jean-Claude Narcy dont la seule obsession, encore jeune journaliste à Alger, était de décrocher un contrat mettant fin à son statut de pigiste avant de quitter le pays en feu ; Jean-Pierre Elkabbach et d'autres que j'avais oubliés ou qui, aveuglés par leur nouvelle gloire, feignaient de ne plus me reconnaître. Représentant les journalistes de province, j'allais de ville en ville, certes convaincu de diffuser la bonne parole mais tout autant ravi de manifester ma rancune et mon antigaullisme. Peut-être même en ai-je trop fait puisque, dès le retour au calme, convoqué devant un comité de discipline à Paris j'eus à décider entre... une mutation à Madagascar ou la porte. Je choisis la porte. Sans réfléchir, mais sans regrets non plus.

À cette époque, somme toute encore heureuse, la recherche d'un emploi ne paraissait pas procéder de l'insurmontable ou de l'exploit. Sur un banc, face à la mer, je contemplais le ciel et les vagues de mon enfance, entre le rire et les larmes. Les terrasses des bistros de la promenade sont pleins de touristes rassurés par le retour au calme. La bonne bourgeoisie locale, enfin tranquillisée, retrouve le goût des langoustes plongées vivantes dans l'eau bouillante, sous les yeux faussement effrayés de belles dames endimanchées. Il n'y a plus à craindre de sortir étoles et sacs de prix. Les drapeaux rouges ont été soigneusement rangés entre des affiches qui annonçaient — joyeuse foutaise — « l'objectivité de l'information » ! Les « hordes barbares » de garçons et filles qui promettaient des fleurs sous les pavés de Paris se sont dispersées et les hommes politiques se racontent leur résistance avec des rires gras et des commentaires aussi vulgaires que menteurs : « Ces pauvres cons, ils ne croyaient tout de même pas qu'on allait leur laisser le pouvoir ! »

Devenu un de ces cons, je déambule seul dans les rues de Nice, un peu décontenancé de retrouver mon statut d'immigré sur une terre que, dans mes délires d'autosatisfaction béate, je croyais avoir conquise. Les terrasses des cafés du cours Saleya ressemblent à celles que je contemplais, stupéfait, à Marseille sept ans plus tôt. Les événements m'ont de nouveau marginalisé. Pris dans le vertige d'arguments contradictoires, je me gave de cette *socca* huileuse et indigeste qui me rappelle la *calentita* des mzabites de la rue de Lyon à Alger. Dans une des plus vieilles ruelles

61

des anciens quartiers de Nice, le restaurant La Trappa est plein des mêmes petites gens qui écoutent religieusement *Nissa la Belle*. Suis-je toujours un con resté en Afrique ou un con niçois contraint de nouveau de faire ses valises ?

La femme qui m'accompagnait depuis sept ans m'a elle aussi quitté, sans doute lassée par des errements de conduite devenus trop voyants. Je m'octroyais l'excuse d'avoir voulu courir, dans de folles cavalcades, à la recherche d'une adolescence perdue, impossible à satisfaire dans un pays en guerre. De nouveau seul, je me pose les mêmes et obsédantes questions : d'où suis-je ? Où vais-je ? Mon insertion dans la communauté française sur ce bout de Côte d'Azur est-elle une imposture ? J'y croyais tant. Tous ceux, passants connus ou inconnus, que je pensais être mes compatriotes, paraissent soudain lointains, étrangers. Fallait-il que je sois fou ou crédule pour imaginer recréer si facilement un environnement ? A-t-on le droit de disposer d'un lieu qui n'est pas celui de votre enfance ? Comme les imbéciles disent « je t'aime » à une femme inconnue simplement parce qu'ils ont follement envie d'aimer, peut-on dire « cette école... cette rue, ce bistro sont ceux de mon enfance, ce sont les miens » simplement parce qu'on crève de vivre sans racines, parce qu'on ne supporte pas longtemps et sans dommages d'être un émigré ?

Serai-je à jamais un doux rêveur, un traumatisé de la terre natale ? J'ai éprouvé plus d'une fois cette sensation tragique. Les réveils sont toujours difficiles, plus encore pour celui qui a cru ne pas avoir rêvé.

Depuis les nuits interminables passées dans le silence tiède des rues d'Alger, croisant des malheureux atterrés de se retrouver exposés aux tirs sans sommation après le couvre-feu, depuis nos quinze ans, nous sommes quelques-uns, nés loin de la terre d'accueil, à n'avoir connu que des réveils angoissés. C'est encore à ce détail qu'on reconnaît un statut d'émigré. S'endormir pauvre pour se réveiller aussi pauvre est sans doute une douloureuse expérience, mais il demeure l'espoir. L'espoir se mue en une volonté acharnée de réussite et de puissance. Et quand la souffrance de la pauvreté devient trop insupportable, l'émotion de retrouver sa maison ou sa rue rend, même aux plus faibles, le courage de vaincre et la certitude de lendemains meilleurs. S'endormir émigré et se réveiller de même est, certainement, la plus insupportable des douleurs. Il n'existe plus aucun repère. Retiré, le droit de reposer son cœur et son cerveau à une table de bistro qu'on a connu petit, quand on s'échappe vite du lycée pour aller faire un « flipper ».

Je conserve, marqué sur mes fesses de gamin, le souvenir de ce premier flipper. Mon père, le sauvage, m'avait suivi. Fou de bonheur de m'offrir ce moment de détente interdite, je ne l'avais pas remarqué. En revanche, je l'ai vu pousser, livide, la porte, échanger quelques mots acerbes avec le patron, avant de m'adresser un fantastique coup de pied au cul.

# 4

## *Ainsi naquit le mythe Médecin*

Tout en haut de l'avenue Malausséna, après le pont sur
lequel passent les trains internationaux, se trouve un marché. Les clients et les passants slaloment dangereusement
entre les étals de tomates et de poissons, essayant de ne
pas se faire renverser par les voitures dont les conducteurs,
exaspérés par les embouteillages, klaxonnent interminablement en hurlant des insanités. Je suis bousculé par une
énorme mégère dont je n'avais pas vu le minuscule chien
qu'elle traîne dans la cohue. Une porte cochère. Je m'arrête un instant et plonge dans mes rêves, ou mes souvenirs.
Tout au long de la rue de Lyon, à Alger, entre le quartier
du Champ-de-Manœuvres et Belcourt, se pressaient aussi
des centaines d'étals tenus pour la plupart par des mzabites. Avec Blandine, une lointaine cousine, nous mettions
des heures à parcourir ces quelques centaines de mètres,
bousculés par la foule qui parfois nous pressait l'un contre
l'autre. Elle était jolie et cultivée. Je lui parlais de Camus,
elle me parlait d'opéra. Le miel des pâtisseries arabes, trop
sucrées, coulait de nos lèvres. Pendant des heures, sous le
soleil brûlant, nous marchions dans les rues d'Alger,
oubliant notre lointaine parenté pour jouer à nous aimer.
La chaleur était torride. Elle portait des chemisiers légers
qui laissaient voir ses seins. En rougissant, elle souriait de
mes regards furtifs, sans cesser de me parler de musique
classique. Parfois agrippée à ma taille, sur le siège de ma

moto, je sentais contre mon dos son corps pressé sur ma peau. Nous aurions fait ainsi le tour du monde pour le seul plaisir de rester collés l'un à l'autre. Sur les plages interminables de Staouéli, près d'Alger, nous restions étendus des heures, main dans la main, sans oser nous caresser. Quelques baisers interminables. Des jambes qui se frôlent. À Tipasa, entre les ruines qui s'avancent en pleine mer, elle entrait en robe dans l'eau tiède. Le tissu mouillé collé à sa peau provoquait en moi des désirs fous. Elle riait.

— Jean-Paul, qu'est-ce que tu fais là ?

Je sursaute. Je reconnais cette voix. Derrière moi, Jacques Médecin que je n'avais pas entendu venir. Le maire de Nice vient de remettre une médaille à une centenaire qui n'attendait sans doute que cet auguste geste pour trépasser tranquillement.

— Rien ! absolument rien ! Je me promène. Je viens de me faire virer de la télé. J'ai fait sans doute un peu trop d'agitation, mais je t'avoue que je suis bien emmerdé.

— Passe me voir demain matin, on parlera !

C'est ainsi qu'a commencé ma collaboration avec Jacquou. Le jeune élu, auquel ses collègues avaient imprudemment pensé laisser le fauteuil de maire pour quelques mois, a pris goût à ses fonctions. Travailleur infatigable, il s'attache à conquérir, sinon l'amitié de ses conseillers municipaux, du moins celle des Niçois en passant des heures à arpenter les rues, puis ses soirées et ses nuits à réunir des fonctionnaires incrédules et bien décidés à l'empêcher d'agir. Il est épuisé de porter le poids de l'image paternelle et de se heurter à la passivité hargneuse d'une administration composée de fonctionnaires anesthésiés et vieillissants. Je suis sa première recrue, le premier « jeune » appelé à ses côtés.

Le premier « jeune » ? Pas tout à fait. Le nouveau maire de Nice, à peine installé dans ses fonctions, a eu le réflexe, aussi naturel que souvent stupide, de consulter un autre élu pour trouver un directeur de cabinet. Jean Lecanuet, président du mouvement centriste et sénateur-maire de Rouen, lui a proposé un garçon d'une trentaine d'années, aussi à l'aise dans la complexité des luttes de clans à Nice qu'un poisson en plein soleil. Il s'appelle La Barbe, un nom qu'aucune vendeuse de fleurs du cours Saleya ne peut prononcer sans rire. Le malheureux a précipitamment changé son patronyme pour Labarre. C'est auprès de lui que commencent mes fonctions d'« attaché de presse ».

Il y a trente ans, les hommes politiques n'imaginaient pas devenir des produits de consommation courante, « promotionnables », au gré des humeurs ou du talent des spécialistes en communication. L'idée de créer un authentique service de presse dans une administration avait germé pour la première fois dans l'esprit de Jacques Chaban-Delmas, le maire gaulliste de Bordeaux. Ce sont donc les villes de Nice et de Bordeaux qui inventèrent les premières structures de communication intégrées. Les actions demeuraient timides et les responsables inquiets des réactions des autres fonctionnaires. Il était, en effet, périlleux de se mouvoir entre les susceptibilités ancestrales et la puissance du quotidien local, ainsi que de choisir entre la promotion de l'homme politique et celle de la ville. Enfin, il fallait compter avec la jalousie des autres élus et celle des journalistes professionnels restés dans leurs rédactions.

À l'extrême fond du dernier couloir du dernier étage de l'Hôtel de Ville, une sorte de mansarde a été pompeusement baptisée : Service des relations publiques. L'ambiance est pesante pour le jeune employé, observé comme un inquiétant perturbateur par des collaborateurs dont la moyenne d'âge dépasse largement le demi-siècle. Toujours étiqueté journaliste, le nouvel attaché de presse fait figure d'agitateur indésirable dans un monde fermé dont la vie quotidienne a été minutée, organisée, comme mécanisée selon des cadences et des comportements inspirés du siècle dernier. Jean Médecin, en maître absolu, a maintenu une frontière inviolable entre le comté de Nice et la France. À la limite du ridicule courtelinesque, les fonctionnaires préservent des habitudes, ou plutôt des manies, incompréhensibles pour un gamin arrivé d'une Algérie en guerre, mais moderne.

Certes, l'attaché de presse ne sait pas très bien, lui-même, quelles sont ses fonctions et leurs limites. Ses initiatives sont interprétées par les autres collaborateurs comme un espionnage intolérable. Son seul contact complice se limite donc au maire, au fond ravi de retrouver, dans la communion de nos imaginations légèrement délirantes, le parfum apaisant de ses propres souvenirs de journaliste.

Parallèlement à l'amitié indéniable qui nous lie, se crée, initiée par l'indifférence et la méfiance des autres, cette relation professionnelle directe qui me fait apparaître rapidement comme le premier de la bande de ceux qu'on allait appeler, bien plus tard, « les bébés Médecin ». Dans ce monde clos, où il est de bon ton de tenir en français les conversations les plus banales et en « nissart » les propos essentiels, le pied-noir de Belcourt, sans la moindre origine sarde ou piémontaise, est condamné à l'isolement. Le maire, il est vrai, n'est guère mieux considéré. Ce n'est « qu' » un ancien journaliste, qui, de surcroît, est détesté par le patron du seul journal local *Nice Matin*. En outre, il est l'adversaire désigné du préfet des Alpes-Maritimes et considéré comme un pape de transition par ses collègues. Enfin, il est ouvertement contesté par ses employés pour lesquels il demeure le gentil « petit garçon », indigne de son prestigieux père.

Il a souvent été dit que Jacques Médecin a bénéficié de l'immense atout d'être le fils de son père. Si le nom lui a été incontestablement utile et même indispensable, il est certain que cette filiation fut surtout encombrante et épouvantablement difficile à gérer. La bourgeoisie locale, qui ne lui pardonnera jamais d'avoir pris la mairie, ne le considérera que comme un gêneur à faire disparaître rapidement. Pourquoi ces grands bourgeois de Nice n'ont-ils jamais accepté Jacquou comme un des leurs, alors que Jean était un « prince » incontesté ? Il est clair qu'un garçon qui n'a réussi aucune étude sérieuse, a « fait le bûcheron en Alaska » et le journaliste à *France Dimanche*, ne leur paraît pas représentatif de la tradition locale. Chaque élection démontrera le décalage entre la popularité du maire auprès des plus humbles et l'indifférence presque haineuse des grandes familles. Chaque consultation électorale provoquera des tentatives de récupération du siège du maire : par un avocat, un médecin, un notaire, un rentier sénile, bref, des « gens fréquentables » que le président de *Nice Matin* adoubait, avant de les encenser dans les colonnes de son quotidien.

Étrange relation que celle des familles Médecin et Bavastro. L'une comme l'autre ont, depuis plusieurs générations, contribué à écrire l'histoire de Nice. Un obscur conflit, aussi lointain qu'incompréhensible, les a transformés en adversaires courtois mais déterminés. Si Jean Médecin, usant avec bonheur de ses méthodes florentines, a calmé le jeu et normalisé la coexistence des deux plus importants employeurs du département — le journal et la mairie —, en revanche, l'accession de Jacques au fauteuil de maire a été ressentie par Michel Bavastro comme un outrage. Il n'était pas acceptable, pour le président du quotidien, qu'un de ses anciens employés, fût-il le fils de l'ancien maire, disposât d'une puissance au moins égale à la sienne. Contexte funeste pour un attaché de presse ! Pendant près de deux ans, en dépit de tous les efforts, pas une seule photo du maire ne fut publiée dans *Nice Matin*, seul quotidien local. Contraint par les événements, le jeune maire adopta la seule stratégie de nature à lui permettre de se maintenir à son poste : arpenter, chaque jour, les rues et les marchés, établir un contact direct avec le petit peuple, s'astreindre à quatre repas par jour pour honorer toutes les invitations, quand il ne les suscitait pas. Le « mythe Médecin » naissait. Cette stratégie exigeait de disposer de relais d'opinion forts et fidèles, de réseaux capables de diffuser les informations en amont et en aval de la mairie. Rien, absolument rien de tout cela n'existait. Jean Médecin n'était pas homme à faire des campagnes électorales populaires. Certes, doté d'un charisme indéniable, il ne détestait pas se mêler à la foule, mais dans une relation ouatée, faite d'une certaine distance et que le respect manifesté par les Niçois rendait nécessairement lointaine. Jacques Médecin ne comprenait pas que, dans ce milieu, on le tînt pour un écervelé sans diplômes, pour un parvenu. Arrivé au pouvoir dans une ville qui n'était alors qu'une petite cité de province, il allait s'employer à faire de Nice une métropole. En créant les infrastructures qui permirent à la ville de rompre son splendide isolement, il favorisa, paradoxalement, le développement de cette bourgeoisie qui ne cessera de menacer son siège.

Marcher, toujours marcher. Il me fallait marcher moi aussi dans les rues de Nice, perdu dans mes souvenirs, apparemment sans but, et pourtant arrivant toujours dans les petites ruelles de la vieille ville, avant qu'au détour de l'avenue Ségurane ne surgisse la mer, dans une explosion de lumière. Est-il stupide de dire que j'ai vu, pendant mon adolescence, grandir l'Algérie au point qu'elle aspire tout naturellement à devenir une nation ? Comme j'ai vu, pendant les quinze années qui suivirent, grandir Nice au point de s'installer parmi les grandes métropoles internationales ? Ces transformations, dans la douleur et sans qu'il soit possible d'en connaître les dénouements, sont peu perceptibles aujourd'hui. Ceux qui ont fait l'Algérie, musulmans ou Français, sont oubliés et parfois méprisés par leurs propres compatriotes, de chaque côté de la Méditerranée.

Ceux qui ont fait l'évolution extraordinaire de Nice ont disparu après la fuite peu reluisante de leur patron. Ils ne comptent pas. À ces époques ambitieuses et parfois démesurées ont succédé des périodes d'incertitude, de malaise et d'angoisse. À Nice, comme à Alger — raccourci un peu excessif peut-être —, les successeurs ne parviennent pas à faire oublier les « délices », sans doute douteux mais réels, d'une époque qu'on se raconte avec ravissement, tout en sachant qu'elle appartient au passé.

Sur un des quais de la gare de Nice, j'attends, avec un brin d'anxiété, le maire et son équipe. Dans son costume étriqué, avec des gestes un peu affectés, le nouvel attaché de presse tente de se donner des airs de haut fonctionnaire.

Une mallette noire à la main, un volumineux dossier sous le bras, je débute ma carrière de membre de cabinet, c'est-à-dire mon entrée dans un monde que j'imagine calme et discret, où les conversations se développent loin des oreilles indiscrètes et portent sur des sujets d'une gravité extrême comme l'avenir des Niçois et même des Français. J'ai été chargé par Jacques Médecin d'organiser une tournée dans le sud du pays. De meetings en réunions publiques, sous des chapiteaux et dans des salles de fêtes, le maire de Nice fait campagne pour le « non » au référendum organisé par le général de Gaulle sur le thème de la régionalisation et de la réforme du Sénat. Son investissement personnel a moins pour but de défendre le Sénat que de poursuivre son combat contre le Général. Et le gamin de Belcourt manifeste, lui aussi, son antigaullisme, cette fois dans un cadre institutionnel et non plus par le biais d'actions dramatiques dans les rues ou de révolutions manquées.

Le vrai début d'une nouvelle vie commençait. La vraie vie. La vie politique active. J'étais perdu dans mes rêves que j'estimais hautement philosophiques, attendant l'arrivée de personnages choisis par le maire, que j'imaginais aussi compassés et intelligents que rompus aux théories de la communication. J'entends soudain des cris et des hurlements derrière moi. Ébahi, je vois arriver l'escorte du maire. Dès cette minute, j'ai compris la naïveté de ceux qui croyaient à une organisation médeciniste. Drôle de bande ! J'allais apprendre à la connaître et à composer avec elle pendant les quelque dix années qui suivirent : Loulou Conso, l'horticulteur, suit de quelques mètres Médecin, portant à bout de bras deux cageots de poivrons, tomates et oignons ; Michel Feid, le poissonnier, trimbale un sac de sardines grillées ; Gatti, l'artisan menuisier, s'est chargé des boissons : une trentaine de bouteilles de bière et de vin du pays ; Max Gilli, le chef des hommes du maire, en bleu de travail comme il se présente presque toujours en public, donne des ordres en « nissart » et raconte des blagues auxquelles je ne comprends rien mais qui font plier de rire le maire.

Nous étions censés partir pour un meeting à Montpellier. J'avais l'impression de m'être trompé de jour et d'heure. Nous étions équipés pour un généreux casse-croûte à la campagne ! Médecin me présente à Gilli, qui se contente, laconique, de me toiser d'un regard impitoyable et me lance : « Ah, c'est toi l'Arabe ? » Médecin éclate à nouveau de rire. Je ne sais quoi répondre. Médecin vient à mon secours :

— Ne t'offusque pas, Max est un type merveilleux, mais c'est un brutal !

Et Max d'enchaîner à mon intention :

— Bon, il va falloir que tu t'habitues à nos méthodes. Ici, on n'est pas à Paris. Tu vas te décoincer et apprendre très vite à parler niçois. On y va !

J'avais l'impression d'être un martien, un extraterrestre avec mes chaussures noires et mon costume trois-pièces.

Dans le train, il apparut à la bande que trois compartiments, au moins, étaient nécessaires : le premier pour le maire et moi (ce qui prouvait, à l'en croire, que Max Gilli me faisait déjà confiance) ; un deuxième où s'entassèrent les victuailles dont un plat chaud de *socca* ; un troisième pour les équipiers. Quelques minutes après le départ, il fallut se restaurer. Nous rejoignîmes le compartiment central pour bouffer — il n'y a pas d'autre terme —, rire, chanter en niçois. Ce voyage fut une vraie folie. Grisé par le vin et la bière, un membre de notre groupe s'avisa de lancer par la fenêtre deux canettes vides. Malheureusement la vitre n'était pas ouverte ! Elle explosa dans un bruit infernal. Gilli, paniqué, déjà garde du corps du maire, le précipita dans le compartiment vide et l'y enferma. Je fus chargé d'expliquer la catastrophe au

71

contrôleur du train qui, n'en croyant pas ses yeux, prit nos identités pour un dépôt de plainte.

Tel fut mon premier contact avec la bande. Je n'étais pas au bout de mes surprises. La réunion publique eut lieu. Médecin obtint un énorme succès. La salle était pleine, ce qui me valut les félicitations de Max Gilli et une invitation à dîner le soir avec la bande. Avant de rejoindre nos hôtels, nous vidâmes nos vessies, avec une parfaite tranquillité d'esprit, dans un jardin public, fort malencontreusement en entonnant *La Marseillaise*, ce qui attira l'attention d'un fourgon de police.

Tout ce qui a été écrit sur Jacques Médecin procède d'une volonté délibérée de le présenter comme un escroc infréquentable ou, à l'inverse, témoigne d'une admiration abêtie. Ayant en partie initié, puis participé à ce qu'on a appelé « le système Médecin », me souvenant de tous les épisodes souvent burlesques qui ont marqué cette période, je sais qu'en réalité aucune organisation n'a obéi à une réelle stratégie planifiée et contrôlée. Les structures, agissant dans un joyeux désordre, étaient, il est vrai, présentées par le maire lui-même comme procédant d'une planification scientifique. Elles ont curieusement bénéficié, dans un premier temps, de l'admiration de ses collègues qui sont venus nombreux s'en inspirer. Puis, elles furent impitoyablement condamnées car paraissant, de l'aveu même de Jacques Médecin, constituer un système contrôlant toute la ville. Il est clair que des dérapages ont bien eu lieu. Il est clair que des excès ont été commis, nombreux et graves. Il est tout aussi évident que les Niçois, qui ont conservé pour « leur » maire une vénération inébranlable, n'ont jamais éprouvé le sentiment d'avoir été les otages d'une entreprise dont la vocation eût été de leur soutirer de l'argent. Les Niçois ne sont, au demeurant, ni plus stupides ni plus naïfs que les habitants des autres villes de France. Les techniques utilisées par la « bande à Médecin », dont j'ai été l'un des acteurs, pour maintenir le maire au pouvoir, étaient celles de tous les « seigneurs » régnant sur les grandes villes de France. Peut-être condamnables au regard d'une justice et d'une presse pour lesquelles les grands barons locaux ne sont plus des « intouchables », elles disparaissent au nom d'une plus grande transparence dans la gestion des deniers publics. Est-ce un progrès ? Sans doute.

Alors que les maires de France, dans leur grande majorité, se déclarent déçus par leurs fonctions et souhaitent ne plus se représenter, il faudra bien qu'après le grand lessivage de ces dernières années les hommes politiques réfléchissent à ce que doit être le statut des élus locaux. Dans l'inconscient collectif subsiste un refus de régler définitivement le problème de la relation, jugée malsaine, entre la politique et l'argent. Tel Cincinnatus partageant son temps entre son champ et les affaires de Rome, le maire devrait se sacrifier à la gestion de sa ville. Pis encore, une idée un peu infantile est née selon laquelle les élus locaux seraient des « gestionnaires d'entreprises ». Or, il est impensable de gérer une ville comme une fabrique de roulements à billes. Les contraintes historiques, sociales, ethniques font du maire un administrateur qui se situe sur une autre planète. Mais puisque, non sans raison, la vie locale a évolué, exigeant plus de clarté et moins de distance entre l'élu et l'administré, il faudra bien inventer pour ce nouvel édile un statut qui tienne compte à la fois de ses obligations de gestionnaire et de la sécurité de son emploi. Le débat est inéluctable.

Les Barons de région ont plus ou moins disparu. Il ne reste, apparemment, que Pierre Mauroy. Le maire de Lille paraît doté par la nature d'une résistance exceptionnelle. De ces grands barons provinciaux, Médecin aura été certainement l'un des plus controversés. Sa faconde, ses excès de langage, sa volonté d'afficher le caractère performant de ses méthodes ont été les vraies causes de sa déchéance. Elles ont suscité une haine qu'il adorait cultiver. Son « gouvernement » de Nice et de sa région ne fut pas linéaire. Deux hommes se sont succédé à la tête de ce comté de Nice : le premier, jusqu'à sa nomination au poste de secrétaire d'État, le second, assumant mal sa cinquantaine, entiché d'une jeune Américaine. Ses premiers mandats ont été marqués par la transformation de Nice, de petite bourgade en grande métropole. Cette époque, par ses excès, ses passions, ses moments ridicules ou glorieux, coïncide avec l'histoire de toute une population. Nice était en train, inconsciemment peut-être, de devenir une grande cité. Ce passage du XIXᵉ siècle à la modernité a été enfanté dans le rire et le drame.

Aujourd'hui, il m'amuse d'en retenir les périodes de fous rires, les petites histoires qui prouvent que ce mythe était bâti, aussi, sur un fantastique malentendu. Dans la foulée du succès du « non » au référendum du Général, Médecin avait décidé de participer personnellement à la campagne d'Alain Poher pour l'élection du président de la République. 1969 : Poher contre Pompidou. Le maire de Nice propose d'organiser, à ses frais... ou du moins aux frais de quelques amis industriels locaux, une tournée dans une trentaine de villes. La « caravane », aussi hétéroclite que l'équipe qui nous avait accompagnés à Montpellier, se déplace en voitures. Elle est précédée, trois jours avant, d'un commando de trois personnes. Je reçois l'ordre d'en être le chef. Rien, strictement rien n'était prêt. J'arrive en éclaireur dans des villes que je ne connais pas, pour annoncer aux préfets, aux élus et aux journalistes locaux, stupéfaits et incrédules, que le maire de Nice va présider un meeting pour lequel il convient, en une journée, de trouver une salle et un imprimeur pour fabriquer tracts et affiches.

La « caravane » est placée sous les ordres de Max Gilli et d'un incroyable personnage, qui aurait pu être inspiré des héros de *Borsalino*. Jean Mattei, aussi charmeur qu'intelligent, a commencé sa carrière à Marseille dans la mouvance de Carbone et Spirito. Au lendemain de la guerre, il ne doit son salut qu'à la fuite et échappe ainsi à une condamnation à mort.

Séduisant, d'une extrême élégance, réellement intelligent, Jean Mattei a, semble-t-il, été l'initiateur de ce projet destiné à donner à Médecin une « dimension nationale ».

74

Ne dédaignant pas les méthodes d'intimidation les plus fortes, il règne en maître sur une troupe aussi nombreuse que rocambolesque. Ses avis ont valeur d'acquittement ou de condamnation. Il juge, un jour, que le malheureux Labarre, toujours directeur de cabinet, a un comportement troublant. Il l'accuse de haute trahison et le fait licencier par un Médecin qui ne discute pas ses avis. Dans la semaine fut trouvé, dans l'entourage « nissart » du maire, un nouveau directeur de cabinet, l'étonnant M. Lauck, l'un des derniers collaborateurs directs du maire issus de la génération du père. Toujours vêtu du même costume, arborant la même cravate, il arrivait à la mairie juché sur une bicyclette qu'il hissait jusqu'au deuxième étage de l'Hôtel de Ville de peur qu'un mauvais plaisant ne la lui vole. Trop confiant, il l'a retrouvée, un soir, peinte en rouge, garée « rue de la terrasse » devant des badauds s'esclaffant.

C'est au cours d'une des étapes de la « caravane » que Médecin a prononcé les mots qui déchaînèrent la haine définitive et tenace de Georges Pompidou. À Bordeaux, succombant à son inguérissable logorrhée verbale, incapable de maîtriser ses propos, il affirme que « la France ne peut être présidée par un homme dont la femme a été compromise dans une histoire de fesses ». Il s'agissait d'une référence à « l'affaire Marcovic », affaire aussi trouble qu'apparemment fabriquée dans le seul but d'éliminer Pompidou. Médecin ne savait rien de précis, sinon les ragots intolérables qui étaient colportés à l'époque. Pompidou ne le lui pardonnera jamais et, après son élection, entraîna le gouvernement et les gaullistes dans une guerre impitoyable contre Nice et son maire. Médecin n'en parut jamais affecté. C'était l'un des aspects les plus inattendus, et sans doute le plus gênant, de sa nature : il ne regrettait jamais. Il sortait, devant des auditoires éberlués, des énormités parfaitement inopportunes et ne les regrettait jamais. Se doutait-il qu'il avait déraillé ? Quand l'un ou l'autre de ses collaborateurs, livide, lui demandait des explications, il repartait imperturbable dans de longs discours, démontrant qu'il avait raison et qu'en tout état de cause, son attaque procédait d'une stratégie mûrement réfléchie.

La dernière « bévue » lui fut fatale. Il s'aventura, sans que personne en ait compris les vraies raisons, à dire qu'« un Juif ne refuse jamais un cadeau » ! Médecin n'a jamais, durant sa vie politique, eu le moindre comportement inamical avec les Juifs. Il était trop conscient du pouvoir politique des communautés religieuses et de l'audience des responsables juifs dans la population pied-noir pour se permettre le moindre écart. Il n'est pas un membre de son entourage qui puisse dire qu'il avait de la haine pour tel ou tel représentant religieux. Pour tout dire, il s'en moquait éperdument. Il n'a jamais refusé que certains prétendent qu'il avait lui-même des origines juives, par la famille Meyer. Malheureusement, il était incapable de résister à l'ivresse du discours-fleuve, non préparé, sans la moindre note, qui lui faisait dire, parfois, quelques belles bêtises. Avec la même désinvolture, avec la même incontinence verbale, il traitera les deux affaires qui lui collèrent à la peau jusqu'à la fin de sa carrière : le « casse » de la Société générale par Spaggiari et ses relations avec Fratoni, l'empereur des jeux et des casinos sur la Côte d'Azur.

Lorsqu'un matin de juillet 1976 tomba la nouvelle de l'arrestation de Spaggiari, Médecin, totalement ignorant des circonstances exactes du hold-up, ne retint qu'une information : Spaggiari était connu comme ayant exercé le métier de photographe en mairie. Sans doute le maire et le photographe s'étaient-ils croisés dans le hall de la salle des mariages où Albert, comme chacun l'appelait, venait prendre quelques clichés sur commande. Le correspondant d'Europe 1, non sans un soupçon de vice, déboula dans le bureau du maire, à l'époque secrétaire d'État au Tourisme, pour obtenir son commentaire « à chaud ». Jacques Médecin, comme d'habitude incapable de se maîtriser, se lança dans un long plaidoyer, totalement inapproprié, en faveur de son « ami » Spaggiari... qu'il ne connaissait pas ! Ce qu'il aurait dû savoir, en revanche, mais dont il ne prit pas le temps de s'enquérir auprès de nous, était infiniment plus gênant. Quelques jours plus tôt avait pris fin, dans des embrassades générales à l'aéroport de Nice, un voyage d'études qu'il avait conduit au Japon. Dans la délégation figurait... Spaggiari ! Pourquoi ? L'organisateur de cette expédition, en coordination avec une grande chaîne de magasins de Tokyo, avait voulu remplir l'avion charter. Les amis des amis avaient donc été sollicités. Spaggiari était un ami personnel d'un ancien officier de police à la retraite, qui arrondissait ses fins de mois en rendant quelques menus services au maire. Telle était la raison de sa présence dans la délégation niçoise.

Je connaissais bien Spaggiari. Il était une des figures les plus connues du milieu des anciens activistes de l'OAS en France. D'une discrétion réelle et totalement imperméable à la politique, il était étranger à la mairie. Il nous paraissait « rangé », tenant avec sa femme un petit magasin de photos dans la banlieue de Nice. Je ne lui connaissais qu'une passion : les collections d'armes. Il ne dédaignait pas inviter ses copains dans sa villa de campagne, une vieille ferme délabrée, pour présenter ses dernières acquisitions : fusils d'assaut, armes de poing...

Dans le train à grande vitesse qui relie Kyoto à Tokyo, nous nous étions retrouvés, ne sachant que faire, dans un compartiment pour une partie de poker. Il y avait là le directeur de cabinet de Médecin, membre du gouvernement, c'est-à-dire moi-même, le directeur adjoint, quelques inconnus et un délicieux adjoint aux sports, aujourd'hui encore député, qui avait tenu à partager notre dévergondage. Par pur esprit de provocation, chacun avait sorti des liasses de billets. Spaggiari disposait du tas le plus volumineux. Un photographe, qui nous accompagnait, s'amusa à immortaliser la scène. Ce cliché, qui n'est heureusement jamais paru, aurait pu nous envoyer tous devant le juge d'instruction.

L'enquête sur le « casse » de la Société générale ne précisa jamais que la camionnette qui attendait les lingots d'or sur la plage de Nice, à la sortie des égouts, était un véhicule de *L'Action Côte d'Azur*, le journal du maire, qu'un des membres de la bande avait volée pour la nuit du casse.

Jacques Médecin ignorait ces éléments, ce qui est naturel. La moindre prudence aurait exigé un peu de retenue. Ses déclarations allaient prendre une autre dimension dès lors que, l'enquête avançant, certains détails avaient fait de lui un « témoin » de l'affaire, dans la mesure où il avait présenté Spaggiari comme son « ami ». Dans les semaines qui suivirent, fidèle à son comportement, il ne revint jamais sur ses commentaires et s'aventura même à assimiler le braqueur à un « moderne Robin des Bois ».

Jacques Médecin a géré avec la même inconsciente légèreté l'affaire Fratoni en septembre 1978. Les deux hommes, cette fois-ci, étaient de vrais amis. Pourtant, bien que côtoyant Médecin et connaissant ses faits et gestes, je n'ai jamais décelé la moindre collusion mafieuse entre eux. Au fond, je n'en sais rien. Dominique Fratoni était un colérique autoritaire. Il considérait que l'amitié qui le liait à Médecin lui donnait tous les droits. Directeur de cabinet du ministère du Tourisme, je fus, un jour, convoqué par Fratoni. Sur un ton sans appel, il m'intima l'ordre d'agir dans le sens « qui lui convenait » lors de la réunion de la commission nationale des jeux qui devait reconduire son autorisation de gérer le casino de Nice. Je pris assez mal cet entretien et j'en parlai à Médecin qui, gêné, me conseilla de me faire remplacer par un autre membre de cabinet à cette réunion.

Jacques Médecin réagissait toujours par instinct. Parfois en montrant un authentique courage pour défendre des amis en difficulté. Ces « amis » n'étaient pas toujours irréprochables. Y avait-il collusion, trouble arrangement financier entre Fratoni et lui ? Je n'en suis pas sûr. Son sens de la fidélité pouvait le conduire à prendre, gratuitement, des positions intenables. Un soir, excédé d'être racketté par de petits truands, le propriétaire d'une boîte de nuit de Nice, que nous connaissions bien pour y terminer toutes nos soirées, tua de deux coups de fusil de chasse un de ces malfaisants. Même si le meurtre pouvait s'expliquer par des mobiles aisément défendables, il n'en est pas moins vrai qu'il s'agissait d'une affaire grave à laisser entre les mains des avocats. Ce ne fut pas l'avis de Jacquou. Il connaissait le tenancier, et l'employée, une superbe blonde, vint le supplier de les aider. Sans que quiconque le lui ait demandé, il écrivit une belle lettre au procureur, à en-tête de la ville, pour proposer son témoignage à décharge.

Ce comportement outrancier était pain bénit pour les vendeuses du marché du cours Saleya. Tout ce qui ressemble à un pied de nez à la caste des Parisiens y est interprété comme une reconnaissance supplémentaire, et parfaitement bienvenue, de l'identité niçoise et de l'indépendance de la population locale. Médecin, avec un art consommé, slaloma donc entre les démonstrations de confiance et d'amitié au personnel politique parisien, quand il était à Paris, et son autonomisme local viscéral quand il était à Nice. Les ménagères ravies lui rétorquaient en patois : « Tu as raison, Jacquou, ces Parisiens, c'est tous des cons ! » Cet antiparisianisme ne procède pas seulement d'un réflexe de défense contre le jacobinisme des institutions. Nice fut rattachée à la France après l'Algérie, et la ville adopte volontiers un ton agressif et teinté d'autonomisme. Les Niçois feignent de garder rancune à la France du fait que Louis XIV avait fait raser le château. L'aigle de la ville qui figure sur les bannières et les médailles distribuées par la mairie a le cou tourné vers Gênes, et les Niçois ne présentent guère de ressemblances avec les Provençaux. Ils sont fermés et descendent pour la plupart des montagnards piémontais, pour lesquels ils cultivent un souvenir attendrissant. Le dos tourné à la mer, ils sont aussi mauvais pêcheurs qu'ils sont charnellement liés aux premiers contreforts des Alpes. La statue de Catherine Ségurane, héroïne locale qui trône victorieusement sur une des places de la ville, rappelle le combat des Niçois contre les Turcs... sans oublier que ces derniers étaient des mercenaires armés et commandés par les Français. L'histoire de cette « résistante » n'est pas claire. A-t-elle existé ? Au fond, peu importe ! Son seul acte de bravoure, hilarant et cocasse, est demeuré intact dans les mémoires. Constatant que les combattants, épuisés et affamés, s'apprêtaient à déposer les armes, elle s'avança seule sur les fortifications et, pour manifester autant son courage que son mépris pour les envahisseurs, elle souleva sa jupe et leur montra son fessier. Il se raconte que les Maures, effarés, plièrent aussitôt bagages. Furent-ils convaincus de la fermeté de la résistance ou horrifiés par le spectacle ? L'histoire ne le dit pas !

Les Niçois n'auraient jamais tiré gloire de leurs rivages baignés de soleil. Tous les étés, ils sont surtout préoccupés de fuir les rues étouffantes pour se réfugier dans les vallées de la Vésubie ou de la Tinée. Ce sont les Anglais et les Russes qui ont bâti le mythe de la Riviera. Ils y ont bâti la plupart des grands édifices aux styles innombrables et baroques, que le promeneur découvre à chaque détour de rue. Les autres vestiges datent de l'époque sarde et piémontaise. Eux seuls sont considérés par les Niçois comme leur patrimoine. Il n'est pas de bon ton de l'oublier, ou de les dire « italiens ». « Sarde, monsieur. Sarde ou piémontaise, c'est notre histoire. » En toute occasion, ce réflexe nationaliste joue contre les tentatives de rattachement à la France et à ses traditions, notamment lors des campagnes électorales. C'est ce même réflexe qui entraîna la victoire de Jacques Peyrat lors des dernières élections municipales. Curieusement né à Belfort, il barra la route à un Niçois de souche, mais soutenu ostensiblement par les instances politiques parisiennes.

Ce réflexe antiparisien, éternellement antigouvernemental quelle que soit la tendance politique dominante, a comblé de bonheur la communauté pied-noir, jamais lasse de ressasser son éternelle haine pour les hommes politiques « parisiens », coupables du péché, jamais pardonné, d'avoir « abandonné » l'Algérie. Immigré en métropole, alors que je crois avoir appartenu, sans l'avoir réalisé en temps voulu, à la première génération de vrais Algériens, toutes communautés confondues, j'étais devenu une autre sorte d'immigré sur un petit territoire, béni des dieux, qui refuse obstinément la nationalité française.

## 5

## *Cherchez la femme*

Elle est belle, si belle, volubile, et joue avec habileté de son pouvoir de séduction. Ses yeux bleus immenses rient de me voir mal à l'aise. Quand elle passe entre les tables du bistro de la rue Halévy, en plein centre de Nice, je ne peux réprimer un réflexe, qu'elle remarque et qu'elle ne cessera de me reprocher : je scrute un peu trop longuement un corps splendide, à peine sorti de l'adolescence. Marie-Paule entre dans ma vie en trombe, aussi gracile et frêle de corps que dotée d'une puissance de caractère exceptionnelle. Un tempérament d'acier sous une apparence trompeuse de mannequin évaporé. Avant que je n'aie le temps de réaliser les bouleversements que son arrivée allait provoquer, elle s'est installée dans le modeste appartement que la mairie m'a accordé, un étage au-dessus du marché Malausséna. Un appartement invivable car envahi du matin au soir par le vacarme des vendeurs de tomates et de poissons. Rentré un matin, plus tôt qu'à l'accoutumée, je la découvre installant ses meubles.

On ne résiste pas à Marie-Paule. Alors que je recommençais à douter de ma capacité à intégrer la communauté niçoise — ne parvenant pas à me défaire de ce fichu et éternel statut d'immigré que, non sans méchanceté et stupidité, les hommes du maire me rappelaient sans cesse —, Marie-Paule me propose, miraculeusement, une authentique racine. Fille d'un maréchal-ferrant connu de toute la ville, un des derniers survivants de cette profession, elle est niçoise, née de parents piémontais comme la plupart de ses compatriotes. Pour la rendre plus désirable, le destin lui accorde des liens de parenté avec une vieille famille vénitienne. Je me retrouve à la mairie, marié à une Niçoise incontestable dont la beauté me fascine.

Son comportement de sauvageonne provoque bien quelques problèmes, mais ses yeux qu'encadrent de longs cheveux blonds font pardonner ses bévues. Au lendemain des graves attaques dont je serai l'objet devenu maire de Draguignan, dans le Var, elle tiendra tête avec une telle obstination au président de la première chambre criminelle à Paris que ce dernier, conquis et épuisé par ses monologues, finira par nous donner raison. Tout en paradoxes, insupportable et merveilleuse, elle m'a conquis en m'offrant, suprême cadeau, une véritable identité niçoise.

L'école Risso, à quelques centaines de mètres de l'avenue des Diables-Bleus chère à Nucéra, me rappelait « mon » école Chazot, non loin de la rue de Lyon à Alger. Elle m'entraînait, délicieusement pendue à mon bras, sur les chemins et ruelles dont chaque pierre lui permettait de dérouler le film de son enfance. « Son cinéma », petit et pittoresque, était à l'image du Mondial, à Alger, où j'avais tremblé d'émotion en voyant le corps éblouissant de Germaine Montero dans *La Belle Otéro*. « Son épicerie », dont le propriétaire était sans doute moins bedonnant que le truculent Buono dont je fauchais les bonbons, avant que ma mère, ne s'en apercevant, ne m'administre de gigantesques baffes. « Le petit jardin » de la rue Arson, où elle connut ses premières émotions de femme avec un garçon de son âge, juché sur sa Vespa. J'aurais pu être cet adolescent encore insouciant, caracolant sur une magnifique Terrot, une moto comme il n'en existera sans doute jamais plus. Je me laissais aller, avec bonheur, à épouser une femme et son passé.

Lorsque les pieds-noirs envahirent le sud de la France, voulant retrouver sur les rivages de la Méditerranée les parfums et le soleil de leur terre abandonnée, les responsables politiques leurs proposèrent des primes d'installation pour les attirer vers le nord de la France. La perspective de quelques milliers de francs n'empêcha pas la plupart d'entre eux d'élire domicile à Nice et dans les villes avoisinantes. Obéissant à la loi qui s'impose aux communautés d'immigrants, ils montrèrent un courage et une obstination qui trouvèrent une conclusion naturelle : ils réinventèrent des métiers. Ils n'étaient ni plus ni moins intelligents que les Niçois, mais, avec le réflexe grégaire de celui qui se trouve dos au mur, ils démontrèrent une ardeur que les habitants avaient depuis longtemps oubliée, assoupis qu'ils étaient dans une douce torpeur, dans cette légendaire lenteur des gestes et des discours qui continue de faire sourire le reste du pays. À l'inverse des Niçois, piètres amateurs dans ces spécialités, les pieds-noirs s'installèrent pêcheurs et constructeurs.

L'un d'eux, Gilbert Bartolotta, fera fortune en édifiant les plus beaux immeubles de la ville. Volubile et élégant, il est l'un des premiers « amis » du jeune maire. Quand, aux premiers mois de son mandat, Jacques Médecin se rendait dans l'immense salle du restaurant Le Nautique pour écouter les reproches et les conseils de son ami Riri Cauvin, il y trouvait quelques ambitieux, pariant sur sa réussite politique, qui avaient constitué une sorte de cabinet-conseil. Les nouveaux arrivés pieds-noirs en formaient le noyau le plus agressif. Jacques Médecin, qui rêvait de faire de sa ville une métropole internationale, se devait de rompre avec les méthodes et la gestion de son père. En cette époque qui paraît incroyablement lointaine, les Français souhaitant se rendre en Italie étaient contraints d'emprunter la seule voie possible : le petit et tortueux passage de Rauba Capeu surplombant la mer et dont le nom définit le caractère aléatoire : c'est là que « les passants doivent tenir leur chapeau à deux mains pour que le vent ne l'emporte pas ». Il allait falloir non seulement repenser ces infrastructures mais bâtir des logements pour ces familles pieds-noirs qui n'avaient guère envie de demeurer dans les ruelles étroites et sombres du vieux Nice. Ces immeubles, construits évidemment par des entrepreneurs pieds-noirs, ont imposé la réalisation de nouvelles avenues appropriées. Le prétexte pour moderniser et agrandir la ville s'imposant, tout naturellement, les pieds-noirs devinrent les plus actifs compagnons de Jacques Médecin.

Marie-Paule, comme tous les Niçois, ne voyait pas sans amertume et une certaine crainte ces Sanchez et autres Rodriguez ou Cohen, parlant fort et aimant rire, aussi extravertis et bruyants que les Niçois sont moroses et secrets, s'installer comme chez eux à des postes et dans des professions où ses compatriotes faisaient pâle figure. Mais, de toute évidence, le maire paraissait en avoir besoin. Il ne cachait pas qu'il les avait adoptés, probablement plus par nécessité que par amour. La communauté des rapatriés d'Algérie ou du Maroc représentait, à elle seule, plus du double des « vrais Niçois ». Les Italiens installés sur la côte pour fuir le fascisme, s'étaient eux aussi fondus dans la grande marmite où se distinguaient tout de même les deux ou trois cents familles d'Arméniens curieusement regroupées dans le seul quartier de La Madeleine. Les pieds-noirs installèrent bruyamment leurs parasols et leurs corps bronzés et grassouillets sur les galets, rapidement annexés par des plages privées. Une nouveauté qui laissait imaginer qu'ils entendaient confisquer le territoire. D'immenses boîtes de nuit surgirent dans la proche banlieue, où les femmes brunes, aux yeux noirs, découvraient les plaisirs de la fête après vingt ans de guerre. Elles exposaient, comme il convient à tout pied-noir, les somptueux bijoux que leurs entrepreneurs de maris leur offraient, pour bien montrer leur réussite à un public médusé et incrédule. Les fortunes à peine nées filaient allègrement dans des boutiques de mode et de joaillerie, elles aussi créées dans l'incroyable révolution des esprits et des mœurs imposée à cette petite cité qui ne pouvait résister à un fantastique élan.

Cette coexistence eut des effets dévastateurs dans la vie tranquille des couples. Les pieds-noirs, nouveaux riches, côtoient, au grand désespoir de leurs épouses, les blondes

Niçoises aux yeux bleus, originaires de familles venues du nord de l'Italie. Des blondes qu'il aurait été inimaginable de croiser sur les trottoirs de la rue Michelet à Alger ou à la terrasse du bar de L'Otomatic, près des facultés. Cette découverte des peaux laiteuses entraîna la rupture de centaines de couples et, naturellement, fit naître une mixité entre rapatriés et Niçoises. Ce mélange, non prévu par les responsables politiques, fut le plus sûr moyen de créer une nouvelle identité niçoise.

Médecin arrive au pouvoir au moment où naît cette nouvelle ville, qu'il va être contraint de gérer avec des méthodes évidemment complètement différentes de celles de son père. Il saisit très vite l'importance de ce nouveau vivier électoral qui — l'avenir le démontrera — pourrait garantir son siège. Quand on se trouve brutalement exilé, la chance ou la persévérance peuvent, un jour, offrir un ancrage. Inconsciemment, les gestes, les comportements tendent à exagérer les réactions d'attachement à la nouvelle terre. On fait un peu plus d'enfants que les autres, on se montre un peu plus qu'il n'est utile dans les stades et les manifestations publiques, en voulant se fondre dans la population. L'acharnement mis par les pieds-noirs, souvent mal accepté par les habitants, à réussir à tout prix, procède aussi de cette volonté de s'installer enfin et de prendre définitivement racine. Dans la salle du restaurant La Trappa, sanctuaire de l'âme niçoise, les pieds-noirs, cachant mal leur accent, chantent un peu plus fort que les autres les refrains de *Nissa la Belle.* Dans les gradins du stade de football, les plus acharnés à supporter les « Rouge et Noir » sont encore les pieds-noirs. Les bouleversements qui modifient en quelques années le tissu ethnique et les paysages de la ville provoquent, indirectement, la naissance d'une vie culturelle ouverte. Des artistes se découvrent, initiant une véritable école de Nice. Émergeaient de jeunes écrivains qui allaient entretenir avec le maire de Nice des relations aussi contradictoires que plus ou moins amoureuses. Il y avait Lefeuvre, ardent et bouillonnant patron du syndicat local des journalistes. Quand il cessait de harceler de revendications le président de *Nice Matin*, Lefeuvre redevenait le poète vivant sur une autre planète. Les milieux de droite le considéraient comme un dangereux trublion, ce qui ne l'empêchait pas de vouer à Jacquou une véritable adoration, jusqu'à devenir un de ses collaborateurs en mairie. Jean Marie Gustave Le Clézio détestait la publicité et les réunions mondaines. Il était infréquentable. Non pas qu'il fût rendu intouchable par ses succès littéraires, mais il était plutôt gêné par une incroyable timidité. Durant ses promenades à pied, sur les quais du vieux port, son grand corps massif se voûtait complètement, comme pour mieux échapper aux regards curieux. Raoul Mille, aussi ventripotent et talentueux que Lefeuvre, affichait une discrétion qui faisait sourire quand il traversait Nice juché non sans mal sur un minuscule vélomoteur. Sa gloire littéraire, consacrée par le prix Interallié en 1987, dut s'accommoder de cet unique véhicule. Mille a la plume facile. Son talent d'écrivain était évident et flamboyant, avant même qu'il n'éditât son premier ouvrage. Bien que manifestant, lui aussi, des idées dites « de gauche », il éprouvait une réelle admiration pour Médecin. Cette tendresse ne l'entraîna jamais à « en faire trop », mais il n'hésita pas à lui apporter, en articles merveilleusement écrits, une aide discrète et toujours affectueuse. Louis Nucéra, enfin, avait publiquement affiché, dans sa jeunesse, des convictions communistes. Au fil des années, il portait à Médecin une vraie tendresse, une authentique amitié, dont l'explication tient à l'amour commun que les deux hommes éprouvaient pour le petit peuple de Nice. Tous deux savaient que cette passion pour leur ville ne procédait ni d'un jeu ni d'un calcul. Ils étaient sincères et le restèrent dans cette vision partagée de Nice et dans leur amitié.

Le maire fait élever un théâtre de Nice, construit dans le prolongement du palais des expositions, devant une esplanade-promenade aménagée sur trois étages, la promenade du Paillon. Un échec, que Jacques Médecin ressent comme un affront alors qu'il illustre le refus naturel

86

des populations méditerranéennes pour les aménagements en étages. Dans ces environnements baignés de soleil, les passants adorent flâner à hauteur d'homme et refusent d'emprunter le moindre escalier. Médecin, têtu et intransigeant, n'avait jamais le moindre doute sur ses initiatives. Déjà un tantinet paranoïaque, il considérait que les échecs étaient dus à l'incompréhension de ses contemporains ou à ses opposants politiques, les « socialo-communistes ». Il les voyait partout, brandissant en toute occasion, pour le prétexte le plus bénin, cette menace politique destinée à faire frémir de peur les braves bourgeois et les vendeuses de fleurs du cours Saleya. Ce n'était certainement pas sincère, mais si pratique !

Nous savions tous que les communistes et Médecin entretenaient des relations « secrètes », courtoises sinon amicales. J'en eus la preuve en 1977. Jacques Médecin avait décidé de me présenter à la mairie de Castagniers, un minuscule village dans la plaine du Var, à quelques kilomètres de Nice. Son but était d'empêcher un de ses anciens adjoints, Jean Hancy, brillant et séduisant avocat, de s'y faire élire, ce qui lui aurait ouvert une voie royale vers la députation. Médecin m'avait clairement ordonné de ne négliger aucun moyen alors que, paradoxalement, j'entretenais des relations amicales avec Hancy. Quand le maire de Nice parlait de « toutes les initiatives », il fallait comprendre qu'étaient autorisés les coups tordus.

À Castagniers, puisque tous les coups étaient permis, il importait de savoir ce que tramait notre adversaire. Il téléphonait régulièrement à un cafetier, son représentant local. Avec l'aide d'un ami devenu depuis un grand flic, efficace et redouté, nous avons trafiqué, subrepticement, le combiné téléphonique du cafetier. À quelques dizaines de mètres, planqué dans une chambre, un de mes colistiers, l'oreille collée contre un transistor, écoutait sur la bande FM les conversations et les enregistrait. Malheureusement, le coup foira et faillit nous conduire devant un juge d'instruction. Un après-midi, un touriste allemand, garé devant le bistro, s'avise de chercher une fréquence sur sa radio de bord. Effaré, il entend, lui aussi, les conversations téléphoniques et s'en va, illico, prévenir le cafetier. Avant l'arrivée des policiers, le matériel d'écoute avait opportunément fini au fond d'un ruisseau.

Dans la nuit qui suivit l'annonce des résultats du premier tour des municipales, Médecin m'appela pour m'intimer l'ordre de « composer » avec les communistes afin d'emporter la mairie. Conduits par leur responsable départemental, lesdits communistes ne parurent pas surpris de ma démarche et moins encore de me retrouver dans un appartement discret. Le coup aurait réussi si un des sénateurs du département, maire d'une commune voisine et ennemi acharné de Médecin, ne l'avait appris et n'avait fait échouer le compromis.

Les deux hommes se haïssaient. Sur les marches du palais de justice, devant un groupe de ses fidèles et d'opposants au maire, Joseph Raybaud avait hurlé : « Finissons-en vite avec cette dynastie Médecin ! Nous n'en voulons plus ! » Médecin, qui, dans ses discours, ne faisait pas dans la dentelle, avait rétorqué que cet homme n'était rien moins qu'un escroc sans le sou et qu'il pouvait « tapisser les murs de sa chambre avec toutes les reconnaissances de dettes que son père et lui avaient accumulées pendant des années... et bien entendu, jamais honorées ». Le cocasse de cette accusation c'est qu'elle n'empêcha nullement cet homme, une fois élu sénateur, de devenir président de la commission des Finances de la Haute Assemblée !

Malgré cela, rien n'empêchait Jacquou de décrire publiquement ces communistes comme des hommes aux couteaux entre les dents, attendant le « grand soir » pour imposer à Nice la loi marxiste ! Toute cette époque, et jusqu'à une date somme toute récente, a été marquée par la persistance d'un paysage politique particulier, partagé entre le mouvement populaire que dirigeaient Médecin et les communistes.

Les socialistes étaient représentés par une femme exceptionnelle, aussi douce et intelligente que peu attirée par les combats de rue, mais n'existaient pas comme force politique autonome. Ils avaient rejoint le camp Médecin où cohabitaient, dans un calme et une amitié un peu irréels, les anciens activistes pieds-noirs, les gaullistes ici plus « nissarts » que serviteurs fidèles des responsables parisiens, les centristes et les socialistes peu enclins — et même encore moins que les autres — à pactiser avec les communistes. Tout ce beau monde se retrouvait au sein du Rassemblement républicain créé par Jacques Médecin, un « mouvement populaire » dont il était de la plus haute importance de se réclamer pour avoir la moindre chance d'être élu. Être désigné par le Rassemblement républicain entraînait le soutien actif, musclé et prodigieusement efficace de la permanence, du « système ».

Il se trouva pourtant une fois où la belle organisation faillit subir une défaite aussi cuisante qu'inattendue. Aux élections municipales de 1977, Jacques Médecin affronte Charles Caressa, délégué départemental des communistes. À la surprise générale, les premiers résultats laissent présager la défaite possible du « roi de Nice ». L'écart de voix n'était que de 0,3 point. C'était incroyable. Personne parmi nous n'avait senti monter les ressentiments et la collusion, hors nature mais réelle, entre les grands bourgeois, les « vrais socialistes » beaucoup plus dogmatiques et les communistes qui, à force d'être ménagés par Médecin, avaient retrouvé une représentativité. Au siège de la permanence de la rue Longchamp, le maire, livide, fou de colère, comprend que « sa » mairie va passer à l'ennemi. Il s'en tire miraculeusement. Le sauvetage vient de la permanence et démontre l'efficacité du système. Il n'est d'autre solution que de battre le rappel des abstentionnistes. Leur nombre est considérable. De nombreux Niçois, habitués aux victoires faciles du maire, ont boudé les isoloirs. En une nuit, une véritable armada de secrétaires s'installe dans les bureaux. Une cinquantaine de lignes téléphoniques sont disposées en batterie. En quatre jours, tous les électeurs défaillants seront systématiquement appelés. L'argument, toujours le même, est simple : « Nice ne peut pas tomber entre les mains des marxistes. » Une centaine de véhicules sont loués. Des chauffeurs iront prendre les plus âgés et les moins « compréhensifs » pour les conduire, le dimanche suivant, dans les bureaux de vote. Le malheureux Caressa et son organisation ne sont pas de taille face à une telle offensive. Médecin l'emporte finalement, « à l'arraché », de quelques voix.

Une autre alerte grave survint lors des élections cantonales de 1979. Médecin est virtuellement battu. La tactique imaginée dans la nuit est certes cocasse mais à la limite du trucage. Des proches du maire partirent, dès le lendemain, pour Pondichéry, aux Indes, afin de récolter, en moins de quatre jours, près de sept cents votes par correspondance en blanc ! Tous les fidèles furent invités, le dimanche suivant, à aller voter, certains jusqu'à dix ou douze fois. Des inconnus qui n'avaient jamais mis les pieds en ville se virent offrir opportunément un domicile secondaire à Nice : le temps du scrutin. Médecin fut réélu. Caressa enragea. L'affaire laissa des traces dans la tête du maire. Il avait compris que le temps des arrangements avec le PCF était révolu et devint un féroce anticommuniste. Si féroce qu'il en était souvent ridicule. Il utilisa, à s'en gaver, cet anticommunisme contre le premier directeur du théâtre de Nice, soupçonné de « haute trahison » culturelle pour avoir voulu programmer Arrabal. L'existence de ce théâtre fut ballottée au rythme des querelles entre son directeur, soutenu par le gouvernement qui finançait en partie ses activités, et la mairie de Nice qui entendait avoir un droit de regard sur le choix des œuvres.

Nice passait du XIXᵉ au XXᵉ siècle. Médecin s'en déclara l'initiateur. Sans doute, comme tout autre maire à sa place, a-t-il accompagné une évolution inéluctable. Avec bonheur parfois, connaissant des réussites spectaculaires, et avec beaucoup d'erreurs aussi. Ses choix ne se discutaient pas. Ils procédaient, disait-il, de sa connaissance parfaite de l'étranger. Dans le somptueux bureau qu'il a aménagé à l'entrée de sa villa du Soubran, sur les hauteurs de Gairaut, devant une collection d'armes de poing accrochée sur les murs et dont chaque pièce est pour lui l'occasion d'assommer ses interlocuteurs avec de longs monologues techniques parfaitement inintéressants, il reçoit ses directeurs de services chaque semaine. Les dossiers de la ville sont traités entre les revolvers de tous les pays et sa collection de bonsaïs. Les hauts fonctionnaires tentent de placer quelques mots, mais c'est Médecin qui règne. D'autant plus facilement que ses collaborateurs sont dans la situation délicate d'hôtes condamnés à la courtoisie et à un certain effacement.

Splendide et d'une élégance raffinée, Claude, sa femme, promène nonchalamment son mètre quatre-vingts au bord de la piscine. On ne peut manquer de l'apercevoir des fenêtres du bureau improvisé. Claude a connu près de son mari les premières heures de galère et de doute. Lorsqu'ils logeaient encore dans un immeuble du quai des États-Unis, les ressources financières n'étaient guère brillantes. Le père, celui qu'on appelait le « prince Jean » mais aussi « Jean la proumessa », bien connu pour faire des promesses, qu'il se gardait de tenir, à qui rêvait de les entendre, considérait son rejeton comme le moins doué de la famille. Un excentrique, peu disposé à prendre en charge l'avenir politique de la ville. Le mariage avec un mannequin, fût-elle splendide, n'avait pas, non plus, été du goût de cet homme austère, authentique héros de la Première Guerre mondiale et qui, dans sa logique d'ancien combattant, voyait en de Gaulle un « traître » qui avait fui la guerre sur le sol natal. Quatre enfants lui étaient nés d'un mariage discret avec une femme effacée et même secrète, qui n'avait pas vraiment le goût des manifestations publiques. Une mère qui, en revanche, adorait son Jacquou, si différent des autres enfants, aussi volubile que les frères et sœur savaient garder, sous l'autorité dictatoriale du père, mutisme et obéissance. Elle continuait à le chérir, même si ce mariage avec une star de la mode ne paraissait pas correspondre aux traditions de la famille.

Jacques n'avait pas le sou, alors. Au sein d'une grande bourgeoisie qui affichait ostensiblement sa fortune, il était considéré comme un jeune aventurier sans avenir. Il entretenait avec son père une relation délicate et craintive qui était connue de tous. Certains s'apitoyaient sur son sort et l'aidaient. D'autres, notables de la mairie, voyaient en ce « journaleux », à l'image de maire, un intrus qui n'avait même pas été fichu de réussir ses études. De cette période, Jacques Médecin a conservé un souvenir d'autant plus douloureux qu'il lui était impossible de l'évoquer. Il était impensable de proférer la moindre critique à l'égard du « prince Jean », surtout émanant de son fils. Cette situation a laissé des empreintes psychologiques indélébiles. C'est elle, notamment, qui lui fit entretenir toute sa vie une relation très « particulière » avec l'argent. Elle impliquait des comportements semblables à celui d'un pauvre devenu brusquement riche, mais qui, redoutant de redevenir pauvre, ne néglige aucune occasion de ramasser l'argent là où il se trouve, même de manière plus ou moins scabreuse. En 1973, Jacques Médecin est confronté à l'une de ses plus difficiles campagnes législatives. Elle l'oppose au jeune doyen de l'université Jean-Claude Dischamps, soutenu par une grande partie des formations politiques de droite. Une véritable fronde s'organise spontanément dans les rangs du personnel municipal, excédé de devoir composer avec les « hommes du maire ». Elle est menée par le propre secrétaire général de la mairie, Calviéra, qui n'hésite pas à passer à l'ennemi en figurant sur la liste Dischamps. Médecin, même s'il s'abstient de le montrer, est inquiet. Les réunions publiques de son challenger font le plein et il redoute ce qui peut s'y dire. Il a l'idée, un tantinet saugrenue, de nous mêler à la foule qui hurle : « Médecin-démission ! » Dans un grand cinéma de la ville, Dischamps, soignant ses effets théâtraux, fait éteindre les éclairages pour projeter sur grand écran la photocopie d'un chèque. Je suis atterré. Ce chèque, émis par un groupe de construction, a été, semble-t-il, endossé (c'était encore possible à cette époque) par la propre femme de Jacques Médecin pour l'achat d'un somptueux manteau de fourrure. Convaincu de déconvenues très graves tant au plan électoral que judiciaire, je lui rends compte en le retrouvant atta-

92

blé à la terrasse d'un bistro. Il m'écoute, mais paraît se moquer totalement de mon récit. Seul commentaire laconique : « Nous irons un peu plus sur les marchés ! » Médecin connaissait bien ses hommes. Il savait que le moindre signe de faiblesse ou d'abattement aurait immédiatement démobilisé ses troupes.

Dans les périodes calmes, Médecin, retrouvant sa nature de loup, se comporte en chef de meute. Ses hommes, Max Gilli en tête, campent dans les salons de la villa, devenant vite insupportables au reste de la famille. L'unité du couple n'y résista pas. D'autant que Jacques Médecin, qui ne portait pas à la famille un amour immodéré, saisit toutes les occasions pour s'échapper de la villa, laissant Claude se constituer une « famille » de substitution composée de femmes et d'hommes, plus ou moins sincères dans leur amitié, et qui s'installèrent rapidement dans les innombrables chambres qu'elle avait fait construire. À chaque retour de déplacement, le jeune maire découvrait, au détour des couloirs et des cuisines, des visages nouveaux, des inconnus en peignoir de bain, bruyants et pas toujours bien éduqués, qu'il détestait cordialement. Ce spectacle l'incitait à repartir aussitôt.

Le couple apparent était, en réalité, composé de deux familles distinctes : l'une entourant sa femme, et l'autre, la sienne, composée de ses copains, le poissonnier, l'artisan menuisier et, bien entendu, Max Gilli. La coexistence sous le même toit de ces deux groupes était impossible. Les explosions de colère qu'elle provoquait étaient aussi gigantesques que comiques. Cette coexistence ne pouvait que se conclure par une séparation. Le langage châtié et même précieux des jolies bourgeoises étalant leurs corps bronzés au bord de la piscine contrastait avec les rires gras et les cris ou les histoires scabreuses des hommes du maire. Médecin était plié de rire en écoutant, en nissart, les cochonneries débitées par ses copains, dans l'indifférence feinte mais outrée des dames exhibant autant leur nudité que de somptueux bijoux. Toute l'équipe arrivait dans un vacarme épouvantable, riait, buvait du rosé et se gavait de *socca*, avant de disparaître dans les quatre ou cinq voitures affectées à « la suite » du véhicule du premier magistrat de la ville. Quand la bande parvenait sur les lieux d'une manifestation publique les badauds effarés entendaient d'abord le fracas des huit ou dix portières de voiture claquant bruyamment. Elles signalaient le débarquement des copains, mi-collaborateurs, mi-gardes du corps.

La ville était parfaitement calme. Les « socialo-communistes », comme les appelait Médecin, se seraient bien gardés de provoquer le moindre incident. Les campagnes électorales étaient dominées dans la rue, nuit et jour, par la présence invraisemblable de milliers de colleurs d'affiches ou de distributeurs de tracts, tous issus des services de la voirie municipale et obéissant scrupuleusement à Max Gilli qui faisait régner un ordre implacable. Aucun affrontement n'était imaginable. La maîtrise du terrain par les équipes de Médecin était totale. Sous les ordres de deux géants, impressionnants par leurs carrures et parfaitement imperméables à toute conversation, elles sillonnaient la ville dans des véhicules municipaux. Les affrontements musclés, et parfois dramatiques, entre communistes et gaullistes dataient de l'immédiat après-guerre. Virgile Barel, le chef charismatique des « marxistes », n'avait rien d'un va-t'en-guerre. Calme et débonnaire, il savait bien que dans cette ville où il est de bon ton de s'exprimer bruyamment, sans pour autant en venir aux mains, tout incident grave aurait été fort mal admis.

Pourtant, durant toute sa carrière politique, à Nice du moins, Médecin ne se montra jamais seul dans une rue. Il était toujours accompagné d'une dizaine d'hommes dévoués. Cet usage a contribué aux légendes qui ont été colportées à son propos et qui ont constitué le mythe Médecin. Il ne détestait pas faire « un peu de cinéma », autant par crainte d'être bousculé que pour imposer l'image excessive d'un duel terrible entre droite et gauche.

On le disait généreux et fidèle. L'était-il vraiment ? La relation, souvent ambiguë, qu'il entretenait avec ses amis et collaborateurs ne le démontre pas. D'abord conciliant et même d'une gentillesse extrême, il devint assez rapidement autoritaire et, trop souvent, injuste. Il était capable de passer des heures à deviser dans son bureau avec une secrétaire sur des sujets totalement étrangers aux affaires de la ville, comme il pouvait entrer, sans explications raisonnables, dans de folles colères de nature à le conduire, sans le moindre scrupule, à virer celui ou celle qui avait eu la malheureuse idée de se trouver là au mauvais moment et qui avait le front de lui tenir tête. Ses collaborateurs les plus proches avaient adopté une stratégie qui se répétait chaque matin. Car, au petit matin, il pouvait être insupportable, voire vulgaire. Le mieux était de voir discrètement Jean, le fidèle chauffeur, qui donnait quotidiennement la « température ». Si le maire paraissait inabordable, les hommes et femmes du cabinet se réfugiaient, craintifs, dans leurs bureaux respectifs pour attendre le passage d'un orage dont il n'était jamais possible de comprendre les vraies raisons.

Ils étaient peu nombreux à oser l'affronter dans ces moments difficiles. Les querelles pour des vétilles provoquaient des cris et des hurlements dont tous les services étaient les témoins inquiets. C'est à l'occasion d'une de ces crises que Jacques Médecin se sépara de collaborateurs intelligents et zélés, comme un certain Lagrange, fondateur du festival du livre de Nice. Le malheureux, qui la veille avait reçu en public les compliments appuyés du maire, se retrouva au chômage le lendemain pour avoir osé prendre des initiatives, au demeurant justifiées, mais que Médecin, ce matin-là, n'était pas disposé à comprendre. Pour cette raison, ses collaborateurs directs comprirent vite la nécessité de former un groupe uni, au sein duquel il s'en trouvait toujours un pour calmer les colères homériques du maire.

Lorsque la tempête persistait, il ne restait qu'une solution : le recours au fidèle des fidèles, à Max Gilli. Il avait le privilège d'être toute la journée à ses côtés, dans tous ses déplacements, et il était le seul à le traiter aussi vulgairement que le faisait Médecin lui-même. Il parvenait à lui imposer le calme. D'ailleurs, Médecin considérait que tous ses collaborateurs étaient remplaçables à tous moments, sauf Gilli. Le statut de cet homme aussi rustre que rusé et prodigieusement habile lui donnait un ascendant exceptionnel, et somme toute démesuré, sur l'ensemble du personnel de la mairie. Il confortait la primauté des organisations parallèles, et notamment celle de la permanence, sur l'administration.

On disait Jacques Médecin courageux. Sans doute l'était-il dans ses déclarations et quelques-unes de ses attitudes politiques, mais pas vraiment dans son comportement d'homme qui ne vécut jamais seul. L'homme seul n'existe pas en politique. Surtout dans cette culture méditerranéenne qui a inventé les palabres et le forum. L'individu n'existe pas, le groupe compte. L'homme politique doit ressembler à un chef de bande. Il doit être entouré pour acquérir un brin de crédibilité. La foule s'agrège autour d'une équipe constituée, pas autour d'un homme isolé. Médecin, qui le savait, cultivait à merveille la convivialité.

Un jour enfin, de son bureau perdu sous les combles de l'hôtel de ville, l'attaché de presse déménage vers un lieu plus confortable, aménagé spécialement à son intention. Si l'environnement s'améliore, les objectifs demeurent aussi improbables. *Nice Matin* reste fermé à tout dialogue. La préfecture, si puissante encore avant la décentralisation, se comporte en adversaire déterminé. Une seule solution : innover en tentant de contourner les bastions médiatiques et administratifs imprenables. Il faut atteindre directement le bon peuple, « inventer » la communication politique. Ce fut probablement la chance de Médecin. Car ce travail de fond, nous ne l'aurions sans doute jamais effectué dans un environnement plus favorable. Un homme politique n'est jamais aussi puissant que lorsque, sans utiliser les filtres fragiles et souvent déformants de la presse, il peut s'adresser directement à ses électeurs et entretenir avec eux un lien continu et presque physique. Dire que se constituait une « clientèle » est à la fois vrai et stupide. Chez tous les « Barons » de province, il a été de tradition de connaître chaque électeur par son nom et son prénom, d'identifier sa famille, de mémoriser les services rendus à chacun d'entre eux. Ces « clients » ont adhéré sans états d'âme au système et n'auraient pas compris qu'il en aille autrement. Ce qui s'est fait à Nice depuis le rattachement du comté à la France, se pratiquait également dans le Bordelais, en Normandie et dans les autres « seigneuries ».

À Nice, contraint par la haine et la méfiance, Médecin fut obligé de constituer des réseaux et de se doter de courroies de transmission rapides et efficaces. La permanence et l'Association des amis du maire, confiée à ses copains, devinrent des machines à conforter les hésitants et à convaincre les opposants. Il fallait, pour cela, de l'argent. Beaucoup d'argent. Le procédé était autorisé à l'époque : les industriels furent invités, plus ou moins adroitement, à financer les opérations de séduction ou de communication. L'attaché de presse, journaliste de profession, fut promu rédacteur en chef d'un mensuel, *L'Action Côte d'Azur*, dont la totalité des publicités était récoltée par des commerciaux détenteurs d'une belle lettre du maire. En termes très directs, il s'agissait d'une invitation à verser de l'argent sous forme d'insertions publicitaires, invitation qui valait certitude, évidemment, de disposer à l'avenir des faveurs des services municipaux. On ne pouvait être ni plus clair ni plus direct. Médecin, qui ne savait pas être discret, tint, malgré tous les avertissements, à détenir une part des actions de la société. Décision funeste qui, plus tard, allait le condamner. Il estimait que son expérience de journaliste justifiait sa présence dans l'équipe du mensuel. Cette situation lui permettait de disposer d'une carte de crédit au nom de la société éditrice, dont il usait et abusait pour ses déplacements personnels comme pour divers cadeaux, modestes ou somptueux.

Jacques Médecin adorant écrire, chaque numéro de *L'Action* comportait de longs, d'interminables « éditoriaux », la plupart consacrés à l'éternel affrontement de la « droite généreuse » contre les « socialo-communistes » obscurantistes. J'ai maintes fois tenté de transformer ce brûlot en un véritable hebdomadaire. Vainement. Il était évident pour tous les copains de Jacques que cette feuille devait offrir à chaque page au moins une photo du maire, sinon un article à sa dévotion. Lorsque fut tentée une opération de diversification destinée à « ouvrir » les colonnes du journal à toute l'actualité, et même à l'opposition, dans le but de crédibiliser son contenu, je fus convoqué devant un véritable tribunal révolutionnaire, composé des hommes de la permanence, pour répondre de l'accusation de haute trahison.

*L'Action* resta donc une feuille indigeste destinée, tel un évangile souvent mal écrit, à diffuser la seule pensée du chef. Sur le strict plan de la communication politique, elle ne servait à rien, sinon à combler le maire de Nice quand arrivait sur son bureau le dernier exemplaire plein de ses interminables éditoriaux et d'innombrables photos le représentant dans tous les instants de sa vie. Il en va de même de tous les bulletins municipaux. Les 261 publications éditées par les maires de villes de plus de 30 000 habitants confirment cet errement. Il n'en est pas un qui se présente comme un vrai journal. Subventionnés par la ville, ils sont indigestes et débiles, vantant la seule personne de l'élu. Une enquête récente effectuée auprès des services de communication de ces villes a permis d'établir que les procédures qui les régissent sont très souvent illégales. Dans telle grande ville de France, le cabinet du maire n'a rien trouvé de mieux que de recruter un contractuel, chargé, une lettre du maire en poche, de commercialiser les insertions publicitaires. Les reproches faits à Médecin relevaient donc de l'aimable plaisanterie. Dans telle autre ville, la solution trouvée pour digérer le coût pharaonique de la publication a été d'intégrer une structure commerciale dans les effectifs de la ville. C'est illégal, mais cela existe. Une des plus grandes villes de France a adopté une procédure encore plus incroyable : l'Association des amis du maire se charge d'éditer les publications grâce à... une subvention municipale. Encore illégal, mais cela existe. Où les commerciaux trouvent-ils des annonceurs pour des insertions dont les tarifs sont en totale inadéquation avec l'intérêt du journal ? Auprès des petits commerçants, évidemment. Les récentes affaires politico-judiciaires ont rendu prudents les grands groupes industriels. Les seuls annonceurs sont désormais les petits commerçants locaux. À qui fera-t-on croire qu'ils ne se sentent pas, dès lors, un peu créanciers de la mairie, donc du maire ? Ne constituent-ils pas une « clientèle » ? Et le système, si controversé à Nice, n'est-il pas sensiblement identique dans toutes les villes de France ?

À Nice, le journal, qui n'était pas juridiquement municipal, resta une source de revenus dont le partage conserva jusqu'à la fin son mystère. Grâce à lui étaient payés, chichement, les journalistes et l'imprimerie. Essentiellement par les biais des petites annonces des commerçants. Les publicités plus conséquentes publiées par le journal étaient, pour la plupart, directement réglées à la permanence ou au maire lui-même. Ce dernier avait, évidemment, de gros besoins financiers du fait de ses innombrables « plongées » dans les rues et marchés de la ville. La récolte financière procédait d'un incroyable désordre.

À l'inverse de certaines villes de France où — du moins à cette époque — elle était centralisée, contrôlée et utilisée par le biais de procédures qui tentaient le mieux possible de respecter une apparence de légalité (l'actualité des « affaires » a prouvé qu'elles n'y parvenaient vraiment pas), à Nice tous les groupes parallèles faisaient de leur mieux pour trouver les subsides nécessaires à leur survie. Il s'ensuivait d'incroyables quiproquos entre les « clients » qui alimentaient les caisses diverses et variées et ceux qui préféraient traiter directement avec le maire. Car Médecin ne refusait pas les aides directes. Il feignait de ne pas se préoccuper de ce désordre qui permit plus tard aux enquêteurs de démonter, aussi rapidement que facilement, les errements présentés, non sans excès, comme particulièrement graves.

Pendant que le maire se force à arpenter, en compagnie de ses copains, les rues de la ville et à s'offrir deux ou quatre repas par jour pour toucher le plus grand nombre, le petit « service de la communication » dont j'ai la charge cherche à innover. Ce fut d'abord la création d'un journal téléphoné quotidien, initiative que les techniques modernes permises par Internet condamneraient au ridicule. À l'époque, tout était à inventer. Les PTT mirent à notre disposition huit lignes groupées, aboutissant à un répondeur téléphonique plus ou moins bien trafiqué sur lequel, en lieu et place d'annonces, était diffusé un journal parlé, avec « édito » du maire bien sûr, et l'actualité municipale de la journée. Le tout entrecoupé de spots musicaux. L'opération connut un triomphe dans la population qui, condamnée à payer tout de même le prix d'une communication, pouvait se tenir directement informée des événements que *Nice Matin* taisait. Et surtout entendre la voix du « patron » !

Nous avons imaginé une procédure qui connut, elle aussi, un réel succès. La permanence se fit « prêter » deux autobus, qu'elle sonorisa et aménagea confortablement. Chaque semaine, le maire s'installait près du chauffeur et, micro en main, effectuait des visites guidées et commentées dans les rues de la ville. Tous les habitants se pressaient, ravis, sur la place Masséna, pour participer à ces circuits gratuits.

Dans le même temps l'université de Nice était née. Le recteur ne cachait pas ses ambitions politiques, encouragé par la bonne bourgeoisie locale. Elle espérait être enfin représentée par un authentique intellectuel. Ce foyer d'opposition était d'autant plus inquiétant qu'il bénéficiait du soutien de ceux qu'on appelait les « jeunes giscardiens ». Il fallut donc inventer une passerelle entre la mairie et les facultés : le Comité de liaison université-municipalité, le Clum. Ce comité avait surgi de l'imagination fertile, et souvent délirante, d'un jeune garçon ingérable, Jean-Claude Pastorelli. Il n'avait que dix-neuf ans. Interne en classe terminale dans un établissement de

Grasse, il était habité par une ambition démesurée. Il avait réussi à convaincre Médecin de procéder, en grande pompe, au lancement du Clum dans la salle du Palais de la Méditerranée, qui n'était pas encore un champ de ruines, la plus laide des verrues sur la promenade des Anglais. Le maire, ravi, eut l'imprudence de le considérer comme un collaborateur occasionnel. Il eut, plus tard, maintes fois l'occasion de le regretter amèrement. Ce statut, qui ne signifiait rien et qui ulcérait les fonctionnaires municipaux, permit à Pastorelli toutes les fantaisies, avant que, pris par le vertige d'une ambition devenue folle, il ne contribuât très directement à la chute de Médecin.

Cette première passerelle entre la mairie et les milieux dits intellectuels de Nice fit toutefois germer l'idée d'un cabinet fantôme, parallèle aux collaborateurs salariés. L'industriel qui finançait pour l'essentiel *L'Action Côte d'Azur* nous accorda les subsides nécessaires. Dans un petit local du quartier de La Californie, je réunis un groupe de jeunes diplômés dont l'âge moyen ne dépassait pas 25 ans. Ainsi naquirent ceux qui, plus tard, allaient être baptisés les « bébés Médecin ». L'objectif de ce groupe n'était rien de moins que de porter le maire de Nice à la présidence de la République ! La stratégie était double : d'une part, enseigner à Médecin les rudiments de disciplines dont il ne savait strictement rien : politique étrangère, économie, relations sociales, emploi, etc. ; d'autre part, « doubler » les circuits d'information municipaux, jugés archaïques ou inexistants. Lors des réunions avec Jacques Médecin, chaque intervenant présentait un dossier succinct et simple, que le maire, contrairement à ses habitudes, se contentait d'écouter sans exprimer le moindre commentaire.

Parmi ces « bébés », certains et non des moindres occupent toujours des fonctions municipales ou électives importantes. Ce qui prouve, au moins, que leurs compétences leur ont permis de survivre au système. Ils étaient intelligents, maîtrisaient parfaitement leurs sujets, savaient flatter sans flagornerie. Ils devinrent vite indispensables. Tous restèrent proches de la mairie. Certains en devinrent des collaborateurs avant de se faire élire. D'autres, préférant le privé, n'en continuèrent pas moins à entretenir avec Jacquou des liens privilégiés. Ce fut le cas, par exemple, de Henri-Charles Lambert qui fut son dernier avocat avant la fuite en Uruguay.

Afin de doter notre poulain d'une stature internationale, la décision fut prise, en 1972, d'un « voyage d'information » aux États-Unis. Encore fallait-il le financer. Notre industriel providentiel accepta de fournir l'argent nécessaire. Cette équipée tourna très vite au monôme d'étudiants. Le seul responsable politique américain qui accepta de rencontrer Médecin fut un obscur représentant de l'extrême droite. Pour redorer le blason niçois, le groupe décida que Jacquou devait s'exprimer devant quelques membres du Congrès qui, sans doute, n'avaient rien d'autre à faire ce jour-là. Ce fut une catastrophe ! Médecin, incapable de contrôler le débit et le fond de ses propos, s'emporta brusquement contre le gouvernement français. Les parlementaires américains, croyant détenir un scoop, diffusèrent l'information. L'ambassade de France répercuta sur Paris. À la demande expresse du ministère des Affaires étrangères, Médecin fut sommé de se taire.

Au cours de ce voyage plus touristique que professionnel, Médecin rencontra toutefois Georges Wein, le célèbre organisateur de manifestations musicales. Dans un grand restaurant français de New York, se scella l'accord pour le lancement du festival de jazz de Nice. À la table, se trouvaient les quatre ou cinq collaborateurs de Wein et les huit ou dix membres de la suite de Médecin. Les agapes allaient donc coûter une petite fortune. Wein observa avec une indifférence totale la note faramineuse que le restaurateur présenta. Médecin, grand seigneur, me fit un signe. Incapable d'éponger seul l'ardoise, je fis appel aux membres du cabinet fantôme. De main en main, leurs dollars passèrent dans ma poche, sans que Médecin n'éprouve le moindre scrupule. À notre retour à l'hôtel, la seule solution fut d'appeler à l'aide notre ami l'industriel. Il trouva, non sans raison, la plaisanterie particulièrement mauvaise.

De toute façon, il était impossible d'obtenir de Médecin qu'il sorte le moindre centime.

Personne ne s'avisa, au retour, de reconnaître l'échec et le ridicule de cette mission, qui n'avait, en fait, bénéficié d'aucune préparation. Sans doute, si elle avait été sérieusement organisée, ne se serait-elle jamais réalisée.

# 6

## *Le système Médecin*

Le mythe Médecin s'installe néanmoins et semble fasciner ses collègues d'autres villes de France. Un discours abondant et très « technique » les a convaincus de l'existence d'une organisation obéissant à des règles et des contraintes rigoureuses. Émerveillés, des élus en voyage « d'études » visitent les permanences de quartier et notamment celle qui, rue Longchamp, gère l'ensemble des relations entre les associations, les équipes d'intervention et la mairie. Aussi incroyable que cela puisse paraître, le talent et l'autorité naturelle de Max Gilli, grand ordonnateur des actions de terrain, donnent rapidement à cette organisation une puissance telle que les services municipaux apparaissent presque dépendants de ses directives.

Max Gilli gêne. Ses manières, brutales parfois et toujours un peu rustres, le font rapidement haïr par la plupart des Niçois, en particulier les grands bourgeois qui auraient préféré voir figurer auprès du maire un énarque ou au moins un représentant de l'aristocratie locale. Mais Gilli possède le fabuleux talent de « sentir » la ville. Chaque matin, en voiture le long du Vieux Chemin de Gairaut, il indique le geste, le mot ou le comportement que les Niçois attendent du maire : un trottoir ou un jardin mal entretenus, une vendeuse du cours Saleya dont la naissance d'un petit-fils mérite une bise. Gilli, par instinct, savait entendre tous les bruits de la ville. Il savait en distinguer l'essentiel, dans la journée, dans l'heure. En la matière, il possédait un réel génie ! Avec lui et ses indicateurs de la permanence, le maire paraît « tout » savoir, être à l'écoute de sa ville. De fait, souvent Médecin était informé par lui de problèmes avant que les services municipaux concernés soient prévenus.

Ce genre de personnage, vite indispensable, existe dans toutes les baronnies. Il survit à la révolution des mœurs politiques et des comportements locaux car il correspond à une nécessité. Le maire ne peut pas n'être qu'un gestionnaire uniquement soucieux des dossiers. À l'inverse d'un chef d'entreprise, il doit se faire réélire. Ce n'est pas en restant enfermé, même nuit et jour, dans son bureau qu'il y parviendra. Pour que les électeurs se rassemblent derrière lui, il faut que se crée, entre l'élu et ses administrés, une relation directe et conviviale. Cette relation presque charnelle ne peut s'établir que dans la rue. Les fonctionnaires sont incapables de la mettre en place, de la gérer, de la maîtriser. Ce n'est pas leur mission.

L'expérience prouve que tout agent de campagne électorale performant et parfaitement à l'aise dans la pêche aux voix devient inefficace s'il est installé ensuite dans un bureau à la mairie. Or, c'est en général la formule adoptée, à tort, par les nouveaux élus soucieux de récompenser ceux qui leur ont été utiles. Dans le même temps, obéissant à un réflexe puéril et ridicule, ils s'entourent de techniciens issus de la haute administration qui ne manquent certes pas de talent, mais prennent, du jour au lendemain, en charge les destinées de villes dont ils ignorent autant l'âme que l'histoire. Rompus aux subtilités des rouages administratifs, ils n'ont, en revanche, pas le moindre contact avec la population, sur laquelle ils posent souvent un regard un peu méprisant. Il ne leur paraît pas essentiel d'intégrer à leurs raisonnements technocratiques une dimension affective alors que là est l'essentiel. Il leur semblerait saugrenu de parler « d'amour » à un petit peuple qui, pourtant, fait et défait les élections.

Pourquoi serait-il incroyable d'évoquer « l'amour » en

politique ? C'est la force de cet amour porté aux électeurs qui donne, ou non, la victoire dans un scrutin. Les hommes et les femmes qui souffrent chaque jour dans l'exercice de métiers difficiles ou peu enthousiasmants, quand ils ne sont pas chômeurs, ne sont pas dupes des promesses. Dans les périodes d'affrontements entre les candidats, ils aspirent au seul et violent désir de se sentir aimés. Sans doute sont-ils plus ou moins attirés par un « camp » plutôt qu'un autre, mais cette sensibilité, cette prédisposition ne justifie pas tout. Elle n'explique pas l'intégralité des choix. Dans les élections locales, des communistes n'hésitent pas à voter pour un candidat de droite et des maires de droite reconnaissent devoir leur élection à des suffrages de gauche. Le « je-ne-sais-quoi », le « presque rien », qui fait la différence, c'est tout bonnement... l'amour simple et apparemment sincère que paraît porter le candidat à « sa » population. On ne se contraint pas, quand on est candidat, à arpenter, telle une prostituée, cafés et marchés, à visiter chaque famille, à être présent dans la plus petite réunion familiale ou publique, si on ne manifeste pas un semblant d'amour pour ses électeurs.

Dans le galimatias technico-économique qui paraît être le dénominateur commun des discours politiques, a complètement disparu le paramètre affectif et surtout, sous-jacente, la notion de rêve. Or, à quoi peuvent bien servir les hommes politiques, sinon à offrir du rêve ? Les propos d'expert-comptable dont les responsables se gavent sont-ils susceptibles de toucher le brave paysan de l'Ariège ou l'ouvrier de Corrèze ? Il y a longtemps qu'ils ne sont plus dupes de l'interprétation de données économiques trafiquées pour paraître donner raison à un camp contre l'autre. Il est frappant de constater le profond changement qu'a connu, au cours de ces trente dernières années, le discours politique. Les interventions du général de Gaulle exprimaient une vision politique de la France. Aujourd'hui, la part de rêve qu'il projetait a tout bonnement disparu. Pour de Gaulle il était inconvenant de parler chiffres, tout occupé qu'il était à encourager la fierté nationale des Français. La fantastique émotion populaire qui a précédé et suivi l'élection de Mitterrand à la présidence de la République procédait, elle aussi, de son extraordinaire capacité à donner du rêve. Chirac a peut-être gagné l'élection présidentielle parce qu'on le dit une « bête de campagne ». Probablement aussi parce qu'à l'inverse des autres prétendants, il a refait le chemin à l'envers, renouant une liaison directe avec chaque citoyen, réintroduisant, dans sa stratégie de conquête du pouvoir, la dimension affective.

Et si la politique avait oublié l'essentiel, ce pourquoi elle est faite, l'homme et ses angoisses, ses douleurs et ses doutes ? Médecin savait d'instinct qu'il devait en aller autrement. Il ne pratiquait pas « l'amour ». Il le cultivait. Il l'exigeait.

Aussi étonnant que cela puisse paraître, et malgré le sentiment d'injustice qui régnait souvent dans son propre cabinet, ses hommes l'aimaient et il était naturel que tout ce monde, le maire compris, aime la population. C'est ce comportement amoureux qui a fait de ses collaborateurs des fidèles prêts à tout pour lui être agréable, jusqu'à la bêtise. C'est ce comportement amoureux qui a scellé, pendant des dizaines d'années, la relation tendre, orageuse, l'unité de couple entre Jacquou et les Niçois.

Bien sûr, il y eut, par la suite, la « révélation » des turpitudes, des « errements financiers » de Médecin et de certains de ses proches. Comme il y eut les autres révélations, touchant d'autres élus locaux et nationaux. La respectabilité du personnel politique s'en est trouvée altérée. Les Français ont toutefois conservé une certaine sérénité, un calme peut-être stoïque. Sur les bords de la Méditerranée, en revanche, ces incidents, ni plus ni moins graves qu'ailleurs, ont pris une dimension disproportionnée.

Sur les rivages baignés d'une lumière qui rend plus éclatantes qu'ailleurs les couleurs et les colères, plus passionnelles aussi les amitiés et les haines, les titres à la une sur les errements des hommes politiques opèrent à la manière de cyclones. Entre Marseille et Menton la politique est une histoire d'amour. Et l'amour ne s'y vit pas comme ailleurs.

Il est titanesque, explosif. C'est une tornade qui dévaste les hommes et leurs relations sociales. On vit la politique en collectivité, en groupe. Elle se manifeste, bruyante et passionnelle, sous des chapiteaux enfiévrés, devant des auditoires qui la perçoivent comme un cri d'amour. Et cet amour est public, il ne se cache pas sous des portes cochères. Il faut qu'il soit connu et partagé par le groupe, les bandes de copains. Tout se sait, tout se dit et tout se déforme, s'invente, dans les palabres interminables qui unissent et séparent les membres de la bande. Ici, « môssieur », on ne fait pas de la politique. On aime ou on hait un homme politique. Il faut le voir, le toucher. Il faut l'appeler par son prénom. Il faut adhérer à son groupe.

On s'y embrasse, on s'y échange de longues étreintes. Se serrer la main est un signe de distance. Appartenir au groupe, c'est échanger « la bise ». Cet amour n'exclut ni les engueulades, ni les cris et les vociférations, mais ainsi va toute vie de couple.

Y a-t-il une manière, ici, de vivre la politique comparable à ce que vivent les mafieux entre eux ? Ce raccourci a un peu fait délirer ceux qui observent, stupéfaits et soupçonneux, les comportements des hommes de la Méditerranée. En réalité, il est clair que rien ne se faisant hors du groupe, rien n'étant imaginable pour l'homme seul, tous les objectifs, les plus sains comme les plus sales, ne peuvent être pensés et encore moins atteints s'ils ne sont pas gérés par une petite collectivité. La politique est un facteur de regroupement, mais elle n'en est qu'un parmi des milliers d'autres. Depuis le temps où les vieux sages romains passaient des heures, sur le Forum, à refaire le monde, les mœurs n'ont guère changé. Les conversations dans les cafés et les brasseries sont autant d'occasions de vénérer, d'adorer ou de haïr. On ne se contente pas de « porter de l'estime ». Ce sentiment est inconnu et s'apparenterait presque à une forme de mépris, sinon d'indifférence. On aime ou on déteste. Et, autour des tables, devant le même verre de pastis, il s'en trouve toujours un pour montrer plus de prestance, plus d'assurance, parce que lui, il tutoie le maire. Et les autres, qui rêvent d'en faire autant, constituent autour du privilégié un groupe. Et ainsi de suite, à l'infini.

Cette fraternité a paru douteuse. On l'a identifiée à du clientélisme. Comment eût-il pu en être autrement ? Les copains, inconnus ou connus du maire, font partie de son électorat, et surtout d'un groupe qui se veut uni et n'entend pas que ses querelles internes soient jugées par qui que ce soit n'appartenant pas à la bande immense des amis du maire. Ces copains ne sont ni contraints ni enchaînés par quelque lien mystérieux et trouble fondé sur le service rendu. Cela dit, qui peut douter que ces services sont rendus ? Évidemment, ils le sont. Mais ces échanges de prestations, pas nécessairement fondés sur l'argent, sont dans la nature même de la relation affective qui cimente le groupe.

La volonté d'être membre du groupe procède d'abord de la tradition locale. Elle lui est naturelle. Elle est millénaire. Et tout porte à croire qu'elle le demeurera encore longtemps. À l'évidence, cette appartenance au groupe favorise l'obtention d'un service. Il serait stupide de le nier. Mais on n'adhère pas à cette petite collectivité afin d'avoir un appartement ou une place en mairie pour le gamin. On adhère par besoin de faire partie d'une société d'autant plus différente et soudée qu'elle entend défendre son particularisme niçois. C'est aussi cet instinct grégaire qui a fait le système Médecin. Un instinct qui est également inhérent aux cellules niçoises du PCF et aux sections enfiévrées du PS. Sans doute, ce phénomène a-t-il été structuré par celui que la bande appelait Jacquou. C'est incontestable. Mais il n'aurait pas fonctionné si un lien plus charnel que stratégiquement élaboré n'avait été sous-jacent. Encore une fois, ce sont les difficultés pathétiques que dut affronter Médecin à ses débuts en politique qui ont généré, puis favorisé et entretenu, ce lien puis le système. C'est ce modèle de relations, typiquement méditerranéen, qui a séduit les pieds-noirs dès leur arrivée dans cette région. Certes, le soleil leur paraissait le même qu'à

Staouéli ou Oran, mais surtout la société locale, ses règles et ses relations internes leur permettaient de se sentir moins immigrés qu'ailleurs. Usant de la même faconde, obéissant à ce même instinct grégaire, se complaisant eux aussi en d'interminables discussions ponctuées de cris et de rires bruyants, ils eurent vite le sentiment d'être un peu chez eux.

Les employés municipaux, pour la plupart entrés au plus bas niveau de la hiérarchie puis devenus par le jeu de promotions internes des chefs de services redoutés à l'époque de « Jean », découvraient, stupéfaits, que son fils se constituait deux « mairies » parallèles : la permanence et le cabinet fantôme où se retrouvaient les jeunes diplômés de l'université de Nice. Jacques Médecin n'a pas pensé cette stratégie. Ce sont ses adversaires qui la lui ont imposée. Sans doute lui était-il, par nature, plus aisé de se promener, chaque matin, entre les allées des marchés de Nice, caressant la joue d'une passante ou appelant un vieux poissonnier par son prénom, que de jouer au dandy dans les réceptions élégantes de la Villa Masséna. Sa fabuleuse mémoire, mais sans la finesse ou l'élégance de l'esprit, lui permettait de laisser croire qu'il connaissait chaque Niçois par son prénom.

À ses débuts, un homme lui enseigna ce métier de la rue : Raoul Bosio. Étonnant personnage rabelaisien, il régnait sur le Vieux Nice et pouvait réciter la liste de tous les électeurs de son canton, ainsi que les noms des épouses, maris et enfants auxquels il avait rendu « un petit service ». Bosio avait, un moment, caressé l'espoir d'être maire de Nice, acceptant, avec Jacquou, ce qu'il croyait être un interrègne. Seulement, Jacques Médecin occupa la place avec intelligence, ou plutôt au prix d'un travail acharné, exténuant. Il était infatigable, le dernier couché, le premier levé. Lorsque se décida la tournée pour le « non » au référendum, il se fit accompagner par un photographe professionnel, un pied-noir israélite quasi caricatural dans ses attitudes méditerranéennes. Charles « Bébert » prit l'habitude de suivre le maire dans tous ses déplacements.

Il remettait des clichés à Médecin qui les envoyait ensuite, par le biais de sa permanence, aux intéressés avec un mot évidemment toujours aimable. Charles « Bébert » était donc tenu de coller aux basques de Jacques Médecin, à toute heure de la journée. Il rentra si épuisé par le rythme imposé qu'il dut prendre plusieurs jours de repos.

Puisque la bourgeoisie locale le dédaignait, Jacquou s'était fixé pour objectif de pénétrer et de demeurer dans la vie des Niçois les plus humbles. C'est ainsi que s'est constituée la puissance de l'organisation Médecin. Elle s'est développée grâce aux succès électoraux, puis s'est dévoyée quand Jacques Médecin l'a décidé. Car il l'a décidé, lui et lui seul. Ce dévoiement n'était pas plus calculé que ne le fut la construction du système. Il eût fallu que les hommes et les femmes qui composaient ce dispositif obéissent à une stratégie élaborée. En fait, dans un joyeux désordre bien méditerranéen, les « mauvaises habitudes » furent vite prises au gré d'initiatives personnelles, dans le seul but de plaire au patron, de lui « être agréable », de « faire mieux que les autres ». Il le savait, évidemment. Il le tolérait, bien sûr. Il en a largement profité, c'est évident.

Lorsque la permanence électorale de la rue Longchamp prit un tel développement qu'elle devint un service annexe de la mairie, Max Gilli comprit instinctivement que ses seules interventions auprès de l'administration ne pouvaient plus suffire. Il fut donc décidé de déléguer au sein même du conseil municipal un représentant de cette organisation. René Pietruschi assuma ce rôle. Il le fit avec le talent que lui avait enseigné la permanence : l'art de la rue. Infatigable lui aussi, présent dans toutes les réunions, sur tous les terrains de pétanque, les marchés et les manifestations les plus insignifiantes, il était le coordinateur entre les opérations de la permanence et les services de la mairie. René Pietruschi était l'élu le plus populaire, car il disposait à la fois de l'appareil électoral et de la faculté d'intervenir directement dans les affaires de la ville. Jusqu'à sa mort, qui fut un événement déterminant dans la chute de Jacques Médecin, il fut élu et réélu. L'appareil Médecin était dès lors en place. Son seul objectif : conforter la présence de Jacques Médecin à la mairie. Il le fit sans états d'âme, en parvenant à nouer entre le maire et ses concitoyens une relation plus affective que politique. C'est cette affection qui, malgré les dévoiements largement médiatisés, reste dans le cœur des Niçois les plus humbles. Ils ont attendu avec un espoir aussi touchant que puéril le retour de leur Jacquou de son exil de Punta del Este. Mais sur les rives du Rio de la Plata, Jacquou était devenu Santiago. Porteur d'une nouvelle identité, il avait rompu avec « sa » ville.

Nous étions très peu nombreux à pouvoir pénétrer, à tout moment, dans le bureau du maire. Il n'aimait pas qu'on fasse irruption dans ses conversations. Il se trouvait coupé dans ses effets oratoires, interrompu dans ses discours interminables qui, dans la plupart des cas, n'avaient strictement rien à voir avec le sujet intéressant l'interlocuteur. Ce dernier se voyait condamné à écouter le récit détaillé d'une pêche au saumon en Écosse, avant de pouvoir exprimer en quelques minutes son souci d'entrepreneur ou d'architecte. C'était la règle. Chacun la connaissait et, au fond, tous adoraient un scénario qui allait leur permettre, le soir au café d'en face, de narrer la dernière histoire « que le maire m'a racontée ». Une façon comme une autre de manifester sa relation personnelle avec l'homme politique. Cette logorrhée du premier magistrat de la ville avait pour conséquence que ses agendas étaient mille fois raturés, les chefs de cabinet se montrant incapables de prévoir la durée des rendez-vous. Médecin avait le tutoiement facile, aussi aisé que les bises qu'il distribuait généreusement aux solliciteurs qui, dès 7 heures du matin, l'attendaient devant la mairie. À Nice, on ne dit pas bises mais « faire la *baïeta* ». Un cérémonial qu'il eût été malvenu de lui demander de rompre. Il dépendait de sa volonté de maintenir le lien personnel indispensable à la vie publique méditerranéenne. À Besançon, Rennes, ou Laval, il est peu probable que les élus, arrivés dès 7 heures devant leurs bureaux, échangent des bises avec les amis, les copains venus pour un simple renseignement ou un service. Sur ces bords de la Méditerranée, l'échange d'une poignée de main est un signe de méfiance évident. Il se trouve, certes, des cas où ces bises entre hommes prennent une connotation inquiétante. Quand Maurice Arreckx, sénateur-maire de Toulon, ponctuait ses messages à Fargette, le patron des truands du Var, par des bises au caractère troublant, il est clair que la méthode locale présentait quelques ambiguïtés. Des ambiguïtés d'autant plus évidentes que le même Arreckx ne dédaignait pas, assez stupidement au fond, de se faire appeler « le parrain du Var ».

Sur les rives de la Méditerranée, ces pratiques de vie en collectivité rendent difficile la faculté de rester maître de ses relations. Savoir se laisser aller au charme délicieux de l'amitié cultivée dans le groupe, accepter et même entretenir l'esprit de clan, sans permettre l'intrusion des trublions mafieux, relève de l'art... ou de la chance. Quand il partit, nous surprenant tous, pour le Japon, avant en réalité de s'exiler en Uruguay, Jacques Médecin entretint avec la plupart de ses amis des correspondances par fax, signées donc Santiago, ce qui n'a jamais berné personne et moins encore policiers et magistrats qui le pourchassaient. Sans complexes, il nous demandait de lui envoyer des boîtes de cigares ou des herbes locales. Apprenant un jour que je devais passer le voir à l'occasion d'un déplacement professionnel en Argentine, il me demanda de lui apporter une... antenne parabolique. Isolé et probablement dépressif, il voulait capter toutes les chaînes de télévision ! Ses « besoins » nécessitaient une antenne de deux mètres de diamètre au moins. Difficile de transporter discrètement un tel objet et plus difficile encore d'annoncer benoîtement aux douaniers que l'antenne est destinée à l'exilé. Capable des plus grandes manifestations d'injustice comme d'une exceptionnelle générosité, Médecin ne pouvait pas comprendre que nous ne fassions pas tout ce qu'il nous demandait. Nice était « sa » ville, ses concitoyens devaient tous être ses amis. Il estimait les avoir assez servis pour leur demander non seulement de le réélire, mais de l'aimer.

À ses débuts en politique, faisant pour la première fois — et la dernière aussi — appel à une société de communication parisienne, il ne retint que la fabrication à plusieurs millions d'exemplaires d'un autocollant de quelques centimètres de diamètre sur lequel figurait ce simple message : « Nice-Médecin ». C'était dans son esprit, et au fond dans celui de la population, plus qu'un truc électoral : c'était la réalité. Nice, c'était Médecin. Médecin, c'était Nice. Cette identification fut telle que les déconvenues judiciaires de l'élu ont eu pour conséquence naturelle l'opprobre sur la ville. Les Niçois, plus choqués par la fuite de leur Jacquou que par la révélation de ses frasques dont ils n'ont jamais tenu grand compte, se sont sentis brusquement humiliés. Leur fierté d'être niçois s'accommodait mal de cette fuite. C'est donc, pour une large part, sur le thème de la reconquête de la fierté du comté de Nice que Jacques Peyrat a été élu. Pas du tout sur le besoin de remettre de l'ordre dans les affaires municipales.

La ville est nissarde avant tout, et le maire, dans ses coups de gueule intempestifs et ses comportements sans finesse, était la représentation vivante de cette identité, totalement imperméable au parisianisme. Ce culte de l'identité, du particularisme, lui a fait prendre des initiatives qui ont pu paraître procéder d'une stratégie de communication élaborée mais qui, en fait, n'avaient rien de trucs ni d'une récupération réfléchie, à son seul profit, du nissardisme. Médecin prétendait par exemple, et non sans raison, être un excellent cuisinier. Sa cuisine était un authentique laboratoire, parfaitement ordonné et d'une propreté impeccable. Il passait des heures à faire mijoter poivrons et courgettes. Il ne jouait pas devant ses fourneaux, il était sincère. Faire la cuisine n'était pas seulement une joie, cet exercice lui permettait d'oublier ses préoccupations et probablement aussi ses angoisses. Il se voulait digne de Paul Bocuse, dont il fera l'un de ses conseillers techniques au secrétariat d'État au Tourisme.

Intarissable sur tous les sujets, il l'était plus encore sur la cuisine, dont il se plaisait à dire qu'il s'agissait d'une vraie science. Il n'est pas certain, comme il l'a prétendu, que ses recettes lui aient été enseignées par sa tanta Mietta, mais il est sûr que son livre de cuisine niçoise est une référence pour la préparation des produits locaux. Alors que la presse nationale était déchaînée contre lui et n'évoquait que les magouilles et les entourloupes locales, écrire sur la cuisine niçoise nous était apparu comme une provocation. Mal nous en prit. Il entra dans une fureur terrible. Il savait faire la cuisine, pourquoi l'empêcher d'en enseigner les rudiments traditionnels locaux à ses concitoyens ? Au bout du compte, nos craintes se révélèrent vaines puisque le livre connut un réel succès. La réalité de son savoir-faire aux fourneaux était si éclatante que personne n'établit la moindre relation entre la « cuisine à la niçoise » et les turpitudes reprochées au maire-cuisinier.

En maintes occasions, Jacques Médecin s'engagea ainsi dans des actions qui eussent été considérées pour tout autre comme d'inadmissibles provocations. Il aimait, par exemple, les armes à feu. Non pas pour chasser, ce qu'il détestait, ou pour jouer du barillet, mais par un réel engouement pour la collection. Toutes les collections : les vieilles pierres, les papillons, les plantes, les herbes, et même les oiseaux exotiques : il possédait une immense volière amoureusement entretenue par sa femme Claude. Lorsque les journalistes qui enquêtaient sur les « affaires niçoises » sollicitaient des rendez-vous, il éprouvait un malin plaisir à leur présenter d'abord ses fusils et pistolets dans un stand de tir aménagé dans une cave de la villa.

Il jouait à entretenir l'image du bon vivant, totalement indifférent aux rumeurs et même cabochard. Aux énarques un peu étriqués, ministres hautains et autres députés un tantinet goguenards qui lui rendaient visite, il proposait des petits déjeuners « à la bonne franquette ». Pasqua, Léotard, Toubon en furent, avant qu'ils ne fassent semblant de ne l'avoir jamais connu. La scène se déroulait généralement dans une petite ferme de la plaine du Var, chez un ami fleuriste pour qui un « vrai » petit déjeuner devait se composer, dès neuf heures, d'un bon plat de tripes à la niçoise et d'une grande *socca* bien chaude. Puis, pour faire bonne mesure et éviter que les Parisiens ne partent le ventre vide, on leur offrait des tranches de pissaladière et des pizzas, entre deux rondelles de saucisson coupées sur la grande table massive de la cuisine. Il y avait là les copains de la permanence menés par Max Gilli, déguisé en maître de cérémonie. Ils ne dédaignaient pas le tutoiement rapide. Le bon vin de Bellet remplaçait le café et tout ce beau monde, plutôt que d'échanger idées et réflexions sur l'avenir de la France et du monde, écoutait les histoires, toujours très crues, que débitait inlassablement l'un des acteurs de cette petite comédie. Dans les rires et le vacarme, les invités en costume trois-pièces ne savaient quel comportement adopter, jusqu'au moment où, inexorablement, tout le monde entonnait *Nissa la Belle.* Puis, il était de rigueur de les emmener sur les marchés où le maire savait, en grand professionnel, déambuler entre des centaines de braves gens qui l'appelaient par son prénom et l'invitaient à goûter les produits. Quelle que fût la notoriété de l'invité, son rang dans la hiérarchie de l'État, il était clair que la vraie star était Jacquou, pas mécontent de démontrer la réalité de la vie niçoise, non sans un soupçon de mépris pour tous les « étrangers », c'est-à-dire tous ceux qui viennent de l'autre rive du Var.

Lors de la campagne présidentielle de Valéry Giscard d'Estaing, en 1974, il était convenu que Philippe Sauzay, un de ses collaborateurs originaire d'Algérie que je connaissais bien, organise une étape à Nice. Curieusement, Giscard, dont on s'est plu à brocarder le comportement de petit marquis, avait une sincère affection pour Médecin. Il était subjugué par son pouvoir d'enflammer les foules et par l'évident bonheur qu'il manifestait à se noyer dans la masse du petit peuple. Il démontrera tout au long de sa carrière une fidélité étonnante pour un homme foncièrement différent de lui. Lorsque les journalistes et les magistrats se déchaînèrent contre le maire de Nice, il me fit savoir, par un de ses collaborateurs alors trésorier de l'UDF, qu'il était prêt à l'aider, à lui manifester son amitié. Il effectua même une discrète intervention auprès de François Mitterrand, qui ne fit, à l'évidence, pas le moindre geste d'apaisement. Giscard, en campagne présidentielle en 1974, ne pouvait négliger les grands seigneurs de province. Il se rendit donc à Nice. Sa première étape fut le traditionnel petit déjeuner. Médecin avait recommandé la prudence et un minimum de retenue aux membres de sa bande. Le repas eut lieu dans la villa du Soubran sur les hauteurs de Gairaut. Café et croissants étaient au menu — tradition française oblige — mais figuraient aussi les traditionnelles pizzas, pissaladières, morceaux de *socca* chaude, ainsi qu'une dizaine de bouteilles de vin de Bellet. Giscard affecta l'indifférence, mais Philippe Sauzay, devenu son chef de cabinet à la présidence de la République, me raconta qu'il avait été estomaqué.

Parmi les participants aux agapes, se trouvait l'ineffable poissonnier de la place Rossetti, Michel Feid, aussi à l'aise dans cette assemblée qu'une andouille dans un plat de couscous. Il observa une discrétion exemplaire jusqu'au moment où les photographes présents voulurent fixer cet instant inoubliable. Michel Feid, par un incroyable concours de circonstances, n'était qu'à quelques centimètres de Giscard. La photo, adressée à tous les journaux de France, arriva jusqu'au *Canard enchaîné* dont un des journalistes crut reconnaître en ce malheureux vendeur de dorades et de sardines rien de moins qu'un des parrains locaux de la mafia, un juge du Milieu aujourd'hui disparu. L'hebdomadaire ne résista pas à son désir de se payer les deux têtes, celle de Giscard et celle de Médecin. Il titra sur les liens « évidents » de la mafia et du maire de Nice. Jacques Médecin entra dans une colère folle. Malgré les conseils de prudence, et comme toujours incapable de modération, il jura qu'il allait enfin obtenir la mise à mort du *Canard enchaîné*. Il porta plainte bien sûr, en demandant... dix millions de francs de dommages et intérêts. Dès ce jour, un véritable « complot médiatique » fut ourdi contre lui. Au

117

cours d'un dîner parisien, un de ces journalistes acharnés contre le maire de Nice avoua qu'à compter de cet instant, ils furent un groupe à jurer de tout faire pour abattre Médecin.

Ce complot, vrai ou faux, aurait fait long feu si Jacques Médecin ne l'avait entretenu, conforté par des déclarations aussi inappropriées que tonitruantes. Il ouvrit les hostilités contre la presse « socialo-communiste » et ne manqua plus une occasion d'intenter procès et poursuites contre ses détracteurs. Il avait, ainsi, de curieuses relations avec les journalistes. Ayant été membre de la profession, il considérait, non sans une étonnante naïveté, qu'il était resté des leurs. Il lui paraissait donc naturel d'être soutenu. Or il n'existe pas un monde homogène des journalistes. Les clivages politiques, les haines, les jalousies font de cet univers impitoyable un environnement qui n'a pas de réelle unité. Ayant été moi-même journaliste et ayant subi les agressions quotidiennes affreusement éprouvantes de certains de ceux qui avaient été mes camarades de rédaction, je sais qu'il n'existe guère de possibilité de discuter d'un sujet, même gênant pour l'homme politique, avant que le titre n'éclate à la une.

Je suis « né » en journalisme dans des entreprises de presse tétanisées devant les élus. Les journalistes n'avaient ni le droit au débat, ni celui de poser une question qui n'ait été auparavant soumise au personnel politique. J'ai payé d'un licenciement mon aspiration à travailler dans un contexte plus libre. Mais il est clair que la liberté ne va pas sans sanctions. Il est difficilement supportable, dans une démocratie, que, sous couvert de défense des libertés de la presse, des hommes et des femmes perdent honneur, situation sociale et dignité, par le fait d'écrits qui se révéleront, six mois ou un an plus tard, diffamatoires. « L'intime conviction » des juges d'instruction, qui leur permet de jeter en cellule des hommes qui, peut-être, ne sont coupables de rien, est à rapprocher de la certitude de certains journalistes de tenir un scoop qu'ils exploitent sans même interroger l'intéressé. Une déontologie n'a pas le moindre sens si elle n'est pas assortie d'un pouvoir de sanction. Il est comique d'entendre Roland Dumas, président du Conseil constitutionnel, dénoncer un complot médiatique dirigé contre lui alors qu'il n'a jamais usé de son autorité pour s'élever contre les débordements d'autres affaires qui ne le concernaient pas directement. François Léotard n'a rien dit lorsqu'il était ministre de la Communication, mais a poussé les hauts cris lorsqu'il s'est retrouvé au centre des affaires politico-mafieuses du Var.

François Léotard a oublié qu'encore jeune membre du cabinet ministériel de Michel Poniatowski, alors ministre de l'Intérieur, il se pâmait devant le système Médecin. Il vint un jour le voir, discrètement, pour lui avouer son intention de se présenter à la mairie de Fréjus, et aussi le refus brutal que lui avait signifié son ministre. Médecin trouva la démarche d'autant plus sympathique que Léotard entendait ainsi venger la mémoire de son père, sali honteusement à propos des suites financières de la rupture du barrage de Malpasset. Jacques Médecin lui accorda son soutien, notamment le « prêt » de quelques équipes indispensables à la réussite de l'entreprise. L'admiration dont témoignait Léotard fondit comme neige au soleil lorsque le roi de Nice connut ses premières avanies judiciaires. Ce qui a le plus choqué Médecin n'a pas été, alors, sa « condamnation » par la presse, mais l'indifférence de ses collègues ministres, de ses pairs dans le monde politique. C'est la seule fois où je l'ai vu désespéré, au bord des larmes, ne comprenant pas qu'il ne fût même pas « convoqué » par le ministre de l'Intérieur de l'époque, Christian Bonnet, pour une explication ou même son renvoi du gouvernement après enquête.

L'affaire du Watergate et le triomphe planétaire des journalistes du *Washington Post* ont complètement modifié la relation entre journalistes et élus. Il n'est plus un correspondant local d'un grand quotidien qui ne se prenne pour une star du journalisme américain et ne se croie obligé de tout tenter pour déstabiliser le malheureux élu local. Il faut découvrir la faille, prouver l'ingérence ou le détournement de fonds publics. Cette nouvelle relation décourage les élus qui font souvent leur métier du mieux qu'ils peuvent, pour des indemnités à faire plier de rire les responsables travaillant dans le privé. Ces élus aimeraient qu'on dise « aussi » leurs angoisses, leurs week-ends consacrés aux manifestations publiques, leurs jours fériés partagés entre les messes, les mariages et les concours de pétanque, leurs soucis pour le réaménagement d'une route ou d'un pont. Au titre du code des communes, ils sont personnellement responsables non seulement de l'utilisation des deniers publics mais aussi des délégations de signatures confiées à leurs adjoints. Ils ne peuvent tout assumer, en étant rémunérés huit à quinze mille francs par mois et en s'appuyant sur un secrétaire général qui n'est censé gagner que six à neuf mille francs. J'ai assisté et participé au ballet incroyable des visites, chaque début de mois, dans les bureaux des collaborateurs du Premier ministre pour recevoir une fraction de cet argent public qui n'est soumis à aucun contrôle et laissé à la libre disposition de celui qui le perçoit. Chaque ministre reçoit, sur les « fonds spéciaux », des sommes variables selon son rang au sein du gouvernement. Le cérémonial est toujours le même : le chef de cabinet de Matignon sort de son tiroir un carnet de chèques Banque de France ; le montant inscrit peut varier du simple au centuple et le ministre qui reçoit cette « manne » en fait ce que bon lui semble. Médecin s'en servait pour payer ses impôts ! L'argent public ainsi utilisé lui permettait de rendre à l'État, qui les lui avait « offertes », les sommes que le fisc, donc l'État, lui réclamait ! L'épicier de la Creuse et le boucher du Lot-et-Garonne auront du mal à distinguer cette pratique du détournement, inadmissible, des fonds publics dans leur commune.

Le second bouleversement dans la relation entre les Français et leurs élus est intervenu durant le septennat de Valéry Giscard d'Estaing. Le président de la République avait, dans un premier temps, confié les principaux ministères à de grands barons régionaux : Lecanuet, Durafour, Médecin et d'autres. Dès les premières élections locales, il s'aperçut que la défaite de certains d'entre eux était du plus mauvais effet sur l'image du gouvernement. Ainsi apparurent au-devant de la scène, promus du jour au lendemain ministres et secrétaires d'État, d'anciens directeurs de cabinet ou directeurs d'administrations centrales, comme Lionel Stoleru par exemple, qui étaient à l'abri de pareilles déconvenues. Giscard se coupait ainsi de tout contact avec la France profonde. Ces énarques tentèrent de se trouver une assise locale, mais la plupart échouèrent lamentablement. L'exemple le plus récent de cette dérive a été offert par Patrick Stéfanini, ancien secrétaire général adjoint du RPR, grand ami d'Alain Juppé, mais sévèrement rejeté par les Niçois.

En observant les mœurs politiques et les comportements des élus locaux de cette France dont trente-deux mille communes comptent moins de trente mille habitants, il est aisé de remarquer que les relations sociales ont profondément changé. À Maubeuge, Besançon ou Calais, cette mini-révolution a, sans doute, affecté et altéré une certaine confiance entre l'élu et le journaliste. Ni l'un ni l'autre n'en sont directement responsables, mais il est clair que la rupture, le divorce entre l'homme qui est censé agir pour le compte de la collectivité et celui qui est appelé à en rendre témoignage a eu deux effets pervers : d'une part condamner l'élu à être un pourchassé, soupçonné et convaincu, quoi qu'il fasse, des pires infamies ; d'autre part couper les liens naturels et pourtant obligatoires entre l'administrateur et l'administré.

À Nice, Médecin a été l'un des premiers édiles de France à installer une coûteuse sono en salle du conseil. Elle lui permettait de contrôler les temps de parole, car il disposait seul de la manette magique donnant le micro à l'un ou l'autre de ses collègues. Sa conduite des séances du conseil municipal obéissait à des rites bien établis. Il n'était pas question de l'interrompre sans risquer une réplique aussi longue que violente. Il avait évidemment toute facilité de couvrir les voix puisqu'il s'était octroyé la sono. En séance, Médecin était une sorte de matador devant des spectateurs

enthousiastes qui étaient censés attendre l'entrée du taureau dans l'arène pour une mise à mort. Le matador espérait que surgisse l'adversaire. Dès que montait dans la salle
la critique ou le simple commentaire d'un élu, il pouvait
commencer le spectacle. À la fois caustique, agressif, capable de toutes les esquives, il jouait de la voix et du geste,
alternant parades et provocations, ponctuées par les cris et
les applaudissements des partisans installés aux derniers
rangs. Doté d'une excellente mémoire — sauf pour les
chiffres auxquels il était totalement imperméable — et
d'une facilité d'élocution étonnante, doublée d'un don
éblouissant pour la repartie cinglante et assassine, il avait
transformé les assemblées communales en shows, auxquels
il était de bon ton de venir assister, mêlé à la foule des
pêcheurs du cours Saleya et des vendeuses de tomates de
la place Rossetti.

Max Gallo, candidat malheureux à la mairie mais élu
conseiller municipal d'opposition, renonça vite à siéger. Il
avait compris que ses rares interventions n'aboutiraient
qu'à mettre en valeur le tonitruant Jacques Médecin. Ne
lui résistaient que les élus communistes, car les plus vives
querelles cachaient mal la complicité sous-jacente qui rap-
prochait les « familles » communiste et médeciniste depuis
des dizaines d'années. Médecin éprouvait une joie intense
à laisser la plus large marge de manœuvre aux élus
communistes pour démontrer, jusqu'à l'absurde, qu'il
était le seul rempart aux « révolutionnaires marxistes ». S'il
acceptait le débat avec eux et même le favorisait, il était,
en revanche, d'une violence rare et réellement blessante à
l'égard des « autres », où se mêlaient socialistes se chamail-
lant en multiples tendances, et, selon les époques, gaullistes ou giscardiens.

Ces « autres » trouvèrent leur porte-parole en un certain
Cavaglione, un retraité rondouillard aussi insaisissable que
farouchement tenace, dont l'admiration mal cachée pour
Médecin se transforma en une haine implacable dès lors
qu'il s'entendit traiter d'« âne burlesque » sous les rires
gras et les applaudissements de la foule.

Cavaglione, comme d'autres à Marseille, Bordeaux ou Draguignan, stockait à son domicile une impressionnante documentation sur l'activité du maire et de la municipalité. Faute d'être en situation de pouvoir affronter directement les élus majoritaires en conseil, le jeu consiste à harceler les chefs de services et les fonctionnaires d'innombrables questions, commentaires, thèmes d'enquêtes auxquels ils sont condamnés à répondre par écrit. Ce qui se balaye d'un revers de main et d'une phrase assassine en public devient infiniment plus difficile à maîtriser pour un fonctionnaire obligé de répondre en des propos courtois et vérifiables. C'est ainsi que sans le souhaiter, et probablement même sans le soupçonner, ces chefs de service et fonctionnaires se laissèrent entraîner dans une spirale de l'information qui allait tout naturellement les conduire à « trahir » le maire.

Ces élus, méthodiques et imperméables à la parole du baron local, que l'on a vus apparaître ces dernières années un peu partout en France, passent des jours et des nuits à comparer des pièces, à mettre les chiffres en balance, à démontrer les contradictions dans les mots et les textes. Comment le leur reprocher ? Ils font leur métier. Il n'existe pas d'autre issue que de chercher le contact direct avec celui qui devient le plus dangereux des opposants. Tout autant que ce dernier l'accepte, et tout autant que le maire comprenne vite l'alternative : prendre le risque de laisser à l'opposant le temps de déstabiliser l'administration et même de la faire douter, donc de la conduire doucement mais sûrement à la trahison, ou le rencontrer et établir avec lui une règle de conduite dans une relation directe. Un opposant reconnu et respecté est souvent ravi de devenir, même hypocritement, l'interlocuteur du maire.

Les profonds bouleversements éthiques et sociologiques ont rangé au rayon des souvenirs les anciennes relations faites de componction, entre la presse et les élus. Les élus d'opposition ont vite compris que s'ouvrait devant eux une voie royale. La presse, devenue soudain dévoreuse de petites anecdotes critiques, de contradictions, de maladresses, afin de déstabiliser chaque matin le vieux baron local, se précipite avec gourmandise sur les échos et la documentation des opposants. Seuls les grands seigneurs qui ont compris ces nouvelles règles ont résisté. Le jeu ne se déroule plus entre deux partenaires, le maire et la presse, mais à trois : le maire, l'élu d'opposition opiniâtre et hargneux, et le journaliste ravi de disposer d'informations musclées et assassines. Médecin, à ce jeu, n'était pas très doué. Ils furent des dizaines d'intermédiaires, discrets ou plus bruyants, à tenter de rapprocher Jacquou de celui qui allait devenir son tombeur. Si ce dernier accepta, dans le secret de rencontres chez des particuliers, de chercher un consensus avec Médecin, ce dernier s'arrangea toujours, avec un acharnement confinant à la folie, pour mettre en pièces les savants montages destinés à apaiser les tensions. Par un mot aussi injuste que destructeur, par un comportement aussi inopportun que désinvolte, il ridiculisait son opposant jusqu'à s'en faire un ennemi et devoir endurer des estocades qui allaient devenir mortelles. La décomposition du système Médecin procède de l'échec des négociations destinées à apaiser des relations personnelles. Il devint vite évident que la persévérance de son opposant et l'impossibilité de calmer le jeu ne pouvaient qu'entraîner une radicalisation, de plus en plus autoritaire, des structures de la permanence et des associations parallèles. Chaque partie campant sur ses positions, le combat devint terrible, les armes de plus en plus dévastatrices, les « révélations » de plus en plus nombreuses et précises. D'abord dans la presse nationale, ravie de régler ses comptes avec Médecin, puis dans le journal régional qui ne pouvait paraître ignorer ce qui s'étalait en pages entières dans les quotidiens et hebdomadaires parisiens.

# 7

## *L'impossible greffe méditerranéenne sur les ministères parisiens*

Lorsque Valéry Giscard d'Estaing fut, en mai 1974, élu président de la République, nous attendions le coup de téléphone magique annonçant la nomination de Médecin à la tête de quelque ministère, en suivant, amusés, sur les écrans de télévision, le spectacle de la remontée à pied des Champs-Élysées. Le maire de Nice avait déjà préparé ses valises, convaincu que, comme pour Lecanuet, Durafour et les autres, le gouvernement ne pouvait se passer de lui, baron parmi les barons des provinces françaises.

Le téléphone resta muet. Jacquou, qui affirmait haut et fort se « foutre » complètement de la politique parisienne, en éprouva une déception terrible. Mortifié, abasourdi et regrettant sans doute le pantagruélique petit déjeuner qu'il avait offert au candidat Giscard, dans sa villa du Soubran, il adopta une attitude conforme à son caractère : pas question de s'interroger sur les causes de cette indifférence surprenante à l'égard du maire de la cinquième ville de France. Il s'inventa mille raisons, toutes aussi fausses ou saugrenues, mille excuses qu'il exposait longuement, sur les marchés, à des épicières et des fleuristes qui l'approuvaient bruyamment. Le thème était toujours le même : « Paris, on s'en fout. Nice n'est pas la France. Restons entre nous, dans la "famille" ! » Et puis, comme il était réellement ulcéré, il prit la sage décision de partir pour un long déplacement à l'étranger.

125

Giscard, amusé certes par les comportements de Médecin, devait s'en méfier et craindre l'installation « cyclonesque » du roi de Nice dans l'atmosphère ouatée des relations gouvernementales. En outre, Médecin, passant allégrement et sans le moindre complexe d'une formation politique à une autre, était douteux aux yeux du parti républicain et infréquentable pour les gaullistes qui ne lui ont jamais pardonné ses écarts de langage sur Pompidou et sa femme et sur de Gaulle lui-même. Pourquoi, au fond, cette haine contre le Général ? Elle lui avait été transmise par son père, dont il se plaisait à dire et redire que, « s'il avait été élu président de la République, comme il faillit l'être en lieu et place de René Coty, il n'aurait pas, "lui", confié les rênes de l'État à de Gaulle ». Plus tard, beaucoup plus tard, lorsqu'il s'installa aux États-Unis pour ce qu'il croyait être un repli « tranquille » outre-Atlantique, il acquit une somptueuse villa dans le quartier chic de Beverly Hills à Los Angeles. À l'entrée de son salon, il avait posé un tapis orné du portrait du Général sur lequel il invitait ses visiteurs à essuyer leurs semelles !

L'indifférence de Giscard fut, en fait, de courte durée. Début 1976, à l'occasion d'un remaniement ministériel, Médecin reçut enfin le coup de téléphone miraculeux. Il était nommé à la tête d'un modeste secrétariat d'État au Tourisme. Il y sera confirmé en 1977. Avec la même hargne qu'il avait expliqué son « désir » de n'être pas éloigné de sa ville par une entrée au gouvernement, il motiva sur les marchés sa montée à Paris par « la nécessité de mieux représenter les intérêts de sa région ». Bien que se plaisant à afficher une certaine indifférence pour cette nomination, il débordait d'une joie presque puérile. À peine son entretien téléphonique avec le chef de l'État terminé, il annonça la nouvelle à sa mère. Il faisait enfin aussi bien que son illustre père !

Ces premières minutes de secrétaire d'État furent incroyables. Comme toujours sans la moindre préparation, sans demander conseil à quiconque, il dévala les trois étages séparant son bureau d'un salon où l'attendaient les journalistes et, devant eux, s'aventura dans de savantes théories sur le tourisme en général et l'image de la France en particulier. Son bonheur était tel qu'il aurait été impossible et incongru de freiner son débit oratoire. Il allait tout inventer, tout refaire. Il allait, évidemment, être le meilleur ministre du Tourisme que la France ait connu. Mais son comportement béat cachait, pourtant mal, une certaine inquiétude.

Au fond, il s'interrogeait non pas tant sur ses compétences mais sur sa capacité à intégrer le milieu gouvernemental. Je m'entends encore lui proposer de l'accompagner, le lendemain, pour son installation. Il acquiesce d'un signe de tête. Nous entrons donc ensemble dans les locaux du ministère, avenue de l'Opéra. Moment surréaliste. Médecin salue son prédécesseur, Gérard Ducray, qui lui demande l'autorisation d'utiliser la voiture de fonction pour rentrer chez lui. Malheureux Ducray qui avait eu le bonheur d'être le plus jeune ministre de Giscard. Fils d'une famille pauvre, appelé à des fonctions ministérielles dès sa sortie de faculté, l'histoire politique française a complètement oublié son nom. La République, qui ignore les sentiments et manque souvent de la moindre humanité, le renvoya dans l'arrière-salle du bistro de son père avant qu'il ne se décide à exercer le métier d'avocat pour lequel il s'était préparé sans même avoir eu le temps de le pratiquer. Il y reçut, pendant les quelques mois qui suivirent, les injonctions à payer, sur ses propres deniers, des déplacements que l'administration estimait ne pas relever de ses fonctions gouvernementales. Médecin, qui ne manquait pas à l'inverse d'une certaine générosité (dans la mesure où ses propres deniers n'étaient pas engagés !), s'arrangea pour inventer un « aménagement » permettant de payer un déplacement en hélicoptère que le malheureux Ducray aurait été bien incapable de financer lui-même. L'ancien et éphémère ministre fut même menacé, par exploit d'huissier, de poursuites pour avoir oublié de rendre un vieux téléviseur resté à son domicile. Pourtant, Ducray avait été d'une honnêteté scrupuleuse. Il était complètement « sonné » ; il y avait quelque chose de poignant à voir cet homme, encore si jeune, parvenu à une illustre fonction dès la fin de ses études, incapable de réaliser ce qui lui arrivait et laissé à une entrée de métro par le chauffeur du nouveau ministre. Premier contact avec la réalité du monde inhumain des ministères. Monde sans âme, dénué de scrupule, où se côtoient la lâcheté et les ambitions aussi perverses que sottes, les reniements et les comportements les plus lamentables. Il faut avoir vécu les scènes pitoyables des changements de gouvernements pour réaliser l'immensité des ingratitudes et la stupidité infantile de certains de ceux qui, censés donner un certain exemple, seraient considérés comme déments par l'épicière du village de Corrèze ou de l'Ariège.

Lors des remaniements ministériels commence pour les sortants, convaincus d'être irremplaçables, la longue, la terrible attente devant le poste téléphonique interministériel. Le ministre démissionnaire est censé ne pas le lâcher des yeux, attendant l'appel miraculeux ou assassin du nouveau chef du gouvernement. Mais les hommes ont leurs faiblesses. Il faut manger, dormir, prendre quelques distances. Alors s'installe la ronde des collaborateurs, invités à assurer la permanence devant le satané téléphone. Elle peut durer quelques minutes comme plusieurs jours. Il faut tenir à tout prix, ne surtout pas être absent lorsque la nouvelle arrivera. Il se raconte dans les cabinets ministériels, depuis vingt ans, l'anecdote de cet homme politique devenu inopinément ministre des PTT du général de Gaulle simplement parce que celui qui devait être désigné était injoignable au moment où se rédigeait la liste définitive des membres du nouveau gouvernement.

Certains de ceux qui sont laissés sur le bord de la route, qui sont censés avoir fait leur temps et qu'on renvoie, sans grands égards, dans leurs petites villes, conservent une réelle dignité et partent réapprendre à poster eux-mêmes leur courrier, à faire la queue devant les guichets, à remplir les formulaires, à prendre eux-mêmes leurs rendez-vous, bref, tout ce qu'ils n'imaginaient plus être contraints d'effectuer. D'autres en revanche... Si les Français assistaient à ces instants incroyables ! Au spectacle désopilant et lamentable de ce directeur de cabinet rendu fou de rage par la perte de son poste, qui arrache la moquette du bureau. Ce commentaire, inouï, d'un jeune ministre devenu depuis un des personnages clés de la mairie de Paris, tellement convaincu d'être indispensable qu'il lâcha devant son directeur de cabinet, à l'époque Gérard Longuet : « Je suis né pour être ministre, je ne sais rien faire d'autre. » Ou encore, ce membre de gouvernement, très connu, abasourdi, figé dans le hall d'accueil du ministère où son successeur l'avait « gentiment » prié de se réfugier, et qui lance, désemparé, à une hôtesse aussi surprise que lui : « Vous savez comment on fait pour appeler un taxi ? » Moments inappréciables pour un observateur, et merveilleuses aubaines pour les traiteurs parisiens conviés à apporter aux nouveaux collaborateurs les moyens de survivre dans des bureaux qu'ils n'entendent plus quitter, le tout risquant d'être facturé au partant par le nouveau promu !

C'est aussi cela, l'État. C'est aussi cela, la République. Machine merveilleuse et effroyable qui sublime les hommes, leur fait oublier leur condition, puis les renvoie dans l'anonymat. Lors de la formation d'un gouvernement, les premiers appelés se voient proposer les portefeuilles prestigieux. Aux derniers ne sont plus offerts que quelques secrétariats d'État. Lorsque Jacques Chirac quitta Matignon, en 1976, pour être remplacé par Raymond Barre, une secrétaire un peu écervelée intervertit l'ordre des appels. Elle appela Médecin en... seconde position.

Il nous était aisé de le savoir, car des observateurs amis et des journalistes en poste dans la cour du ministère du Commerce extérieur, où Barre travaillait à la composition de son premier gouvernement, nous tenaient informés des arrivées et des sorties. Jacques Médecin, fier comme un paon, fait son entrée à l'heure convenue, s'attendant à être intronisé à la Culture ou aux Armées. Piteux, il s'entendit dire que, par suite d'une erreur, il se verrait convoquer...

plus tard. Ce qui fut fait, pour être confirmé à son poste de secrétaire d'État au Tourisme !

Médecin, qui régnait sur une ville quadrillée par des équipes aux tâches aussi diverses que parfaitement définies, ne supportait pas l'atmosphère parisienne. Pour réussir sur les bords de la Seine, il lui aurait fallu consentir des efforts afin de nouer et d'entretenir des liens, de se créer des obligés, ce que sa position de maire de Nice eût pu lui apporter aisément. Il considérait que sa fonction de grand baron était suffisante pour assurer son prestige. Mais Paris et les ministères n'ont que faire du rôle d'un élu de province. Les énarques s'en moquent. Il s'est trouvé, parmi les maires des grandes villes de France, quelques personnalités capables de jouer sur les deux registres. Médecin ne savait pas. Pis encore, il ne le voulait pas.

Arrivé à Paris pour sa première nomination gouvernementale, il s'installa confortablement dans le fauteuil laissé vacant, se fit servir un whisky qu'il ingurgita goulûment, en bon Méditerranéen avide et heureux de vivre, et disparut aussitôt, non sans m'avoir, auparavant, demandé de « voir comment ça se passait » ! J'étais là, a priori, pour l'accompagner. Brutalement je me retrouve dans le bureau du directeur de cabinet, un certain Dupuydauby, qui, depuis, a fait carrière dans les voyages organisés. Il s'ensuivit une scène inouïe, rocambolesque, à l'image de l'impréparation qui caractérisait nos actions. J'entre dans le bureau, immense, de Dupuydauby, qui, une fraction de seconde, s'apprête à occuper son siège. Il me regarde et doucement, presque dans un souffle, me dit : « Je suppose que vous êtes le nouveau directeur ? » Sans le moindre mandat, avec un culot que je regrettai aussitôt, je m'entends répondre : « Oui, évidemment. » Il reste figé, debout près de la porte d'entrée et je m'installe dans son fauteuil. Je l'écoute, bouche bée, me passer les « consignes », faire le point sur les dossiers en suspens, et, surtout, me transmettre ce conseil que tous les fonctionnaires giscardiens, à cette époque, suivaient sans états d'âme : « Nous sommes giscardiens, notre avenir est au centre, il faut que nous nous rapprochions

130

des socialistes. Faites comme moi, favorisez discrètement leurs démarches et "cassez" les membres du parti gaulliste. »

Le téléphone sonne. C'est Jacquou qui me demande où j'en suis.

— Je n'en sais vraiment rien mais, sauf contrordre, je suis ton directeur de cabinet.

— Ah bon, c'est très bien ! Je viendrai demain matin. Fais du mieux possible.

Faire au mieux ? Je ne réaliserai que le lendemain la nouveauté et l'immensité de la tâche. Assis, affalé plutôt dans l'immense fauteuil, je regarde, sans les voir, le mobilier, le cadre portant la photo du Président sur fond de drapeau tricolore, et une pile de dossiers abandonnés sur le bureau. De l'avenue de l'Opéra, par les immenses baies vitrées, monte, assourdissant, le bruit des voitures. L'angoisse le dispute à la joie. Le bonheur se double d'une curieuse impression de nostalgie. Qui, dans ces moments exceptionnels, peut prétendre n'avoir pas, un petit instant, avec un brin de prétention mal venue, pensé à son enfance ? Je trimbale mes souvenirs comme des valises, faites et défaites au gré d'installations et de déménagements parfois tranquilles, souvent chaotiques. Je ne peux m'empêcher de revoir ma mère, épuisée de fatigue et continuant pourtant à coudre, elle-même, durant la nuit, mes pantalons. Je suis, heureusement, seul dans la pièce, car je m'entends chantonner les vieux refrains qu'elle fredonnait. La pauvreté d'une enfance demeure éternellement collée à la peau de ceux qui pensent avoir réussi. Un geste, un signe imperceptible, une certaine manière de se comporter en privé trahissent ceux qui n'ont pas passé leurs premières nuits dans des draps de soie.

J'ai retrouvé à la tête d'empires industriels, à des postes faisant d'eux des décideurs redoutables, des hommes — peu nombreux c'est vrai — qui ont gardé le souvenir de leurs parents vendeurs de poivrons ou de courgettes sur des marchés en plein air. L'un d'eux, voyant sa mère gravement malade, oublia sa fonction pour accompagner son père, tous deux vêtus comme des paysans, sur le marché, afin de l'aider dans son petit commerce. Passe alors parmi les chalands un de ses collaborateurs de province. Instant désopilant. L'industriel-vendeur de tomates d'un jour l'a reconnu. L'autre, qui croit rêver, fait semblant de ne rien voir. C'est aussi ce puissant directeur des ressources humaines, à la tête d'un personnel de plusieurs dizaines de milliers d'employés dans une imposante entreprise, qui n'a jamais oublié son enfance passée à travailler dans les forêts pour payer ses études et qui se montre incapable de ne pas retourner, au moins deux fois par mois, humer les arbres de la Creuse. Ces hommes ont en commun une qualité qui leur a été enseignée par les privations élémentaires : l'incapacité de condamner autrui à la même pauvreté, et la faculté de conserver une distance avec un environnement qui donne le vertige aux autres individus.

Le passage, car il ne s'agit que d'un passage, dans la haute fonction publique, dans le sérail des cabinets ministériels, est une fantastique occasion de découvrir que la République est dotée d'une sacrée résistance pour supporter les faiblesses et les incohérences du fonctionnement inouï du plus haut niveau de l'État. S'il existe des énarques de talent et dont les compétences justifient le respect, un peu puéril, qui leur est accordé, en revanche, combien d'autres sont minables, inapprochables, faisant carrière, sans complexe, avec un ministre de droite puis un ministre de gauche ? Dès sa nomination, un ministre voit défiler les prétendants à des postes de conseiller technique ou de chargé de mission. Ils sont le système. Sourcilleux jusqu'à la bêtise dans leur obéissance, obsédés par le besoin d'inventer de nouvelles contraintes administratives, de nouvelles règles, d'initier de nouvelles lois. Cette République, qui sait garder son calme, a heureusement inventé la procédure des décrets d'application. Faute d'avoir été rédigés, une bonne moitié de ces lois n'est pas appliquée ! Il y a aussi ces énarques vieillissants qui, à la tête des administrations centrales, assurent obéir mais ont tout loisir de freiner, de bloquer les actions du pouvoir politique.

Ni de gauche ni de droite. Ils sont l'État. Sans états d'âme. Ils sont la technique administrative. Sans eux, aucun gouvernement ne peut agir. Avec eux, la machine perd tout contact avec la réalité du terrain. Souvent moqués et raillés, ils assurent, en France plus encore que dans la plupart des pays, la continuité des affaires publiques, insensibles jusqu'à la surdité aux mouvements de balancier qui agitent la vie politique. Depuis le septennat de Giscard d'Estaing, ils ont contracté la curieuse manie de singer les hommes politiques en s'octroyant des mandats électifs en province. Les cuisantes défaites de certains d'entre eux, de ceux qu'on a appelés la « génération Léotard », vont-elles stopper, ou au moins limiter, cette évolution ?

Jacques Médecin n'était pas un ministre comme les autres. Tout, en lui, était de nature à le distinguer de l'univers un peu gris et terne des responsables gouvernementaux et des hauts fonctionnaires. Il affichait un souverain mépris pour les réunions mondaines et les dîners en ville. Sa récente découverte des délices de la cuisine japonaise le conduisait à imposer à ses invités la fréquentation de restaurants traditionnels où il était naturel de s'asseoir à même le sol pour déguster maladroitement, à l'aide de baguettes, sushis et sashimis. Il fallait voir ses yeux rieurs et la mine déconfite des hôtes pour lesquels le poisson cru, avalé sans fourchette ni couteau, était, à cette époque, une découverte difficilement digestible. Le Japon et les États-Unis étaient ses références.

Tout ce qui s'y créait, s'y construisait, s'y découvrait, exprimait la perfection de la modernité. Il voulait importer à tout prix en France les comportements les plus nouveaux certes, mais aussi les plus saugrenus.

À Paris, Médecin utilisa son énergie et son pouvoir de séduction sur deux registres : les relations avec les professionnels du tourisme et sa propre relation avec les membres de son administration. Il fut, à n'en pas douter, un interlocuteur attentif des hôteliers, restaurateurs, représentants des compagnies aériennes et de tous ceux qui préparent et accompagnent les migrations de touristes. La conduite des affaires de Nice, une capitale incontestable du tourisme, l'avait formé à la diversité et à la complexité de cette profession. Il se trouva si confortablement installé dans cette nouvelle vie qu'il se prit à oublier les affaires de sa ville où, fort heureusement, demeurait fidèle et doté d'une puissance de travail exceptionnelle un premier adjoint aussi sobre que Médecin était tonitruant, aussi discret que le maire était un comédien en constante représentation, et surtout aussi calme avec les élus d'opposition que le grand Jacquou était agressif et violent. Tout se passait si bien que Médecin délaissa un peu sa base locale. Il passait le plus clair de son temps entre Paris et d'innombrables déplacements à l'étranger qui le comblaient d'une joie attendrissante. Son rôle de vendeur du tourisme français lui convenait à merveille. Sympathique, débonnaire, manifestant devant les autorités étrangères la même simplicité qui faisait son charme sur les marchés de Nice, il présentait un autre visage du gouvernement.

N'ayant aucun contact amical avec la plupart de ses collègues, qui ne le jugeaient pas de leur monde, il ne rencontrait que Pierre Mazeaud, également du gouvernement. Les deux hommes avaient coutume de prendre un petit déjeuner en commun, dans un bistro de Saint-Germain-des-Prés, quartier où Médecin avait conservé un minuscule studio.

Puis, Jacquou regagnait son splendide bureau, non sans s'obliger à emprunter les escaliers, ouvrir les bureaux et distribuer aux secrétaires ébahies quelques bises et, parfois, des bouquets de mimosas qu'il se faisait livrer de Nice. Il était dans sa nature de rallier les suffrages. Ses collaborateurs, notamment les plus humbles, devenaient à ses yeux des électeurs potentiels et il les traitait comme les vendeuses des marchés. Le ministère s'abandonnait délicieusement et inconsciemment au mode de vie méditerranéen. Personne n'était dupe, mais son comportement était si atypique que le petit personnel, concierge et secrétaires, la première surprise passée, lui voua une authentique vénération. Éberlué et amusé, je le voyais, à Paris comme il le faisait à Nice, s'asseoir près d'une secrétaire ravie et lui expliquer la « vraie » recette de la salade niçoise. Il lui était mentalement impossible de considérer le personnel du ministère autrement que comme ses électeurs niçois. Les réunions, traditionnellement austères et compliquées, se tenaient dans une ambiance elle aussi très méditerranéenne, sérieuse sans doute mais empreinte de gaieté et toujours ponctuée par les rires bruyants provoqués par sa dernière blague ou ses propos acides sur un de ses collègues.

Assis devant mon nouveau bureau sur lequel ont été empilés plusieurs dizaines de dossiers qu'il va bien me falloir comprendre, entouré de fonctionnaires dont la fidélité pas plus que la loyauté n'est évidente, je regrette l'absence de mon père. Dès mes débuts en politique, je n'ai cessé de regretter qu'il ne puisse être près de moi. Mon père fit carrière, pendant quarante ans, quasiment dans le même bureau. Ses tâches professionnelles se répétaient chaque jour, avec la même banalité. Il était donc parvenu à prendre ses distances avec le monde du travail. Il avait dû interrompre ses études dès la mort prématurée de son propre père. Il voulait être marin, mais le destin lui fit rencontrer une jeune Oranaise d'origine espagnole, aussi vive que pétillante et aussi pauvre que lui, ce qui le contraignit à trouver d'urgence un emploi. Il s'en acquitta sans le moindre enthousiasme, mais avec la rigueur et le sérieux qu'impose l'éternelle peur de perdre son gagne-pain et de redevenir très pauvre. Mon père me racontait son enfance à Cherchell, à quelques kilomètres de Tipasa. Chaque matin, dès six heures, il était de règle de passer par le port. Entre les barques à peine rentrées de la pêche, les gamins de son âge se glissaient dans l'eau pour un premier bain destiné autant à laver des corps ignorant le luxe des salles de bains qu'à communier avec la nature. Il éprouvait deux grands regrets, qui le hantaient et dont nous parlions souvent : celui de n'avoir pu être officier de marine, et celui, plus profond, de n'avoir pas eu le temps d'interroger son propre père. Notre implantation familiale en Algérie remonte à un gamin de dix-sept ans, dont mon père ne connaissait même pas le prénom, qui avait un beau matin quitté son hameau natal de l'Ariège pour émigrer sur ces terres lointaines. Dans ce département pyrénéen, l'un des plus pauvres de France, que Napoléon disait fait de « courage et de fer », une famille ne pouvait conserver sur le sol natal que les aînés. Les autres étaient condamnés à s'expatrier. Certains partirent aux États-Unis participer à l'extraordinaire aventure de la construction de la voie ferrée reliant l'est à l'ouest. Les autres, les plus nombreux, partirent sans un sou en poche et avant même d'avoir vingt ans, pour l'Algérie, avec en main un document leur concédant une terre ou un service « public ». Mon arrière-grand-père reçut en dot, du gouvernement radical-socialiste de l'époque, l'autorisation de créer un réseau de transports en calèche entre Alger et Cherchell. L'opération allait s'avérer une aubaine financière. La famille aurait pu faire fortune si le malheureux n'avait eu la mauvaise idée de mourir trop tôt, laissant des jumeaux, déjà orphelins de mère, à peine âgés de quinze ans. Ils dévorèrent sans complexes la petite fortune naissante et les subsides ou aides diverses de « généreux amis » qui, évidemment, s'emparèrent de la ligne. Mon père avait une dizaine d'années, quand, pour la première fois, il s'installa au volant des premiers autobus, crachotants et toussotants, dont la conduite et les monstrueux volants sans assistance nécessitaient des épaules et des muscles de déménageur. Il n'éprouvait pas le moindre regret. « Le passé, disait-il, c'est du passé. »

Quand mon grand-père, miné par le remords et l'alcool — un mauvais vin qui lui tenait lieu d'antidépresseur — présenta les premiers signes de la maladie foudroyante qui l'emporterait en quelques mois, mon père passait des heures près de lui, à réchauffer de ses mains les pieds que le mourant, dans ses délires, croyait congelés. Il essaya bien de lui faire raconter ses souvenirs, ce qu'il savait de ce gamin de dix-sept ans qui, non sans courage, avait un beau matin abandonné sa famille ariégoise pour les colonies. Mais la mémoire s'était éteinte. Il ne restait rien, strictement rien, de son passé. Mon père s'était donc reconstitué une histoire. Ma mère et nous, ses propres enfants, en étions les acteurs. Cela lui suffisait.

Cette résignation, que je regrette aujourd'hui d'avoir interprétée, parfois, comme une forme de lâcheté, s'accommodait mal de mon comportement. Il me reprochait de ressembler à ses père et grand-père, des aventuriers qui eussent été mieux inspirés de vivre dans le calme et le souci de « garder leurs sous ». Quand la famille s'agrandit, avec l'arrivée des deux grand-mères, au point de rendre la coexistence difficile dans un minuscule trois-pièces, je décidai de partir. La nouvelle fit l'effet d'un cataclysme. Père et mère accompagnés comme il se doit par une lamentation collective à la méditerranéenne passaient des heures à pleurer et disserter gravement sur les errements de ce fils qui allait, à l'évidence, sombrer dans l'échec et les vices. Sainte Rita fut implorée. Le petit autel installé dans la cuisine, entre les paquets de sel et de pâtes, déjà encombré de multiples images de la Vierge et de tous les saints, reçut en offrande cinq ou six cierges tendrement bénis par ma mère et le brave curé de la paroisse, mais je demeurai inébranlable.

Ma mère s'enferma dans le silence, d'autant plus insoutenable que ses yeux, en permanence noyés de larmes, me fixaient pour me supplier de renoncer à mon projet. Il est plus facile de convaincre une mère qui parle qu'une mère dont les larmes sont les seuls arguments. Mon père, à la faveur des dernières promenades, côte à côte au petit matin, entre l'appartement et le lycée, sentait que la séparation — véritable déchirement pour lui — ne nous permettrait plus de retrouver une complicité à peine naissante. Ces dernières balades, à pied, s'allongeaient interminablement, de plus en plus lentes et tristes jusqu'à ce qu'il m'avoue : « Au fond, tu as sans doute raison et à ta place j'en aurais fait autant. » Je ne savais pas que ce beau matin, devant les immenses vitres qui servaient de portail au lycée d'Alger, notre rupture me condamnait à ne plus jamais avoir avec mon père cette relation privilégiée dont on ne perçoit l'importance que plusieurs années après, lorsqu'il est trop tard.

Combien de fois n'ai-je pas, dans le silence des nuits d'angoisse, prié et pleuré sur la fin prématurée de cette relation dont j'aurais eu tant besoin. Quand, dans le monde comique et tragique du show-biz, de la politique et du journalisme, l'acteur affiche en public une résistance arrogante à tous les revers, il ne s'en retrouve pas moins seul, le soir, la tête en feu enfouie entre les seins de sa femme, sentant monter les signes précurseurs d'une folle envie de renoncer parce que trahi par tous. Dans les petits matins parisiens, froids et pluvieux, marchant entre des passants pressés et tristes sous un ciel toujours gris que personne ne songe à observer parce qu'il est impossible, le plus souvent, d'y apercevoir le moindre rayon de soleil, je n'ai jamais cessé de regretter que mon père ne soit pas près de moi, prenant son temps pour m'écouter, m'abandonnant tendrement devant le portail du ministère avec des mots justes et réconfortants, de simples mots d'amour. Mon père était, certes, toujours vivant, mais le lien était cassé. Mes activités professionnelles étaient aux antipodes de ce qu'il croyait être bien pour son fils. Nos différences de caractère et de comportement s'étaient accentuées au point que la reprise du dialogue en eût été impossible. Fier sans doute de voir son rejeton présenter le journal télévisé, il demeurait inquiet de me voir maintenir des objectifs dont il comprenait la précarité.

Quelques années après être entré au cabinet de Médecin, tentant de pallier par diverses opérations l'absence de soutien du seul journal local, je m'acharnais à organiser réunions et débats avec des personnalités nationales, celles du moins qui consentaient à s'asseoir au côté de ce jeune maire de Nice qu'on disait, à ses débuts, si infréquentable. Dans la grande salle du Palais de la Méditerranée, bâtiment aujourd'hui disparu et dont la façade au style néofasciste donnait l'apparence horrible d'un furoncle planté en plein milieu du visage apaisant de la promenade des Anglais, je reçus un soir, devant cinq à six cents personnes, François de Closets. Le thème du débat n'avait pas grand intérêt, sinon celui de faire parler Médecin et d'entretenir sa relation directe avec les Niçois. Pour la première fois de ma vie, je pris la parole à la tribune, devant le sempiternel meuble couvert du drapeau bleu, blanc, rouge et surmonté d'une forêt de micros. L'abondance de ces micros n'était pas le signe d'une présence massive de la presse, mais il convenait « de faire comme si » ! Au moment de prononcer mes premiers mots, je découvre, au troisième rang, mon père. Comme s'il craignait quelque catastrophe ou le déchaînement de la foule, il avait trouvé le siège le plus proche de l'issue de secours. Tétanisé, je commence à bredouiller. Je jette un coup d'œil à Médecin qui, visiblement, s'étonne de cette soudaine timidité. Je regarde de nouveau mon père. Moment si bref, moment qui n'entre pas dans le cadre du temps mesurable. Une éternité. Pourquoi semblent monter soudain, de la salle, les parfums têtus des poivrons et courgettes dans les matins baignés de soleil de notre Algérie natale ? On dit qu'avant de mourir, en quelques dixièmes de seconde, le moribond revoit le film de sa vie. Il existerait donc bien des instants qui ne se situent pas dans le temps mesurable. Ce soir-là, je n'ai parlé que pour mon père. Il fut, bien sûr, le seul à le comprendre. Il m'importait peu qu'il fût, ou non, fier de moi. Je savais que sa conviction était inébranlable : j'avais choisi un parcours sans certitudes et trop dangereux pour être tout à fait honnête. Mais je savais aussi que la fascination pour les aventures de son gamin l'emportait sur sa furieuse envie de me botter le cul, même à mon âge.

À peine confirmé, par décret du Premier ministre, dans mes fonctions de directeur de cabinet, mon premier geste, aussi bêtement prétentieux que supposé tendre, fut d'envoyer à mon père ma carte de visite ornée de mon nouveau titre. Médecin, non sans humour, avait quant à lui fait imprimer deux sortes de cartes de visite. L'une indiquait sa fonction ministérielle, l'autre était prémonitoire : « Jacques Médecin, maire de Nice, ancien secrétaire d'État au Tourisme. »

Cette période fut, pour moi comme pour Médecin, l'occasion de surprendre les méthodes parallèles, les procédures apparemment traditionnelles qui permettent à l'État d'accepter, dans la plus parfaite « légalité », ce qui, au sein d'une PME, enverrait le chef d'entreprise en correctionnelle. Le gouvernement de Jacques Chaban-Delmas ayant, en son temps, un tantinet exagéré le nombre des collaborateurs des cabinets ministériels, la règle était officiellement de ne disposer, dans un modeste ministère comme le Tourisme, que de deux collaborateurs. Décision aussi stupide qu'inapplicable. Il fallait donc « faire comme si ». Le financement direct des cabinets étant réduit à sa plus simple expression, le principe consistait à obtenir la collaboration de fonctionnaires en détachement, issus d'administrations aux effectifs les plus gras, comme les PTT par exemple. Ces administrations continuaient à salarier ces nouveaux membres de cabinet tout en les autorisant à ne plus montrer leurs nez dans les bureaux dont ils relevaient. C'est ainsi que notre attachée parlementaire était payée par l'Éducation nationale ; les secrétaires par les PTT ; deux des chargés de mission par le ministère de l'Équipement, et ainsi de suite. Tout cela paraissait naturel et permettait d'afficher hypocritement un nombre de collaborateurs correspondant au quota permis par le Premier ministre. Pour ma part, je continuais d'être salarié par la mairie de Nice, ce qui, malgré le prestige de la fonction ou la voiture avec chauffeur, me condamnait à un train de vie d'une modestie qui frisait la pauvreté. Médecin ne se souciait guère de ces « détails ».

En conséquence, pour « vivre », il nous fallait « inventer » des procédures. En réalité, nous n'inventions rien. Tous les autres cabinets ministériels avaient déjà imaginé et mis au point la technique des associations parallèles. La nôtre était baptisée pompeusement association française d'action touristique. Son financement était légalement autorisé par l'administration et ses dépenses, en fait, correspondaient aux voyages en avion que les « Niçois à Paris » effectuaient chaque semaine, ainsi qu'aux récepteurs de télévision mis à la disposition du cabinet et aux inévitables notes de restaurants. Bien sûr, l'achat des boîtes de cigares ou des bouteilles de champagne et de vins fins du « bar » du cabinet entrait dans ces dépenses. L'exagération n'atteint jamais, en ce qui nous concerne, les sommets que connurent certains ministères qui, sur ces fonds, financèrent par exemple la construction de maisons de retraite ou de piscines dans la circonscription du ministre. Il nous parut toutefois de bon ton de faire décorer le bureau de Médecin. Le choix se porta sur une magnifique toile de Trémois que — surprise énorme — je découvris, plusieurs années plus tard, dans un des salons de la villa américaine de Médecin. Chaque fin d'année, ou à l'occasion de la réception de personnalités étrangères, nous achetions dans la plus proche librairie des ouvrages plus ou moins luxueux, eux aussi payés par ladite association.

Lorsque la Cour des comptes, consciente des dérapages enregistrés dans certains ministères, s'avisa de lancer une vaste opération de contrôle, elle nous fit obligation de tout rembourser. Médecin ne voulut rien entendre. Et l'affaire n'a jamais été définitivement réglée. Un seul achat fut remboursé : la toile de Trémois. Médecin, qui avait quitté ses fonctions gouvernementales, était tranquillement rentré à Nice. J'avais, à ma demande, été promu directeur de l'animation de la ville. Au moment de quitter ce poste, après mon élection à la mairie de Draguignan, mes indemnités de départ de la mairie de Nice furent miraculeusement augmentées du montant de la toile de Trémois qu'on me demanda ensuite, obligeamment, de régler par chèque. Cette astuce avait été inventée par un ancien directeur des finances de la ville qui ne sera jamais inquiété par la chambre régionale des comptes de Marseille bien qu'il ait été contrôleur de gestion, salarié par la direction de l'animation dont le responsable, quelques années après moi,

digne et courageux dans sa fidélité, garda le silence et fit
plusieurs mois de prison ! Il est vrai que le président de
cette chambre régionale avait été, lui-même, un des
patrons de la fameuse association française d'action touristique, après que Médecin eut quitté son poste gouvernemental ! Il avait même été poursuivi pour l'utilisation
abusive de ces fonds. Ironie du sort, c'est lui qui, comme
président de la chambre régionale des comptes à Marseille, s'attachera à démonter et à faire condamner le système Médecin !

Notre attachée de presse parisienne avait un authentique talent, mais surtout un physique de mannequin. Elle
promenait dans la tristesse des couloirs ministériels un
corps somptueux dont elle savait parfaitement utiliser l'extraordinaire pouvoir de séduction. Comme la plupart des
collaboratrices de Jacquou, elle en était secrètement tombée amoureuse. Un jour, parut un nouveau magazine dit
« de charme » dont l'essentiel était composé de photos de
seins et fessiers fort beaux, mais nus. Notre collaboratrice
était l'une de ces vedettes généreusement exposée sur plusieurs pages. En légende, elle indiquait, en outre, que le
seul homme avec lequel elle accepterait de passer une nuit
était... Jacques Médecin. Fou de colère, je m'étranglais en
lui signifiant son congé, après que j'eus reçu un rappel à
l'ordre aussi sévère que rigolard du cabinet du Premier
ministre. Médecin, préférant comme Napoléon la fuite à
l'affrontement avec une femme, s'abstint de fréquenter les
couloirs de l'avenue de l'Opéra cette semaine-là !

Évidemment, comme il est de tradition dans tous les
cabinets ministériels, il y avait l'épisode annuel des instructions de dossiers de demandes de Légion d'honneur ou
d'Ordre national du Mérite. Cocasse et désopilant. D'interminables tractations s'engagent entre les responsables des
cabinets, une sorte de marchandage que l'empereur des
Français n'aurait sans doute jamais imaginé. Il s'agit de
faire passer sur le contingent de médailles du Tourisme,
un candidat de trop dans un autre ministère, en échange
du transfert d'un de nos demandeurs sur un troisième

ministère, etc... La palabre, digne des querelles de souks, dure des semaines. À l'arrivée, on découvre l'attribution de la Légion d'honneur au titre du ministère de la Culture, par François Léotard, à un propriétaire de magasin de serrurerie dans le Var. Il fallait absolument récompenser sa victoire, contre un socialiste, aux élections municipales ! Après avoir été un adjoint aux convictions socialistes résolues et affichées, il avait miraculeusement succombé au charme de la droite, ou de Léotard, pour poser son petit fessier sur le fauteuil de maire. Médecin observait ces tractations avec ironie et un peu de mépris.

Jacques Médecin, comme ses collaborateurs méditerranéens, était d'autant plus sévère avec ce théâtre parisien que ses collègues ne lui accordaient pas la moindre sympathie. Une sorte de hiérarchie existait, sournoise et déprimante, entre les postes gouvernementaux. Il eût été inconvenant pour le ministre des Affaires étrangères ou celui de la Défense de nouer avec le grand Jacquou une complicité qu'au fond la diversité des tâches ne justifiait pas. Directeurs et chefs de cabinet se réunissaient parfois, dans une ambiance très protocolaire, ignorant tout ce qui eût pu apparaître comme des signes extérieurs de simplicité ou de modestie. Un jour j'observais, non sans m'en amuser peut-être un peu trop bruyamment, que tous ceux qui, à mes côtés, partageaient un repas sommaire dans un des salons de l'Hôtel Matignon, étaient pieds-noirs d'Algérie ou du Maroc. Funeste remarque qui me fit considérer comme un dangereux agitateur tout droit issu des anciens commandos Delta de l'OAS !

Au Tourisme, les dépenses autorisées par le gouvernement étaient, à cette époque pas si lointaine, de douze mille francs par an pour exporter le « produit France » à l'étranger. Ridicule et irréaliste. Jacques Médecin se servit donc, comme tout le monde, des ressources de l'association française d'action touristique, devenue au fil des mois l'organisme le plus subventionné par le ministère. Convoqué une ou deux fois par mois à peine, en Conseil des ministres, sa présence entrait dans le cadre d'un roulement permettant d'éviter que tous les « petits » secrétaires d'État assistent ensemble aux travaux hebdomadaires du gouvernement. Autre paradoxe qui serait incongru dans une entreprise privée, il était condamné à se faire offrir des voyages gratuits par des compagnies aériennes et pourtant censé, dans le même temps, faire pression sur elles pour les inciter à plus de souplesse sur des trajets sensibles comme ceux reliant Paris à La Réunion ou à la Nouvelle-Calédonie. Je le précédais ou l'accompagnais le plus souvent. Une de mes plus « importantes » missions a été de réussir, répondant à l'amicale mais ferme pression exercée par Michel Debré sur Médecin, la promotion de Saint-Denis de La Réunion en station balnéaire. Une aimable plaisanterie pour qui connaît cette île volcanique où la seule plage fréquentable, au sable quasiment noir, ne couvre que quelques dizaines de mètres carrés ! L'objectif était, le dossier bouclé, de permettre l'installation d'un casino dans le nouvel hôtel Méridien de la capitale réunionnaise. Ma visite exigeait plusieurs jours de rencontres et séances de travail. Il avait été prévu que je loge à la préfecture, dans une chambre où le seul lit à ma disposition avait été fabriqué pour le général de Gaulle. Étendu, sur ce sommier immensément long, perdu dans mes rêves, j'étais partagé entre le fou rire et la tristesse de souvenirs dramatiques. Le petit pied-noir de Belcourt dans le lit du Général !

Dans cette île de La Réunion, l'homme de confiance de Michel Debré était un certain Gastaldi, personnage aussi fuyant que trouble qui réapparut il y a quelques années à la une de l'actualité pour des malversations avec un grand groupe industriel. Michel Debré ! La seule évocation de son nom par Médecin me donna le frisson. Cet homme aux qualités exceptionnelles, et qui fut incontestablement un grand serviteur de l'État, demeurait pour moi l'éditorialiste du *Courrier de la colère*, avant le retour au pouvoir du général de Gaulle, pamphlet d'une rare violence contre toute forme d'abandon de la souveraineté française en

Algérie. J'avais entendu, ensuite, des responsables de l'OAS imaginer son assassinat, dès lors que, une fois Premier ministre, il renonça à ce qui paraissait être un engagement solennel à l'égard de la communauté des Français de ce département. J'étais devenu, plus de dix ans après ce drame jamais cicatrisé, un modeste collaborateur du gouvernement et le hasard m'imposait d'aider Debré qui était, lui-même, élu de La Réunion. Nous avons, un soir, dîné ensemble. L'homme avait terriblement vieilli mais conservé une vivacité d'esprit et une intelligence exceptionnelles. J'éprouvais une certaine angoisse à l'idée de me trouver attablé à ses côtés. Pourtant, curieusement, je ne ressentais pas la moindre haine. Il s'agissait, bien entendu, de parler des problèmes économiques de l'île et de la nécessité d'attirer, grâce à l'installation d'un casino, les touristes d'Afrique du Sud. À peine le repas servi, très courtoisement Michel Debré m'interroge sur mes tâches, mon installation à Paris, mon dépaysement de Nice.

— Je ne suis pas niçois, Monsieur le Premier ministre.

— Ah bon, de quelle région de France êtes-vous ?

— Je suis pied-noir, né à Alger.

Une seconde de silence pesant, lourd, insupportable.

— Quand avez-vous quitté l'Algérie ?

— En 1962, Monsieur le Premier ministre, après un petit séjour en prison.

Médecin me lance un regard furibond. Michel Debré, qui comprend que la conversation risque de déraper, alors que de toute façon je n'aurais pas ajouté un mot de plus, me regarde longuement en silence.

— Ce fut sans doute une grande souffrance pour vous. Elle fut épouvantable pour moi aussi.

— Je vous comprends, Monsieur le Premier ministre, mon sort ne présente pas le moindre intérêt. Il était, je le crois aujourd'hui comme vous, nécessaire que l'issue de ce drame soit l'indépendance. Ma seule pensée, en cet instant, est pour ma mère.

— Je vous comprends. Revenez me voir quand vous le souhaiterez. Je serais heureux d'en reparler avec vous.

Médecin, qui bouillait d'impatience, interrompit le dialogue, non sans me filer un violent coup de pied sous la table.

Je le revis effectivement dans un petit appartement vieillot et très bourgeois qu'il occupait dans un quartier chic de Paris. Nous n'avons pas reparlé de cette Algérie dont les souvenirs étaient aussi traumatisants pour l'homme d'État que pour l'ancien petit pied-noir pauvre et rebelle.

Le même hasard, qui aime apparemment jouer avec les destins et les sentiments des hommes, me remettra deux fois encore en présence de ces anciens proches collaborateurs du général de Gaulle. À Paris, où Roger Frey, ancien ministre de l'Intérieur devenu président du Conseil d'État, nous reçut aimablement à déjeuner dans ses somptueux salons du Palais-Royal. Fortement invité par Médecin à me taire sur le sujet, je me contraignis à n'évoquer que mes origines ariégeoises. Un débat eût été de toute façon inopportun et stupide. Plus tard, beaucoup plus tard, élu maire de Draguignan, dans le Var, il apparut indispensable à la section départementale du RPR de faire baptiser une esplanade du nom du général de Gaulle. Une souscription permit de faire fabriquer un buste du premier président de la V$^e$ République. Le siège du RPR à Paris délégua pour dévoiler la sculpture l'ancien ministre des Armées puis Premier ministre, Pierre Messmer. À ses côtés, figé au garde-à-vous, alors que la foule chantait *La Marseillaise*, me remontaient de très loin des souvenirs que je croyais oubliés. J'avais tellement voulu, précisément, les effacer de mon cerveau ! Il m'intéressait assez peu de savoir à quoi pensait Messmer, sur cette petite place, dans une ville qu'il ne connaissait sûrement pas. Les yeux fermés, je me revoyais devant les grilles de l'ancien gouvernement général à Alger, sur le forum où se pressaient des milliers de pieds-noirs, musulmans et Français « d'origine », chantant eux aussi l'hymne national dans une ferveur inouïe et une amitié retrouvée, qui semblait alors pouvoir mettre un terme à la guerre. Comme beaucoup d'autres, je l'avais cru.

# 8

## *La fin du « destin national »*

Jacques Médecin réussissait dans ses fonctions ministérielles. Sans arrogance ni ostentation. Pourtant, il s'était mis à haïr ouvertement l'énarchie. Nous lui avions conseillé de jouer le jeu, de recruter quelques énarques dans son entourage. Il fit appel à un « vrai » directeur de cabinet, un polytechnicien, évidemment venu d'un autre ministère. Aussi intelligent que peu loyal, il organisa le transfert par le Premier ministre de la quasi-totalité des attributions du secrétaire d'État à un député qu'il convenait de remercier pour d'obscures raisons. Médecin, stupéfait et mortifié, apprit la nouvelle par la presse. L'entretien qui suivit entre les deux hommes fut à la mesure de la colère titanesque de Jacquou. Face à un haut fonctionnaire glacé et apparemment insensible, il se comporta comme il l'eût fait à Nice, violent, déchaîné, insultant et grossier. Médecin, comme toujours, attendait de l'amour, l'autre parlait technique administrative.

Jacques Médecin, dans sa jeunesse, avait été brièvement chargé de mission dans un obscur ministère du Travail de la défunte IVᵉ République. On aurait pu imaginer qu'il y avait acquis des pratiques. Son tempérament méditerranéen était trop violent pour qu'il puisse s'adapter à l'environnement des ministères. Il avait passé le premier cap de l'installation somme toute honorablement, mais il n'acceptait plus la distance imposée avec le petit peuple. Il serait intéressant de dresser une liste des hommes et des femmes méditerranéens qui ont, vraiment, réussi un destin national. De Marseille à Menton, ils sont nombreux ces élus locaux, compétents dans leurs circonscriptions mais apparemment coulés dans le même moule, qui s'étonnent de leur faible, sinon inexistante, représentation dans les équipes gouvernementales. Faut-il croire que la pratique méditerranéenne de la politique ne peut s'expatrier ? La puissante fédération socialiste des Bouches-du-Rhône a contraint les gouvernements de gauche à composer avec Gaston Defferre dont le style et les comportements étaient sur bien des points identiques à ceux de Médecin. Ils étaient, assez curieusement, amis. Quant à Jean-Claude Gaudin, l'actuel sénateur-maire de Marseille, il ne paraît pas avoir succombé à une dépression nerveuse après avoir quitté son ministère de l'Aménagement du territoire en 1997. Le cas de François Léotard est différent. Il procède autant d'un heureux concours de circonstances que d'un comportement dont j'allais, plus tard, découvrir les effets dans un département, le Var, où décidément rien, absolument rien, n'est totalement français !

À Paris, Médecin commence à ressentir les effets dévastateurs de la campagne médiatique lancée contre lui. Sa stupide volonté d'obtenir un milliard de centimes de dommages et intérêts du *Canard enchaîné* avait suscité des enquêtes journalistiques approfondies sur le fonctionnement des associations parallèles à la gestion de la ville. Le système, son « truc », commençait à déraper. Les copains niçois, Max Gilli en tête, flanqué du fleuriste, du poissonnier et de l'artisan ébéniste, montèrent quelquefois à Paris. Ils voulaient l'aider. Il éprouva, certes, un réconfort moral indiscutable dans ces soirées et nuits interminables passées en restaurants et boîtes de nuit où les conversations ne se déroulaient qu'en « nissart ». Malheureusement, l'intrusion bruyante et tapageuse de la bande dans les couloirs du ministère effraya plus qu'elle ne rassura des collaborateurs parisiens médusés d'entendre les vociférations des amis du

maire. Ce n'était pas du meilleur effet, ni sur son administration, ni auprès de ses collègues.

Médecin, qui sentait que son avenir ne serait jamais à
Paris, commença à se détacher lentement de ses activités.
Son seul souci était de continuer à voyager. Il avait fait
fabriquer un diplôme du prestige du Tourisme, qu'il distribuait généreusement aux hôteliers et restaurateurs. Il en
existe toujours dans quelques salles à manger en France.
Par ailleurs, sa vie personnelle devenait, elle aussi, de plus
en plus chaotique. Refusant de passer les fins de semaine
à Nice, il s'inventait mille obligations. Incapable de rester
seul, n'ayant, non sans raison, aucune confiance dans les
fonctionnaires qui auraient été ravis de l'accompagner, il
préférait ses copains. J'étais le plus proche. Commença
pour moi une vie vite insoutenable entre les obligations de
bureau et les déplacements aux quatre coins du monde.

Ces voyages connurent parfois, il est vrai, des épisodes
désopilants. L'inauguration, par exemple, d'un hôtel Méridien au Québec. Médecin y disposait d'une suite presti-
gieuse, éloignée de ma propre chambre. Devant se préparer
pour une réception, il s'isole, nu comme un ver, dans une
salle de bains, non sans avoir auparavant fermé la porte de
la chambre. Incroyablement, celle-ci ne disposait pas d'un
loquet externe. Une entrée minuscule séparait la chambre,
devenue inaccessible, de la salle de bains, avec pour toute
sortie possible la porte ouvrant sur le couloir de l'hôtel.
Quand Médecin comprend la situation, il ne peut qu'appeler à l'aide en sortant nu dans ce couloir. Il tente bien de
cacher l'essentiel sous une serviette de bain, mais il est
ministre. Ses appels au secours demeurant sans effet, il se
résout à faire quelques pas à l'extérieur. Rencontre inopi-
née avec une vieille Anglaise qui, le voyant ainsi accoutré,
s'enfuit en hurlant. Le directeur se confondit en excuses,
mais tous les participants à la réception du soir, parmi lesquels, bien sûr, de nombreux clients, riaient sous cape en
voyant le ministre, en smoking, couper le ruban symbolique.

Médecin voulait absolument se rendre en Afrique du
Sud. À cette époque, il n'était guère apprécié qu'un mem-

bre du gouvernement français effectue le déplacement. Le
ministre des Affaires étrangères le lui déconseilla vivement, sans succès. Nous partîmes donc « incognito ».
L'ambassadeur de France avait été discrètement prévenu
et crut défaillir en apprenant « qu'en plus », Médecin
entendait effectuer une virée en Rhodésie, considérée
alors comme une sorte d'enfer par les démocraties de la
planète. L'ordre de rentrer immédiatement à Paris nous
fut notifié sans tarder par le cabinet du Premier ministre.

Invité un jour par Michel Barnier, alors débutant en politique mais déjà doté d'une volonté et d'une intelligence
hors du commun, nous assistons à une inauguration d'hôtel. L'exercice commençait à sérieusement lasser Médecin.
Pour ajouter du piment, il me propose une discrète excur-
sion à Genève, dans les prestigieuses caves à cigares de son
« ami » Davidoff. Nous ignorions que les journalistes suivaient la totalité du déplacement ministériel. Notre « fuite »
au terme des cérémonies protocolaires fut si discrète et si
bien réussie que, le lendemain, *France-Soir* titrait à la une
sur « la disparition » de Médecin ! Le ministre fut obligé, un
peu piteusement, de s'expliquer officiellement.

Sa destination de rêve restait toutefois le Japon. Tout
dans ce pays lui semblait exceptionnel de beauté, d'élégance et de finesse. Pour être honnête, le Japon avait aussi,
et peut-être surtout, le joli visage souriant d'une jeune
divorcée qu'il invita à plusieurs reprises à Paris. Jouant
avec les complications dangereuses, il l'attendit un soir à
Roissy, en même temps que sa propre femme, qui, instinctivement, sentait que son grand gaillard de mari lui échappait. Je fus affecté à la réception de la Japonaise, pendant
que, les yeux tristes et le geste résigné, il accueillait son
épouse.

Médecin n'était pas, comme certains se sont plu à le
prétendre, un homme à femmes. À Paris, loin de sa famille
qu'il s'obstinait à ne plus revoir, sa solitude l'incitait à
accepter les aventures. Ce fut, par exemple, une jolie Tou-
lousaine que sa situation de femme mariée ne semblait
pas embarrasser. Il l'emmena dans un déplacement à l'île

Maurice qui faillit mal tourner. Alors que le voyage était d'ordre privé, un ancien ministre local, affichant avec autant d'ostentation son homosexualité que des attitudes de gangster, tint à se faire photographier avec le représentant du gouvernement français. Médecin refusa sèchement. Le dîner faillit tourner en pugilat... que la carrure impressionnante d'un de nos amis, agent de voyages à La Réunion, permit d'éviter. Contraints malgré tout à une fuite rapide dans nos chambres, nos volets furent, toute la nuit, bombardés de projectiles divers par les hommes de main du petit malfrat.

Le ministère en charge du Tourisme s'intéresse aux départements et territoires d'Outre-Mer et, à l'époque, à l'amélioration des liaisons aériennes entre la France et la Nouvelle-Calédonie. J'ignorais que les contacts studieux qui m'avaient été préparés sur place m'offriraient un instant d'émotion intense. Lorsque les pieds-noirs quittèrent l'Algérie, il se trouva quelques groupes, un peu plus aventureux sans doute que les autres, qui émigrèrent en Nouvelle-Calédonie. Ils y avaient constitué, comme dans la plupart des départements français, une amicale baptisée curieusement La Sépia dont le responsable était l'un de mes amis d'enfance. Pierre Hénin, devenu, dans le Pacifique Sud, un industriel important spécialisé dans les travaux photographiques, a grandi avec moi, dans les mêmes rues, jouant au football avec les mêmes copains juifs et arabes. À l'adolescence, nous avions ensemble fait quelques coups « tordus », sans grande gravité mais qui avaient valu à nos parents, unis dans le même chagrin et une monstrueuse colère, d'être convoqués par les services de police. Informé de mon arrivée, il m'attendait avec les autres expatriés pour une soirée couscous !

Garçon d'une étonnante beauté et sportif accompli, Pierre Hénin avait collectionné en Algérie les trophées de natation et les conquêtes féminines, ce qui lui avait valu quelques sérieux ennuis avec les frères et pères de jeunes filles avec qui il suffisait à l'époque de bavarder pour être considéré comme fiancé et promis à un rapide mariage.

Sachant nos liens, un des hôtes crut bon de me prévenir que mon ami, la veille de son mariage, avait été victime d'un épouvantable accident en mer, lors d'une sortie en ski nautique. Le ski, échappé brutalement de sa fixation, était retombé lourdement sur sa colonne vertébrale. Lorsqu'il entra dans la salle de restaurant, poussé dans son fauteuil par un de ses amis, nous nous sommes longuement regardés, partagés entre le rire et les larmes. Un long silence, un regard qui paraît devoir s'éterniser, devant les invités surpris et gênés. Encore un de ces instants impossibles à mesurer avec nos repères mathématiques, instant de silence où le simple échange des regards suffit à revoir une enfance, nos bêtises, nos interminables baignades dans les eaux chaudes du port de Cherchell où nous nous étions mis en tête de décrocher un diplôme de « plongée sous-marine ». Lui l'avait réussi. Pour ma part, dès la première plongée, il avait fallu que le moniteur me remonte d'urgence avant que je ne succombe, tétanisé par la peur et à moitié asphyxié. Après une longue étreinte, le repas se borna à nous raconter nos souvenirs. Puis il disparut dans la nuit, un peu plus tôt que les autres.

Claude, l'épouse digne et toujours aussi splendide de Jacquou, apprenait par bribes les frasques de son ministre de mari. Ils partirent pour Tahiti une dizaine de jours. Malheureusement, ce fut précisément le moment que Raymond Barre choisit, en septembre 1977, pour présenter la démission de son gouvernement. Bien qu'absent, Médecin n'en était pas moins démissionnaire lui aussi. Tout autre ministre serait rentré immédiatement à Paris pour tenter de conserver son poste ou, mieux encore, en obtenir un plus gratifiant. Médecin, affichant un souverain mépris pour cette comédie, me fit savoir, par téléphone, dans un message aussi laconique que détaché qu'il nous laissait le soin de « faire au mieux ». Recommença l'attente devant le téléphone interministériel. Le directeur de cabinet était alors un Corse jovial, dont les comportements, traditionnels au sud de la France, plaisaient à Médecin. Il était d'une honnêteté et d'une fidélité indiscutables, mais n'en

152

éprouvait pas moins une certaine surprise à regarder vivre
« son » ministre et un agacement compréhensible. J'orga-
nisai avec lui un tour de garde. J'étais de service quand
sonna, enfin, l'interministériel. À l'autre bout du fil, Raymond Barre lui-même, reconduit dans ses fonctions de
Premier ministre.

— Pouvez-vous me passer Monsieur Médecin ?

Après un long silence gêné, je bredouille sans conviction
une excuse éculée.

— Monsieur Médecin est en déplacement officiel à
l'étranger. Il n'a pas pu rentrer à Paris.

— Contactez-le immédiatement, il faut qu'il rentre et
m'appelle très rapidement.

J'appelle aussitôt Médecin à l'autre bout de la planète.
Il n'a pas la moindre envie de rentrer.

— Je dormais. J'ai autre chose à faire que des ronds de
jambe dans les salons de Matignon. Demande-lui ce qu'il
me propose et tu n'as qu'à accepter.

— Mais Jacques, je ne peux pas, à ta place, solliciter un
poste plus important. Qu'est-ce que tu veux ?

— Je veux qu'on me foute la paix ! Je suis avec ma
femme et cela me suffit. Appelle-moi quand tout aura été
décidé !

De nouveau, l'interministériel qui sonne. Le directeur
de cabinet de Barre vient aux nouvelles. Je ne peux répondre que par des mensonges :

— Je n'ai pas pu le joindre. Si j'y parviens, voulez-vous
que je lui fasse passer un message ?

— Ce que vous me dites est incroyable. Enfin, faites-lui
savoir que Monsieur Barre lui propose de conserver son
poste de secrétaire d'État. Il y a possibilité d'en faire un
ministère à part entière et non plus sous la tutelle d'un
autre collègue. Mais il faut qu'il se manifeste.

Mal m'en prit de rappeler Médecin. De nouveau réveillé
en pleine nuit tahitienne, il m'envoya promener.

— J'en ai marre d'être réveillé ! J'accepte de rester à
mon poste. S'ils veulent m'offrir un ministère réel, tant
mieux. Il est hors de question que je le leur demande !

Noël Pantalacci, le directeur de cabinet, après un gigantesque fou rire se chargea d'appeler son collègue de Matignon pour accepter la proposition et tenter d'obtenir une meilleure place dans le futur gouvernement. Tentative vouée à l'échec. Évidemment. Médecin appela à son réveil, alors qu'à Paris nous allions nous coucher.

— Bon, très bien. Je rentrerai à la fin de mes vacances.

Avec le recul, je me demande si, au fond, Jacquou n'aurait pas préféré être écarté du gouvernement. De toute façon, il n'entrait pas, il ne pouvait pas entrer dans son schéma cérébral l'adoption d'une attitude de quémandeur auprès de ces Parisiens qu'il détestait tant. Son destin national s'arrêterait donc là.

Les mois qui suivirent le virent s'opposer, en de violents accrochages, avec son ministre de tutelle tandis que, parallèlement, les affaires politico-financières à Nice occupaient une place de plus en plus considérable dans les journaux. Il parut, dans une totale indifférence à la vie politique parisienne, n'attendre plus qu'un changement radical dans son existence.

Il semble qu'il ait très mal vécu sa cinquantaine. Était-il conscient d'avoir perdu le contact avec sa ville, alors qu'il n'avait pas réussi — ou voulu — en nouer avec son nouvel environnement parisien ? Il reprogramma de nouveaux et d'interminables voyages. Et là encore, paradoxalement, les techniciens du tourisme, français et étrangers, reconnurent en lui un excellent vendeur du produit France.

C'est à cette époque, en 1976, qu'éclata l'affaire Spaggiari, inattendu compagnon de voyage du ministre lors d'un déplacement officiel au Japon. La presse se déchaîna et ses collègues du gouvernement affectèrent l'indifférence, voire un réel mépris, que Jacques Médecin interpréta comme une précondamnation. Affecté, un peu dépressif même, il était ulcéré. Tout se passait comme si l'avenue de l'Opéra, où siégeait le ministère, était mise en quarantaine, condamnée à l'isolement total.

Il est clair que Médecin n'avait rien à voir avec cette affaire, pas plus que ses collaborateurs n'étaient impliqués, de près ou de loin, dans ce casse. *L'Express*, dans son édition internationale, se laissa pourtant aller à les présenter comme des truands, dont j'étais, évidemment, le chef de bande. Nous étions les éléments d'une organisation néonazie, nous retrouvant la nuit, plusieurs fois par semaine, en treillis de combat et chaussés de bottes pour des entraînements intensifs dans la campagne aixoise, non sans avoir auparavant adoré le dieu Thor ! La plainte déposée était si aisée à plaider que le journal préféra négocier en nous consacrant, quelques semaines plus tard, un article aussi élogieux que cocasse. Le journaliste paya sa bêtise d'un licenciement.

Un jour, Pierre Costa, ancien préfet de la Haute-Saône devenu un excellent et fidèle collaborateur de Médecin au poste de directeur général des services du département, nous invite à déjeuner avec mon adjoint. Nous prenons l'apéritif avant de passer à table, en regardant le journal télévisé présenté par un Niçois, Jean Lanzi. Écrasés par le choc, nous entendons annoncer « en exclusivité » que Spaggiari a profité de son déplacement au Japon pour passer des lingots d'or, bénéficiant d'un visa obtenu grâce à mon adjoint et moi-même ! Un simple début d'enquête aurait permis d'établir qu'il n'est pas nécessaire de disposer d'un visa pour aller au Japon. L'instruction démontra, après des mois d'investigations d'autant plus poussées que Médecin et son entourage étaient en cause, que ni lui ni nous n'étions concernés par cette affaire.

Alors qu'à Nice ces événements étaient plutôt perçus comme un « fameux coup », à Paris le malaise grandissait. Insoutenable, déprimant, insurmontable.

Médecin présentait des signes de lassitude et d'exaspération de plus en plus visibles. Il espérait une explication avec le Président ou le Premier ministre. Rien ne vint. Ou plutôt, le choc tant attendu prit la forme d'une jeune et jolie Américaine, une copie caricaturale des héroïnes de *Dallas* ou de *Dynasty*. Jacques Médecin la rencontra dans une soirée entre amis, à Los Angeles. À son retour à Paris,

Jacques me montra une immense photo. Je n'ai pas su quoi lui dire. J'ai essayé.

— Jacques, tu sais qu'elle a plus de vingt ans de moins que toi.

— Et alors ? quel problème ? Elle m'aime.

— Tu sais, que, dans dix ou quinze ans, cette union sera invivable.

— Je m'en fous ! Même si c'est pour cinq ans, je vivrai avec elle et rien ne m'en empêchera ! Je repars pour Los Angeles dans dix jours, viens avec moi, je veux te la présenter.

Dix jours plus tard, dans le salon d'accueil d'un luxueux hôtel de Beverly Hills, je vois arriver une jeune femme aux longs cheveux blonds tombant sur des épaules nues, les yeux cachés par d'énormes lunettes noires. Mini-jupe, mini-corsage, mini-manteau censé cacher le tout. Ileen me jette à peine un regard, tombe dans les bras de Jacques et tous deux, dans la seconde même, disparaissent. Ileen occupait le terrain. Une opération d'autant plus facile que Médecin n'avait qu'une seule obsession, aussi touchante que surprenante pour un homme habitué, jusqu'à l'usure, aux batailles et aux reniements : être aimé.

Il sentait que « sa » ville se détachait de lui, ce qui était faux. La vérité exige de dire que son métier de maire commençait à le lasser. Son entourage gouvernemental le méprisait et ne lui offrait qu'indifférence et méfiance. Ses copains, sa bande n'était plus aussi proche qu'à Nice. Il découvrait la solitude et se révélait incapable de la supporter.

Les technocrates issus d'écoles prestigieuses, où il n'est pas de bon ton d'apprendre à gérer la communication directe avec les hommes, ne savent pas « sentir », le dimanche matin sur les marchés, les aspirations et les angoisses de leurs contemporains. Aux gestes, aux mots échangés dans la tendresse d'un bistro, aux ballades dans les rues miséreuses oubliées, qui enseignent bien plus la réalité d'un pays que les commentaires des éditorialistes, à cette pratique de la politique restée sans doute exclusivement méditerranéenne, ont succédé les sondages, devenus si indispensables qu'ils semblent être la source de tout. Les gouvernants techniciens qui ont supplanté les anciens grands barons de province ont réalisé qu'il n'est pas de politique possible sans le peuple, mais, incapables d'en être naturellement proches, ils ont promu le sondage en outil supposé donner la connaissance des satisfactions ou des inquiétudes des hommes. La politique a été « inventée » sur les bords de la Méditerranée, il y a fort longtemps, par des hommes qui, sages parmi les plus sages disait-on, vivaient dans le peuple pour connaître ses souhaits et tenter de résoudre ses difficultés quotidiennes. Cette politique, restée à peu près la même sur ces bords de la Méditerranée, est, ailleurs, passée entre les mains glacées et les cerveaux « scientifiques » de fonctionnaires dont le métier, totalement dévoyé, consiste à adapter, corriger, inventer des mesures fournies par les sondages. D'où l'allure de tango argentin de notre vie publique : un pas en avant, deux en arrière... La politique ne précède plus les aspirations du peuple, elle les suit, tente plutôt de les suivre tant bien que mal, faisant et défaisant ce qui paraît plaire et qui déplaît en fait. Les gouvernants techniciens, usant toujours de leurs mêmes procédures mentales mathématiques, prétendent inventer des techniques dites « de communication » qui sont, en réalité, la parfaite illustration de la non-communication. À l'écoute préalable, a succédé la mesure de la perception après la décision.

Dans ces sondages d'opinion, qui déjà s'accumulaient durant le septennat de Giscard d'Estaing, la cote de popularité de Médecin n'était guère brillante. Il s'en moquait éperdument. Il n'avait plus que deux passions : Ileen d'abord et ses déplacements à l'étranger ensuite. Le destin, qui parfois se plaît à adresser quelques clins d'œil, nous permit de retourner ensemble en Afrique du Nord. Médecin ne connaissait pas le Maghreb. L'occasion d'y séjourner nous fut donnée par un accord de coopération permettant la construction à Rabat, Fès et Marrakech, d'hôtels de catégorie moyenne. Je rêvais de le forcer à se perdre, à mes côtés, dans la foule bruyante et colorée des souks. Le gouvernement marocain nous avait entourés d'une solide et nombreuse garde armée de gourdins, dont la seule vue suffisait à faire fuir les curieux. Je n'avais jamais visité un souk de cette manière. Dès notre entrée dans les ruelles, nos anges gardiens tapaient allègrement sur les crânes des étourdis qui osaient encombrer la circulation. Spectacle incroyable. J'avais parlé à Médecin de la foule, des bruits, des parfums, des rires, des hurlements, de la vie qui explose au visage de promeneurs vite enivrés et nous nous retrouvions seuls, flanqués de deux interprètes, tandis qu'à quelques dizaines de mètres les gourdins faisaient le vide. Je ne reconnaissais plus « mon » Afrique du Nord. Lui n'en avait cure. Tout l'émerveillait : la beauté des palais, la chaleur des cœurs et du temps, le couscous et les brochettes dévorées à pleines mains. Extasié par le luxe, insoupçonnable vu des ruelles du souk, des suites mises à sa disposition au palais Jamaï à Fès, il n'eut plus qu'un souci en tête : y revenir le plus vite possible avec Ileen !

C'est effectivement ce qu'il fit, profitant de l'éloignement pour adresser à sa femme une longue lettre de rupture et de demande de divorce.

À Paris, Médecin avait trouvé un petit appartement, obligeamment loué par l'éternel industriel niçois, son « ami » dans toutes ses opérations personnelles et de communication. Ileen s'y était installée et avait commencé à aménager avec son Jacquou une petite vie de famille. Un événement allait, en partie, contrecarrer la vie « à deux » qu'elle espérait. Adieu les réceptions ministérielles. En mars 1978 la démission du gouvernement Barre sonne le glas du destin national de Médecin. Il faut rentrer à Nice. Il n'y a pas d'autre issue. Médecin éprouve, curieusement, une trouille épouvantable. Il pense que les Niçois, las de ses absences et de ses incartades, l'ont lâché. Pendant quelques semaines, il vit dans des chambres d'hôtel, où Ileen le rejoint le plus souvent possible. Il ne sort pratiquement jamais : plus une visite en mairie, plus une apparition en public. Son premier adjoint le rencontre discrètement dans des salons privés d'hôtel. Passant directement des étages aux parkings souterrains, il traverse la ville et le département en voiture, sans oser se montrer, persuadé que sa première sortie en public l'exposera aux railleries, vociférations et crachats. *Nice Matin,* dans un écho assassin, annonce que Médecin a disparu, parti sans laisser d'adresse, et que la mairie se cherche un autre magistrat.

Max Gilli prend alors en main les opérations. Cet homme, aussi rustre que fabuleusement informé, sait ce que pensent les Niçois. Ils sont surtout déçus de ne plus voir leur Jacquou et en aucun cas pressés de changer de maire. Au fond, ils se montrent plutôt amusés que, malgré sa cinquantaine, il ait réussi à séduire une riche et jeune Américaine. Son divorce laisse de glace les vendeuses du cours Saleya. Claude, qui a pourtant été une excellente épouse, partageant ses débuts de galère, n'est pas connue dans la ville. L'arrivée de la jolie et riche Américaine conforte l'idée machiste que le maire est un « sacré mec » : avoir été ministre, maire, président du Conseil général et, de surcroît, entortiller la nièce (prétendue !) d'un magnat d'outre-Atlantique ! Gilli sait la réalité des émotions, des passions, des colères qui saisissent et enflamment les esprits des électeurs. Un matin, sans le moindre ménagement et même avec un peu de brutalité, il éjecte Jacques Médecin de sa voiture, garée devant le marché le plus populaire. Miracle de la vraie popularité ! Médusé, j'assiste à une tournée triomphale. Pendant plusieurs heures, la foule, de plus en plus dense, s'agglutine autour de lui, les énormes vendeuses de fleurs se jettent dans ses bras, les hommes l'embrassent, tous veulent le toucher. Il faut boire un petit coup de rosé, dévorer un bout de *socca,* et puis surtout parler, leur parler, raconter tout : Paris et les comportements « imbéciles » de ces technocrates.

— Jacquou, on s'en fout de tout ça ! Tu es revenu, c'est le principal.

Il y eut bien quelques allusions à la belle Américaine, avec des sourires narquois qui se voulaient complices.

— Tu nous la présentes quand ?

Médecin, j'en suis persuadé, ne s'attendait pas à cette ferveur populaire. D'abord sidéré, son naturel est revenu d'un coup.

— Vous voyez les gars, je le savais ! Nice c'est ma ville. Ici on m'aime !

Du marché, il partit vers « sa » mairie où s'était constitué un incroyable cortège de secrétaires, de petits collaborateurs, se bousculant dans les escaliers. Certains pleuraient.

— On vous attendait tellement !

Irréel. Le premier adjoint, Francis Giordan, sur le pas de son bureau, l'embrasse longuement. Éternelle cérémonie de la *baïeta*. Combien de *baïetas* a-t-il données à tous ceux qui, sentant le chef revenu, accourent des quatre coins de la ville pour le congratuler ?

De nouveau confortablement installé dans son fauteuil, il nous assène : « Vous voyez, les copains, au fond, je ne suis heureux qu'ici. » Puis, il nous fait sortir, le téléphone déjà en main pour appeler Ileen aux États-Unis.

Tout peut recommencer, puisque rien ne s'est vraiment arrêté.

Je vais, moi aussi, rentrer chez moi. Dans les rues de la vieille ville, des commerçants m'arrêtent.

— Cette Ileen, elle est comment ?

Je suis stupéfait. Il n'en est pas un qui essaie de comprendre la disparition du maire, pas un qui se préoccupe de savoir si la ville a été bien gérée en l'absence de Médecin, pas un pour s'étonner de ces longs mois de séparation entre le maire et sa ville. Médecin est là. Pourquoi s'interroger ? Tout sera de nouveau comme avant.

Si Médecin a récupéré, dans la liesse populaire, son fauteuil et son prestige, en revanche d'autres hommes se sont naturellement installés aux postes laissés vacants par ceux qui l'ont accompagné dans son « aventure » parisienne. Une seule pensée, obsessionnelle, occupe mon cerveau : « Je suis niçois, tu es niçois, tu as planté tes racines à Nice. Tu es niçois. Tu es niçois... »

Dans les derniers mois de notre passage au gouvernement, mes relations avec Médecin ont changé. Le « couple » que nous formions depuis tant d'années a-t-il vieilli ? Connaissons-nous trop nos capacités et nos limites respectives ? Il nous suffit d'un simple regard pour nous comprendre. Une sorte de lassitude marque à présent nos rapports. Médecin a besoin d'être obéi, sans le moindre froncement de sourcils, besoin d'être admiré, besoin d'être aimé jusqu'à la dévotion. Dans un couple, même professionnel, et à plus forte raison quand la relation doit être quasi amoureuse, un jour s'insinue le doute. Je connais par cœur son discours. Il sait d'instinct mes faiblesses. Avant même de parler, chacun de nous sait ce que l'autre pense et s'apprête à dire.

Le retour de Paris me laisse déboussolé. Je viens de recevoir de Médecin une grande leçon, sans doute la dernière qu'il m'ait apprise en politique : il n'existe pas, il ne peut pas exister de communication authentique sans qu'au préalable ait été créé un lien subtil, impalpable, mais unique entre l'élu et ses concitoyens. Les techniques les plus élaborées ne peuvent remplacer cette liaison. Ils sont bien trop influents ces « savants » issus de prestigieuses agences de publicité, ces Diafoirus isolés dans des bureaux douillets, à l'abri des plaintes ou des joies du petit peuple, qui réussissent parfois à convaincre un élu que « leur » si belle « campagne », mesurée au préalable par des « audits » souvent trompeurs, est suffisante pour convaincre la brave ménagère ou le boulanger que ce qui se prépare dans les services est parfait. Dans un ouvrage, condamné dès sa parution, deux journalistes, écrivant sur « l'affaire Yann Piat » un mélange habile de quelques vérités et d'innombrables mensonges, expliquent que je suis « une espèce de petit truand dépêché par Médecin pour conquérir le Var, dans le cadre d'une stratégie de rattachement de l'est de ce département à celui des Alpes-Maritimes ». Inepte ! Après cette attaque, ils me gratifient d'un compliment aussi erroné que leur perfidie précédente : je suis « un authentique spécialiste en communication politique ». Mon expérience personnelle, précisément en politique, a démontré que je ne le suis pas vraiment, mais il est une vérité que le système Médecin nous a enseignée et qui devrait faire réfléchir les savants techniciens de la communication aux honoraires mirifiques. Ils paraissent aussi à l'aise dans la complexité des relations locales, en particulier sur les bords de la Méditerranée, qu'un mérou sous le soleil d'Algérie. Ils ignorent tout de ce lien charnel qui, ici, unit l'élu aux plus humbles de ses administrés. Ils ne sont férus que d'équations et se délectent d'une terminologie ésotérique. Le maire, ravi et flatté d'entendre un discours aussi stupide que celui des médecins de Molière, abandonne, dans le doux confort de son bureau, le seul contact qui compte, celui qui pèsera lors des futures élections, celui qui se crée, s'entretient, se conforte dans une relation semblable à celle d'un couple dont le mariage serait reconductible tous les six ans.

Tous ceux qui versent des impôts locaux jugent que le travail du maire est normal. Il n'y a pas lieu de lui faire une quelconque publicité. Ils n'imaginent pas que son activité mérite des compliments sur des panneaux « 4 par 3 » ornant les murs de la ville, compliments auxquels ils sont d'autant plus insensibles que, dans leurs esprits, c'est sa propre administration qui les décerne ! Donc, c'est le maire qui se les attribue. Les contribuables, et notamment les plus humbles, regrettent avec amertume que cette propagande soit financée avec leur argent. Le peuple est d'une rare perspicacité. Comme une femme jalouse, il perçoit la vérité. Il sait discerner le calcul dans le discours. Il sait si « son homme » lui ment. Il sait si la liaison est sincère. Les candidats qui, au fond de leur cœur, détestent la foule ou la méprisent, n'ont pas la moindre chance d'obtenir une adhésion. Si l'élu a viscéralement besoin d'être aimé, le peuple ne lui accordera sa confiance que s'il sent un partage des émotions, une communion dans les sentiments. Lorsque l'air de Paris commença à devenir un tantinet irrespirable pour Médecin, un groupe de jeunes énarques aux idées très à droite, mené par Yvan Blot, devenu ensuite un fidèle de Jean-Marie Le Pen, décida de lui rédiger un ouvrage supposé redresser l'image du ministre en lui donnant une dimension intellectuelle. Le livre fut signé par Jacques Médecin, bien qu'il y ait peu collaboré. L'opération procédait d'une technique savante de communication. Elle n'eut pas le moindre effet bénéfique. Médecin, à Paris, ne pouvait créer ce lien impalpable entre lui et les autres. Un ministre n'a pas d'électorat. En revanche, à Nice, aux antipodes de l'intellectualisme affiché par Yvan Blot, la compilation des recettes de cuisine niçoise avait fait un « tabac ».

À Nice, comme dans toutes les villes de la Méditerranée, on a tort de ne parler que de « clientélisme », d'une relation « obligée » pour services rendus. Tous les Niçois n'auraient pas spontanément surgi de chez eux, de leurs commerces ou des bistros, pour embrasser Médecin, le toucher, le retrouver, si cette population ne s'était pas sentie orpheline, n'avait pas perdu le goût de la vie en groupe. Quand un groupe se forme, il se dégage toujours un chef. Un élément peut précéder l'autre, mais ils sont inséparables. L'esprit de communauté, presque grégaire, a toujours été un paramètre incontournable de la vie politique méditerranéenne. Rien ne s'imagine, ne se crée, ne s'entretient, hors le groupe. Le groupe, éprouvant le sentiment d'avoir perdu son chef et avec lui son âme, ne vivait plus.

S'il y eut un système Médecin, comme il en existe, en fait, dans la plupart des grandes villes de France de manière plus ou moins structurée, évitant plus ou moins bien les dévoiements, il est clair que cette construction n'aurait été qu'une structure glacée et sans âme si une authentique affection n'avait lié les hommes entre eux. Si les associations parallèles, les plus puissantes comme les plus modestes, ont si bien fonctionné, si, pendant l'absence de Médecin, le système continua à parfaitement tourner, c'est parce que Nice aimait son chef, attendait, au fond, son retour, même si elle s'agaçait parfois d'être oubliée. Dans l'esprit de tous, l'escale parisienne, considérée non comme une promotion honorifique mais comme une « virée de grand gamin », devait nécessairement prendre fin un jour. Nice n'avait pas engagé de procédure de divorce contre Médecin. Bonne fille et charitable, la ville avait fermé les yeux sur cette escapade et fêtait joyeusement le retour du gamin volage. Contre toute attente, ce même sentiment, totalement incompréhensible pour qui n'est pas habitué à cet exercice de la vie politique, demeurera dans l'esprit des Niçois, même après la fuite en Uruguay. Jamais je n'aurais imaginé l'autre manifestation de ferveur populaire, celle qui allait exploser, dans les cris et les larmes, au passage du cercueil ramené de Punta del Este. Au fond, même après des années d'exil, le groupe, la communauté, attendait patiemment que le chef revienne.

En 1979, Médecin était loin de penser à la mort. Comme un poisson retrouvant son aquarium, il avait immédiatement repris ses bonnes vieilles habitudes. Mais l'homme avait changé. Il semblait ne pas digérer intelligemment le délire de la foule à son retour de Paris. Déjà très sûr de lui, il devenait, lentement mais sûrement, mégalomane. On dit que les hommes qui ont miraculeusement échappé à la mort se croient invincibles. Médecin venait de voir de près sa mort politique, et sa résurrection lui donna le vertige. Il était maire de Nice, il devint le roi de la ville et, par la même occasion, du département.

# 9

## *Un vrai carnaval*

Dans le gigantesque hall d'accueil du Hilton de Rabat, mon père avance d'un pas lent. À son bras, ma mère, plus alerte. Même impressionnée, elle joue à faire comme si elle était habituée à ces palaces. Ma femme et moi les regardons, attendris. Ils se tiennent par la main, comme ils l'ont toujours fait et comme ils le feront jusqu'à la disparition de mon père.

Je ne savais pas encore qu'il était gravement atteint. Il ne lui restait que quelques mois de vie normale, avant d'entamer une longue agonie, sa main toujours dans celle de ma mère. Il y avait si longtemps que nous ne nous étions retrouvés. Ils n'avaient jamais vraiment séjourné dans des hôtels. Mon père avait bien dormi, autrefois, dans les chambres sales de baraques du Sud algérien, pompeusement surnommées « palaces du Sahel », quand son métier le contraignait à contrôler les dépenses et recettes de quelque poste avancé de l'administration de l'Électricité d'Algérie. De telles missions ne s'étaient produites qu'une fois ou deux, pour une petite nuit seulement, mais la séparation avait été un déchirement pour les deux vieux amants jaloux, condamnés, pour quelques heures à peine, à ne plus se tenir par la main !

Lorsque je décidai d'inviter mes parents à m'accompagner au Maroc, mon père, l'œil triste et les épaules tombantes, me lança : « Nous n'avons pas assez d'argent. »

Vieux réflexe attendrissant, généré par l'éternelle hantise des lendemains « sans le sou », hantise qui lui fit refuser tout changement professionnel. Toute intrusion de l'imprévu, la plus petite fantaisie risquent de créer une situation de « plus grande nécessité ». Lorsque nous étions enfants, mon père, succombant à sa manie obsessionnelle de savoir, au jour le jour, le montant de ses ressources, passait des heures à torturer sa femme pour qu'elle tienne un cahier des dépenses du ménage. La scène se reproduisait chaque soir. Chaque sou était noté et l'achat d'un kilo de pommes de terre, jugé excessif, provoquait des querelles interminables, finissant dans des étreintes nocturnes.

Le seul nuage dans notre bonheur familial vint de l'installation des deux grand-mères dans l'humble domicile. Ma mère, épuisée et exaspérée, présenta des signes évidents de dépression nerveuse, laquelle se traduisait par une agression permanente et terrifiante contre mon père. Comportement d'autant plus compréhensible qu'il était le seul à pouvoir servir d'exutoire. Il prit cet épisode avec flegme et une infinie patience, non sans se laisser aller à pleurer le soir, près de moi, allongé sur mon petit lit à une place où ma mère, survoltée, l'avait condamné à dormir. Ce petit drame fut connu de tous, comme il se doit dans ces immeubles où tout se partage. Il se termina heureusement par une guérison bienvenue, permise autant par l'administration de bons médicaments que par l'infinie mansuétude de mon père... sans oublier, bien sûr, les prières à sainte Rita !

Dans les quartiers humbles, la pauvreté se partage comme tous les événements, les plus cocasses et les plus graves. « On » sait naturellement, sans voyeurisme, ce que la voisine prépare à déjeuner et les heures de retour du voisin. Jugées tardives, elles justifient les soupçons qui sont partagés par la petite communauté des locataires. Il est « normal » que lors des interminables conversations dans les escaliers ou sur les paliers, chacun plaigne cette malheureuse, si inquiète des retards de plus en plus importants de son époux. Est-il volage ou non ? Peu importe ! Il rentre trop tard chez lui, point final. Il est aussi de tradition de voir les femmes partir ostensiblement au marché à peu près à la même heure, autant pour se raconter les dernières histoires que pour voir ce que celle-ci achète, ou ce que celle-là cherche à stocker. Dans ce petit monde règne l'obsession des comptes, des dépenses. Pas des recettes, car elles tiennent en une ligne. Pâtes et pommes de terre sont la base des repas et les omelettes sont presque indigestes, les pommes de terre étant en très nette supériorité sur les œufs. Il est inimaginable d'aller au restaurant ; passer une nuit à l'hôtel procède d'un état d'esprit délirant.

Ma jolie cousine Arlette avait la chance de suivre des études supérieures, malgré l'extrême pauvreté de sa nombreuse famille. Orpheline d'un père — mon oncle — occupé à oublier ses angoisses existentielles dans un vin qui n'était qu'une ignoble piquette, sa mère, qui souffrait atrocement d'un cancer, n'en continua pas moins, jusqu'au dernier soupir, à « faire des ménages ». Ignorant ses douleurs et l'épuisement, elle était rendue presque alerte par la réussite de sa fille, condamnée, elle aussi, à monter, à pied, prier cette bonne sainte Rita, sur la colline de Santa Cruz à Oran. Arlette s'avisa un jour de tomber amoureuse d'un géant débonnaire et somme toute sympathique, qui avait fort malencontreusement le défaut d'être CRS, statut parfaitement incongru pour une famille qui cultivait habilement sa passion pour la Vierge Marie et le culte, plus prosaïque, d'un communisme aménagé à la mode méditerranéenne. Comble de l'incohérence mentale de ce soupirant, un soir, chez ma mère à Alger, où ma cousine semblait vouloir cacher ses amours coupables, il s'avisa de lancer l'idée d'emmener Arlette déjeuner dans un petit restaurant. Un silence glacé salua cette initiative. Puis, devant ma cousine dépitée, ma mère aussi autoritaire que cinglante fit savoir que la « table familiale » pouvait bien recevoir deux couverts supplémentaires et que « les sous qu'on a se gardent pour des motifs moins débiles » ! Les voisines, bien sûr informées, répondirent en chœur qu'elles en auraient fait autant. Le pauvre policier, regardé comme un dangereux trublion dépensier et douteux du fait même de sa profession, disparut.

Le vieux réflexe d'économiser sous après sou demeure dans les cerveaux de ceux qui sont nés dans une petite misère, supportable, certes, mais quotidienne au point de devenir obsédante. Cette petite misère était identique, dans les années soixante, au sein des maisons basses, presque insalubres, du vieux Nice. Il ne serait pas absurde mais intéressant de s'interroger sur les effets thérapeutiques de ce goût du partage. Lorsque la dépression menace ces humbles parmi les plus humbles, raconter à sa voisine ses maux et ses angoisses, elle-même les répétant en y ajoutant les siens à l'épicière, qui s'épanche chez le voisin du dessus, tout cet échange procède d'une sorte de thérapie de groupe inconsciente.

Plus de vingt ans après leur départ d'Algérie, ma mère et plus encore mon père continuaient à « faires des provisions », à entasser des boîtes de conserve dans des placards devenus plus spacieux, et à considérer qu'aller au restaurant ou à l'hôtel relevait d'un état d'esprit outrageusement dépensier. En les invitant à l'hôtel, je confortais le sentiment de mon père : « Comme son grand-père et arrière-grand-père, mon fils est un dangereux aventurier. Il lui arrivera des ennuis. » Il eût sans doute mieux valu que je l'écoute un peu plus.

Ce qui emporta l'accord de mes parents fut l'espoir de revoir un semblant de terre natale. Le Maroc n'était certes pas l'Algérie, mais je leur promettais d'y retrouver les joies de leur jeunesse dans un paysage similaire. Il nous fallut pourtant, à ma femme et moi, des heures de patience et de palabres pour les rassurer. Ils étaient nos invités et ce déplacement ne leur coûterait rien. La fréquentation des établissements de luxe, permise non par l'accession à la richesse mais par des postes officiels, m'avait éloigné de ce qui était resté, malgré le temps, le mode de vie familial. Le retrouver brutalement n'incite pas à sourire. Au contraire. En entendant mon père, malhabile et gêné, me murmurer à l'oreille : « Dans ces hôtels, faut-il apporter ses draps ? », je n'eus pas la moindre envie de rire. J'étais attendri, et plein d'un bonheur que je ne soupçonnais plus. Fantastique leçon de modestie ! Merveilleux rappel à l'ordre. Je l'embrassais pour le rassurer, mais aussi parce que, sans le réaliser, il me donnait une nouvelle leçon de réalisme.

J'étais un peu honteux de les voir avancer lentement, merveilleusement humains et authentiques, gênés et ébahis dans le hall de ce qui n'était qu'un hôtel. Moment d'intense bonheur pourtant, provoqué par le sentiment d'offrir un cadeau dont on a simplement oublié la splendeur. Sur la place Djamel el-Fna, en plein centre de Marrakech, je retrouvais instinctivement la main de mon père, et dans un bonheur silencieux nous passions des heures à regarder le spectacle des quartiers de notre jeunesse. Tout lui paraissait merveilleux. Il était heureux. Le thé et les brochettes avalés à la terrasse des bistrots un peu sales étaient plus somptueux qu'un menu de palace.

Installés dans une suite dont ils ne comprenaient pas l'immensité, je vins les rejoindre pour le petit déjeuner. Ma mère l'ingurgita aussi vite que possible parce que la femme de service frappait à la porte pour « faire la chambre ». Obéissant à un réflexe incontrôlable, elle s'apprêtait à l'aider. Je leur offrais, avec un peu d'ostentation, un voyage quasi « interplanétaire ». Eux, sagement, inconsciemment, me renvoyaient, un peu sonné, dans les cordes d'un ring sur lequel je croyais gagner tous les combats. Ils me réapprenaient la vie. En écoutant cette mère, aux monologues intarissables, raconter son Algérie à la femme de ménage qu'elle avait fait asseoir à ses côtés pour partager le café chaud du matin, je réalisais que cet hôtel de luxe n'existait pas, pas plus que les autres palaces de par le monde que les hasards de ma carrière professionnelle m'avaient permis d'habiter. Ce furent mes derniers instants auprès de mon père. Nous ne savions pas, ni les uns ni les autres, qu'il ne lui restait que quelques mois à vivre. Il ignorait qu'il venait peut-être de terminer mon éducation.

Dans les mois qui suivirent, je vécus avec Médecin une relation que nous avions décidée, en commun, radicalement différente. Le bureau de la direction de l'animation et du tourisme de la ville de Nice, sur la promenade des Anglais, offre, d'une immense terrasse, le spectacle somptueux de la mer. Je passais, en cette année 1979, des heures à le contempler, jamais rassasié de scruter les vagues, toujours tranquilles, qui lavent et bousculent les galets. Il n'y avait pas de sable, certes, comme sur mes plages d'enfant, pas non plus de ruines, vestiges de la splendeur romaine, comme à Tipasa. Sur une étagère, j'ai de nouveau installé les livres d'Albert Camus. Ils me suivent au gré de mes installations successives. Je voulais rompre avec la politique en profitant du fait que Médecin m'installait à la tête d'une association « parallèle », en charge de la maintenance des traditions niçoises. Plus d'énarques ni de polytechniciens à côtoyer. Les carnavaliers devenaient mes partenaires privilégiés. Tous niçois de père en fils, ils se transmettent les charges de la fabrication de chars avec une constance et une obstination touchantes. Je découvrais, en riant, qu'il existait un syndicat des fleuristes de « batailles de fleurs » et même un syndicat des « vendeurs de confettis ». Il n'y avait pas lieu de trop en rire, car les coquins, dont le commerce était parfaitement rentable en période de carnaval, connaissaient très exactement la valeur des emplacements qui leur étaient attribués. Ces attributions devenaient donc l'objet de palabres interminables, comme le prix de vente et de revente des chars dont la réalisation coûte une vraie petite fortune.

Ils me reprochaient de ne pas parler niçois, ce qui était effectivement curieux dans un monde dont certains acteurs continuent à parler un français quasi incompréhensible. Ce fut pourtant une période de bonheur tranquille, des années de travail si calmes que je me prenais presque à regretter l'agitation des cabinets ministériels. Disposant d'une totale liberté d'action, jouant à être plus niçois que les vrais Niçois, réinventant les carnavals dans les quartiers, transformant les petites places du vieux Nice en « foires du Trône » où se côtoyaient saltimbanques, cracheurs de feu, avaleurs de sabre et prestidigitateurs de rues, tout m'était prétexte à rendre son sens de la fête à ce qui était devenu un spectacle payant et ridiculement figé. Avec le professeur Laborit, déjà célèbre inventeur de la théorie « comportementaliste », nous nous livrions à des querelles d'idées sans doute passionnantes mais totalement ésotériques pour mes carnavaliers niçois.

La civilisation des loisirs nous aurait fait oublier le sens et le besoin de la fête. Dans les époques imprégnées de religiosité, les hommes, soumis à la loi contraignante et parfois cruelle des prêtres, avaient besoin de gigantesques défoulements collectifs, d'un dégorgement autorisé de l'agressivité : les saturnales grecques ou la fête des Fous qui permettait à nos ancêtres du Moyen Âge de poursuivre les malheureux curés jusque dans les sacristies. Aujourd'hui, l'esprit de la fête a cédé la place au goût du spectacle, dernière des barrières, aseptisé, à l'accès de plus en plus cher. Le professeur Laborit considérait que seule la révolution autorisait, de nos jours, des débordements festifs. Merveilleux et subtil débat.

Le nouveau directeur des fêtes lui opposait qu'envisagées autrement, organisées dans les plus humbles quartiers, elles pouvaient encore demeurer un défoulement collectif.

Médecin écoutait gravement, parfaitement insensible à l'intellectualisme du discours. Il rêvait toujours de batailles politiques et ne pouvait vivre sans préparer d'autres combats. Son retour triomphal à Nice l'avait, un temps, grisé, mais la monotonie de la tâche recommençait à le lasser.

En 1981, lors de l'élection de François Mitterrand à la présidence de la République, il a réellement envisagé de fuir la France. Il était convaincu que les « Rouges » allaient se livrer à des purges massives, sanglantes, dont il aurait été, naturellement, une des premières victimes. Il était sincère. Dans sa vision d'une France qui allait basculer dans le bloc communiste et dans laquelle se succéderaient, à un rythme effrayant, des « procès staliniens » dont les élus de droite seraient les condamnés désignés à la fureur populaire, il était déroutant. Il n'était, toutefois, pas le seul en France à s'imaginer que le « rideau de fer » s'était déplacé et que nous nous trouvions désormais du mauvais côté ! Sa conviction était si forte, si angoissante, qu'il envisagea de prendre la fuite à bord d'un petit avion en partance pour les États-Unis, que son « industriel-commanditaire-ami » avait mis à sa disposition, moteurs ronflants, sur la piste de l'aéroport de Nice !

Quand il comprit que la révolution n'était ni envisagée ni souhaitée par le gouvernement de Pierre Mauroy, et qu'au fond ces ministres « rouges », respectables et calmes dans leurs costumes trois-pièces, se révélaient de parfaits notables, il décida de passer à l'offensive. Après l'avoir affolé, la situation nouvelle de la France tendait, à son sens, à lui rendre ses chances dans les affrontements politiques. N'était-il pas le plus libéral d'entre les libéraux, le plus agressif et le plus inquiétant, pour la gauche, des leaders de l'opposition ? Il s'autorisa donc, plus encore qu'auparavant, à prononcer des discours d'une rare violence contre ces « foutus » socialo-communistes. Et, de fait, ses collègues en politique renouèrent avec cette grande gueule si sympathique. Au fond, « il » était bien pratique, n'hésitant pas à clamer, toujours plus bruyamment que les autres, son éternelle haine du collectivisme. Il redevint, comme par enchantement, un personnage fréquentable. Les poursuites judiciaires engagées contre lui, alimentées par de nouvelles révélations sur sa fortune personnelle, ses ennuis avec le fisc, se muèrent, comme par enchantement, en d'inadmissibles attaques à caractère politique. Pasqua, Toubon et les autres saluaient en Jacques Médecin « le plus courageux » de tous les dirigeants de ce qui s'appelait alors l'union de l'opposition nationale.

Un petit détail était passé sous silence que Médecin ne manqua pas de rappeler plus tard : c'étaient bien les services des Finances, sous le gouvernement de Raymond Barre, qui avaient engagé les premières vérifications fiscales et les premières actions en justice. Cette justice, lente à opérer, ne s'arrête pas. Indifférente aux sollicitations des hommes politiques, même une fois la droite revenue au pouvoir, elle ne lâcha plus Médecin. Chirac tenta bien, maladroitement, de bloquer les poursuites lors de la première cohabitation. Peine perdue, tout Premier ministre qu'il était. Médecin fut l'un des premiers hommes politiques français à subir les effets de la méfiance naissante, puis de la haine réelle du pouvoir judiciaire à l'égard du monde politique.

Je n'appartenais plus au dispositif politique. Pas plus dans l'environnement technocratique des sièges nationaux des partis qu'à celui, bruyant et coloré, de Nice. Ma tranquillité apparente, mon isolement serein dans la « cité sainte » du nissardisme, prit fin quand Médecin décida de s'offrir une radio dite « pirate ». C'est ainsi que naquirent les stations FM aujourd'hui intégrées au paysage médiatique français. *Nice Matin,* dont le président Bavastro se prenait, miraculeusement, dans ce nouveau contexte politique national, à trouver le maire de Nice sympathique et bon gestionnaire, ne pouvait néanmoins lui offrir la tribune que Jacquou souhaitait pour ses discours assassins contre les « socialo-communistes ». Il lui fallait un relais libre et accessible en permanence. Ainsi naquit l'idée de créer une radio libre.

Une fois encore dans une totale et désarmante impréparation, fut installé dans la propre villa du maire un pylône destiné aux émissions de Radio Baie des Anges. Il n'existait pas de studio et il était impensable de recruter un professionnel qui osât s'aventurer dans une opération alors menacée de graves poursuites judiciaires. Inutile que je rappelle, aussi calmement que possible, aussi bien au maire qu'à ses bouillonnants copains, qu'une radio fonctionne, pour être crédible, au rythme infernal de 24 heures sur 24, 365 jours par an. Ce qui suppose une organisation importante, et des moyens financiers et humains considérables.

Rentrant un soir de déplacement, je suis accueilli par un des plus fidèles collaborateurs de Médecin, et qui le resta jusqu'à la fin dramatique. Jean Oltra avait pris ma succession à la tête du service communication de la ville. Pied-noir volubile et généreux, aussi sympathique qu'énorme et bruyant, il vouait à Médecin une admiration qui frisait la passion. Sa fidélité, presque irrationnelle, en tout cas exceptionnelle dans un monde qui vit et s'entretient de petites et grandes trahisons, fut telle qu'il accompagna Jacques Médecin jusqu'en Uruguay, se condamnant ainsi lui-même à la relégation, puis à la prison et aujourd'hui à une pauvreté totale. Il fut sans doute, de tous les « bébés Médecin », celui qui a subi les conséquences les plus dramatiques de la fuite du maire de Nice. Il fut même celui qui fit un peu figure de tête de Turc. Or, Oltra n'a pas tiré de bénéfice personnel de sa collaboration à des organisations paramunicipales. Il est sans le sou, rentré doulou-reusement vivre chez ses parents dans un modeste appartement niçois, régulièrement ouvert par des huissiers pour lesquels il est resté le seul à devoir payer des sommes si faramineuses qu'il ne faut pas être grand clerc pour ima-giner qu'elles demeureront à jamais irrécupérables, tout en le condamnant, à vie, au chômage.

Jean Oltra m'accueille donc à l'aéroport de Nice. Il tient en main une cassette.

— Tiens, me dit-il, ce sont les premières émissions de Radio Baie des Anges.

Je le regarde atterré.

— Vous êtes fous ! Comment va-t-on faire ? Si vous avez commencé, il faut bien continuer. Comment ? Avec qui ? Où ?

— On te fait tous confiance. C'est toi le « pro » de la radio. Prends tout en main, on te suit !

Dès le lendemain, dans une arrière-salle des locaux de la police municipale, les principaux collaborateurs de Médecin se retrouvent. Ils seront journalistes, chroni-queurs, animateurs. Il est peu probable que les services du ministère de l'Intérieur aient ignoré le lieu de notre installation, mais il régnait dans notre groupe, dans une atmosphère aussi comique que bruyante et désordonnée, un esprit de « clandestinité ». Nous tentions de tout réinventer avec des hommes et des femmes qui découvraient le fonctionnement d'une radio. Lorsqu'il apparut que les services de police s'apprêtaient à venir tout saisir, la radio déménagea dans une arrière-salle du comité des fêtes que je présidais. La ligne éditoriale ne brillait ni par la sobriété ni par la discrétion. Il s'agissait exclusivement de mettre en vedette Jacques Médecin et de nous livrer, dans une joie béate, à un antisocialisme aussi brutal que primaire.

Pendant des mois, à la tête de cette structure dite « clandestine », dormant trois heures par nuit, je partageais mon temps entre des leçons de radio à une joyeuse bande de copains, aussi à l'aise devant un micro qu'un énarque derrière un étal de poisson frais, et mes relations avec les carnavaliers et autres organisateurs de fêtes ou animations de la ville. On disait Radio Baie des Anges antenne clandestine. En fait, les colleurs d'affiches de la ville avaient pris soin de noyer les rues de Nice sous une avalanche de tracts, prospectus et placards pour annoncer la bonne nouvelle. Le succès, nous plaçant vite en tête des écoutes, procéda de cette excitante « clandestinité », même apparente, comme du naturel qui imprégnait les émissions. Personne ne se prenant pour de respectables professionnels, il existait une ambiance de franche rigolade, aussi bien propre à l'esprit méditerranéen qu'aux bourdes inévitables accumulées par les apprentis journalistes, assez intelligents et détachés pour ne s'être jamais pris au sérieux. Radio Baie des Anges fut un triomphe. Médecin m'en attribua la paternité. Sans doute y ai-je contribué, mais la réalité est plus compliquée. Les auditeurs ne sont pas dupes. Ou la radio est réellement faite par des professionnels et il est clair que son succès dépend des qualités de ceux qui l'animent, ou elle est un joyeux mélange d'approximation et le succès est dû à la sympathie naturelle qui va à toute entreprise jeune et originale, qu'on sait difficile et même périlleuse. Car elle était, malgré tout, périlleuse. La loi était claire : elle n'autorisait pas l'existence de ces radios, dites libres. Quand s'imposa la création d'un « vrai » studio, la ville nous attribua, pour un loyer symbolique, une villa perdue dans les jardins côtoyant un des principaux boulevards de Nice. Elle fit dresser des grilles de protection auxquelles Médecin menaça de s'enchaîner — avec nous évidemment — si le pouvoir socialo-communiste saisissait le matériel.

Cette radio m'offrit d'innombrables prétextes à découvrir certains aspects, pourtant importants, de l'histoire de Nice. Épuisé de courir de la direction de l'antenne au comité des fêtes, il fut décidé de recruter un présentateur pour les journaux du matin. C'était un étonnant personnage, le poète-journaliste Alain Lefeuvre. Il ignorait la ségrégation littéraire. Éditeur une courte période de sa vie, il avait aussi bien publié les Mémoires d'un des anciens activistes de l'OAS, auteur de l'attentat du mont Faron, à Toulon, contre le général de Gaulle, que les souvenirs de militants communistes et la vie de l'épouse de Pagnol. Il était, curieusement, détenteur des souvenirs du dernier bourreau, du dernier « exécuteur de justice » de la République. Obrecht, petit et discret, logeait dans un minuscule appartement de la rue de Belgique où il était le voisin de « la Belle Otéro ». Lefeuvre entretenait une réelle amitié avec cet incroyable avocat communiste qui avait accueilli Jacques Peyrat au début de sa carrière d'avocat. Alain Lefeuvre et maître William Caruchet communiaient avec aisance dans une même contradiction, aussi inattendue qu'intelligente, dont ils avaient fait une sorte de style de vie. Contre l'avis de Médecin peu enclin à me laisser accorder la moindre minute d'antenne à un militant communiste, Lefeuvre et moi avions invité William Caruchet qui venait de publier un ouvrage sur le tatouage et la criminalité. L'entretien, qui dura plusieurs heures, lui permit de raconter ses souvenirs, tous plus incroyables les uns que les autres, des détails oubliés ou inconnus sur l'histoire de la ville. Par exemple, c'était son propre père, alors chef des services du contre-espionnage français, qui avait aménagé la planque de Trotski dans une mansarde de la rue Droite, face au palais Lascaris, avant son embarquement pour le Mexique. Dans le même temps, un certain Claude Autant-Lara, simple dessinateur de vingt-deux ans avant de devenir le grand réalisateur de cinéma, à l'époque anarchiste convaincu puis membre bienfaiteur du parti communiste, avait, de ses propres deniers, acheté un vieux rafiot pour délivrer Trotski, gardé par une petite armée de fidèles sur une petite île turque dans la mer de Marmara. Le fondateur de l'Armée rouge était menacé de mort par les agents de Staline et les innombrables Russes blancs exilés dans la région. Cette tentative tourna court après l'intervention du père de Caruchet. Également avec l'accord secret du gouvernement français, il avait aussi collaboré à la fuite de Lénine en wagon plombé vers Zurich, puis pour la Russie, via l'Allemagne. Par un incroyable hasard, le fils Caruchet, qui avait falsifié ses papiers d'identité pour intégrer les Brigades internationales en Espagne faute d'avoir atteint l'âge de dix-sept ans, combattit aux côtés d'un autre gamin de sa génération : Ramón Mercader, le futur assassin de Trotski ! Les deux hommes se retrouvèrent, beaucoup plus tard, à Cuba. William Caruchet était devenu un des défenseurs de Fidel Castro, dont l'un des collaborateurs « de l'ombre » n'était autre que Ramón Mercader, réfugié dans l'île après vingt années passées en prison.

Alain Lefeuvre, qui ne pratiquait pas non plus la ségrégation politique, n'éprouvait pas la moindre gêne à travailler pour la radio de ces « fachos de médecinistes » après avoir été un ardent leader syndicaliste aux idées politiques plutôt à gauche. Il n'avait le sentiment de trahir ni ses idées ni ses amis. Tout lui était prétexte à exprimer son dévouement, ses passions et son immense amour, dès lors qu'il se sentait aimé. Paradoxalement, Médecin et ses copains adoraient ce personnage tonitruant et sensible, généreux et discret. Il contribua incontestablement à la réussite de la radio.

Des radios analogues naquirent dans les principales villes. Elles se multiplièrent à Nice. Le gouvernement les autorisa, tout en contrôlant non sans mal les attributions de fréquences. François Mitterrand tenait ses promesses. Il avait été inculpé, sous le septennat de Giscard, parce que le parti socialiste avait, à partir de son siège, diffusé ses propres programmes. Paradoxalement, le pouvoir socialo-communiste donnait à Médecin une fréquence dont il usait pour s'acharner, avec une rare violence verbale, contre le gouvernement !

Ce faisant, Médecin m'avait ramené à la politique. Quelques mois plus tard, il allait quasiment me contraindre à me lancer, seul, dans une aventure électorale dont je n'imaginais pas la place qu'elle occuperait dans mon existence.

La direction de l'animation et du tourisme entretenait avec le petit peuple des fleuristes et des carnavaliers des relations qui me plongeaient dans un bonheur certain. Sous l'éternel soleil de la Méditerranée, nos querelles fréquentes et nos empoignades bruyantes se terminaient devant une gigantesque poêle de *socca*. Je retrouvais avec eux les joies simples de mon enfance. Ils étaient sans doute plus cabochards, moins démonstratifs que les pieds-noirs, mais la modestie de leur existence avait été la mienne. J'en retrouvais, avec une émotion dont ils perçurent vite la réalité, les joies simples et les angoisses tenaces.

Dans l'immense hangar des carnavaliers, plombiers, boulangers, petits artisans et même un croque-mort se retrouvaient le soir, en bleu de travail, agglutinés devant les carcasses métalliques sur lesquelles, méthodiquement, ils collaient des tonnes de papier mouillé. J'aimais les retrouver, à la tombée de la nuit, continuant à s'engueuler en niçois, mais toujours prêts à d'interminables pauses rosé-*socca*. Lors de ma prise de fonction, ces apparitions, je le sentais bien, étaient sujettes à commentaires chuchotés, murmurés aussi bien en piémontais qu'en patois. Ils se demandaient ce que je « foutais là ». Ils portaient tous des noms à consonance italienne, mais il eût été de très mau-

vais goût de les dire italiens. « Niçois, Monsieur. Niçois,
pas italiens. » L'un d'eux était même d'origine pied-noir.
C'était le gardien du cimetière de l'ouest de Nice. Par
quel miracle avait-il réussi à s'introduire dans ce monde
clos ? Un mariage tout simplement, avec la fille unique
d'un vieux carnavalier. En nous écoutant échanger nos
souvenirs, les autres, hypocritement indifférents mais auxquels aucun détail n'échappait, commencèrent à me voir
autrement. Oubliés mon passé en politique et ma collaboration étroite avec Médecin que, dans ce milieu à prédominance communiste, ils n'adoraient pas outre mesure.
Oubliées mes origines, dont ils se moquaient en évoquant
« l'Arabe du carnaval ». Lentement, parce que ces hommes
d'origine piémontaise sont longs à se détendre et plus
encore à se confier, ces anciens montagnards étrangers
aux comportements méditerranéens m'adoptèrent. Sans
démonstrations bruyantes, sans ostentation : un sanwich à
partager, une pissaladière, un petit coup de rouge. Les
casse-croûte étaient préparés par les femmes restées à la
maison. Entassés sur deux vieilles tables branlantes, ils
étaient le point de rassemblement de ces hommes rudes,
simples, mais attendrissants, qui s'amusaient vraiment à
rendre le plus grotesque possible, le plus comique aussi,
les figures de carton-pâte.

Le hangar était trop exigu. Certains avaient transformé
leurs balcons en annexes. Ils y préparaient les carcasses,
les ébauches de modèles. Quand le sujet devenait trop
encombrant, provoquant les hurlements des épouses, ils le
déménageaient dans le hangar, sur de vieilles camionnet-
tes poussives, indifférents aux regards étonnés ou méprisants de la foule des passants. En les voyant arriver, épuisés
mais heureux, devant l'immense portail toujours ouvert, je
me souvenais de la première voiture acquise, non sans mal,
par mon père. Lui aussi, indifférent aux sourires et sarcas-
mes des voisins, transportait matelas et lits sur le toit du
véhicule. Dans le hangar, je retrouvais l'odeur forte de la
transpiration mais aussi de la crasse après de longues journées de travail, des odeurs qui me rappelaient mon oncle

et les cheminots d'Alger. Ils étaient évidemment communistes, mais bottaient allègrement les fesses de leurs rejetons pour qu'ils accompagnent la grand-mère à l'église, le dimanche matin. Ils s'épuisaient à faire et refaire, en des gestes identiques et vite insoutenables, des pièces métalliques dont ils ignoraient la destination. Debout devant des tours d'alésage ou de façonnage, ils passaient des heures harassantes à manipuler d'énormes pièces de métal. Dans leur hangar, tout m'apparaissait gigantesque, inhumain : les machines et les hommes, le travail et la fatigue qui les faisaient vieillir prématurément.

Les carnavaliers profitaient de mes apparitions pour « revendiquer ». Ce mot m'a toujours fait sourire. J'ai entendu autour de moi, depuis l'enfance, les hommes, travailleurs flemmards ou à la limite de l'épuisement, évoquer « leurs revendications ». Je ne sais pas pourquoi je trouve ce terme aussi stupidement agressif qu'émouvant, porteur d'une charge émotionnelle qui cache mal, souvent, détresses et angoisses. Dans mon enfance, père, oncles, voisins « revendiquaient » eux aussi face à des patrons bien sûr inhumains et rétrogrades.

Plus tard, passé du côté des patrons, j'ai écouté les « revendications » avec respect, même lorsque, comme il est de règle, le propos était outrancier ou s'inscrivait dans une vision manichéenne parfaitement fausse d'un monde partagé entre le travailleur qui revendique et le patron qui se plaît à tout refuser. Chaque fois, je me suis surpris à réentendre ces parents dont les souffrances au quotidien ne pouvaient trouver de règlement éventuel que dans ces sempiternelles « revendications ». Médecin me trouvait un peu « trop à gauche » et n'appréciait pas ma présence dans les réunions avec les syndicats. « Tu es un gauchiste, me lançait-il, pire qu'un gauchiste car tu te caches ! » C'était stupide et faux.

Étudiant en philosophie, j'avais prétendu intellectualiser mes choix politiques. Être de droite avait un sens : le refus de l'égalitarisme outrancier qui tend à tirer la société vers le bas. Dans des familles pour lesquelles les « revendications » sont la traduction, souvent mal exprimée, du besoin d'un peu plus de ressources, mes haussements d'épaules à l'évocation de la prétendue égalité entre les hommes étaient considérés comme une injure, un geste de gamin mal élevé. Insister sur l'utopie de l'égalité des intelligences et des talents était ressenti comme une agression insupportable. Il a toujours existé dans ces environnements pauvres la tentation de mêler la croyance en un Dieu prônant l'égalité et en une société qui, à force de cultiver l'utopie de cet égalitarisme, a engendré les pires dictatures.

J'écoutais, impassible, les « revendications » de « mes » carnavaliers. Je souriais sans doute, ce qui les rendait un peu plus violents, mais je les connaissais bien et ils le savaient. Alors, tout finissait par de grandes tapes dans le dos. Leurs mains ressemblant à d'énormes battoirs, l'exercice était parfois un peu douloureux, mais nous nous comprenions. Dans un petit bistro de la place Rossetti, en plein cœur du vieux Nice, tôt le matin, finissant à peine leurs chars avant de rejoindre leurs ateliers ou leurs boutiques d'artisans, ils m'obligeaient à partager un plat de tripes. Offrande aussi touchante que douloureuse pour l'estomac à l'heure du café. La chaleur commençait à peser sur la ville. La journée allait être torride, rendant les démarches plus lentes mais enivrant les passions et les émotions, les colères et les joies.

La direction de l'animation fonctionnait à peu près sereinement. Son budget était alimenté par la ville qui lui consentait une de ses plus volumineuses subventions. L'opposition, rendue plus agressive par la multiplicité des attaques contre Médecin, tenta d'y découvrir quelques turpitudes. Une délégation de contrôle, composée de conseillers municipaux socialistes et communistes, débarqua un beau matin pour une vérification des comptes. Ils avaient déjà été scrupuleusement examinés par un inspecteur des impôts d'autant plus méticuleux qu'il effectuait son dernier contrôle avant la retraite. Il voulut sans doute signer sa « grande œuvre » en décrétant que l'association, recevant des recettes directes par la vente de billets d'accès au carnaval et aux batailles de fleurs, devait payer la TVA sur la subvention reçue de la ville. Ses conclusions firent l'effet d'un cataclysme. Assorti des pénalités de retard, le redressement s'élevait à dix millions de francs ! Tous les comités des fêtes de France, abasourdis et que je découvrais unis, décidèrent de s'associer à nos réclamations. Leur propre existence était en jeu. Le débat, porté devant les tribunaux, fut vite clos. Le calme revint après une tempête violente sur le thème : « Il a creusé un trou de dix millions de francs ! » Pour la première fois, mais malheureusement pas la dernière, je me trouvais directement mis en cause dans une affaire qui ne me concernait pas. Elle devint le prétexte à d'interminables querelles d'experts sur la réalité juridique de l'association. Jacques Médecin eût été bien inspiré d'accorder à cette affaire mort-née un plus grand intérêt. À compter de ce jour commença le déferlement des instructions et contrôles divers sur toutes les associations paramunicipales de Nice. Le maire, amoureux transi, n'avait en tête que deux préoccupations : sa belle et riche (!) Américaine et la bataille, qu'il voulait violente et sans répit contre les « socialo-communistes ».

La direction de l'animation, indifférente aux vociférations des uns et des autres, continuait de vivre dans le calme. Cette sérénité ne connut qu'une autre alerte, un événement incroyable qui nous laissa aussi incrédules qu'inquiets. En janvier 1980, en effet, une délégation d'étudiants iraniens nous rendit une visite surprise. Du moins se prétendaient-ils étudiants, ces hommes aux visages mal rasés et vêtus d'une chemise blanche uniforme tombant sur des treillis de combat. À leur tête, une femme au regard brûlant de haine, les cheveux abrités sous un tchador. Ils avaient pénétré au pas de charge dans les bureaux, sous les yeux effarés des secrétaires. Je leur propose des sièges mais ils refusent. La jeune femme m'interpelle.

— Sur les décors installés en plein centre de la place Masséna figure une représentation grotesque de l'ayatollah Khomeiny. C'est inadmissible ! Ou vous la retirez, ou nous prendrons les dispositions nécessaires.

Je suis abasourdi.

— Voyons, soyez sérieux ! Nous n'avons jamais imaginé offenser qui que ce soit. Il ne s'agit que d'une fête.

— Précisément. C'est encore plus grave dans cette manifestation grotesque. En auriez-vous fait autant avec le pape ?

Je reste muet. Mon effarement est tel que je ne trouve aucun mot d'apaisement.

— Nous vous donnons une semaine pour réfléchir. Nous reviendrons.

Ils sont déjà sur le pas de la porte.

— Mais comprenez-moi, tout est déjà en place, je ne peux pas modifier ces décors. Vous n'allez tout de même pas nous menacer ? Et en fait, de quoi ?

J'aurais mieux fait de me taire. La femme murmure :

— Il serait tout à fait regrettable que nos frères, indignés et incontrôlables, jettent des bombes dans la foule, non ?

J'appelle Médecin, qui préside une réunion de chefs de service. Il éclate de rire, raconte l'anecdote à ses collaborateurs que j'entends s'esclaffer.

— Ça ne m'étonne pas de toi. Voilà ta dernière trouvaille pour te faire de la publicité.

— Jacques, c'est très sérieux, ils reviennent me voir dans huit jours. Ils n'ont pas du tout le sens de la plaisanterie et s'ils mettent leurs menaces à exécution, on va tout droit à une catastrophe. Je vais prévenir la direction de la sûreté, même si ça te fait rire. Je te répète que c'est sérieux, je ne peux pas prendre la responsabilité, seul, de cette affaire.

— Fais ce que tu veux, mais ne t'inquiète pas, c'est un gag. Ils ne reviendront pas.

En fait de gag, l'affaire faillit bien tourner au drame. La direction de la sûreté informa immédiatement les services des Renseignements généraux, qui en appelèrent à l'intervention de la DST. Deux jours plus tard, deux inspecteurs, arrivés de Paris, truffaient mon bureau de micros et camé-

ras invisibles. Ils n'avaient pas la moindre envie de rire.
Les ordres furent brefs, catégoriques :

— Vous les recevez. Nous serons proches de vous. Faites-les parler le plus longtemps possible et nous vous donnerons nos instructions.

Huit jours plus tard, ils réapparurent effectivement, sans crier gare, aussi furtifs et déterminés que lors de la première visite, les deux hommes toujours aussi silencieux. La femme, avant de parler, me regarda longuement. Ses yeux imposaient le silence.

— Nous savons que nous sommes écoutés et filmés.

Gorge sèche, épaules affaissées, je dois sûrement paraître m'enfoncer dans mon fauteuil.

— Peu nous importe, nous sommes déjà connus des services de votre police politique ! Alors, écoutez-nous bien : nous ne contrôlons pas tous nos frères, vous comprenez bien ce que je vous dis ? Nous ne menaçons pas, mais tout, absolument tout peut arriver, prenez vos responsabilités, nous ne reviendrons plus.

Cette affaire, évidemment vite connue dans la ville, parut si grave et dangereuse que les services de police, puis le préfet et le ministre de l'Intérieur de l'époque nous intimèrent l'ordre de « cesser nos plaisanteries ». Médecin ne l'entendait pas de cette oreille. Il refusa tout net de faire retirer l'image grotesque de l'ayatollah. Ce qui devait n'être qu'un gag — sans doute un peu malvenu et un tantinet déplacé — devint une affaire d'État. Le Quai d'Orsay, peu enclin à assumer les conséquences internationales de cet outrage public à la jeune République iranienne, appela directement Médecin. L'événement fit la une des journaux français et internationaux, en particulier des quotidiens arabes. Tous montrèrent complaisamment le personnage caricaturé du chef chiite soulevant sa longue robe sur des jambes outrageusement velues.

Le risque était réel. Il l'était même tellement que Médecin et moi nous vîmes flanqués, pendant deux semaines, de gardes du corps lourdement armés. Ils ne nous quittèrent jamais, planqués devant nos bureaux, dans les voitures de fonction, devant les entrées de nos villas. Un soir, je réussis à leur fausser compagnie pour un rendez-vous auquel il me convenait peu de les associer. Mal m'en prit, car, rentré tard dans la nuit, j'appris que l'annonce de mon enlèvement par les étudiants iraniens était prévue à la une de *Nice Matin.* Médecin commença à considérer que l'affaire risquait de devenir vraiment grave. La pression, d'abord amicale, des ministres concernés — l'Intérieur et les Affaires étrangères — devint si pressante qu'il parut nécessaire de trouver une issue. On n'avait sans doute jamais autant parlé du carnaval de Nice dans la presse internationale, mais cette publicité menaçait d'avoir des effets catastrophiques sur la fréquentation : des agences de voyages annulaient leurs réservations, les Niçois écrivaient par milliers pour dire leur inquiétude et prévenir qu'ils ne se mêleraient pas à la foule, cible des poseurs de bombes. La fête menaçait de tourner au drame national.

Médecin imagina une sortie en forme de pirouette. Il ordonna que la tête de l'ayatollah soit remplacée par... la sienne ! Police et représentants de l'État furent partagés entre le soulagement et une irrésistible envie de rire. Le carnaval eut lieu normalement. La foule, bien plus importante que les autres années, réserva un triomphe au personnage de Médecin. Il fut la vedette absolue.

Assis sur les deux fauteuils de la direction de la radio « médeciniste » et de l'animation et du tourisme, j'ignorais vivre mes derniers jours niçois. Comme je n'avais pas appris quelques rudiments d'arabe, qui auraient sans doute contribué à me rapprocher de la communauté algérienne, je n'ai pas saisi l'opportunité, qui m'était pourtant généreusement offerte, d'apprendre le nissart, de partager dans leur langue les joies et les inquiétudes des plus humbles de ces habitants, alors qu'ils m'étaient naturellement si proches. Comment s'en préoccuper quand, les jambes lourdement appuyées sur la grille, bleue comme la mer, qui borde les trottoirs de la promenade, vous vous sentez tellement ressoudé à de puissantes et profondes racines que se poser la question de l'intégration paraît absurde ?

Mes relations avec Médecin étaient devenues difficiles. Ileen me détestait. Est-ce parce que je savais mieux que quiconque la réalité de ses origines et de son comportement ? Est-ce parce que j'avais brutalement interrompu, à Los Angeles, une brève liaison avec une de ses amies qu'elle prétendait être « sa sœur » ?

Si ma femme, étonnamment magnanime même si elle ne me pardonna jamais cette aventure, accepta mon retour, Ileen, en revanche, allait se charger, méthodiquement, consciencieusement, quotidiennement, de couper toutes, absolument toutes les racines que j'avais plantées à Nice et que je croyais inviolables. Mes promenades, sous le soleil toujours aussi brûlant et indifférent à mes inquiétudes, devinrent plus tristes et surtout plus solitaires. Sur ces bords de la Méditerranée, on ne « quitte » pas ainsi un clan. Et moins encore si « l'honneur » d'une des femmes de ce clan est en jeu. Crime grave, impardonnable. Notre longue complicité, notre vie commune pendant tant d'années m'évita le pire, mais je savais que j'allais devoir courir vers d'autres cieux.

Si j'avais « sali » l'honneur d'une des femmes du « clan Médecin », ma belle Italienne, née à Nice peut-être mais aussi orgueilleuse et fière qu'une Vénitienne, se chargea de m'apprendre, tout au long des années qui suivirent, que son « honneur » à elle valait encore bien plus cher. C'est précisément le risque réel d'affrontements physiques entre les deux femmes, celle de Médecin et la mienne, somptueuses et splendides dans la haine, qui me rendit particulièrement nerveux. Toute rencontre fortuite entre les deux amazones aurait donné lieu à de belles empoignades dont le ridicule m'eût condamné à un exil solitaire. Conscients du danger, sachant tous deux le ridicule assassin de ce genre de situation, Médecin et moi avons envisagé très vite une issue.

Elle s'offrit, comme par enchantement, un jour de juin 1982 dans un restaurant du bord de mer, à Fréjus. La table réunissait, pour un déjeuner intime, outre le maire de Nice, François Léotard, le Grand Maître provincial de la Grande Loge nationale française, et moi-même. La chaleur était torride, le vin rosé glacé. Nous en avions consommé sans doute plus que de raison. À la fin de ces agapes qui n'avaient rien de maçonnique, je fis l'énorme bêtise de suggérer à mon « ami » Léotard de me « trouver dans le Var une petite mairie sympathique où je pourrais avoir quelque chance d'être élu ». Le jeune maire de Fréjus répond, cinglant :

— Évidemment, une petite mairie dans un département totalement entre les mains des socialistes ? Vous n'avez aucune idée de mes difficultés. Vous n'êtes entourés que d'élus politiquement amis. Si tu as un peu de courage, je te propose Draguignan, la deuxième ville du Var. Accepte et je t'aiderai.

— François, tu es fou ! Je ne connais rien de cette ville.

Médecin enchaîne, probablement ravi de saisir cette opportunité pour m'éloigner, fût-ce un temps, de Nice.

— Vas-y, je t'aiderai !

Je hausse les épaules. L'idée d'une pareille aventure me paraît folle. J'ai gardé un peu de conscience, un soupçon de clarté dans un esprit à demi enivré. Je me contente de sourire et de me plonger dans un silence libérateur. En fait, cette simple suggestion, totalement incongrue et a priori insensée, devint, dès le lendemain, dans la tête de Médecin plus qu'une invitation : un ordre. Condamné, une nouvelle fois, à charger mes « racines virtuelles » dans ma besace, j'étais prié de partir à la conquête du Var. Je ne l'avais que traversé, ignorant les innombrables petites routes pour n'emprunter que l'autoroute. Je ne savais même plus où se trouvait la bretelle conduisant à Draguignan, que je n'avais visité qu'une seule fois, l'espace d'une matinée, alors que j'étais jeune journaliste. Une folie !

J'ignorais encore, fort heureusement, que la folie de l'entreprise était d'autant plus stupide que j'allais devoir affronter une autre démence : celle des comportements politiques dans un département resté un des rares en

187

France à devoir s'accommoder de l'assassinat politique, dans un environnement où la relation trouble entre truands et élus était autrement plus sérieuse et étroite que dans les Alpes-Maritimes.

# 10

## *Le Var, département tragique*

Février 1999. Dans l'immense salle de réception de la mairie de Nice, les murs sont tendus de pourpre. En plein centre, posé sur une estrade, le catafalque de Jacques Médecin, à quelques mètres à peine de la salle du conseil municipal, qu'il présida pendant tant d'années. Le cercueil est recouvert du drapeau niçois. Des milliers de gerbes sont posées à même le sol, tout au long des murs, donnant curieusement à ce hall lugubre un aspect d'immense jardin. Devant un cercueil que des femmes embrassent, que d'autres caressent tendrement comme pour le « toucher » une dernière fois, mes souvenirs s'embrouillent. Des visages que je crois reconnaître et dont j'ai oublié les noms. La file est interminable. Dès la décision prise d'exposer le catafalque en mairie, sans le moindre communiqué, la nouvelle s'est répandue dans la ville. Je suis adossé à une large fenêtre qui donne directement sur la salle des délibérations, le regard fixé sur une gigantesque photo de Jacques Médecin, probablement prise à la fin de sa vie. Je l'ai connu charmeur, affichant une gueule peu séduisante de boxeur alors qu'il était jeune. Ce portrait le montre plus beau. L'âge, paradoxalement, lui a façonné un visage plus avenant. Je suis ému.

Je revois cette scène surréaliste dans le restaurant de Fréjus. Le lendemain, il m'avait convoqué dans son bureau pour m'expliquer, avec une franchise rendue nécessaire

par l'animosité que me vouait sa femme, que ma
« candidature » est une fantastique occasion d'exploiter,
seul, l'expérience des batailles électorales acquise à ses
côtés. C'est surtout une façon élégante de m'éloigner de
Nice. Les journalistes et ceux qu'on appelle les « observateurs politiques » interprétèrent cette aventure comme
une tentative d'annexion par les Alpes-Maritimes d'une
partie du Var, tout l'est qui est naturellement plus proche
de Nice que de Marseille. Médecin laissa dire, au fond bien
content de démontrer, si d'aventure je réussissais, que son
département et cet « est du Var » pouvaient constituer une
région autonome. Éternelle tentation de casser la dépendance de Nice envers Marseille. Une fois de plus, cette
initiative ne procédait d'aucun calcul politique. Il n'avait
jamais imaginé, et moi encore moins, une quelconque stratégie. Les journalistes nous offraient un prétexte politique.
Nous en étions ravis. Il ne s'agissait plus d'un exil, mais
d'une tentative de rattachement à Nice d'un bout de
département.

J'étais encore trop naïf. Rien de ce que j'avais connu
jusqu'alors, et qui n'était pas particulièrement reluisant,
n'était comparable aux bassesses propres, historiquement,
à ce département du Var. Longtemps second d'un grand
seigneur de province, je chaussais, cette fois, mes « ran-
gers » et, tel un légionnaire parachutiste, j'étais lâché derrière les lignes ennemies. Dans la jungle du Var.

Dans cette salle mortuaire, je repense aux détails du dernier épisode de notre vie commune. Je n'entends pas la
foule qui défile en un cortège interminable. L'épouse uruguayenne de Médecin est assise près du cercueil. À ses
côtés ont pris place ses enfants, dont la fille que Médecin
a eue de son « Américaine ». Je ne l'avais vue qu'une fois,
dans la somptueuse villa de Beverly Hills, acquise quand
le couple vivait encore une apparence d'union tranquille.
Quand les Niçois avaient appris que, pressé par sa femme,
il l'avait prénommée Shawn, imprononçable dans le patois

local, il y eut bien quelques critiques et commentaires acides, mais, comme à un gamin adoré, ces mêmes Niçois passaient tout à ce maire qui était resté la représentation physique de l'âme locale. Médecin a toujours regretté de ne pas avoir eu un fils. Tout père, évidemment, connaît ce réflexe. Sur les bords de la Méditerranée, l'arrivée d'un garçon est censée conforter la virilité du père.

La famille, disloquée après son divorce, vivait dans une curieuse ambiance, faite de haines tenaces et d'étonnantes retrouvailles. Raconter les crises de la maison Médecin, c'est paraître plonger dans l'Italie des Borgia. Irrespirable et incompréhensible. Médecin, qui connaissait sa famille mieux que quiconque, a sans doute moins vécu avec elle qu'avec ses copains et ses collaborateurs. Je regarde longuement la grande jeune fille, assise près de la dernière épouse de l'ancien maire de Nice. Elle a le visage de son père, mais le corps mince, presque maigre, de sa mère américaine. Shawn s'est donné un nouveau prénom, sud-américain. Elle veut rester avec la seule famille qu'elle a, au fond, bien connue, celle de l'exil à Punta del Este. Personne, dans le clan niçois, ne songera à lui proposer de rester dans sa « vraie » famille. L'aurait-elle accepté ? Que va-t-elle devenir ? Pourquoi donc me poserais-je la question ? Parce que c'est celle qui semble la plus malheureuse. Elle est prostrée. Sa douleur est d'autant plus émouvante qu'elle n'aura connu de son enfance auprès du père que l'exil, les trahisons, la réelle minceur des dernières ressources dans un petit appartement. Elle a ignoré le luxe et la gloire. Est-ce pour cela qu'elle est restée en admiration devant son père ?

Jacques Médecin est mort. La ville, tétanisée, découvre que l'histoire est maintenant terminée. Ses adversaires les plus acharnés semblent s'être évanouis dans le silence. Ceux qui se posaient en vainqueurs se sont calfeutrés, peuple d'ombres cachées sous les portes cochères, observant incrédules le frémissement qui a saisi la ville. Ses amis, pour la plupart les plus humbles, le petit peuple qui l'adorait et assurait ses élections répétées, se reprennent, paradoxalement, à sourire. Dans les petites boulangeries du vieux Nice, dont nous avions si souvent arpenté les ruelles, devant les étals de pissaladières et de *socca*, ils ont ressorti les vieux clichés longtemps cachés sous les piles de draps. Pendant trente ans, Jacques Médecin aura réussi l'exploit d'écrire, au moins une fois, à chacun d'entre eux, les plus jeunes et les plus vieux, les grosses mammas attendrissantes qui ne cachent plus leurs larmes et leurs grands gaillards de maris à la carrure impressionnante de Piémontais.

Mon fils aîné m'observe, silencieux, attendant ma réaction. Ma fille me rappelle qu'il était son parrain. Ils ont souhaité m'accompagner en mairie. Pour un dernier hommage ? Peut-être, en fait, mus par une intense curiosité. Les jeunes de la génération après-Médecin ont été éduqués dans le culte idéalisé de cette période. Sur les bords de la Méditerranée, comme dans toutes les seigneuries de France, s'entretient naturellement le mythe du bonheur de vivre à l'époque des grands barons. Un souvenir d'autant plus aisé à défendre que les années d'avant-Giscard étaient économiquement prospères, dans un contexte international favorable aux pays nantis. La presse, ni lâche ni aveugle, pratiquait une approche de la vie politique si ouatée qu'il eût été inconvenant, autant pour les élus que pour les citoyens, d'aller fouiller dans des dossiers inapprochables. Pour mes enfants, comme pour les gamins de leur âge, la période Médecin est demeurée celle d'un intense bonheur. Bonheur artificiel dû peut-être aussi à la complicité entre leur père et le maire de Nice, source d'avantages, d'honneurs, auxquels il leur eût été impossible de ne pas être sensibles.

Puis, dès les événements de Mai 68, cette société dans laquelle ils ont poursuivi leur lente éducation a tellement changé que les repères de leur enfance se sont évanouis, détruits avec les vitrines de magasins volant en éclats dans les batailles de rues parisiennes. Les journalistes paraissent différents et donnent le sentiment d'exercer un autre métier. Ils ont établi un nouveau mode de relations avec les élus. Le chômage, la hausse brutale des prix, l'apparition des drogues sont les nouveaux paramètres de la société. Journaux et télévisions étalent complaisamment les étranges comportements de gestionnaires devenus de dangereux aventuriers.

Médecin mort, c'est un peu des jours heureux qui s'envolent en fumée depuis le crématorium de Nice. Mes enfants, comme les jeunes de leur âge, voulaient assister, incrédules et curieux, à cette ultime manifestation populaire à l'image des grandes liesses qu'enflammait le verbe chaud et puissant du maire de Nice. Comme la dernière sortie des chars grotesques est le jour de carnaval le plus fréquenté, l'exposition du corps de Jacques Médecin leur paraissait être le spectacle à ne pas manquer, la fin publique d'une période. Ils regardent, aussi suffoqués que moi, l'interminable cortège de petites gens qui, lentement, dans un silence pesant et triste, défile devant le catafalque. Ils sont impressionnés, éberlués. Pour être honnête, je le suis aussi.

Dans un coin du hall a été aménagé un « carré » pour ceux qui furent ses plus proches collaborateurs. Anciens députés, adjoints au maire, conseillers généraux, l'ancienne garde rapprochée d'un chef dont toute la ville a oublié la fuite piteuse. Ils ont vieilli. Changés par l'âge sans doute, mais surtout par les harcèlements judiciaires qui, pour certains, ne sont pas terminés. Ils échangent à voix basse des souvenirs, tentent de coller un nom sur un visage. La première secrétaire de Jacquou est là, incapable de maîtriser ses larmes. Je suis le plus ancien des collaborateurs. Ils m'entourent. Peuple de demi-soldes, moqués pour leur fidélité à un homme rendu maintenant à l'éternité, violemment critiqués et condamnés pour leurs comportements dont la justice a étalé les aspects délictueux, peuple d'ex-hommes de pouvoir, brutalement rendus à une vie anonyme, contraints au silence, n'osant plus, pour entamer d'autres carrières, parler de ce passé qui leur collera à la peau jusqu'à leurs propres fins.

Et le cortège qui se poursuit. Toujours compact, toujours silencieux. Il durera toute une nuit. Combien seront-

193

ils à avoir ainsi défilé devant le cercueil du grand baron ? Des dizaines de milliers probablement. Aucune personnalité politique nationale, aucun représentant de l'État, aucun dignitaire mandaté par les grandes administrations. Le peuple, seulement le petit peuple. Mais, Dieu, comme il paraît imposant, splendide, admirable dans ces occasions ! Le lendemain, dès cinq heures du matin, commencent à stationner devant les grilles les mêmes « petits » Niçois. Toujours aussi silencieux, les visages tristes trahissent des nuits sans sommeil. Étant de ceux qui ont, peut-être, le mieux connu Jacques Médecin, je savais son talent exceptionnel à réunir, à enflammer des foules promptes à l'ovationner et à lui manifester un amour à la limite de la démesure. Et pourtant, je suis stupéfait. Nous avions tous cru que sa fuite avait ouvert un immense fossé entre les Niçois et le maire. Sur les marchés, les vendeuses de fleurs, restées fidèles jusqu'à l'inconscience, lui avaient tout pardonné, absolument tout, mais pas cette fuite. Il leur importait peu que Médecin ait, comme il se disait, « piqué des sous dans la caisse ». L'amour qui unit un couple permet de résister aux crises, à toutes les crises, mais pourquoi prendre la poudre d'escampette puisque, précisément, l'amour permet de tout régler en famille ?

Malgré ce cataclysme, toute la famille du peuple de Nice était là. Lorsque le corps fut descendu du second étage, où il reposait, pour commencer une lente traversée des rues de la vieille ville, il se passa un événement encore plus hallucinant. Les reporters radio et télé mirent, instinctivement, leurs appareils en fonction. Voici qu'un homme applaudit. Ce qui n'était qu'un discret battement de mains, imité par les milliers de personnes présentes devient une ovation, qui court, déferle telle une vague gigantesque, du premier rang vers les rues avoisinantes où la foule est aussi dense. Les Niçois applaudissent à tout rompre la dernière apparition publique. Cette ovation longue, puissante, venue des coins les plus sombres des petites ruelles, gagne ensuite les quartiers plus neufs. Ronflante, assourdissante. Le dernier battement de cœur du petit

194

peuple prenant place derrière le catafalque, dans un total désordre, noyant les élus dans l'anonymat et l'indifférence. Les volets des appartements sont clos, comme les portails de magasins. Au long des rues interdites à la circulation se sont agglutinés des milliers d'hommes et de femmes. Ils forment une masse compacte, presque infranchissable sur la place de la cathédrale. Il faut des heures pour pénétrer dans l'église, pleine d'une foule censée avoir été préalablement triée, mais que les responsables ont renoncé à canaliser.

Au premier rang, le maire, Jacques Peyrat, et son collègue président du Conseil général, puis les autres élus, anciens et nouveaux. De l'autre côté, spectacle irréel, la vraie famille de Jacques Médecin, ses frères et sœur. Un murmure parcourt l'assistance : l'aîné est là. Il est aisé de le reconnaître, lui qui n'a jamais vécu à Nice. On entend : « C'est le portrait craché de Jacques. » La même gueule de boxeur, la taille aussi haute et puissante. Assises sur un banc, ses épouses. La première, Claude, qui a vieilli mais gardé la même silhouette élégante, et la dernière, arrivée la veille. Il y a les autres qui se détestent cordialement, et dont la disposition, là plutôt qu'ailleurs dans la nef, plus près ou moins près de tel autre, a fait l'objet de négociations aussi longues que lamentablement choquantes. Sa dernière épouse, l'Uruguayenne, occupe la première place. Elle a mis à ses côtés la fille de l'Américaine qui, elle, a été bien inspirée de ne pas assister à ces funérailles.

L'organisation de cet enterrement a nécessité des trésors de diplomatie, des heures de conciliabules entre ceux qui ne voulaient pas de ces funérailles, supposées être une récupération politique du médecinisme par la nouvelle mairie, et ceux qui, au contraire, se refusaient à imaginer que les cendres du prince de Nice fussent dispersées dans un obscur village de l'Uruguay. Dernières querelles familiales, dernières et lamentables empoignades entre les parents. Dans le nouveau « carré » aménagé à l'intention des anciens collaborateurs, je me trouve à une des extrémités, à un mètre au plus de Claude, la première femme, que j'évite soigneusement de regarder. Elle a conservé une haine tenace contre tous ceux qui étaient les proches de son mari en mairie.

Il fait, dans l'église, une chaleur torride. La cérémonie sera longue. L'homélie, prononcée par un prêtre qui fut un des plus anciens amis de Jacquou, constitue un argumentaire qui laisse pantois les Niçois, tant la plaidoirie en défense est passionnelle, amoureuse, aussi étonnamment favorable au maire de Nice dans les propos d'un homme d'Église que d'une rare violence contre tous ceux qui l'ont condamné. Et voici que, de nouveau, l'assistance applaudit, dans l'église et sur les places, dans les petites rues sonorisées, pleine d'une foule qui hurle : « Médecin ! Médecin ! » C'est stupéfiant.

Deux discours, celui de l'actuel maire de Nice et celui du président du Conseil général. Les deux hommes se détestent cordialement et, dans une ambiance florentine, ces discours font, au dernier moment, également l'objet de querelles, de négociations acharnées entre les élus certes, mais aussi entre ces derniers et la première épouse, dédaigneuse et hargneuse, parfaitement insensible aux regrets, pourtant sincères, exprimés avec sobriété et élégance. Elle hausse ostensiblement les épaules. Puis, un accordéoniste s'avance près du chœur. Il chante *Nissa la Belle*, l'hymne national niçois. Il était de tradition que tous les discours du maire de Nice se concluent ainsi, l'assistance reprenant en chœur, dans un patois plus ou moins bien prononcé. Cette inhumation est sa dernière apparition publique. Peu importe qu'il soit mort. Dans l'église, la foule reprend en chœur les refrains que l'interprète scande un peu plus lentement, un peu plus tendrement, comme une longue lamentation qui arrache les larmes des femmes et de la plupart des hommes. Ce n'est pas l'assistance sélectionnée plus ou moins bien, qui chante, c'est toute la foule amassée dans les rues. C'est Nice qui chante son hymne, une dernière fois, pour le maire disparu. Une immense clameur, un cri de détresse qui court dans la foule et fait frissonner. Nous nous regardons, gênés de nous surprendre à trembler. Nous ne l'aurions jamais imaginé.

Dans les petits groupes qui se forment à la sortie de l'église, après de nouveaux applaudissements, je me trouve près d'un haut fonctionnaire de la mairie, aussi fin politique que remarquablement intelligent et efficace. Nous marchons quelques minutes en silence.

— Je regrette, me dit-il, de n'avoir pas connu cet homme. Il devait avoir une sacrée personnalité. Tu as vu ce déferlement de ferveur populaire ?

— Oui, je t'avoue que, même si je l'ai vraiment bien connu, je suis tout de même stupéfait.

— Mais ce qui m'effare le plus c'est d'avoir vu, sortis comme de l'ombre, des milliers de petites gens dont je ne soupçonnais même pas l'existence. Ils devaient l'aimer certes, mais quel était donc son truc ?

Un truc ? Quel propos curieux, mais au fond justifié par le spectacle. Il n'existait pas de truc.

— Il faut être à Nice pour voir ça ! lâche-t-il sidéré et admiratif.

— Non, pas à Nice précisément. Dis plutôt sur les bords de la Méditerranée.

Il n'existe pas, en politique, de truc qui résiste à des années de harcèlements médiatiques et judiciaires.

Un truc le quadrillage, plus ou moins bien élaboré, d'une ville par des structures parallèles, les placards publicitaires multipliés sous prétexte de communication de proximité, les revues municipales obsolètes ? Certes, comme tous ses pairs, Jacques Médecin bénéficiait de ce dispositif, sans doute, dans son cas, plus performant. Jamais un tel « truc » n'a protégé de l'irréparable, de la prison et de l'exil. Le « truc », s'il existe, c'est autre chose, c'est cette complicité amoureuse qui se crée entre l'élu et ses concitoyens. Les meetings, grandes messes populaires, n'en sont que des épiphénomènes publics. La complicité amoureuse procède de phénomènes différents. Elle naît ou elle est impossible, elle vit ou elle meurt très vite. On n'apprend pas dans des agences de communication la valeur inappréciable d'une *baïeta* sur la joue sale d'une vendeuse de fleurs, le goût du café chaud, malheureusement accompagné d'un plat de tripes, dans un bistrot aux odeurs insupportables. Or, c'est là, et là seulement, que se noue ce lien charnel, ce « je-ne-sais-quoi » imperceptible et pourtant indestructible, qui est la vraie « communication de proximité ». Celle qui résiste à toutes les agressions.

On retrouve, avec ce qu'il est convenu d'appeler « les réserves d'usage », cette adhésion avec Michel Mouillot, élu maire de Cannes malgré l'opposition de Jacques Chirac lui-même. Au soir de son inculpation, alors que s'annonçaient les suites judiciaires le détrônant dans un concert de commentaires acides, plus d'un millier de personnes enthousiastes l'attendaient, communiant dans ce même amour, dans une salle proche du port, pour l'ovationner ! Mouillot avait appris la leçon. Authentique spécialiste en communication, il avait pris soin d'oublier ses techniques pour « faire comme Médecin », avec la même aisance sur les marchés, parfaitement en symbiose avec le petit peuple qui l'adorait.

Fascination de la Méditerranée, éternelle dans ses différences. C'est aussi cela qu'on apprenait aux côtés des grands barons de province. Ce qui mérite analyse, ce n'est pas la somme des errements que ces élus ont accumulés. Ils sont connus, condamnables et inadmissibles. En revanche, justifie une réflexion calme et dépassionnée cette permanence à aimer, insensible et indifférente aux cataclysmes politiques, alors qu'ailleurs le plus petit soupçon, l'ombre d'un doute suffit à renvoyer l'élu dans ses foyers. C'est la Méditerranée.

Jacques Médecin est mort. Nice frissonne. Nice pleure, mais Nice est inquiète. La descente Crotti qui joint les deux villes, l'ancienne et la nouvelle, le marché Saleya et la rue de la Préfecture, aussi bruyants de jour que de nuit, sont-ils brutalement, tels des exilés, condamnés à vivre au passé ?

Les antiquaires de la rue Ségurane, qui plonge lentement vers le port, ont rouvert leurs devantures. Le café de Turin, un des plus anciens bistros de Nice, a ressorti ses étals de crustacés. Des touristes incrédules face à un spectacle qui n'était pas prévu dans leur visite, dégustent un verre de muscadet. En face, le kiosque à pizzas de Max Gilli a disparu. Rasé. C'est un peu de l'histoire de la ville qui a par la même occasion disparu sous les fleurs et les arbres de ce qui est maintenant une petite place. À quelques mètres, le restaurant La Cave niçoise est toujours le temple de la *socca*. Il s'en consomme des tonnes chaque jour.

Le lendemain, dans la petite chapelle de Gairaut a été dite, dans l'intimité, une nouvelle messe devant le clan des anciens collaborateurs, ses copains, ceux du moins qui sont toujours vivants. C'est le groupe, la « famille », la vraie, celle dans laquelle a le plus vécu Médecin. Ils sont une centaine, visages familiers, anciens élus ou petits artisans se côtoyant une dernière fois, pour m'écouter, parce qu'il fallait aussi que nous rendions notre propre hommage à celui qui fut notre patron. Je ne peux m'empêcher de rappeler que sa tendresse pour nous s'accompagna aussi, bien souvent, de manifestations de parfaite et stupide injustice, sauf contre celles qu'il appelait « ses femmes », petites secrétaires ou adjointes, directrices de son cabinet. Je pense, en particulier, à Odile Chapel, jolie et la plus discrète. Elle est si affectée qu'elle a préféré ne pas assister à ces manifestations publiques. Médecin la considérait un peu comme sa propre fille. De ce fait, elle fut la seule des collaborateurs à refuser, sans complexe, d'entrer dans le système, restant à l'écart du fonctionnement des associations parallèles. Médecin, qui l'adorait, respectait son « isolement ». Cette spécialiste française de l'histoire du cinéma n'en fut pas moins la première et sans doute la meilleure des présentatrices du journal de Radio Baie des Anges. Hélène Mattei, une des autres pieds-noirs du clan, à l'inverse, s'impliqua totalement. Dotée d'un nombre impressionnant de diplômes, elle était la plus cultivée et fit de sa fidélité au maire de Nice une sorte de profession de foi. Quand le maire partit en exil, elle donna purement et simplement sa démission. Définitive et irréversible. Martine Daugreilh sourit. Intelligente et raffinée, compétente et efficace, elle n'a pas subi les rigueurs de la justice. Députée de la deuxième circonscription, bastion du médecinisme, elle avait Jacques Médecin lui-même pour... suppléant, quand l'acharnement des enquêtes fut tel qu'il commença à avoir réellement peur de la prison. Elle proposa de démissionner pour lui laisser son siège au Palais-Bourbon, ce qui lui aurait permis de disposer de l'immunité parlementaire.

Car c'est bien de se voir mené en cellule, menottes aux poignets, qui effrayait Médecin. Sans doute céda-t-il à l'épuisement, à l'écœurement face aux trahisons de certains de ses plus proches, mais c'est la prison qu'il redoutait le plus. Un siège de député lui aurait-il évité cette infamie à laquelle, au bout du compte, il n'a pas échappé, dans des circonstances encore plus piteuses ? Peut-être. Lui aurait-il suffi de rester, de résister encore, pour que son incarcération éventuelle précipite dans les rues une foule déchaînée, réclamant sa libération ? On l'a dit. On l'a longtemps pensé. C'était vraisemblable. Mais voulait-il, lui, vraiment vivre encore à Nice ? Rien n'est moins sûr. Ses échecs sentimentaux ont plus certainement été le facteur déclenchant.

Henri-Charles Lambert, qui fut son dernier avocat, est un homme de talent. Fidèle jusqu'à l'abnégation au maire de Nice, il lui offrit une défense irréprochable, dont Médecin, pris dans le vertige de décisions contradictoires, d'influences plus ou moins malsaines, ne comprit pas réellement la valeur. L'avocat, pendant les années qui suivirent, s'imagina, à tort, avoir été l'inspirateur involontaire de cette fuite lamentable. Il est clair que c'est Médecin et lui seul qui a tout décidé. Devenu « sans famille », harcelé par la justice qui menait naturellement ses enquêtes, n'éprouvant surtout plus le moindre plaisir à « faire de la

L'embarquement
des émigrants pour l'Algérie
dans les années 1880-1885.
Dans le cercle,
l'arrière-grand-mère de l'auteur.

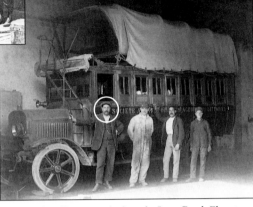

L'arrière-grand-père de Jean-Paul Claustres
inaugure la première ligne de transports
dans les années 1885 entre Alger et Cherchell.

Le père et les enfants
dans leur appartement
du quartier de Belcourt
à Alger en 1946.
A gauche, le petit Jean-Paul.

Le cabanon
des vacances familiales
aux Bains romains,
près d'Alger.

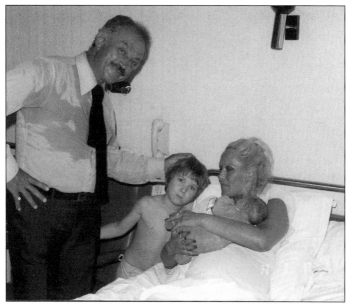

Jacques Médecin, parrain de la fille de Jean-Paul Claustres, avec son premier fils, Jean-Paul, en 1977.

Les débuts, en 1980, de Radio Baie des Anges dans une arrière-salle de la police municipale niçoise.

Jacques Médecin, secrétaire d'État au Tourisme, et son directeur de cabinet, Jean-Paul Claustres, en voyage officiel à la Guadeloupe en 1976.

Une soirée dans les rues du vieux village de Haut-de-Cagnes : l'acteur David Niven derrière Jacques Médecin.

Janvier 1980, première sortie de Jean-Paul Claustres devenu responsable du carnaval de Nice.

La représentation de l'ayatollah Khomeiny, place Masséna, à l'origine d'un grave incident, est remplacée par l'effigie de Jacques Médecin.

Remontant l'avenue Jean-Médecin, de gauche à droite : Max Gilli, avec sa casquette, Jacques Médecin, et Jean-Paul Claustres.

A Draguignan,
une installation
qui offense
le « vieux lion ».

Meeting sous le chapiteau
avec François Léotard,
lors de la campagne
électorale en janvier 1983.

De gauche à droite :
Daniel Colin,
député du Var,
François Trucy,
successeur de Maurice
Arreckx à la mairie
de Toulon, et l'auteur
en février 1984.

Raymond Barre en
visite sous le chapiteau
de Jean-Paul Claustres
à Draguignan,
à l'occasion des
élections municipales
de 1984.

Jean-Paul Claustres
et sa femme,
en compagnie
de Valéry
Giscard d'Estaing,
chez eux,
à Draguignan.

Gaston Defferre,
maire de Marseille
et ministre
de l'Intérieur,
s'engage derrière
Édouard Soldani.

Le cérémonial
du baise-main
au vainqueur,
Édouard Soldani,
en mars 1983.

L'auteur félicité
par Jacques Chirac
sur le tarmac
de l'aéroport de Nice.

Jean-Paul Claustres
et son épouse
savourent leur succès,
en février 1984.

Retour sur la tombe
familiale à Alger.

Jean-Paul Claustres,
maire de Draguignan, et sa mère.

*Les photos non créditées*
*appartiennent à l'auteur.*

politique », il a fait, en fuyant, ce qu'il avait déjà envisagé en 1981, quand Mitterrand est arrivé au pouvoir.

Nice qui a perdu son baron, son seigneur de province, s'interroge sur son avenir, et pis encore pour l'âme niçoise, sur sa propre réalité. L'envol dans le ciel de la ville des cendres de Médecin marque-t-il la fin de ce nissardisme fier et conquérant, qui excluait toute complicité avec la France ? Il n'est pas sûr que ce particularisme, si violent, si enraciné sur ces bords de la Méditerranée, ait disparu. Il convient que les nouveaux élus ne l'oublient pas, comme ils l'ont apparemment compris. La foule envahissant en larmes les rues de Nice, pour saluer une dernière fois celui qui était la sympathique grande gueule, champion de ce sentiment toujours latent d'autonomisme, ces milliers de petites gens ont peut-être aussi voulu démontrer, inconsciemment, qu'ils sont toujours là, acharnés dans leur antiparisianisme viscéral, rappelant qu'ils restent l'âme de Nice et, plus largement, du département. Les contorsions politiques de Jacques Médecin entre son positionnement dans la capitale, les sérails des partis nationaux, et son discours autonomiste local convenaient parfaitement à une population méditerranéenne dont les yeux restent rivés sur le bleu de la mer et du ciel. Il en est ainsi depuis l'Antiquité. Il en sera toujours ainsi.

La renaissance, si longtemps espérée, de la fierté d'être niçois est réelle pour ces hommes et femmes modestes, que le cataclysme provoqué par la fuite de Médecin avait plongés dans un mutisme honteux. C'est, sans doute, la conséquence la plus spectaculaire des obsèques de l'ancien maire de Nice, dans sa ville. Mais ce sentiment porte en lui des germes, endormis artificiellement par la thérapie en forme d'électrochoc assenée dans les cerveaux rendus apathiques par la fuite. Ces germes sont tous les paramètres de la vie politique à la mode méditerranéenne. Médecin, de retour dans la ville même mort, leur a rendu une énergie insoupçonnée. Ces germes sont contagieux et dangereux, s'ils ne sont pas maîtrisés.

Dans la petite église de Gairaut, après l'office, les anciens compagnons sont redevenus ces discrets demi-solde dans une ville où les grands bourgeois se reprennent à dire leur mépris pour la populace qui élisait Médecin. Le roi n'est plus. Les nouveaux puissants seraient bien mal inspirés, s'ils considéraient que le nissardisme est mort avec son maître. Il faut écouter les plus humbles de ces fidèles, à la foi inébranlable en ce particularisme, pour comprendre que, la fierté revenue, la populace, criarde, vociférante, mais attendrissante, est redevenue une « famille ». Elle veut un chef. Elle ne peut retrouver son âme et son bonheur d'exister que dans le contexte du clan. On ne peut pas en être le chef en ne l'écoutant qu'aux veilles de consultations électorales. On ne peut pas en être le chef, dans une relation charnelle, indestructible, par le seul truchement de la technique aseptisée et « lunaire » des spécialistes en communication politique.

Ce sont ces sentiments qui étaient partagés autant dans l'immense cathédrale que dans la chapelle de Gairaut, par ceux qui sont, comme dit mon fils, des anciens combattants sans doute un peu las et aux propos vite insupportables. Mais ces sentiments procèdent aussi de la connaissance des réflexes naturels à la société méditerranéenne. Et cela, depuis deux mille ans. Il est parfois stupide de croire que l'histoire se plaît à enchaîner, au fil du temps, les mêmes faits provoquant les mêmes effets. L'évolution des mœurs et des relations sociales, autant que celles liant les élus au peuple, a, certes, profondément changé les expressions de ces effets. Elle n'en a certainement pas altéré les causes. Le soleil et la chaleur, le plaisir du bavardage, le bonheur d'appartenir à des clans sont autant de facteurs qui se chargent de les faire renaître éternellement, sous des apparences imprévisibles, en des occasions inattendues.

Dans les longues conversations que les anciens copains du maire se plaisaient à entretenir sur le parvis de l'église,

revenait sans cesse la seule question importante, obsédante, soulevée par l'ovation faite à la dépouille : « Pourquoi et comment une telle dévotion a-t-elle pu résister à
toutes les épreuves, à tous les reniements, à toutes les haines ? » Épineux sujet de réflexion sur la psychologie des
foules et des groupes qui les composent.

Mes souvenirs reviennent, heureux ou douloureux.
Celui de ma dernière rencontre avec le roi de Nice, avant
mon départ pour ma propre bataille politique dans le Var.
L'énormité de l'entreprise incite à sourire, mais je n'ai pas
la moindre envie de rire. Un haussement d'épaules pour
conclure un bref conciliabule devant les grilles de la
mairie :

— Jacques, puisque tu le souhaites, j'irai à Draguignan,
mais au moins conserve-moi mon poste et mon salaire. Je
vais à une déconfiture totale, si je suis contraint de revenir
battu, assure-moi que je retrouverai mes fonctions.

— Tu peux compter sur moi, je te le promets. De toute
façon, pendant la campagne électorale, arrange-toi pour
revenir régulièrement. Il faut justifier le maintien de ton
salaire que je te garantis. Je veux aussi que tu sois là tous
les jours pour l'ouverture de l'antenne de Radio Baie des
Anges et ton « billet d'humeur » du matin.

Nous sommes en juillet 1982. Les élections municipales
doivent avoir lieu en mars 1983. C'est de la démence. Folie
d'aller ferrailler à Draguignan. Folie de devoir organiser
mon temps en allers et retours quotidiens. Folie d'être
contraint de loger dans une ville que je ne connais même
pas. Folie de devoir être à Nice tous les matins dès 5 heures. Il doit lire dans mes pensées.

— Je ne peux pas te laisser seul. Je t'accorde un chauffeur que je te choisirai dans les effectifs de la police municipale et une voiture.

Tout est dit. Je suis bien obligé de reconnaître qu'il est
à la fois étonnamment amical et grand seigneur. Je rentre
chez moi en somnambule, sonné. Ma femme — autre sur-

prise pour moi —, après les commentaires acides que je craignais sur ces « âneries » que j'aurais été bien inspiré de ne pas commettre, c'est-à-dire ma piteuse histoire sentimentale aux États-Unis, enchaîne :

— Au fond, c'est une aventure marrante. J'accepte de t'accompagner.

Je me retrouve contraint par Médecin à une nouvelle émigration et encouragé, indirectement, par ma femme. C'est à elle que je dois le courage et la résistance qu'il allait me falloir démontrer. Elle ne le soupçonnait pas. Je ne m'y attendais pas non plus.

Dans le Var, propulsé candidat à une des plus importantes mairies du département, j'allais découvrir un autre style, des comportements, des amitiés si troublantes que je n'y ai jamais reconnu la vie « à la niçoise ». Les « affaires » de Nice allaient passer pour une aimable plaisanterie à côté de ce qui se pratique dans ce coin de France où, depuis trente ans, sévit en toute impunité le meurtre politique.

Yann Piat, Maurice Arreckx, Laurin, le sénateur-maire de Saint-Raphaël, Ritondale, le maire de Hyères, le tout-puissant Soldani, et même François Léotard formaient, avec beaucoup d'autres, un tout autre monde. Dans ce département, français pourtant mais totalement hors normes, je devais découvrir une curieuse atmosphère, ressemblant autant à celle qui se dégage de la lecture de *Jean de Florette* qu'à celle des romans noirs. Tout ce que je craignais était une aimable balade en campagne en regard de ce qui m'attendait vraiment.

La situation était d'une désarmante et épouvantable simplicité. Je ne connaissais strictement rien de cette ville dont le maire, Édouard Soldani, était, lui aussi, une sorte de monarque, un prince du Var, un autre grand seigneur de province, élu et constamment réélu depuis la Libération, président du Conseil général, vice-président du Conseil régional et, cerise sur le gâteau, ami intime du tout-puissant maire de Marseille Gaston Defferre, ministre de l'Intérieur ! En somme, je vais batailler contre un double de Médecin, son double de gauche.

Je tente de trouver un peu de réconfort auprès de ma mère. Elle est désarmante :

— C'est où Draguignan ?

— Dans le Var, c'est la deuxième ville du Var.

— Aie confiance mon fils, je vais prier sainte Rita !

Je hurle contre cette fichue sainte Rita dont, depuis l'enfance, je n'ai jamais cessé d'entendre l'invocation.

— Je t'interdis de parler ainsi, mon fils. Sainte Rita peut tout faire pour toi. Si ton père était là, il serait bien capable de t'administrer la belle paire de gifles que tu mérites.

C'est vrai, mon père est mort. Je réalise soudain à quel point j'aurais eu besoin de lui. Je ne cesserai de regretter son absence, son aide sûre et fidèle, son flegme et sa sérénité.

— Il ne faut pas perdre de temps, surenchérit ma mère, tu m'accompagnes à l'église, nous allons ensemble déposer un cierge.

Elle ne se moque pas. Elle est sincère. Dans sa tête aussi pure que simple, je cours vers une bataille, donc elle est à mes côtés. On ne discute pas avec cette petite bonne femme pour qui la vie a été un continuel et inlassable combat contre les angoisses et les douleurs. Née dans la misère, découvrant à peine une petite, une minuscule aisance, elle est restée fidèle à ses traditions. Une femme de western, la Winchester à la main pour protéger sa progéniture. Seulement, ma mère a troqué la Winchester pour un cierge qu'elle allume quotidiennement devant l'icône de sainte Rita, sur un petit autel disposé avec amour sur une vieille table de sa chambre. Dans la petite chapelle du vieux Nice dédiée à sainte Rita, elle me tient la main. Je ne suis plus qu'un gamin, malheureux et inquiet, qui a évidemment besoin d'elle, et, pourquoi pas, au fond, de la bonne associée de Dieu, qui, tout-puissant, assurera — elle en est certaine — le succès de mes entreprises. Mettre en doute ces certitudes maternelles n'est pas une entreprise humaine !

*Le Var, département tragique*

Depuis sa naissance, ses débuts professionnels à onze ans dans un minuscule atelier de couture, dans un des quartiers les plus pauvres de l'Algérie la plus déshéritée, ma mère a toujours tout demandé à sainte Rita. Puisque apparemment son ascension sociale a permis de mettre un monde entre son immeuble du quartier de la Marine à Oran et son petit appartement de Nice, il est clairement établi que sainte Rita l'accompagne dans tous les instants de sa vie. Ce genre de certitude ne se discute pas. Encore moins avec ma mère dont la disparition un jour, sera, pour moi, rendue moins douloureuse par l'intime conviction que Dieu, s'il existe, ne peut que lui avoir préparé un accueil chaleureux. Mon père, qu'elle sait retrouver, lui reprendra affectueusement cette main qu'il ne lâchait jamais pour l'accompagner sur un siège qui l'attend, tout près, à l'évidence, de sainte Rita. Et là, un cierge en main, s'il en existe dans l'au-delà, elle nous attendra, nous ses enfants, qu'elle aura protégés, allant même jusqu'à taper sur les crânes des adversaires de la famille. Avec, pour seule matraque, son cierge bien sûr !

— Mais, au fond, pourquoi vas-tu à Draguignan ? Tu n'aurais pas pu trouver une ville plus proche, si tu veux faire de la politique ?

Je me sens mal à l'aise. Elle tient toujours ma main, à la fois très tendre mais ferme. Elle m'a interpellé dans un chuchotement à peine audible, dans la petite chapelle encombrée autant par les touristes que par les croyants. Que lui répondre ? Un énorme mensonge.

— C'est Jacques Médecin qui veut conquérir le Var. Il m'a choisi pour tenter l'aventure.

J'espère secrètement que la sainte dite « des causes désespérées » ne m'a pas entendu.

— Alors, tu réussiras, n'aie crainte, Jacques Médecin t'aime. S'il te demande de partir à Draguignan, je suis certaine que lui aussi est sûr de ton succès.

Je m'affaisse un peu plus sur ma chaise étroite. Pourvu que sainte Rita n'entende pas ces âneries.

206

Il paraissait inimaginable de commencer une campagne électorale dans l'épouvantable chaleur des étés varois. En fait, commencer par quoi ? Pour quelques jours encore dans mon bureau largement ouvert sur la mer, je vois sur la table du secrétariat une pile d'annuaires téléphoniques. Machinalement, je saisis celui du Var. Réflexe habituel à tous ceux qui voyagent et découvrent de nouveaux mondes, je cherche... mon nom ! Et s'il existait une famille portant mon nom dans cette ville inconnue ? Signe du destin, il existe bien une famille portant ce nom à Draguignan. Je ne peux m'empêcher de rire.

J'ai immédiatement interrogé ma mère. Qui sont ces gens dont nous ne soupçonnions même pas l'existence ? Y a-t-il la moindre chance qu'ils soient de la famille ?

J'ai débuté mon aventure dracénoise par un énorme mensonge. Je compose le numéro de téléphone. La conversation est irréelle.

— Pardonnez-moi, madame, de vous importuner, je fais des recherches généalogiques. Nous portons le même nom. Je souhaitais seulement savoir s'il existait entre nous des liens de parenté.

Un court silence.

— Vous êtes de Nice ? C'est bien vous qui présentiez le journal télévisé ?

— Oui, pourquoi ?

— Écoutez, c'est incroyable, voilà des années que nous souhaitions, nous aussi, prendre contact avec vous. Mon beau-père, qui est très âgé, espérait bien avant de mourir vous rencontrer. Il est convaincu que vous avez eu un oncle ou un grand-père commun.

J'ai l'impression que la grosse cloche qui annonce les messes dites à sainte Rita vient de me tomber sur le crâne.

— Ce serait amusant que nous nous rencontrions. Acceptez-vous que je passe vous voir ?

— Oh oui, avec mon mari nous espérions ce contact depuis si longtemps. Mon beau-père sera là. C'est lui qui connaît tous les prénoms des oncles, grands-pères et autres. Il faut que vous en parliez avec lui.

Je ne peux qu'accepter. De toute façon, il faut bien commencer cette campagne par un bout. Si, par bonheur, il existe un fil d'Ariane, je dois le saisir.

La rencontre eut lieu quelques jours plus tard. Une jolie villa, trouvée non sans mal en suivant les indications d'un plan de la ville. Ma première vision de cette petite cité où cohabitent tout de même plus de 30 000 habitants. Je dois affronter le grand-père. Il sait absolument tout des origines de sa famille. Moi, je n'en sais strictement rien. Pas plus de la sienne que de la mienne. C'est effectivement un très vieil homme. Grand, massif, il a gardé un bruyant accent pied-noir qui m'inciterait à sourire, mais il vaut mieux que je reste aussi lucide qu'apparemment détaché. Je suis aussi à l'aise qu'un menteur qui va devoir inventer. Mais inventer quoi ? En fait, tout va très vite. Le vieux me saisit la main, autoritaire et étonnamment puissant.

— Asseyez-vous face à moi. Comment se prénommait votre grand-père ?

C'est la panique ! Je me sens piégé, épié par cette famille réunie autour de la table du salon, comment s'appelait donc ce fichu grand-père ? Ils attendent, souriants mais un peu méfiants, espérant comme moi ce lien de parenté auquel je ne crois nullement, mais campant, je le sens, sur une prudente réserve. Je réfléchis très vite. Le prénom le plus en usage dans cette famille est Louis. Je lance « Louis » ! En réalité, retrouvant plus tard mes esprits et la mémoire, je réaliserai que mon grand-père ne s'appelait pas Louis mais Jean. Le vieux se lève. Il affiche un sourire éclatant et me prend dans ses bras.

— Oui, c'est bien lui, c'est sûr ! Nous sommes parents ! Il habitait bien Rovigo, n'est-ce pas ?

De toute façon, c'est trop tard. Je ne peux pas lui dire que je n'ai entendu parler de ce petit village de l'arrière-pays algérois qu'une fois dans ma vie. Il avait été question d'y tourner un reportage pour la télévision locale. J'avais vingt ans. Je m'entends dire, deuxième énorme mensonge :

— Oui, bien entendu.

Mon nouveau et inattendu cousin a déjà saisi une bouteille d'anisette.

— Comme au bon vieux temps.

Il était indispensable que j'aie une famille dans cette ville. Fantastique avantage électoral, je l'ai ! Vraie ou fausse, peu importe, je l'ai. Le hasard me fabrique des racines locales, virtuelles, imaginaires. J'ai le sentiment de les gruger un peu, mais l'opportunité politique est si extraordinaire que je ne manifeste pas le plus petit soupçon de remords.

Le lendemain, je raconte l'anecdote à Médecin qui s'esclaffe : « Maintenant, c'est à toi de faire le reste. » Vaste programme. Ma mère n'a pas du tout apprécié mes mensonges. Il a bien fallu que je lui raconte l'entretien, car cet autoritaire faux oncle tient absolument à la rencontrer. Il va falloir qu'elle mente un peu, elle aussi ! Demander à cette femme de cacher la vérité est une autre folie. Comment pourrait-elle mentir, puisque chaque jour, en longs conciliabules avec son curé, elle dit tout de sa vie, l'important et le superflu ? Au fond, elle n'aime pas tellement ce prêtre qui affiche des comportements vestimentaires un peu trop modernistes, mais, m'explique-t-elle, « parler au curé c'est parler à Dieu ».

Ce fut une longue, une très longue négociation. L'arrangement entre ma mère et moi comportait deux volets : elle acceptait de marcher dans ma combine, mais j'irais prier chaque jour dans une des églises de Draguignan. Hypocritement, j'avoue avoir considéré sur le moment que cette obligation maternelle aurait, au moins, l'avantage de créer des liens avec les clients réguliers des sanctuaires de la ville. Curieux hasard, autre signe qu'il m'arrive encore, près de vingt ans après, de tenter de comprendre : un de mes premiers gestes, une fois élu, mais bien plus tard, fut d'autoriser et d'aider à la construction d'une... église !

Ma nouvelle famille dracénoise montra une surprenante efficacité et, surtout, m'offrit une tendresse touchante. Car il me fallut bien, un jour, lui annoncer ma candidature à la mairie de « leur » ville. Leur aide fut spontanée. C'est avec eux que j'allais prendre mes premiers contacts, découvrir une ville dont je ne savais strictement rien, lier des amitiés indispensables sur le marché et dans les bistros. Je savais que tout devait nécessairement commencer par là. Il fallait pénétrer le monde du petit peuple, l'électorat de base de Soldani.

Petit, claudiquant légèrement, Édouard Soldani imposait un respect que ses amis entretenaient avec une violence inhérente à la vie politique varoise. Même très âgé, il régnait sur cette petite cité qu'il avait volontairement isolée du reste du département. Ce périmètre de terres miraculeusement préservées des bétonneurs campait à l'abri de véritables frontières.

D'abord, une autoroute sépare le littoral de l'arrière-pays. Si les habitants des cités balnéaires, entraînés par le succès planétaire de Saint-Tropez et vivant essentiellement du tourisme, ont adopté, par une étrange osmose, des comportements plus ouverts dans un monde qui mêle autochtones et populations venues de tous les pays, en revanche, de l'autre côté de l'autoroute, dans l'arrière-pays, est demeurée une société fermée, avec les caractéristiques d'îliens vivant dans un splendide isolement, imperméables à toute ouverture. Soldani, qui connaissait parfaitement la mentalité de ses concitoyens, avait opposé un refus brutal au passage de l'autoroute à proximité de sa ville. La deuxième ville du Var, siège des administrations départementales, dotée de structures civiles propres à une métropole, se trouvait donc isolée, d'autant plus lointaine que le seul accès, après une bretelle d'autoroute, était une mauvaise route, sinueuse et même dangereuse. Président du Conseil général, Soldani aurait naturellement pu adopter et imposer une stratégie urbanistique différente, permettant à Draguignan, facilement accessible, d'être un passage touristique obligé et, ainsi, d'augmenter le nombre des habitants et de créer de nouvelles ressources. Soldani avait fait exactement le contraire de Médecin à Nice.

Certes, l'invasion des pieds-noirs lui avait été épargnée, mais l'accession des villes du littoral à une certaine opulence n'avait pas eu le moindre effet sur Draguignan. Le maire craignait sans doute de ne pouvoir contrôler les éventuels nouveaux arrivants et avait obéi à un réflexe anachronique d'autodéfense.

La deuxième frontière, symbolique mais réelle, coupe en deux parties distinctes le département. L'ouest, avec pour capitale Toulon, regarde vers Marseille. L'est, avec pour petite métropole Draguignan, regarde vers Nice. Les habitants de Fréjus, Saint-Raphaël ou Draguignan vont faire leurs courses, le samedi, à Nice ou y prendre l'avion. Ceux de Toulon, Hyères, Sainte-Maxime le font à Marseille. Lorsque Jacques Chirac, en décembre 1974, décida de retirer le siège de la préfecture de Draguignan pour le transporter à Toulon, Édouard Soldani fut bien obligé de reconnaître, mais un peu tard, les effets désastreux de sa stratégie pour l'économie locale. La ville, succombant à un accès de fièvre populaire, s'embrasa. Les Dracénois manifestèrent bruyamment et violemment. Soldani pouvait bien crier au loup avec les émeutiers assiégeant la préfecture, armés de barres de fer et lançant des pavés sur les grilles, c'était trop tard. Une négociation âpre s'engagea avec le gouvernement. Les entretiens furent d'autant plus explosifs que Soldani avait une manière très personnelle de gérer les préfets. Il avait annexé, purement et simplement, les jardins attenants au bâtiment préfectoral, en avait clos les entrées pour son seul usage, celui de son unique fille et du chien de la famille. Il se disait, ce qui était vrai, que les préfets, confinés dans leurs appartements et quelques bureaux, n'étaient autorisés à assurer leur vie domestique quotidienne que tout autant qu'ils demandaient au « président » les autorisations préalables nécessaires à l'usage de l'eau ou de l'électricité ! Soldani se moquait ostensiblement des préséances, de l'ordre hiérarchique républicain. Sa place était toujours prédominante et les préfets, relé-

211

gués au rang de figurants, devaient s'en accommoder. Les relations entre ces préfets et Soldani étaient régulées par la garde prétorienne du baron de Draguignan, dont le chef savait, au moment opportun, montrer à tout adversaire potentiel, fût-il représentant de l'État, un volumineux revolver toujours fourré sous son épais ceinturon. Ces relations caricaturales firent l'objet de rapports écrits aux gouvernements successifs, d'abord rédigés en langage diplomatique puis en des termes tels que le Premier ministre Chirac, excédé, considérant de Paris que la capitale du Var était Toulon et non Draguignan, décida d'en retirer les services préfectoraux. La ville, du jour au lendemain, dans la violence de la manifestation populaire, se réveilla sous-préfecture !

Pour tout dédommagement, la cité, vidée de ses effectifs administratifs, vit s'installer une école d'artillerie et se construire le camp militaire de Canjuers. Au personnel administratif succéda le peuple des militaires bien plus difficile à contrôler électoralement. Cet événement fut une véritable révolution dans le paysage tranquille, au point d'être somnolent, de la ville. Les environs immédiats devinrent d'immenses chantiers de construction pour des immeubles rapidement construits et sans grande élégance : les logements des militaires, pour la plupart stationnés deux à trois ans au plus sur la base. Militaires, certes, mais aussi électeurs ! Et peu enclins à se laisser impressionner par le dispositif structuré de Soldani, fidèles à des idées de droite alors que le baron du Var était demeuré un des dinosaures indétrônables de la gauche.

Malheureux concours de circonstances : je suis militant du RPR, donc un « ami » de Chirac, c'est-à-dire une espèce de diablotin renvoyant involontairement les Dracénois à leurs souvenirs de manifestations contre l'ancien Premier ministre. Ce positionnement politique est aggravé par le rappel, inévitable, de mon passé niçois. Soldani n'entretenait aucune relation avec Jacques Médecin dont il avait pourtant bien connu le père. Enfin, je ne peux cacher mes origines pieds-noirs, dans une ville où les habitants considèrent toute intrusion étrangère comme une grave atteinte à l'intégrité territoriale. Bref, j'accumule toutes les tares.

Le scrutin est fixé dans six mois à peine. Je ne dispose que d'un atout : le soutien de François Léotard, le jeune maire de Fréjus. Curieusement, il bénéficie dans la ville d'une exceptionnelle côte de popularité. Il était, à cette époque, séduisant et simple. Il avait le contact et le verbe faciles. Il paraissait promis à un bel avenir et savait se faire aimer.

Le contexte politique varois est compliqué et délétère, plus malsain que je ne l'imaginais. J'étais encore loin de connaître ses bassesses et ses outrances, ses implications douteuses avec un milieu dominé alors par un Fargette, qui affichait son amitié et sa complicité avec certains élus. Une sorte de partage, un véritable Yalta, avait été négocié entre les principaux d'entre eux. Oubliant leurs opinions politiques contradictoires, ils avaient habilement créé des zones réservées dont ils avaient tracé les frontières et qu'il eût été inconvenant de franchir. Soldani, le socialiste, régnait sur le haut et le moyen Var. Il pouvait compter sur la complicité amicale d'Arreckx, le maire de Toulon, UDF, qui régnait sur l'ouest du département. À l'est, René Georges Laurin était le représentant autoritaire du RPR, gêné sur sa droite par les ambitions de Léotard, mais considérant que ce territoire était « son » domaine. Les élections se préparaient dans ce contexte. Les socialistes de Toulon étaient gentiment mais fermement invités à ne pas fâcher Arreckx, qui se gardait bien de soutenir une opposition contre son « merveilleux ami » Soldani. Laurin, qui ne tenait pas à se voir opposer un candidat de gauche de poids, complétait aimablement le trio. François Léotard tentait, seul, d'ouvrir une petite brèche dans la muraille épaisse et infranchissable dressée par les trois amis. Laurin se chargeait de le contenir et tout ce beau monde espérait bien continuer à prospérer dans cette atmosphère sereine, ouatée, parfaitement indifférente aux querelles politiques nationales.

Dans ce contexte incroyable, inimaginable pour tout observateur lucide et impartial, s'annonçait un double affrontement : celui, violent, que je me préparais à assumer contre Soldani ; celui, plus feutré mais tout aussi déterminé et finalement plus difficile à gérer, que me préparaient mes propres alliés, pour lesquels mon intrusion, inopportune et dérangeante, apparaissait comme une tentative de déstabilisation du trio. Cette incongruité me fut clairement reprochée, dans un langage qui n'avait rien de diplomatique, par René Georges Laurin. Le maire de Saint-Raphaël et patron départemental du RPR fut aussi bref que violent :

— Vous n'avez rien à fiche ici ! Je n'accepte pas votre candidature ! Je me moque de ce que souhaite ou non Médecin. Ici, le patron du RPR c'est moi et je ferai tout pour vous empêcher de vous présenter !

En le quittant, après l'entretien de cinq minutes qu'il m'avait accordé et que je regrettais aussitôt d'avoir sollicité, je me demandais vraiment si je n'étais pas dans un pays de fous. Dans le Var, tous les repères habituels de la vie politique française étaient superbement ignorés. Ici aussi, la politique devait se pratiquer autrement. Plus du tout méditerranéenne, comme je l'avais ressentie à Nice mais malsaine, douteuse, semée de pièges troubles. J'éprouvais l'affreuse impression d'entrer dans un marécage un peu glauque, dont l'eau polluée ne me permettait d'imaginer ni la profondeur ni l'étendue.

# 11

## *« L'offense » faite au vieux lion*

Août 1982. Assis autour d'une table de cuisine, devant deux verres de pastis, François Léotard m'écoute. Nous avons été invités par le maire de Flayosc, celui que tous les Varois appellent « le toubib ». Ce brave docteur German, longiligne, maigre, légèrement voûté, affiche, malgré son âge, une surprenante vigueur. Il est aussi connu dans ce département que le rosé de Provence, qu'il sirote lentement, presque religieusement. Le docteur German est la figure la plus populaire de ce bout de territoire. Gynécologue, il a accouché, pendant cinquante ans, la plupart des femmes, les plus riches comme les plus modestes. Il oubliait souvent de présenter sa note d'honoraires. C'était sa manière de tendre la main aux plus misérables. Il eût été un prêtre respecté et adoré. Sa générosité et sa parfaite honnêteté formaient, dans un paysage social tourmenté, une tache immaculée. Pendant la dernière guerre mondiale, il avait pris le maquis et continué à accoucher mais aussi à soigner les blessés. Il est, hors les murs de la citadelle de Fréjus, le seul ami sincère de François Léotard qui, plus tard, l'oubliera, ce qui le plongera dans un profond désespoir.

German est « le » correspondant politique du jeune patron du parti républicain. Sa connaissance du terrain, des traditions et des hommes, est telle qu'il peut être redoutable dans ses interventions politiques, mais le bon docteur German n'a pas vraiment la fibre politique. Il est trop généreux, trop désintéressé, sa gentillesse le rend presque naïf, il ne parvient pas à imaginer que « les autres » puissent être des coquins. Et, puisque son amour pour ses concitoyens constitue sa seule religion, il entretient, lui aussi, de curieuses complicités avec tous les élus, de droite comme de gauche. Avec, toutefois, une différence remarquable : indifférent aux honneurs, à la puissance de l'argent, et sans grandes ambitions politiques, il a gardé un regard angélique, derrière ses petites lunettes posées sur un visage ridé par les sacrifices et l'âge. German appartient, sans qu'il le sache lui-même, à une autre génération, il vit sur une autre planète. Ce doux rêveur, poète attendrissant, porte à François Léotard une affection paternelle d'autant plus sincère et fidèle qu'il est convaincu d'avoir trouvé en ce dernier un autre lui-même, généreux, sincère, désintéressé !

Il fallait passer par le docteur German pour oser manifester une quelconque velléité politique dans le moyen ou le haut Var. C'est donc tout naturellement à lui que mon « ami François » me présente dès l'été 1982.

L'homme ne se fait aucune illusion sur mon avenir à Draguignan : « La ville est imprenable... Soldani est indéracinable. » Mais puisque le gentil François le lui demande avec tant d'insistance, il accepte de m'aider. Une enquête d'opinion, réalisée avec l'aide bénévole de quelques jeunes adhérents du PR mis dans la confidence, me permet d'imaginer l'étendue annoncée du désastre. Le questionnaire, soumis à trois ou quatre cents personnes dans la ville, porte sur l'indice de notoriété de quelques personnalités locales, auxquelles j'ai ajouté mon nom. Le résultat est pitoyable : 0,002 % ! Il n'existe à Draguignan que dix ou vingt hurluberlus pour me connaître... ou plutôt le croire. Le résultat, attendu, n'était pas important. Dans cette enquête, comptaient plus pour moi les effets secondaires : en me positionnant directement derrière Soldani dans le questionnaire, mon nom devenait plus familier au plus grand nombre, même si je demeurais encore inconnu. De fait, les jours suivants la rumeur courait les rues, les échoppes d'artisans, les magasins et le marché : « Vous avez été interrogé, vous aussi ? C'est qui ce type ? » Je suis personnellement un illustre inconnu, mais la notoriété de mon nom est maintenant réelle. Elle interpelle les gens, étonnés, effarés que quelqu'un ose ainsi mêler son patronyme à ceux de personnalités de gauche et de droite, dont le président est la vedette et dont on attend, bien sûr, la colère redoutable. Il est clair pour tous les Dracénois intéressés par la politique et les militants des partis locaux que la campagne électorale des municipales a commencé !

La fureur de Soldani va être gigantesque, cyclonesque. Naturellement rendus craintifs par l'autorité brutale du dispositif mis en place par le prince du Var, les habitants chuchotent, murmurent leurs questions inquiètes sur ce « fou furieux » qui a même eu le culot de louer une petite villa dans la ville. Je suis promis à une sévère correction physique.

Mais Soldani n'est pas à Draguignan. Il séjourne paisiblement dans sa résidence du bord de mer, à Cavalaire, près de sa fille et de ses petits-enfants. Il a bien été tenu informé, mais il fait si chaud ! À quoi bon s'énerver, gesticuler, quand le soleil et le vent torride rendent si difficile le moindre geste. Et surtout, pourquoi s'inquiéter puisqu'il sait que ses amis Laurin et Arreckx se chargeront du sale travail : débarrasser la scène de cet « agitateur » ?

Son calme est total. Il tient sa ville. Je suis inconnu. Et ceux que je pensais être mes « amis » sont, en réalité, les siens. Il attendra plus de deux mois avant de réaliser que ce « malade mental » arrivé tout droit de Nice a réellement installé ses pénates dans sa propre ville, dans sa citadelle.

Le bon docteur German, qui m'écoute, manifestant d'abord ses doutes par d'incessants haussements d'épaules puis un peu interloqué par mon apparente ténacité, me décrit, devant un Léotard devenu brusquement silencieux et gêné, la situation politique. Elle est « varoise ».

— « Il » a organisé depuis longtemps le démantèlement

de toutes les structures qui pouvaient le menacer. Certains, même, ont pris des roustes magistrales.

— Comment ça ?

— Je dis bien : des torgnoles ! Est-ce que tu me comprends ? Ils se sont fait tabasser.

François ose murmurer :

— N'exagère pas, des baffes, quelques baffes.

— Mais non, tu le sais bien : ils ont même pointé un revolver sur un malheureux, un peu demeuré, qui gueulait des insanités sur le président. Je te l'ai dit, ils n'hésiteront pas à utiliser toutes les mesures d'intimidation.

Enfoncé dans mon fauteuil, abandonnant mon verre de pastis, je sens monter les premiers signes de la peur.

— Mais, c'est quoi ce département ? Le Far West ? Vous n'allez pas me foutre la trouille ! German, tu veux que je me balade avec des pistolets à la ceinture ?

— Eh, il est fort probable que tu en auras un jour besoin, si tu persistes à vouloir te présenter.

Au moins, je suis prévenu. Je commence à peine à comprendre la réalité de ce territoire où, avant moi, tous ceux qui ont prétendu démanteler les accords passés entre les maîtres du Var ont connu les pires humiliations, les trahisons, les coups, les crachats, au point de devoir fuir. Les Dracénois ont oublié que Clemenceau lui-même, dont ils se plaisent aujourd'hui à honorer la mémoire, avait dû quitter précipitamment la ville en train. L'histoire veut que l'homme qui n'était pas encore devenu le Tigre ne pouvait plus voir les quais de gare par la vitre du compartiment, tant celle-ci était couverte de crachats. Et Mario Bénard, condamné à l'exil. Et Aymeric Simon-Lorière qui est mort de cet affrontement. Ils étaient tous deux gaullistes. Le Var est un des rares départements où, au terme de terrifiantes luttes florentines aggravées par le poids politique des truands, se pratique l'assassinat politique. La guerre d'Algérie m'a épargné. Est-ce là, non loin à vol d'oiseau de La Madrague, la belle villa du bord de mer où Brigitte Bardot continue de balader son corps nu et splendide, est-ce là, non loin des routes qu'empruntent des millions de touristes chaque année sans imaginer les mœurs locales, que je vais risquer ma peau ?

Je conservais un petit espoir. Au fond, nous n'étions « que » sur ces bords de la Méditerranée où les esprits surchauffés enflent démesurément les propos et les gestes, au point de les rendre stupides. Bénard, Simon-Lorière ? Du passé. Je n'étais là « que » pour une campagne électorale. Ce n'était tout de même pas la guerre. Soldani était un grand baron ? Certes, mais je les connaissais ces grandes gueules promptes, comme Médecin, à proférer les pires menaces et terminant leurs empoignades dans la chaleur tiède et réconfortante d'une arrière-salle de bistro. Je rapporte à ma femme ma conversation avec German et Léotard. Avec une autorité et une fermeté que je ne lui soupçonnais pas, elle décide :

— Pas question de renoncer. Tu as promis de te présenter, tu te présenteras, mais nous laisserons les enfants à Nice.

Quelques semaines à peine pour les préparer à la séparation inévitable, prendre des photos de famille, dont je n'oublie pas que j'aurai besoin pour la campagne électorale, et nous nous retrouvons seuls, désespérément seuls, sur cette petite colline du Malmont qui domine Draguignan. On aperçoit bien le clocher, mais la chaleur étouffante de l'été plonge le reste de la ville dans la brume. Nos voisins, craintifs ou amis de Soldani, n'apprécient guère notre présence. Ils nous le font clairement sentir. Ils ne veulent pas nous voir et espèrent que je vais déguerpir et leur éviter les effets de ce qui pourrait être considéré comme une complicité. German m'avait clairement prévenu : « N'attends aucun signe de leur part, ils ont bien trop peur ! »

Je tente de me rassurer. J'ai connu des situations plus tragiques, j'ai traversé des périodes malsaines.

Pourtant, quinze ans après, je garde encore quelque part au fond du cœur et dans mes souvenirs toujours intacts la mémoire de cette peur naissante, qui allait enfler démesurément, bloquant le fonctionnement du cerveau et des gestes. D'abord incommodante, elle deviendra familière. Je ne l'ai jamais montrée en public, découvrant une faculté que je m'ignorais, sans doute acquise dans la pratique du journalisme qui contraint à être double : ressentir puissamment des émotions et n'en rien laisser paraître parce qu'il faut être un bon professionnel. À moins que ce ne soient simplement les effets de l'expérience politique acquise aux côtés d'un Médecin qui faisait semblant de résister à tout, qui était réputé insensible aux agressions, doté d'une faculté de résistance frisant l'inconscience, un Médecin qui, en privé, avouait pourtant son épuisement et ses angoisses tenaces.

C'est tout de même Médecin que je rencontre dès ma prise de contact avec le milieu politique varois. Je veux bien tout tenter, j'accepte tous les risques qu'il prétend, lui aussi, exagérés, je me résous à obéir à sa recommandation de m'éloigner de Nice, mais je ne peux pas me battre seul à la fois contre Soldani, la gauche tout entière et les supposés « amis » de droite, les plus dangereux et les plus déterminés, le tout dans un contexte de relations mafieuses. Certes, Léotard me soutiendra, mais ce ne sera pas suffisant.

Quelques jours plus tard, Médecin et moi déjeunons, dans un petit restaurant proche de l'Assemblée nationale, avec Bernard Pons. Il se montre rassurant et réconfortant. Je suis surpris de l'entendre me confier — « mais ne le répétez pas », nous précise-t-il — que je dois continuer, que je dois ignorer les multiples agressions de René Georges Laurin, pourtant représentant départemental du RPR.

— Viendrez-vous me soutenir ?

— Je vous le promets, mais il faut d'abord que la sauce ait pris de la consistance. Faites votre boulot, je vous observerai, et si les débuts sont prometteurs je viendrai.

Il tint parole. Il fut le premier à oser se présenter en public à mes côtés. Mais, auparavant, il fallait, paraît-il, que je m'arrange pour que « la sauce prenne ». C'est ce que me répète Pierre Charron, alors en charge des élections au siège du RPR, rue de Lille. Si je pense pouvoir ignorer les vociférations de Laurin, le tout-puissant maire de Saint-Raphaël, lui, en revanche, se charge de se rappeler à mon bon souvenir. Il ne veut pas de moi. Il n'est pas question d'accepter ma candidature qui offense son autorité et constitue un coup bas préparé par Léotard contre son « ami » Soldani. Il sait pouvoir obtenir des militants RPR une obéissance totale. Il est donc parfaitement tranquille. Je suis condamné avant même d'avoir commencé.

Comment est structurée l'opposition locale à Soldani ? Le dispositif, que j'imaginais assez inoffensif, était en plus un joli foutoir. Ce n'est pas une, mais six ou sept « oppositions » qui coexistent, toutes microscopiques mais gérées par des hommes qui se sentent investis d'une mission à laquelle ils s'accrochent désespérément. Ils se vouent une haine tenace, entretenue par les trahisons inévitables de quelques militants en quête d'un chef qu'ils espéraient aujourd'hui reconnaître en celui-là et quelques semaines après, en un autre. Le maire de Draguignan, non sans une habileté machiavélique, joue de ces dissensions en faisant savoir haut et fort les quelques menus avantages demandés et obtenus par certains de ceux qui sont censés le combattre. Laurin se garde bien de mettre de l'ordre dans cette cohorte, bruyante et désorganisée, de combattants qui ressemblent plus à des gueux qu'à de vaillants chevaliers.

D'abord se présenter à eux, puis tenter de les unir, et surtout les contraindre à me suivre. Tel est mon programme. L'entrevue décisive a lieu chez le bon docteur German qui est le seul capable de les faire asseoir autour d'une même table. Jean-Louis Hermet, le plus vindicatif, est le plus alerte alors qu'il traîne tristement une jambe raide, inerte pour la vie après un grave accident de moto. Il est le représentant dit « légal » de Laurin. Il y a aussi Michel Charrot, un médecin, membre du RPR, qui affiche sur un visage qu'il voudrait impénétrable les signes annonciateurs de tempêtes. Il y a encore un représentant du parti républicain, Gérard Griffe, doux rêveur, aussi à l'aise en politique qu'un cardinal dans un bordel de Toulon. Il a besoin, pour comprendre, de se faire répéter deux ou

221

trois fois les mêmes propos. Le plus intelligent est un professeur de gymnastique. Lucide sur la situation, il préférera
annoncer son départ de Draguignan et briguer la petite
mairie de Trans-en-Provence. Il réussit son pari et le réussit
seul. Et puis, il y avait encore une bonne dizaine de
commerçants, artisans, petits industriels qui ne reconnais-
saient l'autorité de personne, mais se sentaient capables
de représenter à eux seuls la société, dite civile, de la ville.
Pendant des heures, la discussion menaça de tourner en
bataille rangée. J'étais atterré. Moi qui me moque des
énarques parachutés trop sûrs d'eux et étrangers au petit
peuple des électeurs, je ressens la curieuse et gênante
impression d'être, à leurs yeux, un de ces techniciens de
la communication politique ignorant leur ville (ce qui est
vrai) et la langue populaire. Hermet, excité, ne tient pas
en place, brandissant sa canne. Furieux, il est le moins
enclin à m'accorder crédit. Il a des comptes à rendre à
Laurin, et il est clair que je n'emporterai son adhésion
qu'en l'isolant, en le plaçant devant le fait accompli. Un
seul m'aide vraiment : Jacques Resplandin, un commer-
çant de Draguignan, sympathique et grande gueule, dont
le passé héroïque dans la Résistance lui a permis de nouer
avec German une relation affectueuse et même déférente.
C'est une vraie tête de mule, mais il sait, le bougre, se faire
aimer. C'est lui qui prononça le mot de la fin.
— Vous nous promettez une campagne dure et sérieuse ? Commencez. On vous suivra si vous êtes capable de
faire prendre la sauce !
Me revoilà chef-cuisinier devant le gigantesque et
inquiétant chaudron varois, condamné à leur prouver ce
que je sais faire. Je vais avoir besoin d'argent. Je ne pensais
pas que cette aventure me coûterait non seulement les économies du ménage mais les multiples enveloppes que les
industriels niçois me confièrent, persuadés d'un « renvoi
d'ascenseur » s'il advenait un jour que je sois élu. Le jeu,
pour eux, vaut la chandelle car ils sont quasiment interdits
de séjour dans le département. Je m'en ferai des ennemis
féroces et prêts à toutes les revanches, quand, élu maire,

il me faudra leur refuser ce qui revenait en priorité et de droit à leurs concurrents dracénois.

Pour l'heure, je suis crédité par les invités de German de quelques avantages : je suis soutenu par Léotard qu'au fond ils aiment et admirent ; je prétends disposer de ressources financières suffisantes (ce qui n'est pas vrai) ; je suis proche de Médecin, donc je suis censé pouvoir disposer aussi des « troupes de choc » du maire de Nice. Ce n'est pas négligeable pour ces hommes qui ont eu, quoi que je pense d'eux, le courage de se lancer, dans une solitude terrifiante, contre celui que tous appellent le président. Sur le dernier point ils se trompent... et moi aussi. La présence des « légionnaires » annoncés ne sera effective qu'une fois, une seule fois. Elle fut si encombrante, si dérangeante, se traduisant par une couverture massive d'affiches sur tous les murs, vitrines, poteaux électriques, que les Dracénois, choqués, ressentirent cette invasion comme un viol collectif. En réalité, je crois que la vraie raison qui emporta leur adhésion fut mon indépendance, mon absence d'attache locale. J'aurais imaginé le contraire. Pas du tout. Ils sentent que je suis capable d'aller jusqu'au bout dès lors que Soldani n'a pas prise sur moi, pas plus sur mon entourage professionnel que sur mes amis. De fait, pour l'heure je n'en ai aucun !

J'ai eu le plus grand mal à trouver un logement. Édouard Soldani avait fait passer un message en forme d'ordre qu'il eût été impensable de transgresser : « Il faut qu'il habite l'hôtel. » Bénéficiant d'une chance inouïe, j'avais fait la connaissance, fortuite, d'un sous-directeur de la Banque de France sur le point d'être muté dans le nord de la France. Il se moquait, dès lors, des injonctions « présidentielles » de Soldani, à qui il était même ravi de faire un pied de nez en quittant la ville.

Soldani ne me voit pas vraiment arriver. Mon ingérence dans « ses » affaires lui paraît impensable. Il y a un rien de pathétique dans le comportement de ces hommes tellement habitués à régner, sans souci du moindre partage, qu'ils ne peuvent plus intégrer l'éventualité d'un danger.

Médecin était ainsi. Tous ces barons sont coulés dans le même moule. Le danger n'est pas visible puisqu'il « ne peut pas exister ». Il n'y a rien à craindre puisque tout, absolument tout, est prévu pour que rien ne change. Ils sont tellement certains de ne rien laisser au hasard, de n'autoriser aucune fantaisie, que le grain de sable est inimaginable. Soldani, qu'on surnommait « le lion », ne régnait pas en monarque éclairé. C'était un despote aux comportements parfaitement incongrus. Dans une république qui avait subi les événements de Mai 68, il se plaisait, dans les années quatre-vingt, à maintenir un ordre anachronique. Il était encore, comme Jean Médecin, un maire auquel il convenait de ne poser que les questions qu'il avait, au préalable, soigneusement triées. Il ne recevait les journalistes que pour leur dire ce qui lui convenait, sans autoriser le moindre écart. Il s'attachait à préserver un ordre féodal, une société qui n'ignorait pas l'existence d'un monde extérieur différent, mais qui se gardait de manifester la moindre velléité de rébellion et vivait dans une crainte respectueuse. « On » ne pouvait pas opposer la moindre résistance. Usant d'un verbe exceptionnellement convaincant, d'une voix chaude et captivante, disposant d'un charme étonnant malgré son âge, sa petite taille et sa démarche claudicante, Édouard Soldani semblait issu d'un autre siècle. Sa ville lui avait été offerte dès la Libération. Qu'il fût ou non, dans sa jeunesse, simple « pion » dans un lycée disparu importait peu. Qu'il ait été incapable de prendre tendrement la ville pour la conduire à épouser le XXᵉ siècle était sans intérêt pour lui. Il était le maître. Il était Draguignan et Draguignan était Soldani. La ville était sa propriété personnelle. Sa volonté méthodique d'isoler la ville, son indifférence aux évolutions ne pouvaient que fasciner et cette fascination s'exerçait sur les femmes, en particulier, ce qui lui permettait d'étaler sans complexe ses conquêtes. La « garde prétorienne » veillait à calmer, si nécessaire, les maris.

Dans les semaines qui suivirent mon installation à Draguignan, il me parut indispensable de faire une visite de courtoisie à Michel Bavastro, le tout-puissant patron de *Nice Matin*. Draguignan était encore une cité où paraissaient deux quotidiens importants et bataillant ferme pour gagner des parts de marché : *Var Matin*, proche du journal marseillais *Le Provençal*, affichait des opinions de gauche ; *Nice Matin*, un peu à la traîne, défendait à l'inverse un discours nettement de droite. À l'évidence, il me fallait le soutien de *Nice Matin*. Je m'étais préparé à un entretien difficile avec Bavastro qui ne pouvait pas avoir oublié que j'avais été l'un des principaux collaborateurs de Médecin. Sidéré, je l'entends encore me dire :

— Vous avez toute ma rédaction à votre service. Je vous serais reconnaissant de faire mordre la poussière à ce malfaisant de Soldani.

Bavastro tolérait plus qu'il n'aimait Médecin, mais il vouait à Soldani une haine féroce. Un jour, se sentant outragé par son comportement pour de mystérieuses raisons, il lui avait fait adresser par voie d'huissier du « papier bleu », une injonction à comparaître devant un tribunal. Aucun huissier varois n'avait osé produire le document au « vieux lion ». Par dérogation spéciale, Michel Bavastro obtint qu'un huissier des Alpes-Maritimes effectue la sommation. Peine perdue. L'injonction revint à l'envoyeur avec la mention : « Inconnu à l'adresse indiquée. » Soldani n'avait pu être joint au Conseil général dont il était le président ! Le maire de Draguignan n'avait pas d'adresse ! Bavastro, furieux, n'eut plus qu'une idée : se venger. Le hasard fit que je pouvais être l'outil espéré. Il fit « couvrir » ma campagne avec une amabilité si attentionnée, si tendre, qu'elle parût parfois partiale. Mais quelle chance !

Dans les quarante années qui précédèrent mon « coup », seul un audacieux avait osé signifier clairement et bruyamment sa haine à Soldani. Il s'agissait de Félix Valentini, un marchand de bois milliardaire, aussi âgé que le maire et que sa fortune personnelle mettait à l'abri des coups tordus habituels du maître des lieux. Valentini et

Soldani se seraient volontiers, au XVI<sup>e</sup> siècle, rencontrés sur le pré, épée à la main, pour un combat à mort. Leur haine était aussi violente que mystérieuse dans ses origines. On évoquait une histoire de femmes impossible à vérifier dans ce monde clos, où il était aussi dangereux de parler que d'agir. Ils se ressemblaient, tous deux petits, également vindicatifs, capables de toutes les méchancetés, calculateurs et méthodiques. Soldani avait pris le pouvoir politique, tandis que Valentini, qui ne craignait aucune menace, suivait avec une précision diabolique une stratégie d'achat de la plupart des terrains de la ville et, de préférence, les plus beaux. Sur le bord de la route qui joint Draguignan à Lorgues, il possédait une splendide et immense propriété. S'y trouvaient une jolie chapelle plusieurs fois centenaire et une grande bâtisse en forme de château fort. Quand la ville s'étendit, le terrain se trouva plus ou moins annexé. Or, la prison était, étrangement, demeurée dans la principale avenue de Draguignan, tout près du théâtre, à quelques dizaines de mètres de la mairie et de la préfecture. Sur cet emplacement, des espaces verts ou des immeubles élégants auraient mieux convenu. Avec l'accord, et même sous la pression du gouvernement, il fut décidé de transférer l'établissement pénitencier. Soldani tenait sa vengeance. Il décida la réquisition par la ville du terrain de Valentini, pour un montant ridicule, et le transfert de la prison à quelques centaines de mètres, toujours en pleine ville. Les assignations en justice, les multiples procès ne l'ébranlèrent pas le moins du monde. Les critiques — justifiées — des riverains furent promptement étouffées, avec toujours la même violence. La prison s'édifia à quelques centaines de mètres de la mairie et de la préfecture. Elle comportait à présent un quartier de haute sécurité pour les condamnés les plus dangereux de la région. Bref, la situation était pire que par le passé.

Valentini perdit non seulement une bataille psychologique déterminante pour les deux hommes mais aussi beaucoup d'argent. Son échec fut d'autant plus vivement ressenti que son ascendance piémontaise s'accommodait mal de ce « vol » de terrain, synonyme, dans son esprit, de « vol d'argent ». Il décida de financer toutes les tentatives politiques de l'opposition. Mais il n'existait précisément pas d'opposition. Et Soldani riait franchement des échecs politiques de ses adversaires qui étaient également ceux de son vieil ennemi. Valentini prit l'initiative de me convoquer. Notre entrevue fut irréelle. Il fallait bien que je commence à m'habituer à cette irréalité varoise. Dans l'immense bâtisse où il ne résidait que quelques jours par an, les pièces n'étaient jamais chauffées. Valentini estimait avoir déjà perdu assez de sous. Il était donc impensable pour lui d'en « jeter encore par les fenêtres », en chauffant le château, du haut duquel la seule vue « imprenable » était... la nouvelle prison ! J'étais seul. Il l'avait exigé. Aussi autoritaire et despotique que Soldani, aussi haineux et éternellement revanchard, il m'invite à m'asseoir, face à lui, au bout d'une gigantesque table massive dans une grande salle glacée du premier étage. Il me regarde longuement. Je reste muet. Ses yeux semblent me transpercer. Il sait commander et se faire obéir et il n'est pas imaginable que je joue la comédie du conquérant. Notre entretien ne dure que quelques minutes. Des questions très brèves auxquelles je dois répondre avec la plus grande précision. Il se « fout » pas mal d'entendre le discours politique que j'ai soigneusement préparé. Il n'attend que des réponses, sans commentaires. Irai-je « jusqu'au bout » ? Suis-je capable de résister à toutes les pressions ? Quelle est la réalité de l'appui que je prétends obtenir de Médecin ? Car le bougre connaît bien Jacques Médecin. Je l'ignorais. La plupart de ses nombreux établissements industriels sont situés à Nice. Il connaît ma famille. Il a mené sa petite enquête, a bien connu mon beau-père, le dernier maréchal-ferrant de Nice, il a même employé l'oncle de ma femme dans une de ses menuiseries. Pour toutes ces raisons, je lui suis déjà sympathique. C'est, en fait, ce qui l'a incité à me convoquer. Mais en politique, les sentiments lui paraissent à l'évidence superflus. Est-ce que, cette fois, il tient avec moi l'outil de sa vengeance ?

Mes réponses sont un peu embrouillées, mais je dois dire l'exacte vérité, car je sens qu'il vérifiera tout.

— Vous aurez besoin d'argent ?

— Oui, évidemment.

— Combien ?

On ne raconte pas de salades à ce genre de personnage. Quoi lui répondre ? Je n'ai pas la moindre idée de la forme que prendra la campagne électorale. Je ne sais rien des appuis locaux, rien des inévitables dérapages, causes de dépenses supplémentaires. Avant la loi sur le financement des campagnes électorales, le désordre était tel qu'il permettait toutes les folies. Il n'existait pas de « plafond », fixé et contrôlé sévèrement, dans les comptes financés par tous ceux qui voulaient bien participer, en chèques et en espèces. Je sens bien que cette « aventure » va me contraindre à engager un financement important, mais combien ? Je le lui dis franchement.

— Bon, on se reverra, je vais réfléchir. De toute façon je ne vous aiderai que si vous me laissez un droit de contrôle sur le choix de vos colistiers.

Toujours la même autorité. Valentini est, à sa manière, un autre monarque du Var. Il vérifiera tout lors de ses nombreuses rencontres avec Médecin. Je n'en sus rien sur le moment. Il revérifiera lors de ses nombreuses rencontres avec Bavastro, que le vieux bougre connaissait aussi parfaitement bien. Mais dès lors qu'il décida de m'aider, je trouvai en lui un soutien aussi fidèle que généreux, aussi courageux que déterminé. Il finança vraiment toutes mes actions. Vieux renard, ayant conservé, jusqu'à en être caricaturales, ses habitudes de paysan piémontais, il sortait de sa poche de grosses liasses dont il comptait soigneusement, devant moi, les coupures, m'obligeant à les recompter ensuite devant lui. Curieuse impression d'être sur un marché des vieux quartiers de Turin. Mais il n'était pas totalement désintéressé. Certes, l'essentiel était cette victoire contre le « vieux lion ». La gestion future de la ville ne l'intéressait que modérément. Ce qui comptait à ses yeux, c'était la destination de ses terrains. Que lui dire ? Il sait très bien, le malin, qu'il est désormais impossible de faire déplacer cette maison de détention qui a fait perdre à son domaine une bonne moitié de sa valeur.

— Nous en rediscuterons. Je vous ferai, en temps voulu, une proposition acceptable par la ville.

Il est déjà sur le pas de l'immense portail, béret sur le crâne. L'entretien a assez duré. Gentiment mais fermement, il me congédie.

— À propos, vous avez une permanence ?

— Je pense avoir trouvé un local. Vous savez à quel point c'est difficile dans cette ville. Personne n'ose prendre le risque de m'héberger.

— Ils ont la trouille. Je sais. Ne leur en tenez pas rigueur. C'est normal, Soldani leur a tellement tapé sur le crâne. Mais si vous n'y parvenez pas, revenez me voir.

De fait, le local avait été trouvé, au troisième étage d'un immeuble extraordinairement bien placé, sur le boulevard Georges-Clemenceau, en plein centre de la ville. Son propriétaire n'habitait pas dans le département. Les menaces du maire ne risquaient pas de l'inquiéter. Première décision, parfaitement banale en ces circonstances, faire tendre sur toute la longueur du balcon un gigantesque calicot portant l'inscription : « Permanence Jean-Paul Claustres-Union de l'opposition. » À Draguignan, cette initiative procédait d'un sacré culot. N'étant alors investi que par Léotard et soutenu par Bernard Pons, sans l'autorisation de Laurin, qui se plaisait à se présenter comme le préfet départemental du RPR, j'aurais dû m'abstenir. En réalité, le plus saugrenu dans cette initiative fut qu'elle apparut comme une offense, une vraie gifle administrée à Soldani. C'est ainsi que les Dracénois l'interprétèrent. Ils me dévisageaient dans la rue, tentant de voir sur mon visage les signes d'une démence qui ne pouvait que relever de l'asile psychiatrique. Oser un acte pareil ! Jamais quiconque n'était allé aussi loin. La simple pose d'une banderole laisse augurer de vrais combats de rues. Les esprits sont tétanisés par la peur. La ville menace de devenir une sorte d'arène sanglante. Le matador, gamin prétentieux et écervelé, va se faire trouer la peau par un taureau qu'il a rendu fou furieux. Les hommes du président me sont annoncés pour m'administrer une bonne correction. Les truands, omniprésents, dérangés dans leurs trafics, finiront le travail. « On » ne touche pas à l'ordre établi dans le Var. Il m'est difficile d'ignorer ces chuchotements, ces murmures, ces mises en garde annonciatrices de ma fin prochaine. J'en ai tenu compte, mais sans vraiment y croire. Il n'est qu'une parade, une seule stratégie : en faire tellement que j'aie une petite chance de devenir intouchable. Je dois engager une campagne si forte, si bruyante, si gigantesque, que toute action physique deviendra difficile. Pari risqué, mais pari inévitable. D'autres, avant moi, l'avaient fait, comme Aymeric Simon-Lorière à Toulon. Ils n'évitèrent pas le pire. D'autres, après moi, le firent et eux ou elles aussi ont été rendus muets dans la violence des attentats. Ce Var m'était inconnu. Je ne l'imaginais même pas. C'est peut-être cette inconscience qui m'a préservé.

Édouard Soldani est enfin rentré de sa résidence de Cavalaire. Stupéfait, il découvre tout. L'adversaire d'abord. Il me gratifia, méprisant, du qualificatif de « petit journaleux merdique », en souvenir de mon passé professionnel. La permanence aussi, dont il voit chaque matin la banderole. Pire, un chapiteau sur la route de Lorgues ! Il était clair qu'aucune salle de réunion ne nous serait prêtée, un industriel de Cannes m'a offert une structure métallique légère, pouvant contenir deux mille personnes. Les Dracénois ont vu s'édifier ce chapiteau aux dimensions jugées dantesques en haussant les épaules. Valentini, ravi, se trémoussant de joie sur sa chaise, a cédé gratuitement le terrain de la route de Lorgues rendu invendable par la réalisation de la prison. Pour compléter la panoplie, une radio pirate émet, une radio prétendue clandestine mais dont les premières émissions ont fait l'effet d'un cataclysme local. La juxtaposition de ces moyens fait naître quelques mythes dont je me garde de sourire. Certes, je suis fou, c'est acquis, mais je dispose de moyens considérables. En réalité, c'est totalement faux. Le matériel m'a été prêté par des amis industriels des Alpes-Maritimes. Peu importe pour les Dracénois. Il leur semble évident que je vais faire une campagne « à l'américaine ». Enfin, troisième mythe : « Il est fou, mais il est sacrément courageux ! »

En y songeant plus de dix ans après, je reconnais ne pas être capable de répondre honnêtement à cette question : Était-ce du courage ? Sans doute en fallait-il pour commencer cette entreprise dont les rebondissements multiples, violents et même tragiques supposaient que je ne sois pas impressionné par la menace sourde, latente, qui a toujours pesé sur ma famille et moi-même. Lorsque s'engage un combat, il est impossible d'en supposer les débordements, les excès et les éventuels épisodes dramatiques. Si j'avais imaginé la somme de trahisons, d'événements graves, d'embûches à la mode varoise, il est probable que j'aurais renoncé. Comme il y a une escalade de la violence, il y a une escalade dans le courage et la résistance. La seconde accompagne naturellement la première. Les actions et réactions s'enchaînent dans une spirale infernale, impossible à maîtriser. J'aurais vraiment manifesté du courage si j'avais su les issues sanglantes réservées à certaines tentatives politiques, si j'avais pu les rapprocher de celles de Mario Bénard ou d'Aymeric Simon-Lorière, et plus tard de Yann Piat. En 1982, j'avais seulement le courage d'affronter Soldani, dans un duel que je voulais dur et sans pitié mais honnête. Aussi curieux que cela puisse paraître, et au contraire des Dracénois, j'avais du respect pour cet homme.

Un despote ? Oui. Un tyran machiavélique ? Oui. Ce personnage incroyable, cet extraterrestre dans la modernité de l'après-68, je n'ai jamais réussi à le haïr. Ce fut sans doute ma première faute grave, car il faut aussi savoir haïr en politique. En tout cas, suffisamment pour tuer celui qu'on a seulement blessé politiquement.

Je ne voyais pas vraiment la réalité du Var. Autre faute. Il m'apparaissait bien que les comportements troubles, les évidentes relations mafieuses de certains élus donnaient à cet environnement l'aspect d'une planète inconnue, mais je ne pouvais imaginer que le soir précédant mon élection, le patron des truands du Var, Fargette, rencontrerait secrètement, à Draguignan, dans une chambre de l'hôtel Bertin, un célèbre truand niçois, aujourd'hui mort comme on dit de mort violente, pour un entretien destiné à sauvegarder, quoi qu'il arrive, les intérêts financiers des mafias des deux départements. Si j'avais su que les deux hommes, entourés de gardes du corps armés jusqu'aux dents, avaient ce soir-là passé des accords sur mon dos, si j'avais su qu'une bombe soufflerait ma permanence, que ma fille ferait l'objet d'une tentative d'enlèvement, que ma propre femme échapperait miraculeusement à la course d'un camion lancé, curieusement, à toute allure sur le principal boulevard de la ville, qu'un attentat clôturerait la longue liste des événements de campagne, si j'avais su... Oui, sans doute, si j'avais su, j'aurais préféré rentrer penaud à Nice. En 1982, je ne pouvais pas l'imaginer, car c'était tout simplement inimaginable.

Mon supposé « courage » paraissait juste assez fort et suffisant pour affronter un grand et vrai baron local, mais les Dracénois, eux, savaient. Ils pressentaient le pire et me regardaient, effarés, et finalement admiratifs. Soldani, qui ne m'avait pas « vu venir », n'a pas non plus senti cette réaction de la population, ce réflexe de sympathie pour David face à Goliath, mais aussi la haine profonde qu'il avait lentement semée dans les cœurs. Il n'a pas perçu la violence du sentiment de libération qui allait emporter les foules, les conduire par milliers, toutes les semaines, sous mon chapiteau. Il a péché par inattention. Il n'a, à aucun moment, pensé que son trône était vermoulu, prêt à s'affaisser sous son poids. Le mastodonte avait perdu sa lucidité.

Ses certitudes lui tenaient lieu de réalités. On le disait indéracinable, il s'en était convaincu.

Peut-être s'est-il dit que ce serait sa dernière bataille politique. Puisque ce « gamin prétentieux et inconscient » le provoquait en duel, il voulait terminer en beauté dans une vraie bataille entre professionnels. Tragique scène de western : l'homme qui a gagné tous les duels attend, tranquille, serein, le « petit » dont il ne peut imaginer que les gesticulations trouveront un public. Il me voyait inconscient. Je l'étais sans doute, mais il l'était aussi. C'est sa propre inconscience qui m'a sauvé du pire. Car je pense sincèrement que Soldani ne me préparait pas le sort qui allait être réservé à Yann Piat, mais je pense, sincèrement aussi, que certains dans son entourage y ont songé. Le « faux attentat » dont fut victime le sénateur-maire, et qui faillit lui coûter la vie, le prouve.

En 1982, au début de l'hiver, mon dispositif est en place. Soldani ne peut plus m'éviter. Laurin a dû se rendre à l'évidence : je me moque éperdument de ses invectives. Arreckx m'ignore superbement. Il ne viendra jamais à Draguignan. Il l'a sans doute promis à son « ami » Édouard. Respect des « accords de Yalta » passés entre eux. Les autres élus m'observent, aussi craintifs que fascinés. Ils se garderont bien d'intervenir, sinon plus tard, beaucoup plus tard, quand leurs propres militants les forceront à s'engager. Ils ne le feront que très discrètement. Auparavant, il aura fallu que, promu « chef-cuisinier » par Bernard Pons, toujours fidèle, et mes amis confortablement installés dans leurs fauteuils du siège du RPR rue de Lille, je réussisse à « faire prendre la sauce » ! Les autres candidats potentiels, ceux que German avait réunis dans son salon, stupéfaits par ma témérité, sont cloués sur place. Ils ne peuvent plus rien tenter. Ils sont condamnés à suivre le train d'enfer qui va leur être imposé.

Nous sommes fin septembre, les élections auront lieu en mars 1983. J'ai cinq mois pour enflammer la ville, cinq mois pour faire disparaître toute trace de peur, cinq mois pour qu'ils adhèrent, cinq mois pour leur faire goûter ma « sauce », pour qu'ils l'apprécient et s'installent à ma table pour la partager, cinq mois pour vraiment connaître et pénétrer la ville. À Draguignan, où personne ne me connaissait, les techniques de communication dont je me suis gaussé sont indispensables pour que ma présence devienne incontournable dans l'inconscient collectif. Seulement, ces outils sont ridicules et inopérants si n'intervient pas un ingrédient indispensable : sinon l'amour, du moins l'affection de la foule, celle des plus humbles. J'ai vu travailler Médecin. Je sais que c'est en usant des mêmes méthodes que Soldani s'est maintenu à son poste pendant tant d'années. La force et la violence, la peur instillée dans les esprits l'ont sans doute considérablement aidé. Le Var est un département différent. Mais, on ne conquiert pas une population si on ne sait pas s'en faire aimer. C'est, au fond, un petit exploit de parvenir à obtenir que l'anonyme, le paysan, la vendeuse du marché, l'industriel et le fonctionnaire, dans le secret de l'isoloir, choisissent un bulletin plutôt qu'un autre. Étonnante alchimie qui mêle l'espoir, le rêve, l'affection, l'adhésion politique et la volonté d'un changement. Pourquoi celui-ci plutôt que celui-là ? Certains, laissés sur le bord de la route, se seraient peut-être révélés d'exceptionnels gestionnaires. D'autres, élus, ont été de piètres représentants du peuple. Pourquoi, au matin du scrutin, après des semaines d'hésitation, va-t-on voter pour un candidat plutôt qu'un autre ?

Je me suis souvent demandé si les candidats à une élection sont vraiment conscients du surréalisme de leur tentative. Le geste d'aller serrer des mains sur les marchés fait sourire, s'esclaffer les passants incrédules. Le fait est que les virées de ces messieurs ou dames, bien habillés, un peu étriqués, prononçant des amabilités dont personne ne croit le premier mot, ont un je-ne-sais-quoi de ridicule. Personne n'est dupe. Et pourtant ! Il faut une sacrée dose d'inconscience ou de culot pour oser, au petit matin, s'approcher des étals devant lesquels sont déjà agglutinés de gentilles ménagères et des petits retraités qui ont autre chose à faire que d'écouter les belles paroles de ces candidats, au demeurant mal à l'aise. Costumes trois-pièces et tailleurs Chanel, face aux vareuses sales et aux jeans troués. Il faut un brin d'inconscience pour entrer ainsi dans l'arène de la foule qui ne vous attend pas. Il faut vraiment être fou. Ou si prétentieux qu'alors, vraiment, la « sauce » ne peut pas prendre.

Je suis devant ce marché de Draguignan. Il est 8 heures du matin. Et là, réellement, s'impose la conscience de la démence de la démarche. Je ne connais personne. Mon visage leur est inconnu. Je sais que je vais les déranger dans leurs habitudes, leurs petites manies, leurs conciliabules traditionnels. Et quoi leur dire ? À mes côtés, un incroyable personnage, aussi volubile que cocasse dans le décor. Un costume toujours sombre sur une éternelle chemise blanche, immaculée, des mocassins si bien vernis qu'ils paraissent chaque matin sortir de la devanture d'un magasin de chaussures. Lui ne sait pas, ne peut pas imaginer le ridicule de la situation. Il parle. C'est une machine à débiter des phrases. Il est intarissable. Un champion toutes catégories de la « parlote ». Impossible de l'arrêter dès qu'il a allumé le démarreur. Ancien croupier au casino du Palais de la Méditerranée à Nice, il a vite trouvé un emploi dès la fermeture des salles de jeux, un emploi à sa dimension. Promu « moulin à paroles » dans la bande des copains de Max Gilli, il était affecté à l'accompagnement systématique des candidats, de tous les candidats, dans les rues de Nice. Une pure merveille ! Il suffisait de le suivre et de le laisser faire les présentations. Il avait également en charge la sonorisation des meetings de Médecin. Il enclenchait les disques dans l'appareil et attendait sagement que les discours se terminent, pour recommencer... à parler ! Cette charge lui avait valu le surnom de « Musique ». Avec mon chauffeur, flic municipal, c'est l'autre « bénévole » que la ville de Nice a mis à ma disposition. Je le regarde. Ses yeux brillent. C'est un chasseur d'électeurs. Moi ? Je suis paniqué. Physiquement incapable de faire le premier pas.
Dans le ciel immensément bleu, le soleil est déjà là. Encore tiède. La place centrale de la vieille ville est pleine

d'une foule bruyante. Elle débute en pente douce devant
l'église et se termine, cent mètres plus bas, non loin de
l'entrée de la mairie. Côte à côte, se chevauchant presque
les uns les autres, les étals de poissons, d'agrumes, les cages
de poules et de canards vivants. À quelques mètres, la terrasse d'un bar. Quelques retraités sirotent lentement leur
café. C'est un vrai marché provençal, coloré, désordonné
et bruyant. C'est là que commence vraiment la campagne.
L'émotion me paralyse. L'émotion, mais aussi la prise de
conscience brutale d'être une espèce de fauteur de troubles, un gêneur dans la belle organisation, au moins apparente, de la société locale. Non plus un journaliste, pour
qui il est aisé d'observer, de noter, de filmer, non plus le
second de Médecin ou d'un quelconque baron, né dans
ce milieu, mais un étranger. Me revient subitement en
mémoire mon premier entretien avec le préfet du Var. Lui
aussi était une des pièces du puzzle départemental. Préfet,
représentant de l'État ? Ce curieux personnage, que je
jugeais utile de rencontrer pour une visite de courtoisie,
ne m'avait pas laissé placer un mot.

— Ah, c'est vous ?
— Monsieur le préfet, il m'a paru opportun de...

Je n'ai jamais fini ma phrase. Il m'interrompt brutalement, sèchement. Il n'a que faire de ma courtoisie. Le préfet appartient à la grande « organisation » varoise. Il ne
peut ignorer la réalité de ce bout de territoire, mais il ne
veut pas savoir ! C'est un correspondant aimable et atten-
tionné du trio formé par Laurin, Soldani et Arreckx. Je
suis donc, à ses yeux, ce qu'il est convenu vulgairement
d'appeler un emmerdeur. Ma candidature a beau être une
entreprise a priori compatible avec les règles démocratiques du pays, il s'en fiche éperdument. Pendant de longues minutes, il m'inflige un discours d'instituteur, de
surveillant de collège s'adressant à un gamin mal élevé,
me laissant pantois. Lui non plus ne comprend pas cette
« ingérence ». Il ne l'accepte pas. Lui non plus !

— J'ai donné des instructions à tous les services de
police. Je ne vous permettrai aucun débordement, aucun

excès. Il ne m'appartient pas de vous interdire de vous présenter (heureusement !), mais ce département est tranquille. Je suis là pour veiller à ce qu'il le reste.

Était-il lucide ? Pensait-il déjà à sa prochaine retraite ? Imaginait-il que cet « ordre » qu'il entendait préserver s'accommodait allégrement, et sans la moindre discrétion, d'une présence mafieuse puissante et parfaitement organisée ? Mais un préfet, du moins à cette époque pas si lointaine, n'était pas « soupçonnable ». Lorsque éclatèrent les premières affaires politico-judiciaires à Nice, de hauts fonctionnaires municipaux firent remarquer que les décisions du maire, toutes les initiatives susceptibles de les faire condamner, avaient fait l'objet de délibérations acceptées et enregistrées par le préfet, dans le cadre de son contrôle de légalité. Dans une grande entreprise privée, le président comme le commissaire aux comptes sont tous deux légalement responsables devant la justice. Un préfet qui a cautionné, en apposant sa signature au bas des documents administratifs, tous les actes devenus délictueux, ce préfet n'est-il pas responsable ? Étrange république qui imposait de sévères contrôles mais oubliait de sanctionner les contrôleurs.

Le préfet me considère comme un révolutionnaire enragé et dangereux. Devant ce marché, paralysé par la panique, je réalise qu'il m'observe, qu'il sait que je vais déclencher un cataclysme. Déjà contraint de constater que mon installation à Draguignan s'est passée de son autorisation, Laurin, le maire de Saint-Raphaël, m'a convoqué dans son bureau. Il contenait mal sa fureur. Dépité d'avoir vu son représentant, Hermet, perdre pied et faire équipe derrière moi, il a susurré, les dents serrées, ce conseil qui me fait éclater de rire, le rendant encore plus déchaîné.

— Vous ferez une campagne très douce. Vous m'entendez ? Je répète : très douce ! Il n'est pas question que vous entriez dans cette ville si calme avec des chars d'assaut. Et de toute façon, je suis le « préfet » du mouvement politique. Le RPR, c'est notre parti. Vous me rendrez compte régulièrement et au préalable de toutes vos initiatives.

Décidément, le monde politique et administratif varois me place en observation, une manière très claire de m'indiquer qu'il serait malvenu de provoquer le moindre désordre dans le paysage. Être ou non élu importe peu. Apporter ou non une victoire à la droite n'a pas le moindre soupçon d'intérêt. En tout état de cause, il est évident que je vais être battu. Donc, mon entreprise ne doit, en aucun cas, assombrir les relations qui unissent tout ce monde bien tranquille et si aimable. Je ne suis qu'un gros nuage noir annonciateur de pluies torrentielles. Ils vont s'efforcer de souffler tous dans le même sens, pour que le nuage disparaisse, chassé vers le ciel niçois.

Laurin n'a pas le moindre lien avec le milieu mafieux. Riche, parvenu à tous les honneurs qu'il souhaitait, son seul espoir est de devenir sénateur, tout en gardant une complète autorité sur sa ville qu'il gère parfaitement. Mais il « aime » bien Soldani. Il ne veut pas que quiconque s'aventure à mécontenter le sénateur-maire de Draguignan. Et puisque Soldani est aussi l'ami d'Arreckx, il se trouve, peut-être sans l'avoir mûrement préparé, intégré dans le trio magique qui contrôle les pouvoirs dans le département. Ses relations avec François Léotard sont chaotiques. Fondamentalement gaulliste historique, il n'apprécie pas le jeune blanc-bec du parti républicain installé à Fréjus. Les deux hommes se saluent courtoisement mais, au fond, se détestent franchement. Or, une fois encore, Laurin considère que je suis une créature de Léotard, une atteinte vivante à son autorité de « préfet du RPR », susceptible d'étendre le territoire politique de Léo. Rien dans ma démarche, strictement rien, ne peut le satisfaire. Les semaines qui suivirent me permirent d'être au moins rassuré sur un point : le mouvement gaulliste, rue de Lille, pensait autrement. Bernard Pons, toujours fidèle, souriait sincèrement en reconnaissant que « la sauce prenait ». Laurin me bouscula un peu, me donnant encore quelques conseils de prudence, de calme, mais il était bien obligé d'être, lui aussi, aux côtés de Pons. Nous allions vraiment entrer dans le vif du sujet.

« Musique » me tape sur l'épaule. J'ai complètement oublié que je suis devant le marché. Il voit que je suis paralysé, incapable du premier pas. Ce n'est plus une tape amicale sur le dos, c'est un vrai coup de coude qu'il m'assène dans le dos. Je suis propulsé vers le premier étal. La vendeuse, une énorme petite vieille, gros bonnet de laine sur la tête, porte un immense tablier qui cache mal un ventre probablement gigantesque. Elle me regarde surprise. Bousculé par « Musique », j'ai bien failli m'affaler sur ses tomates.

— Bonjour madame (c'est mon « moulin à paroles » qui commence son boulot !). Je vous présente le futur maire de Draguignan. Vous le reconnaissez ?

La chance peut-être ? L'effet miraculeux des cierges que ma mère brûle tous les jours dans la petite chapelle de Sainte-Rita ? L'inquiétude évidente qui se lit sur mon visage ? Toujours est-il qu'elle contourne son banc de tomates, éclate de rire.

— Ah ! c'est vous le fada ?

— Je ne sais pas, madame, si je suis fada, mais je suis candidat effectivement à la mairie de Draguignan. Je voulais me présenter à vous tous...

Elle m'interrompt :

— Ici, on ne m'appelle pas madame, mon prénom est Georgette ! Donc appelez-moi Georgette, sinon je ne vous parle plus ! Venez que je vous embrasse.

Je crains d'être littéralement étouffé contre ses seins aussi énormes que son ventre.

— Dites, vous avez un sacré courage, vous savez. Soldani est indéracinable !

Oui, je le sais, c'est devenu une lancinante litanie.

— Mais vous irez jusqu'au bout au moins ?

Je la rassure.

— Bon, vous allez saluer tout le monde. C'est bien. Mais attendez un peu, vous voyez celui-là, en face, le gros moustachu, ne vous approchez pas trop, c'est un de la bande à Soldani. Attendez, je vous présente à quelques-uns, mais discrètement. Vous m'entendez bien ? Discrètement.

Tous ces gens, que je vais me découvrir aimer vraiment, même les plus acharnés contre moi, éprouvent une double crainte : se « compromettre » avec moi sous les yeux des gardes prétoriens de Soldani, et surtout que je ne résiste pas et qu'après les avoir ainsi « compromis », je les laisse, rentrant penaud à Nice, offerts vivants aux vengeances féroces de mon taureau d'adversaire. Car, je l'ignorais encore, je suis suivi, épié. À la tête du commando chargé de me surveiller, de noter mes faits et gestes, les noms des gens qui paraissent heureux de me voir, il y a un étonnant personnage tout droit sorti d'un roman noir. « Chocho » est un gitan. Tout est énorme, monstrueux chez lui. La taille d'abord qui m'obligera à ne le voir qu'en levant sérieusement les yeux à plus d'un mètre au-dessus de moi. Des épaules de déménageur, une moustache épaisse et gigantesque. Ses yeux noirs sont éternellement porteurs de menaces inquiétantes. Il est impressionnant. Pourtant, c'est lui qui me sauvera, une fois, de la foule des adversaires haineux décidés à me tabasser en public. Ce « Chocho » n'est ni gentil (ce serait trop lui demander !) ni non plus foncièrement méchant. C'est le général en chef des gardes du corps de Soldani. Il ne sait qu'obéir. Face à lui, je ressemble à un gentil poupon entrant en maternelle. Il est là pour m'administrer, si nécessaire, quelques baffes. C'est son boulot. Il le ferait sans états d'âme. Il obéit.

« Chocho » était posté tout en haut du marché, mais je ne le voyais pas. Quand bien même l'aurais-je aperçu, avec sa taille démesurée, il m'aurait été indifférent, je ne le connaissais pas. Mais eux, les Dracénois, les commerçants de la place du marché, le connaissent bien. C'est lui aussi qui se charge de faire respecter les positionnements des étals, favorisant à l'évidence les amis du maire et menaçant de coups de pied au cul tous les autres. Le « Rambo » de Soldani faisait très bien son boulot. Le maire était content de lui. L'« ordre » régnait.

Plus tard, beaucoup plus tard, il m'avouera avoir doucement rigolé en me voyant, hésitant et inquiet, sur cette place. Car, comme ces hommes-là ne savent rien faire d'au-

tre, il viendra tout naturellement en mairie, dès mon élection, pour me proposer ses services. Les mêmes : maintenir
l'ordre !

Ce jour-là, ils ne furent qu'une dizaine, au plus, à accepter de me saluer, moins encore à me parler. Deux d'entre
eux, courage inouï, proposèrent spontanément de m'aider, probablement épuisés d'en avoir trop « bavé » avec
cette municipalité. D'abord un jeune vendeur d'agrumes,
au regard angélique, une tête sympathique couverte d'une
épaisse tignasse toute frisée. Certes, il aimait un peu trop
le bon rosé de Provence qu'il mélangeait, au gré des heures, de verres de pastis ou de whisky. J'ai espéré que son
élan vers moi ne soit pas, en ces instants, dû aux effets
néfastes d'une trop grande absorption d'alcool. Ensuite,
une dame, aussi âgée qu'élégante. Entendant quelques bribes de conversation, elle s'avança spontanément vers moi :
« Je vous donne mon nom et mon numéro de téléphone.
Passez me voir. » Et elle disparut dans la foule. Tout en
bas de la place en pente du marché, se trouvent deux bars.
Je me suis littéralement jeté dans le plus proche. Épuisé,
dégoulinant de sueur, mes mains tremblaient. « Ma première épreuve du feu », pensai-je. « Musique » était ravi. Il
trépignait de joie. J'avalais, sans un mot, sans le voir, un
triple whisky. Cette fois, c'était vraiment parti !

## 12

## *La violence et la peur*

Le décor est posé. Les acteurs attendent d'entrer en scène. Le public, lent à pénétrer dans le théâtre, ignore ce que sera la pièce. Et si tout cela n'était qu'un leurre ? En fait, il existerait non un, mais deux théâtres, non pas un, mais deux décors, non pas une, mais deux troupes d'acteurs. Et le public ? Qui va se partager le public ?

À l'entrée d'une des salles, la mienne, une barrière invisible : la peur. Comme les jeunes, de mon temps, craignaient d'entrer dans une librairie pour demander furtivement, dans un souffle, une revue de « femmes à poil », les spectateurs supposés ne tiennent pas particulièrement à être remarqués à l'entrée du chapiteau de la route de Lorgues. Ce n'est pas la honte d'être surpris en flagrant délit de « voyeurisme », c'est la peur. Une vraie peur panique.

Mais les Dracénois, d'abord médusés par un tel déploiement de moyens, passent lentement de la crainte au scepticisme puis à une curiosité un peu malsaine. Le peuple aime le spectacle, même et surtout s'il s'annonce sanglant. Celui qui s'offre est si nouveau, si incroyable, que les électeurs se laissent doucement conduire de la simple curiosité à la participation à la fête. Ils osent regarder le numéro d'équilibrisme par une fente dans la vaste toile. Les plus courageux s'enhardissent à pousser la porte, un par un, très lentement, mais finissent par devenir une foule de

242

spectateurs. Et même de spectateurs enthousiastes. Soldani n'a pas, non plus, vu venir cette tempête. Il n'a pas une seconde imaginé que « ses gens », dans « sa » propriété, allaient oser participer à la corrida, après l'avoir crainte.

Pour Médecin, il n'existait pas de petite ou de grande campagne électorale. Il aimait tellement l'ambiance de la bataille que le plus petit prétexte lui était bon. Que le public fût disséminé ou la cohue étouffante, le spectacle était toujours énorme, tonitruant, dramatisé jusqu'au paroxysme. Il eut des adversaires dangereux, subtils et sans états d'âme. Il en eut aussi beaucoup qui n'étaient que des acteurs de second ordre, jouant, presque à contrecœur, les utilités. À chaque fois, il partait en campagne avec tous ses régiments, toutes ses colonnes d'assaut, appuyés par toutes ses escadrilles de combat. L'affrontement était parfois ridiculement enflé, démesurément grossi. Avec moins de bruit et moins de gesticulations, la victoire du prince de Nice aurait été tout autant assurée, mais il adorait ces veillées de bivouacs. Fabuleux acteur de tragédie, il s'arrangeait même, parfois inconsciemment, pour que tous les scénarios, y compris les comédies de boulevard, se transforment en de terrifiantes tragédies. Quand l'adversaire était important, il devenait exceptionnellement bon. Quand l'adversaire n'était qu'un pâle figurant, il se chargeait de lui donner de l'envergure, fût-elle factice, pour que le combat demeure identique : gigantesque, effrayant ! Soldani ne pouvait, à mon sens, qu'adopter la même méthode. J'y étais préparé. Il était de tradition, en affrontant Médecin, d'« en prendre plein la gueule ». Il ne pouvait qu'en être de même à Draguignan, avec des méthodes similaires. Comme Soldani s'est trompé sur le choix de sa stratégie, je me suis trompé sur ses méthodes. Le Var n'est pas les Alpes-Maritimes. Les méthodes varoises ne procèdent pas, ou ne procédaient pas, des techniques électorales démocratiques en usage en France.

Édouard Soldani avait perdu toute lucidité. Il était hors de question qu'il m'offre la réplique. Je voulais être l'un des acteurs d'une tragédie ? Il refusait d'entrer dans mon jeu. « Tout cela allait, à l'évidence, sombrer dans le ridicule » ! Les foules, si habituées à être ses partenaires, allaient s'esclaffer, se plier de rire, aussi suffoquées par l'ampleur d'un dispositif « hors nature », que « ramenées à la raison » par les méthodes d'intimidation habituelles. Dans le Var, les barons locaux n'ont jamais accepté le débat public, l'affrontement républicain. Tout, absolument tout, devait se régler sans étalage des « détails » de la gestion. Il était impensable que ces « détails » puissent exciter la curiosité des journalistes ou des responsables nationaux de partis, alerter la justice et la police. Le nombre effrayant d'assassinats dans le Var a été comme bloqué par la médiatisation de la fin tragique de Yann Piat. Or, cet événement n'est qu'un « détail » dans la longue et douloureuse histoire des affrontements, supposés seulement politiques, qui se sont terminés dans le sang. Pourquoi en ai-je personnellement réchappé ? Plusieurs réponses, toutes aussi plausibles, existent : l'orgueil de Soldani qui n'a pas perçu le danger ; la venue sous le chapiteau de la quasi-totalité des plus hautes personnalités de l'opposition ; le soutien ostensible de Léotard ; la chance.

Soldani pensait affronter Médecin. Car je ne pouvais être que l'émissaire du maire de Nice. Mes moyens en étaient la preuve. Me faire mordre la poussière, c'était aussi battre Médecin, réputé imbattable. Il fallait que la bataille ait lieu, pour que sa victoire soit éclatante, régionale, nationale même, puisque son challenger était soutenu par tous les leaders de l'opposition. Mais je crois aussi que ma plus sûre protection fut le mouvement populaire soulevé. Gigantesque, imparable, et finalement sécurisant. Pour cela, il fallait que les Dracénois m'aiment. Il y a plus de fierté à en tirer que de la victoire finale. Pour la première fois, grâce à mon chapiteau, les Dracénois voyaient des étrangers s'intéresser à leur sort. La notoriété de Pons, de Pasqua, de Bigeard, de Gaudin, de Barre, de Giscard et de tous les autres qui vinrent prendre la parole à mes côtés, était quasi surnaturelle pour ces gens qui n'avaient jamais écouté que Soldani ! Encore fallait-il qu'ils osent s'aventurer sous ce fameux chapiteau. Il y régnait un froid de canard. Je n'avais pas imaginé que le vent et les nuits puissent être aussi glacés dans les hivers varois. Une ou deux pompes à air chaud suffisaient à peine à éviter une épidémie de bronchite. Dans les travées, sur leurs chaises, les spectateurs, emmitouflés sous d'épais manteaux, gesticulaient sans cesse pour se chauffer. Ils n'étaient qu'une centaine au début. La moitié était là pour observer de plus près le « fou furieux », ou pour espionner et aller ensuite faire des rapports circonstanciés au président. L'autre partie attendait surtout le séduisant Léotard, jeune et charmeur, le seul qui ait réussi à ouvrir une petite brèche dans la citadelle varoise. Puis ils furent plus nombreux. La foule grossit lentement, jusqu'à devenir imposante, impressionnante. Il fallut des mois pour y parvenir. Des mois pendant lesquels je m'imaginais être devenu la plus grande prostituée de la région, entrant chez tous les commerçants, sans en oublier un seul, me présentant à tous les domiciles, dans tous les quartiers. C'est là que Soldani m'attendait, c'est sur ce terrain qu'il savait pouvoir user de toutes les intimidations. C'était « son » terrain.

Lançant ma campagne par des dîners débats, des rencontres avec les professionnels, j'avais senti que je devais l'attaquer si brutalement que sa notoriété déteindrait sur moi. Plus je parlais de Soldani, plus je me hissais vers les hauteurs stellaires où il se savait installé par ses concitoyens.

Il était indispensable que la rencontre entre nous ait lieu quelque part. Il fallait qu'elle soit agressive. Soldani était un dur. C'est ainsi qu'il était perçu. Obligation m'était faite de confirmer, même de façon factice, la première perception de mon image : « un mec qui en a dans le pantalon ». Je propose donc un débat public dans la grande salle du théâtre. Méprisant, il refuse. En fait, il ne me répond même pas. Le bougre sait qu'en acceptant il me place sur un pied d'égalité. Mais il commet une erreur, car, dans un débat, il m'aurait ridiculisé.

Je me sens tout à fait capable du même talent oratoire,

je ne crains ni sa voix, ni son verbe, mais un tel affrontement m'eût condamné à l'échec s'il s'était amusé à me poser quelques questions précises sur l'histoire de « sa » ville, sur les noms de rues. Les spectateurs se seraient esclaffés et j'aurais sombré dans le grotesque.

Le chat, posté en embuscade, m'observait. Renseigné sur tous mes mouvements, il savait que ses méthodes musclées seraient efficaces. Ce n'était pas à lui de faire campagne. Sa bande allait s'en charger. Alors commença la « balade varoise », la vraie, celle qui se pratique dans l'ombre, dans la violence quotidienne et la brutalité. Alain Hautecœur, le brillant député, infortuné époux de la fille du sénateur-maire, avait été bien inspiré d'installer ses pénates hors du Var dès qu'il divorça. Il savait que les promenades en ville ne sont pas conseillées sur les propriétés du seigneur. Mais être candidat, c'est tenter de gagner des voix. Il me fallait donc aller les pêcher dans la rue. Et dans les rues varoises, tout était possible. Même l'incroyable. Les équipes musclées de Soldani occupaient le terrain. Il en était de même à Toulon. L'exercice se pratiquait également à La Seyne ou à Hyères. Les barons ont toujours utilisé, sans le moindre complexe, les éboueurs et l'armée des balayeurs pour couvrir les villes d'affiches et noyer de tracts les boîtes aux lettres. La nuit, évidemment. Ces employés confondent rapidement la garantie de leur emploi et l'efficacité de leurs sorties nocturnes. Les « notes internes » permettent des notations et des attributions de primes qui tiennent compte de la rapidité à dégager les bennes à ordures et de l'ardeur à dégager toute trace de la présence d'opposants politiques. Par la force si nécessaire. Cette pratique, parfaitement condamnable, tend lentement à se faire plus discrète, plus feutrée. Elle perdure pourtant. Comment interdire à un employé municipal de se « porter volontaire » (!) pour le collage nocturne des affiches de « son » maire tant aimé ? Petit service d'autant plus affectueux et efficace que l'élu, à l'aube, confond allégrement la propreté des rues et l'absence de toute manifestation matérielle de la présence de l'adversaire. Ces dévoiements n'ont pas disparu, quelles qu'aient été les dispositions prises par les gouvernements pour les interdire. Aujourd'hui encore, des maires, des présidents d'associations à la tête de petites « citadelles » continuent à laisser utiliser le matériel public — ordinateurs, photocopieurs, ronéos — pour la fabrication, la nuit, de leurs tracts et journaux électoraux. Il ne faut pas être grand clerc pour comprendre que le candidat à une élection, s'il est déjà patron d'une structure administrative puissante, ruse ainsi avec le contrôle des comptes de campagne. La règle du « pas vu, pas pris » est, sans doute, devenue plus risquée, plus génératrice de recours en tribunal administratif, mais il suffit d'être légèrement plus prudent.

La loi n'a rien interdit. Elle a laissé s'instaurer un système qui permet de jouer avec une double comptabilité : celle, officielle, qui est contrôlée par les autorités compétentes et les juges, et une seconde, impossible à découvrir et moins encore à évaluer. Plus le maire en place dispose d'une ancienneté confortable, plus il sait pouvoir compter sur cette aide parallèle précieuse, assurée par des permanents municipaux qui ont eu le temps de démontrer leur fidélité et leur discrétion. Rien n'a vraiment changé. Les équipes de Médecin contrôlaient la rue. Les équipes de tous les grands barons en font autant dans les villes de France. Les équipes de Soldani agissaient de même. La dureté, synonyme de violence, de l'activité nocturne est variable selon la personnalité du maire en place, ou de l'environnement.

Dans le Var, il s'opérait de surcroît un mélange détonnant, dangereusement explosif, entre ces « bénévoles » et les « amis truands » venus prêter main-forte. Près des colleurs d'affiches, des employés municipaux chargés de faire disparaître avant l'aube les placards des opposants, se trouvaient des protecteurs inquiétants, revolvers ou fusils de chasse en main. Le démarchage porte à porte s'effectuait aussi bien de jour que de nuit. Du moins dès la tombée de la nuit, car c'est bien le moment où on sait trouver une famille réunie. Sonner à huit heures du soir à la porte d'un appartement pour seulement se présenter et condamner les électeurs potentiels à interrompre le repas ou éteindre la télévision qui retransmet un match est un geste hors nature. Il faut un certain culot. Dans les cités HLM de la banlieue dracénoise, je ne suis pas particulièrement rassuré dès que tombe la nuit. La seule issue à une embuscade est la fuite. Il faut donc la préparer. Quatre géants débonnaires m'accompagnent. Ils ne sont pas dracénois. Il m'eût été impossible de les recruter dans une population qui veut bien assister au spectacle mais n'a nulle envie de jouer avec le feu. La voiture, feux toujours allumés, est garée nez pointé vers la première rue, moteur en marche. Deux des colosses restent postés à l'entrée de l'immeuble. Deux autres m'accompagnent dans les étages. Il faut toujours commencer par les étages supérieurs, parce que la fuite, si nécessaire, est plus facile. Et débute cette étrange démarche, cocasse et indispensable, mille fois répétée dans les mêmes gestes, les mêmes paroles bienfaisantes, prétendues génératrices de rêve. Sonner à la porte et tenter, dans le plus bref délai, de dire un mot, de provoquer la curiosité, de s'introduire dans l'intimité d'une famille, et puis partir, espérant qu'on a fait germer un doute sur l'issue du scrutin, et mieux encore : convaincre.

L'interlocuteur se fiche éperdument de mon discours politique. Ne l'intéresse que sa vie quotidienne : le chien du voisin qui pisse dans la cage d'escalier, la télévision qui refuse obstinément de diffuser toutes les chaînes, les rues désespérément sales et les caniveaux jamais nettoyés. Belle leçon d'humilité. Ce communiste aux yeux agressifs me refusant l'entrée aurait pu être mon oncle, le cheminot défilant le dimanche matin, et qui prenait un malin plaisir à lever plus haut encore son poing fermé en passant sous notre balcon. Plusieurs fois, j'ai évité de prendre un coup de poing dans la gueule grâce à un mouvement de retraite, qui ressemblait fort à une fuite. Je sonne tout de même à une autre porte. Elle est déjà entrebâillée. Personne ne me répond. Je pousse légèrement le loquet et je vois dans une seule pièce, véritable capharnaüm sale et malodorant, un homme voûté, de dos, assis à une petite table, occupé à regarder la télévision. Je l'entends avaler goulûment sa soupe. Je murmure : « Je m'appelle..., je suis candidat... » Je n'ai pas le temps d'en dire plus. Avec une rapidité stupéfiante, il se tourne, un couteau de cuisine en main. Un centième de seconde pour refermer la porte, j'entends seulement le choc de la lame pénétrant le bois. Elle m'était destinée. Je descends un étage plus bas. Il faut continuer. Mais je n'ai pas le temps de sonner. J'entends claquer plusieurs coups de feu, puis des hurlements. Mes deux gorilles postés devant le hall d'entrée me crient : « On part, vite ! Ils sont là ! » Qui a tiré ? Personne ne le sut jamais. Trois impacts de balle sont nettement visibles sur le capot du véhicule. Le chauffeur est livide. Juste le temps de plonger sur les banquettes, la voiture démarre. Pourtant nous recommençons plus loin. Il faut toujours recommencer. Les locataires, impassibles ou atterrés, ont observé la scène. Ils ne seront sensibles à mon infortune que si je résiste, si je suis capable de continuer.

Plus loin ou quelques jours plus tard (mes souvenirs s'embrouillent), nous n'aurons même pas le temps de fuir. C'est une véritable petite armée qui s'est postée en embuscade. Les hommes du président m'ont intelligemment laissé sortir du véhicule et m'engager dans les escaliers. Alors, ils ont surgi de l'ombre lourdement armés, assez dissuasifs pour interdire le moindre geste à mes deux malheureux gardes du corps. Le chauffeur est jeté à terre. De l'affrontement, aussi rapide que violent, ma voiture sort en épave. Il faut rentrer à pied. Il était alors impossible d'attendre la moindre suite d'un dépôt de plainte. Soldani régnait. Son despotisme s'exerçait sur tout l'environnement. J'avais rencontré le commissaire central, qui était réellement honnête et inquiet de voir s'installer un climat de western. Il était sincère quand il me répondait évasif : « Je reçois votre plainte... mais comme vous savez... » Oui, je savais, ou du moins je réalisais lentement que je m'étais mis dans de sales draps. Mais que faire sinon, évidemment, continuer ?

Quelques têtes brûlées, au fond ravies d'en découdre avec les équipes du maire, commençaient à m'offrir leurs services. J'avais été totalement interdit de location de salles municipales. Deux propriétaires d'hôtels avaient accepté, non sans d'interminables palabres, de me laisser, de temps en temps, organiser des dîners-débats à des prix frisant l'escroquerie. Encore faut-il préciser que leur accord n'intervint que deux ou trois mois avant le scrutin de mars, quand, pour eux aussi, il apparut que la sauce avait pris. Les premiers curieux avaient dû se résoudre à me rencontrer dans un restaurant d'une commune voisine. Soldani avait verrouillé toutes les entrées de la ville. J'avais tenté de convaincre certains restaurateurs mais, dès l'obtention d'un accord de principe, intervenaient les cow-boys municipaux qui étaient assez dissuasifs pour torpiller les arrangements. Le chapiteau était régulièrement visité par la commission municipale de sécurité soucieuse de découvrir le moindre détail, la plus petite faille permettant d'en interdire l'entrée. Son propriétaire, un Cannois qui se fichait éperdument de Soldani et caressait aussi l'espoir, si j'étais élu, de devenir un client de la ville, était convoqué tous les jours à Draguignan pour apporter la modification, l'amélioration, que cette commission exigeait sur-le-champ. Le souci le plus obsédant de notre petite bande fut donc la sécurité du chapiteau. De ces têtes brûlées, nouveaux compères de notre Union de l'opposition, il en était deux, dont un ancien « para » de la Légion, qui acceptèrent de passer leurs nuits sous la tente glacée. Présence supposée réconfortante et dissuasive. En fait, une nuit, l'arrivée rapide des pompiers évita un désastre. Des « inconnus » avaient réussi à mettre le feu, provoquant un début d'incendie qui eût certainement grillé vivants mes deux gardiens. Gelés, ils n'avaient trouvé de réconfort que dans la chaleur d'une belle ivresse, ce qui les avait rendus sourds et incapables du moindre mouvement.

Sous ce chapiteau, un soir, devant une foule enfin plus imposante, en plein discours, près de Léotard alors encore fidèle, je vois surgir un de mes afficheurs. Il court vers la tribune et me fait passer un papier mal griffonné : « Deux bombes ont explosé, dans ta permanence et dans ton jardin, contre le mur de ta maison. » Dans le court moment pris à lire le message, la foule m'observe. Je lis tout haut. Le silence est tendu, pesant, puis fusent des cris de haine. Il me semble connaître un peu la psychologie des foules, lourdes et pesantes, lentes à s'emporter, mais irrécupérables dans leurs accès de fièvre, incontrôlables dès lors qu'elles ont été provoquées. J'étais dans ce type de foule, massée en 1961 rue d'Isly à Alger, sous les tirs en rafales de fusils-mitrailleurs. Le cameraman qui, seul, filma la scène, était à mes côtés. Il fut l'un des rares à rester debout, apparemment indifférent au carnage. En fait, c'est la peur qui l'avait tétanisé, lui bloquant le doigt sur la commande de sa caméra. La foule fut d'abord atterrée, puis prête à tout casser, à tuer elle aussi. J'avais déjà vu cette foule, d'abord calme puis rendue survoltée par Pierre Lagaillarde, le leader des étudiants d'Alger en 1958, devant les grilles de l'ancien gouvernement général, sur le Forum. Elle enfonça les grilles, envahit les bâtiments, dévasta tout sur son passage, balançant par les fenêtres le mobilier et des tonnes d'archives. Ce jour-là, sous le chapiteau, il eût suffi que soit dit le mot de trop pour qu'elle coure vers la sous-préfecture, déchaînée, incontrôlable, prête à toutes les actions, toutes les stupidités dont, évidemment, j'aurais payé, seul, les conséquences catastrophiques. C'est une curieuse impression, enivrante et inquiétante. Deux mille personnes s'abandonnant, dans une soumission totale et inconsciente, à l'ordre qu'elles attendent. Léotard me regarde : « Pas de bêtises, Jean-Paul. » Il a compris et moi aussi.

Les actes de violence des amis du maire renforçaient l'image d'un « mec sacrément gonflé ». Même si la réalité était tout autre. Mon calme, fût-il fabriqué, instillait le sentiment que rien ne m'atteignait. Sur le marché, mes

251

promenades quotidiennes devenaient insupportables à l'entourage du maire. Les commerçants apprenaient à me connaître. De plus en plus aimables, rendus confiants. Une mini-embuscade fut donc préparée en plein jour. Il fallait que l'humiliation me soit infligée aux yeux du plus grand nombre. Elle prit l'apparence d'un groupe vers lequel je m'approchais, rendu moi-même trop sûr de mon fait, inconscient. Je tends une main. Un géant, que je voyais pour la première fois, me tire brutalement à lui. Les autres encerclent le petit groupe qui m'accompagne, deux hommes mais surtout une femme exceptionnellement courageuse qui ne m'abandonna jamais. Isolé, couvert de crachats, molesté en public, devant des commerçants paralysés autant par la peur et la soudaineté de l'agression, je vois surgir un jeune asiatique, un Vietnamien, champion de karaté. Il hurle : « Attends, je vais les tuer ! »

Lee est le fils d'un restaurateur réfugié à Fréjus après le départ, désastreux et pitoyable, des derniers hélicoptères américains de l'ancienne Saigon. Il a été élevé dans une famille aisée, cultivée, mais qui a pris une part active dans les combats contre le Viêt-minh. Son frère a été le dernier pilote de chasse à décoller de l'aéroport, copieusement bombardé par les troupes communistes. Il sait ce qu'est le courage. Lee m'a spontanément proposé son aide, après une brève rencontre dans ma permanence. Il est incroyablement calme, impassible dans toutes les circonstances. Je le savais capable de stopper, seul, une bande d'agresseurs, mais, curieusement, il ne se battit jamais contre quiconque. Il suffisait de voir surgir cet Asiatique à la réputation de karatéka courageux et imbattable, pour que les plus agressifs préfèrent la fuite. Un jour, pris dans une autre embuscade, il se retrouve, seul, face à une équipe des gardes prétoriens d'Édouard Soldani. L'un d'entre eux vocifère et gesticule. Lee le regarde.

— Tu veux vraiment te battre ?

L'autre, fou furieux, répond injures et grossièretés et s'avance, prêt à frapper. Lee lui tourne délibérément le dos, se baisse lentement, dégrafe ses chaussures, remonte le bas des jambes de son pantalon et ôte sa chemise, découvrant un torse extraordinairement musclé.

— Puisque tu veux te battre, voilà, maintenant, je suis prêt.

L'idée d'un face à face avec cet extraterrestre aux yeux bridés et imperturbablement rieurs dut paraître brusquement parfaitement folle. Le groupe s'en retourna, comme il était venu. Lee, encore plus calmement, se rechaussa et enfila de nouveau sa chemise. La rumeur de cet épisode courut la ville, gonflée, amplifiée au point de transformer Lee en une sorte de Rambo intouchable, indestructible, sinon par un coup de feu.

Sur la place du marché, l'irruption de Lee avait fait déguerpir les malfrats. Couvert de crachats, un gros bleu sur le visage, je dois paraître abattu, désespéré. Mon premier contact sur le marché, la brave Georgette, la vendeuse de tomates, s'approche, un grand torchon sale en main. Pendant qu'elle m'essuie, je l'entends murmurer :

— Ils te regardent tous. Reste fort. Ne t'avise pas de pleurer, sinon c'est moi qui te gifle.

Elle l'aurait fait, la garce. Et il est vrai que je devais avoir les yeux larmoyants d'impuissance. Le silence est complet sur le marché. Impression surréaliste. A-t-on jamais imaginé un marché silencieux ? Ma brave Georgette me fait sourire. Alors que renaissent les bruits de la vaste place, les gens viennent à moi. Certains me sont devenus familiers. Une seule petite phrase, d'abord murmurée puis criée par une dizaine de braves gens : « Tiens bon, ne lâche pas ! » Combien de fois cette phrase me fut-elle répétée ? Discrète, quand l'interlocuteur s'assure au préalable, après un mouvement des yeux à droite et à gauche, qu'il ne sera pas entendu. Criée à pleins poumons par des hommes et des femmes identiques, dans leurs comportements de plus en plus agressifs, à ces spectateurs de corrida que la vue du premier sang déchaîne. Dans les esprits des électeurs varois, ceux du moins qu'Arreckx avait initiés à ses méthodes, il devait naturellement y avoir du sang. Je l'ai souvent craint, sans jamais parvenir à le prévoir. Et pourtant, il interviendra quelques mois plus tard. Aussi inattendu que terrifiant.

À cette époque, seules trois préoccupations m'obsèdent : remplir le chapiteau au moins une fois par semaine, aidé par la notoriété de stars nationales de la politique ; poursuivre mes activités de « prostituée » arpentant les rues en quête de voix ; et surtout occuper le marché. Un marché est, plus encore en Provence et sur les bords de la Méditerranée, le point de convergence de toutes les populations. Les plus humbles côtoient les riches bourgeois. Scène de théâtre privilégiée pour toutes les discussions, les palabres interminables, c'est la résurgence de la tradition latine du Forum. En quelques commentaires, en peu de mots assassins ou complaisants, se font et se détruisent les réputations. La promiscuité est nécessaire, au moins une fois par semaine, à tous ces gens qui commentent et analysent en propos simples et incessants le dernier événement, l'article de presse du matin. Tout s'y mélange : la vie familiale et la vie publique, la mort du voisin et la naissance du gamin de la boulangère, mais aussi l'actualité internationale, les nouvelles nationales et, tout naturellement, la vie locale. Quand cette vie locale semble devoir se résumer à un duel au couteau entre deux professionnels de la guerre politique, alors tout devient prétexte à longues conversations et affrontements verbaux. Le marché est le lieu privilégié pour la diffusion des rumeurs. La rumeur ne se nourrit pas d'une analyse calme et raisonnable, elle naît subrepticement, inattendue et d'autant plus forte qu'elle est incroyable, fondée sur le mensonge ou le doute. Plus le mensonge est énorme, plus la rumeur est crédible. Elle se nourrit de sa transmission à une oreille complaisante, puis à une autre, une troisième et ainsi de suite, jusqu'à devenir gigantesque. Sur les bords de la Méditerranée, le phénomène est encore plus explosif. Il devient franchement terrifiant dans une ville maintenue en vase clos, volontairement isolée par des frontières invisibles. La rumeur est contrôlable dans une société dans laquelle transitent des ethnies différentes, mêlant touristes et autochtones, elle est imparable et destructrice dans un petit monde fermé. Sur le marché de Draguignan, où se rencontrent tous les jours, ou au moins une fois par semaine, les habitants et seulement les habitants de la ville, la rumeur peut tout détruire sur son passage. C'est sur ces places de marchés que se diffusent les tracts et journaux électoraux. Il en est de vrais, mais aussi de faux. Des tracts « officiels », signés, et puis les plus dangereux, les anonymes.

À ce jeu des rumeurs et des tracts anonymes, Soldani était évidemment le plus fort. Un virtuose qui disposait de structures de diffusion rapides et performantes. À ce jeu, le plus crédible est celui qui occupe depuis de longues années le terrain. Tous connaissent plus ou moins ses faiblesses et les ombres de sa vie professionnelle ou familiale. Faire fabriquer un tract anonyme sur lui revient implicitement à le signer ! En revanche, inconnu dans la ville, l'envahisseur est plus fragile. Tout est crédible puisque rien n'est vérifiable sur le moment. Tout peut être inventé, puisque a priori rien ne se sait sur la vie de l'adversaire. Soldani excella en ce domaine.

Je suis tranquillement assis dans un des fauteuils de ma permanence, quand je vois surgir, livide, un de mes futurs colistiers. Il tient une feuille en main. Incapable de dire un mot, il a subi de front le choc émotionnel en traversant le marché, inondé de tracts identiques. Pour lui, la campagne électorale est terminée. Je suis cuit. Je lis. Rédigé dans un français très approximatif, le texte m'apprend que ma femme a été condamnée et emprisonnée « pour abandon de famille ». Envie de rire et fureur. Comment ont-ils pu inventer une ânerie pareille ? Le coup est tordu et épouvantable, car il est assené sur mes proches. « Comment croire un homme, lui faire confiance, alors que sa femme a fait de la prison ? » s'interroge-t-on sur le marché. La rumeur s'est mise en mouvement. Pour mesurer la gravité de ce cataclysme, il faut savoir que dans ces départements où le soleil rend éclatants, lumineux les plus petits détails des vies familiales, il n'est pas imaginable qu'une famille puisse subir pareille critique. Il n'est pas imaginable qu'une mère de famille puisse s'être rendue coupable d'un acte aussi ignoble. À la sortie de l'église, le dimanche matin, la foule est immense sur le parvis. Des centaines de fidèles et de curieux se disent absolument tout sur les revers de fortune du voisin, la fugue inadmissible du boulanger, la conduite honteuse de l'épicière, dès lors condamnés à l'opprobre et à l'exil par ce tribunal populaire. Le danger est tel que les Dracénois ont acquis l'habitude, cocasse et comique, d'aller « faire leurs fredaines » ailleurs, hors de l'enceinte de la ville. Tout ce qui se fait à l'intérieur des frontières obéit à une règle de linéarité parfaite, imposée par le souci de n'être en aucun cas susceptible de manifester la moindre déviance dans la conduite morale autorisée.

Ce comportement prend même des allures quasi pathologiques, franchement hilarantes. Par exemple, il n'était pas « convenable » de traverser les rues de la ville au volant d'une voiture de luxe. Le véhicule de fonction de Soldani était une vieille Peugeot. Le bon docteur German faisait ses visites dans une 2 CV. Quelques grands bourgeois, pourtant à la tête de fortunes considérables, se rendaient de leurs domiciles à leurs entreprises dans des 4L toussotantes. Mais ils avaient tous leurs petits secrets. Un jour, invité à un déjeuner en Italie par un notable très connu, je le découvre m'attendant devant mon portail au volant d'une minuscule voiture, à l'évidence essoufflée. Je lui propose que nous fassions cette balade dans mon propre véhicule. Il refuse avec un sourire. Nous nous entassons, étouffant de chaleur, pour parcourir quelques kilomètres. Dans un garage discret, à l'entrée du premier village voisin, nous attend une somptueuse Mercedes. Il ne lui serait jamais venu à l'esprit de la montrer dans Draguignan ! Il se disait bien que quelques couples n'étaient liés que par une trompeuse tendresse cachant des querelles constantes et les incartades de l'homme comme de la femme. Mais à Draguignan, l'apparence était préservée au nom du « socialement correct ».

Comment expliquer à cet ami que cette histoire « d'emprisonnement de ma femme » est complètement folle ? Il a vu mes enfants. Ma femme a eu un garçon d'un premier mariage, mais il le connaît, il l'a même rencontré chez moi. Je réalise qu'il ne sert à rien d'expliquer. Me revient en mémoire la scène de ma rencontre avec Jacques Médecin, après que j'eus vu, projeté sur grand écran dans un cinéma de la ville, un chèque supposé magouillé, argument assassin utilisé par son adversaire dans une salle survoltée. J'étais moi aussi, à l'époque, statufié, convaincu que « tout était perdu ». Ce jour-là, Médecin me donna une leçon de technique électorale. À ne jamais oublier. Un candidat est un homme comme les autres. A priori, ni plus ni moins noir que les autres. Les électeurs le savent. Ils sont prêts à l'admettre, plus encore sur les bords de la Méditerranée. Il n'existe pas de candidat dont la vie, professionnelle et privée, soit totalement irréprochable. Il n'est pas d'homme qui ne se soit laissé aller à commettre, un jour, un écart, péché sans doute véniel mais dont la révélation dans la fièvre d'une campagne peut faire basculer l'opinion. Il n'existe que deux solutions. Avouer publiquement et immédiatement si le péché est réel. Le peuple, qui sait que la sainteté est exceptionnelle sinon introuvable, reconnaîtra dans la franchise le geste d'un vrai chef. Il pardonnera peut-être. Le choc émotionnel sera vite digéré. En revanche, si le péché est totalement inventé, il faut que, face au peuple qui se prend à douter, la résistance du candidat soit évidente et manifeste. Il faut qu'il se montre. Il faut qu'il paraisse devant le public en cachant sa rancœur et sa haine, en démontrant ostensiblement son insensibilité aux coups bas. Lorsque je lui avais rendu compte de l'épisode du chèque, Médecin m'avait regardé, une seconde seulement. Puis, tranquillement, il avait allumé son cigare, jeté un œil à sa montre, et m'avait invité à retourner plus souvent encore sur les marchés. Lui savait évidemment la vérité. Il était probablement atteint, touché, mais il aurait été impensable que ses sentiments apparaissent. Ses hommes, moi le premier, en auraient été démobilisés. Ayant retenu la leçon, je regarde en souriant mon messager atterré.

— Nous allons ensemble sur le marché !

— Tu es fou ! Les hommes de Soldani y sont. Ils distribuent encore les tracts.

— Justement, c'est maintenant qu'il faut y aller !

J'étais paniqué en réalité. Cet épisode pouvait parfaitement se conclure par un affrontement physique, une humiliation publique. Il n'en fut rien. Sidérés de me voir surgir, faussement tranquille, de la rue Cisson qui longe l'hôtel de ville, près des premiers étals, les gens parurent un instant hésiter. Et c'est encore cette brave Georgette qui détendit l'atmosphère :

— Eh, tu as bien fait de venir. Regarde-les, ils se sauvent ! Ne t'en fais pas, je connais ta femme, c'est une Italienne comme moi, qu'elle ne s'inquiète pas.

La suite fut évidente : puisque j'étais là, il n'y avait pas le moindre doute, ma femme n'était coupable de rien.

Soldani, fidèle aux pratiques varoises, persista. Le marché servit pendant des mois de dépotoir à « révélations ». Il y en eut même de vraies, comme, par exemple, la photocopie d'une lettre me notifiant un redressement fiscal. Je l'avais effectivement subi. Le document était authentique. Et l'administration fiscale à Nice dut présenter ses excuses, coupable d'avoir permis cette fuite. Il y eut aussi la « révélation » de la vente aux enchères de mon appartement niçois. La nouvelle, colportée du marché dans tous les bistros, démontrait, sourires méprisants aux coins des lèvres des commentateurs, que j'étais ruiné et dangereusement endetté. Chaque tract nécessitait la diffusion, presque quotidienne, de journaux signés pour répondre à toutes les infamies. Leur poids financier était en train, effectivement, de me conduire à la ruine ! Ce coût augmenta encore plus sensiblement quand les mercenaires du roi Édouard comprirent que, fabriqués à Nice, ces tracts et journaux transitaient par la route. Comme sur les pistes de l'Ouest américain, ils attaquèrent à plusieurs reprises les véhicules de transport, brûlant les documents après avoir neutralisé les occupants. Je n'avais pas le choix, il était impensable qu'un imprimeur dracénois accepte le travail. Ordre de Soldani. Un seul me proposa d'imprimer un « courrier aux électeurs ». Il était évident que l'ordre, là encore, lui en avait été donné par le maire, qui aurait ainsi été tenu informé, avant diffusion, du contenu des articles.

Au fond, peu importait. Je revenais toujours sur le marché. Peut-être choqué et paniqué, mais je revenais. L'avalanche des tracts anonymes fut si gigantesque qu'elle finit par devenir grotesque. Dans le même temps, la violence propre à la vie politique varoise, les méthodes d'intimidation continuaient. Il était clair que les quelque mille cinq cents personnes qui s'étaient accoutumées à prendre le chemin du chapiteau, curieuses d'assister au spectacle ou simplement plus courageuses que les autres, ne pouvaient pas représenter tout l'électorat. Les visites à domicile étaient brèves. Elles ne permettaient pas l'explication d'un programme. Le plus grand nombre, obéissant à la loi locale de la discrétion, restait calfeutré dans la tiédeur tranquille des appartements. La seule solution était de les y rencontrer directement. Obéissant, moi aussi, à la règle de discrétion, je commençai par un simple apéritif organisé par ma fausse-vraie cousine. Elle invita quelques voisins, à la nuit tombante. L'un d'eux accepta d'en organiser un autre, dans les mêmes conditions. L'effet boule de neige permit assez vite d'occuper mes après-midi et mes soirées. Ces rencontres à domicile aboutirent à un quadrillage de la ville. Seul inconvénient : il me fallait être discret, donc seul.

Un soir, invité dans une villa éloignée, à plusieurs kilomètres de la ville, je fus attendu par les mercenaires de la mairie. Un fracas de tôles cassées et de vitres brisées interrompit rapidement la conversation et me ramena à la réalité locale. La famille d'accueil, apeurée, boucla portes et fenêtres. Sortant pour constater les dégâts, il apparut rapidement que ma voiture était, une fois de plus, à jeter à la ferraille. J'étais, en outre, en quelques secondes, devenu franchement importun pour ces gens, gentils mais pas assez braves pour me rouvrir leur porte. Il me fallut rentrer à pied. Quelques kilomètres de marche nocturne dans la solitude glacée de l'hiver. Un retour angoissant qui me fit retrouver les couplets des prières à l'éternelle sainte Rita, bien inspirée ce soir-là de m'accorder un peu de sollicitude. Tout au long du chemin, je fus en effet suivi par une voiture, tous feux éteints. J'entendais le bruit du moteur, parfois lointain puis soudain énorme, infernal, quand le chauffeur, invisible dans la nuit, jouait à me doubler puis à ralentir jusqu'à s'arrêter, pour me permettre de le dépasser. La peur qu'il savait provoquer m'aurait paralysé si je n'avais cessé de penser, de m'obliger à ne penser qu'à mes enfants. J'aurais voulu courir, fuir, me cacher, plonger dans un fourré, mais « ils » ne me quittaient pas des yeux. Je les sentais. Je ne pouvais leur échapper s'ils m'avaient préparé un mauvais coup. Un retour en forme de lente agonie.

« Ils » m'accompagnèrent ainsi jusque devant le portail de ma villa. Plongeant, livide et épuisé, dans un fauteuil, j'avoue avoir sangloté. La rage, l'épuisement et la peur. Avec pour seul témoin ma femme, silencieuse, attendant que je retrouve mon calme pour comprendre mon retard. C'est vrai, « ils » ne m'ont pas tué.

Yann Piat, voyant surgir derrière sa voiture les motards assassins, a peut-être, elle aussi, en quelques secondes, pensé à sa famille, à son enfance. Peut-être rendue folle par cette panique que j'avais également éprouvée, elle a espéré « qu'ils » voulaient « seulement » l'intimider. François Trucy, l'ancien maire de Toulon, succédant « à l'amiable » à Maurice Arreckx, me racontait ses frayeurs, certains soirs, dans les rues sombres du vieux port, alors qu'il savait que sa gestion de la ville ne convenait pas à son prédécesseur, toujours présent, toujours puissant, toujours aussi affectueusement lié à Fargette, le patron des truands. Trucy est ce qu'il est convenu d'appeler un homme délicieux. À la tête d'un laboratoire pharmaceutique, il dispose d'une fortune confortable et d'une solide réputation. Il a su inspirer le respect de tous. Varois lui-même, il connaît mieux que quiconque les méthodes locales. On ne peut pas avoir été le premier adjoint d'Arreckx sans « savoir », ce qui ne suppose pas nécessairement la complicité. Sans doute a-t-il été aveugle, ou naïf, mais son accession au trône toulonnais laissé vacant ne se fit probablement pas dans la « conformité » souhaitée par l'environnement. Il crut devenir fou, sombra dans une profonde dépression nerveuse, et finalement perdit tout : notoriété, pouvoir et respectabilité quand naquit la rumeur, abominable, démesurément amplifiée, incontrôlable, comme une vague venimeuse, déferlante immense et impossible à arrêter : « Le maire est pédophile. » Une pure infamie. Dépôts de plaintes, vérifications, reconnaissance du caractère totalement mensonger des accusations, rien n'y fit. Trucy s'enferma dans un silence désespéré. Il perdit la mairie.

À Draguignan, l'intimidation devint inguérissable, déclenchant des peurs paralysantes quand il fallut composer la liste municipale. Je connaissais cette peur. Elle était ma compagne obligée depuis le début de cette aventure. Elle est sournoise, cachée le soir venu sous les portes cochères, surgissant brutalement au détour d'une rue, puis redevenant discrète quelques jours pour revenir, explosive et effrayante, dans des conversations qu'on sait épiées. Un après-midi exceptionnellement tranquille, se présentent au portail de ma villa trois individus, juchés sur d'énormes motos. Ils mettent pied à terre, entrent sans attendre et moins encore répondre à mes questions. L'un d'entre eux est énorme, chauve et affreusement gras. Les deux autres, minces, offrent complaisamment la vue d'une musculature impressionnante. Ils investissent le salon et paraissent se ficher complètement de mon étonnement. Ils s'affalent dans les fauteuils. Le plus gras, le chauve, s'allonge délibérément et pose ses grosses godasses de motard sur la petite table du salon. J'attends l'incident. Je le sens. Ils me sont totalement inconnus. Des truands, j'en suis certain.

Ma femme, aussi mince et frêle qu'étonnamment courageuse, même si elle a parfaitement compris que la suite des événements risque d'être douloureuse, jette au chauve un regard méprisant et furieux.

— Enlevez vos pieds de là. Vous êtes chez moi, je n'accepte pas la mauvaise éducation chez mes enfants, encore moins de la part d'inconnus.

Je la regarde, stupéfait et inquiet. L'autre la dévisage, sourit, me regarde longuement et reprend une attitude légèrement plus convenable.

— N'ayez pas peur, madame, nous sommes venus apporter notre aide à votre mari.

Qui sont ces gens, dangereux sûrement ? Qui les envoie ?

— On sait que vous avez besoin d'argent. Cette campagne vous coûte cher, n'est-ce pas ?

Je m'entends répondre, dans un murmure :

— Oui, c'est exact.

— Nous sommes là pour vous en donner. Peu importe le montant, ne cherchez pas à savoir qui vous l'offre.

J'ai soudain une furieuse envie de les balancer par la fenêtre.

— Non, il n'en est pas question. Dites à vos commanditaires que je me bats seul. Je n'ai besoin de personne.

Ma femme, survoltée, succombant comme toujours à ses habitudes italiennes, ne peut s'empêcher de se lancer dans une violente diatribe, aussi saugrenue pour ces personnages que particulièrement dangereuse. Les deux costauds, restés silencieux et dont je n'aurai finalement jamais entendu la voix, se redressent lentement. Aussi sûrs d'eux que menaçants. Je m'avance pour m'interposer. Dans un affrontement direct, j'aurais plutôt fait pâle figure ! Quelques secondes de silence pesant, inquiétant. C'est le chauve qui bondit, mais en éclatant de rire. C'est à moi qu'il s'adresse.

— Elle est courageuse, ta femme ! C'est bien, j'aime ça. Mais toi tu es inconscient, il serait urgent que tu comprennes parfaitement le sens de notre démarche.

Il insiste : « Est-ce que tu me comprends ? » Ah ça, inutile de répéter ! J'ai parfaitement compris.

— De toute façon, nous reviendrons. Et puis, on aura sûrement l'occasion de se revoir.

Je ne les ai jamais revus, sauf le jour de ma victoire, plus d'un an après, quand ils ont surgi de la foule infranchissable qui m'enveloppait, heureuse mais déchaînée, pesante et étouffante. Le gros et gras, toujours aussi chauve, aidé de ses deux acolytes, bouscula tout sur son passage, m'enveloppa pour m'aider à grimper sur une estrade. J'étais stupéfait.

— Qu'est-ce que vous foutez là ?

— Mais, répondit-il, on est toujours là. On restera toujours là.

J'avais appris qu'entre-temps ils avaient effectué les mêmes visites auprès de mes colistiers les plus importants.

Il semblerait qu'ils appartenaient à un groupe de truands toulonnais. Ceux qui avaient rencontré un soir, à Draguignan, leurs collègues niçois dans une chambre de l'hôtel Bertin, gardée par toute une bande de malfrats en armes. Ma victoire les contraignait à trouver un arrangement à l'amiable pour éviter une bataille sanglante. Je ne sus rien de cette négociation. Ce n'est que fortuitement qu'elle me fut révélée, un soir, dans un bar de Nice, plusieurs années après, alors que j'avais quitté mon siège de maire. C'est un vieil homme à l'élégance sans doute un peu trop recherchée qui s'avança vers moi, me tendit la main, affirma me reconnaître et me raconta la scène, ponctuant son propos par un rire énorme. Il disparut ensuite. Il disparut même complètement puisque, quelques années plus tard, il fut mitraillé au volant de sa voiture. Le titre de *Nice Matin*, acheté dans un kiosque de l'avenue de Wagram à Paris où je m'étais exilé, annonçait la reprise des batailles sanglantes entre bandes de truands, pour la conquête de l'exploitation des casinos.

Violence, intimidation. Et encore intimidation et violence. Ma fille Jenifer a six ans. Restée avec ses frères sous le climat plus tranquille de Nice, elle nous manque. Les soirées, habituellement joyeuses et bruyantes, sont devenues tristes et angoissantes. Nous n'avons cédé, ma femme et moi, qu'une seule fois à la tentation de la retrouver. Un matin, je l'emmène faire une visite à domicile. L'entretien est prévu pour quelques minutes, le temps de mettre au point des détails concernant le prochain spectacle politique sous le chapiteau. Je la confie au chauffeur. Lorsque je redescends, je le retrouve livide. Une voiture qui nous suivait, quatre mercenaires à bord, a profité de mon absence pour tenter de heurter mon véhicule pour le projeter contre un mur. Le chauffeur a eu la présence d'esprit de démarrer rapidement et, malgré le choc, de grimper sur le trottoir. Il a fui en utilisant les contresens, en ignorant les feux rouges, et en gardant la main de ma fille, affolée, dans la sienne, avant de s'arrêter brutalement devant le commissariat de police. Le chauffeur très pâle, tremblant encore, a ces quelques mots :

— Ne me laissez plus jamais vos enfants !

Nouvelle plainte. Nouvelle réponse évasive du commissaire central : « Je sais, je comprends, je prends votre plainte. Mais vous comprenez ? C'est difficile pour moi. » L'impuissance des pouvoirs publics à Draguignan était autant le fruit de la peur que l'effet du despotisme du roi Édouard. Il n'était pas une administration qui eût osé se rendre complice de poursuites contre un ami du maire ou d'un soupçon de connivence avec qui que ce fût susceptible d'être un adversaire potentiel. Le patron local des Renseignements généraux, personnage débonnaire, truculent et plutôt sympathique, cumulait ses fonctions officielles avec celles de « conseiller politique » de Soldani. S'il dépendait hiérarchiquement du sous-préfet, il était surtout l'informateur privilégié du sénateur-maire. La relation entre les deux hommes était trouble. Ils ne s'appréciaient que modérément, ne s'accordaient qu'une confiance de façade, mais leur collaboration était quotidienne. Ce policier ne passait pas une journée sans m'infliger sa visite. Il était intelligent et savait parfaitement que nous jouions, tous deux, à nous mentir. Il prétendait me donner quelques « tuyaux » sur le maire, il en attendait de l'adversaire. Assez malin ou opportuniste, il me laissait comprendre que, si j'étais élu, il m'aiderait aussi bien volontiers. C'est lui qui — innocemment ! — me suggéra d'aller rendre visite aux vieillards logés au foyer Ramadier, centre d'accueil municipal.

À la tête d'un petit groupe d'amis, je pénètre donc, un jour, dans le bâtiment. Je n'ai pu apercevoir que la salle à manger. Surgit aussitôt, déchaînée, hurlant sa rage, la directrice, encadrée par trois géants de la bande des mercenaires. Une fois de plus, la seule issue fut la fuite. Se moquant éperdument des règles républicaines, le maire avait donné des ordres stricts : interdiction absolue de me laisser entrer dans un quelconque bâtiment municipal, interdiction de prendre connaissance des documents officiels, aussi bien les délibérations municipales que les listes électorales. Cette soumission forcée, acquise et entretenue par la violence et les mesures d'intimidation, porte en elle des germes de trahison. Soldani n'en était pas à l'abri. Ces trahisons émanèrent des plus hauts fonctionnaires de l'administration municipale, de ceux qui ne pouvaient ignorer l'illégalité des mesures prises à mon encontre. Elles me surprirent. Je n'aurais jamais imaginé que certains, sans doute rendus courageux par la proximité de la retraite, me contacteraient discrètement. Avec un luxe infini de précautions, dans le secret d'appartements inconnus, dans des pièces aux volets clos, j'ai rencontré des hommes exaspérés, rendus violents par le ras-le-bol engendré par une dictature impitoyable. Ils prenaient des risques considérables, ce qui me laissait imaginer que je commençais à avoir quelques chances de l'emporter.

Présenté par la presse comme le « jeune loup » susceptible de détrôner le « vieux lion », je devins de plus en plus dangereux, donc plus fragile dans le contexte varois. Maurice Arreckx, le maire de Toulon, accentue ses pressions sur mes supposés soutiens politiques. Pour avoir enflammé la ville par une campagne courte mais tonitruante, j'ai, sans l'avoir souhaité, accentué les clivages. À la tête des rédactions locales de *Var Matin* et *Nice Matin*, deux hommes différents, autant dans les physiques que les comportements, s'affrontent eux aussi. Le patron des journalistes de *Nice Matin* est soumis à deux impératifs : être agréable à Michel Bavastro, son président, qui lui a donné des instructions précises pour me soutenir, et surveiller quotidiennement le chiffre des ventes qui doivent absolument rejoindre et dépasser ceux de *Var Matin*. Mon atterrissage à Draguignan a été une aubaine. Il dispose en exclusivité des informations fournies généreusement par « l'agitateur venu de Nice ». Effectivement, les ventes augmentent. Pour limiter cette diffusion de nouvelles inconvenantes pour le maire, ses adjoints et ses mercenaires dévalisent consciencieusement tous les matins les kiosques. Ils rachètent des piles de *Nice Matin* ! Pour parer le coup, deux secrétaires de la permanence sont contraintes, chaque jour, de photocopier à plusieurs centaines d'exemplaires les articles d'un journal vite introuvable. À la tête de *Var Matin*, officie un journaliste diabolique autant par son caractère retors que son goût pour la bataille. Il appartient à cette nouvelle catégorie de professionnels qui trouvent leur province trop étriquée. Son ambition est de se hisser à la hauteur de ses confrères du *Washington Post*. Proche de la retraite, il veut finir en beauté. L'autoritarisme de Soldani n'est pas de son goût, mais il le soutient. Avec l'opposant, il noue une relation curieuse, où se mêlent une petite complicité pour l'ancien journaliste et le plaisir de titiller Soldani. Il cultive avec un art consommé l'ivresse du secret. Fouineur, il cherche, et trouve souvent.

Ce journaliste de *Var Matin* était en poste à Toulon avant d'être muté à Draguignan, car son goût pour les « affaires » n'était pas apprécié par Maurice Arreckx. Le maire de Toulon obtint son départ et, dans ses nouvelles attributions, le fouineur exerçait son métier sous étroite surveillance. Mon parachutage lui offrait enfin un véritable événement.

Si *Nice Matin* affichait la couleur, *Var Matin* se délectait des affrontements quotidiens et contribuait, volontairement ou non, à les dramatiser. Les deux journaux étaient devenus des acteurs, des amplificateurs de cette dramatisation. Les deux hommes, avec des motivations différentes, adoptaient les mêmes comportements. Cette médiatisation me convenait puisqu'elle me hissait au niveau de Soldani. Elle était gênante car elle rendait craintifs les plus fragiles, ceux qui se seraient bien passés de paraître à nos côtés.

C'est dans ce climat qu'il me fallut composer la liste, trouver trente compagnons de cordée. Une dizaine de responsables locaux des partis de droite auraient été, de toute façon, obligés de faire acte de candidature. Leurs noms étaient aisés à aligner. Pour autant, je percevais leurs faiblesses. Habitués des combats perdus d'avance, ils avaient accumulé tant d'échecs et d'humiliations que les plus intelligents, les plus doués des Dracénois s'étaient bien gardés de figurer parmi eux. Dépourvus d'une véritable expérience politique, sans résistance dans les affrontements, ils ne savaient que perdre. L'un d'entre eux, un médecin, dont le regard fuyant annonçait de futures trahisons, avait naguère tenté de mener une liste contre Édouard Soldani, dans une épouvantable solitude, craignant le pire pour lui et sa famille, subissant même le siège de sa villa toute une nuit par des mercenaires et des malfrats hurlant des insanités et bombardant de projectiles les vitres et le toit. Habitués à jouer les utilités, ils ne feraient que le strict nécessaire. Soldani, qui veillait à préserver son opposition officielle, se plaisait à entretenir avec eux des relations courtoises, d'autant plus amicales qu'il ne courait aucun risque. Il eût été sans doute intelligent d'en laisser quelques-uns dans leur douce léthargie, mais c'était totalement impossible. Patrons de groupuscules isolés et se vouant une haine féroce, ils étaient incontournables dès lors qu'il convenait de ne pas perdre une seule voix. S'ajoutaient à eux cinq à six commerçants et petits industriels, délibérément écartés de la liste des fournisseurs de la mairie. De deux maux, ils pensaient cyniquement choisir le moindre : ma victoire ou leur faillite. Enfin, dans la population il se trouva trois oiseaux rares, trois volontaires.

Dans leur recrutement, j'ai commis une grave et lourde erreur d'appréciation. Un ancien secrétaire général adjoint de la sous-préfecture, dont le titre me paraissait être une garantie, s'avéra fragile et si parfaitement inconstant que les journalistes, non sans méchanceté, l'avaient surnommé « le Yo-Yo ». En revanche, une collaboration exceptionnelle vint d'un avocat, ancien bâtonnier, imperméable à toute menace, supérieurement intelligent, connu et respecté. Il allait, malheureusement, m'abandonner en cours de route, décédant brusquement après deux ans de campagne et au lendemain de la victoire. Sa disparition brutale provoquera un vide épouvantable et annoncera, en fait, ma propre mort politique. Mais surtout, le hasard me fit un jour rencontrer, dans une des discrètes réunions à domicile, une jeune femme élégante, paraissant effacée, une enseignante au corps mince et frêle, dont la fragilité apparente cachait un courage étonnant et une rare détermination. Elle affirmait représenter les centristes, dont elle était, en réalité, la seule adhérente. Sa témérité physique, son intelligence et son charme indéniable la dotaient d'un charisme redoutable. Elle n'avait peur de rien, parlait peu, était toujours présente. Dès lors qu'elle accepta de participer à l'aventure, elle ne fléchit pas un instant. C'est en sa compagnie que s'effectuèrent les sorties nocturnes, les épuisantes visites d'immeubles, les montées et descentes des escaliers d'HLM, les fuites aussi et les humiliations inévitables. Une femme, en politique, se révèle parfois infiniment plus forte, plus résistante qu'un homme.

Le roi Édouard, tenu informé de tous nos faits et gestes, savait que la composition de la liste était une épreuve et que nous avions de fortes chances de nous y casser le nez. Élu et réélu depuis quarante ans, il avait parfaitement exploité l'arme du clientélisme. Cet avantage était encore plus net, et aisé à entretenir, dans une cité épargnée par les flux migratoires. Si Médecin cultivait l'art d'être aimé, Soldani, en revanche, ressemblait plutôt à un ânier, armé d'un bâton et de quelques carottes. Il lui suffisait d'être craint. Tout lui était prétexte à contraindre ses concitoyens à se considérer comme ses obligés. Régnant, directement ou non, sur les administrations, il avait instillé dans les esprits le sentiment de la nécessité d'être dans les meilleurs termes avec la mairie pour obtenir un « service » alors que les citoyens ne faisaient qu'usage de leurs droits naturels. Des permis de construire aux inscriptions scolaires, tout paraissait être de son ressort, dépendre de son bon vouloir. Les valeurs démocratiques n'étaient pas dracénoises.

Dans le Var, les méthodes variaient selon le caractère de chaque élu, mais elles étaient identiques dans leurs effets. Maurice Arreckx se plaisait, alors qu'il venait du nord de la France, à emprunter lui aussi à ces comportements typiquement méditerranéens. Il savait susciter une certaine chaleur dans ses contacts populaires, mais toute tentative de rébellion paraissait impensable dans un système fondé sur la notion de services rendus et où, si nécessaire, les amis du maire savaient ramener les récalcitrants à la raison. Laurin, à Saint-Raphaël, loin de jouer avec ces relations dangereuses, se contentait d'être un « bon gestionnaire ». Il l'était. Dès lors, il ne lui paraissait pas indispensable de susciter, en plus, de l'amour. Néanmoins ces deux élus avaient dû, inconsciemment ou par obligation, composer avec un environnement. Le seul clientélisme n'aurait pas suffi à contrôler des sociétés en continuel renouvellement, par le tourisme à Saint-Raphaël, par la présence militaire à Toulon. À Draguignan, citée fermée et isolée, le clientélisme suffisait. Les mœurs n'avaient pas évolué depuis des siècles. Depuis que je m'étais installé en ville, j'avais assisté, sidéré, à des scènes incongrues, inouïes. Les amis de Soldani lui baisaient les mains ! Incroyable, et pourtant quotidien. Quand je perdis la première manche du combat singulier qui nous opposait, les journalistes, découvrant la réalité dracénoise, photographièrent la cérémonie stupéfiante de la prosternation et du baise-main, devant une foule délirante, par un féal qui était pourtant un grand avocat, que je savais intelligent et subtil. Cette vénération ne procédait pas de l'amour.

Elle en était exactement l'inverse. Elle exprimait un devoir d'obéissance. Soldani en était fier et semblait le considérer comme suffisant. D'où son habitude d'entretenir avec toute la population une relation de dépendance.

Face à un tel système, dont je n'imaginais pas qu'il pût subsister en France, il n'est qu'une seule réplique, celle de tous les révolutionnaires : susciter la sympathie, la tendresse, l'adhésion amoureuse de la population. Je me suis surpris à aimer ces femmes et ces hommes simples, rendus muets depuis quarante ans, et qui découvraient un autre monde. Ces héros attendrissants de *Jean de Florette* écoutaient enfin la voix de leur siècle. Ils caressaient le rêve de casser la gangue, de briser la loi du silence. Le trône vacillait. Soldani était peut-être le seul à ne pas le sentir.

Au café du Commerce — le lieu de rassemblement des amis du maire où j'aurais été bien mal inspiré d'aller siroter un café — Édouard Soldani entrait chaque jour, encadré par ses gorilles, et attendait que se manifestent les signes publics de la vénération que lui devait son peuple. Exactement en face, au Grand Café, régnait derrière son comptoir un gros bonhomme débonnaire, à la parole intarissable, un vrai Dracénois jovial qui « aurait été bien heureux de figurer sur ma liste mais qui était gêné... ». Néanmoins il avait laissé son établissement devenir le discret foyer de l'opposition. Il savait que cette complicité avec les « renégats », fût-elle très feutrée, le condamnait, en cas de défaite, à l'exil ou à la fermeture administrative. Il approchait de la retraite, ce qui le rendait plus courageux. Ses associés lui avaient laissé clairement entendre que cette retraite serait anticipée après ma défaite. Les habitants pensaient en effet que je m'en retournerais à Nice, les abandonnant à la vengeance des amis du roi. Non content de nous accueillir, le patron du Grand Café accepta de se charger du recrutement des scrutateurs et assesseurs. Funeste décision ! L'homme était gentil mais capable d'un tel désordre que la plupart des bureaux de vote furent, au matin du scrutin, dépourvus de tout représentant de l'opposition. Ces braves gens étaient si peu aguerris aux combats politiques, qu'ils n'en percevaient même pas les pièges qu'au demeurant ils étaient incapables d'éviter. Pourtant, il fut bougrement utile. Non seulement il faisait campagne en d'interminables palabres, murmurées loin des oreilles indiscrètes, mais sa connaissance des familles locales permettait de solliciter l'un ou l'autre pour accompagner la liste dont le dépôt en préfecture devenait urgent. Seulement, les amis de Soldani connaissaient tout autant la société dracénoise et exerçaient les pressions nécessaires pour que j'en arrive à craindre de ne même pas pouvoir aligner une trentaine de noms. Soldani connaissait depuis si longtemps les militants traditionnels de l'opposition qu'il s'amusait à les convoquer gentiment, pour des rencontres prétendues secrètes mais dont il se chargeait, ensuite, d'assurer la publicité. Le thème était toujours le même : « Ce "fou furieux" n'est pas des nôtres, tu peux ne pas m'aimer, mais c'est Draguignan que tu trahis en le suivant. » Et puis venaient les sempiternelles menaces, à peine déguisées : « N'oublie pas l'emploi que j'ai donné à ta fille, le permis d'agrandir ta villa qui est à l'instruction, le prêt que le Conseil général t'a accordé... » Ces prêts avaient été inventés par Soldani lui-même, en sa qualité de président du Conseil général. Il en avait fait une arme redoutable, alimentée par des fonds publics ! Pour en bénéficier, à des taux proches du zéro, il valait mieux appartenir à la grande famille des sujets fidèles et obéissants. La Cour des comptes découvrira plus tard ce qu'en fait tous les habitants savaient : ces prêts personnels étaient largement distribués à plusieurs membres d'une même famille, puis leurs remboursements étrangement oubliés. Cet art consommé du clientélisme utilisait des pratiques illégales ? Qu'importe. Soldani était intouchable. Dans les cas les plus difficiles, il usait d'un dernier argument. Dans un murmure, « confidentiellement », il montrait un volumineux dossier, de près d'un bon mètre de haut : « Ce sont toutes les informations que j'ai sur cet escroc. Je vais les révéler. Tire-toi de là, va-t'en, avant que le scandale ne t'éclabousse ! » Il eût été inconvenant pour ces hommes et femmes mis dans la « confidence », de demander à voir ce dossier. La parole du roi suffisait.

Celui qui allait devenir, bien plus tard, mon adjoint aux travaux était aussi gentil et dévoué que fragile. Pourtant chef d'entreprise, homme d'affaires avisé et expérimenté, il n'avait qu'une vague expérience politique. Fidèle, généreux, actif, mais toujours habité par une inquiétude qui le rendait vulnérable, il disait trop bien connaître les colères et les vengeances du maître des lieux. C'était vrai. Il avait toutefois décidé de s'engager. C'est lui qui, le premier, fut mis dans la confidence du dossier. Il revint à la permanence, ferma volets et portes et, aussi livide que lorsque, rentrant du marché, il m'avait lu le tract sur ma femme « emprisonnée pour abandon de famille », il me redit : « Nous sommes cuits. Il sait tout de toi. Il m'a dit que tu as un passé abominable. Laisse tomber ! »

De nouveau me revint en mémoire une phrase de Médecin. Il venait d'être nommé secrétaire d'État au Tourisme. Mon ami Robert Soulé, alors directeur des informations de *France-Soir*, m'appelle pour m'apprendre que circule dans les salles de rédaction un dossier « explosif » sur le nouveau ministre.

Médecin reconnaissait que ce dossier, émanant d'un membre de sa famille, s'il existait réellement, pouvait être gênant. Sa réponse, toujours la même, procédait d'une étonnante résistance, acquise près de son père et dans ses longues années de combats politiques :

— Je m'en fous. Dis à Robert Soulé que je le remercie, mais les journaux feront de ce dossier ce que bon leur semble. Depuis ma première élection je suis régulièrement menacé de la révélation de dossiers ! Je te le répète, je m'en fous.

Je regarde mon ami dracénois. Je souris, et même si le rictus n'est pas totalement convaincant, je m'entends, comme en écho, répondre :

— Je m'en fous ! Il peut diffuser tous les dossiers en sa possession. Je reste et nous gagnerons.

Interloqué, il s'enfonce dans le fauteuil, prend sa tête, sûrement en ébullition, entre ses mains :

— Bon, si toi tu t'en fous, au fond ça ne me regarde pas.

Soldani agira de même avec tous les candidats à l'aventure. Et il réussit son entreprise. Il m'était impossible d'aligner une trentaine de noms. Mais le roi Édouard avait négligé un détail. La ville avait, malgré tout, un peu changé. Le transfert de la préfecture à Toulon avait été compensé par l'installation d'une école d'artillerie. Avec le camp de Canjuers, cette école avait introduit dans la cité une population invisible à l'œil nu car faite de soldats à qui il était strictement interdit de se balader en uniforme en ville. Cette troupe n'en était pas moins là et entendait participer à la vie publique. Ces militaires s'étaient inscrits sur les listes électorales et Soldani ne les connaissait pas.

Certes, le maire se plaisait à entretenir des relations conviviales avec les supérieurs de haut rang. Il considérait qu'il en faisait assez en favorisant la construction de nouveaux immeubles et résidences. Les soldats, eux, n'avaient aucune raison d'entrer dans la logique des « services rendus ». Ils n'avaient pas demandé que l'école fût là. Puisqu'elle existait, il était naturel que les pouvoirs publics remplissent, en retour, leurs missions naturelles : faciliter leur installation et leur intégration. C'était dans l'ordre républicain. Si Soldani ne l'entendait pas ainsi, les militaires, venus d'horizons plus démocratiques, n'en tenaient aucun compte. Ils m'évitèrent le naufrage. Ma liste comporta un nombre impressionnant d'officiers et sous-officiers ! J'étais sidéré. L'avenir m'apprit, trop tard, que les militaires ne sont pas forcément des hommes politiques ! En fait, rares sont ceux qui ont réussi dans les deux disciplines. Le soldat vit dans un cadre tracé, interdisant tout imprévu. La politique est à l'inverse. L'imprévu y est naturel. La stratégie peut, à tout moment, changer. La cible peut être modifiée au gré des événements, de nouvelles alliances, ou de trahisons. N'empêche que cette pré-

273

sence militaire, en ce moment crucial, me sauvait du désastre.

Pour clore cette fameuse liste, trouver les derniers noms, j'entrais un soir dans un bistro du centre ville ; le patron, un « étranger », m'accordait une affection discrète. J'avoue avoir recruté trois ou quatre « piliers de bar », que l'ivresse naissante rendit ce soir-là assez courageux ou inconscients pour signer les documents nécessaires. Ils n'avaient aucune chance d'être élus puisqu'ils figureraient en queue de liste.

# 13

## *Trucages et attentat*

En plein centre de la ville, les allées d'Azhémar forment un large espace de verdure et de calme. Quand s'estompe la chaleur torride, suffocante de l'été, à l'heure où les passants se hasardent de nouveau à envahir les rues un peu plus tièdes, des dizaines de boulistes occupent les pistes de pétanque. Les affrontements sont prétexte à vociférations, hurlements passionnés et comiques. C'est alors le retour simple et réconfortant à la vie méditerranéenne. Ils se chamaillent autant qu'ils s'aiment. Avec chaleur et beaucoup de tendresse. Il leur suffit d'être ensemble.

L'homme méditerranéen forme un couple orageux avec la nature. Ils se quittent quand le ciel trop bleu et le soleil trop brûlant écrasent la ville sous une chaleur asphyxiante. Ils se retrouvent quand la fraîcheur revient enfin, pour une étreinte rendue encore plus passionnelle après une trop longue séparation. Sur les bancs, les femmes observent, attendries, les enfants qui jouent sans craindre ces coups de soleil si dangereux qu'ils nécessitent l'intervention rapide de la vieille voisine, plus que du médecin. Cette « savante », détentrice depuis des générations de techniques ancestrales, préservées par la seule tradition orale, sait apaiser le petit au cerveau en feu et au corps tremblant de fièvre. Devant une casserole pleine d'eau bouillante et abondamment salée, elle impose les mains au gamin, en récitant de mystérieuses prières. La guérison est normale.

Pourquoi s'en étonner ? C'est ainsi depuis des centaines d'années.

Ma mère avait bien essayé d'apprendre le secret de ces prières récitées dans un murmure, devant des casseroles d'eau bouillante. À Oran, dans le quartier de la Marine, il paraissait incongru d'appeler un médecin. Trop cher et trop lent. Les femmes pauvres apprenaient à tout faire elles-mêmes : fabriquer le pantalon du garçon, la jupe de la gamine, et aussi soigner les maux supposés ne pas nécessiter une hospitalisation. À chaque mal son remède de bonne femme ! Pour les estomacs fatigués d'absorber trop de pâtes et de pommes de terre, pour les jambes lourdes et paralysées par l'épuisement, pour les têtes aux cerveaux stressés ou simplement enfiévrés par le soleil. Mais ma mère n'avait rien retenu de la leçon patiemment répétée par une de ces vieilles « savantes ».

Sur les allées d'Azhémar, les gamins plus âgés jouent au ballon. Promiscuité délicate avec les boulistes. Il est infiniment grave, inacceptable, de troubler la profonde réflexion dans laquelle le tireur se concentre avant de lancer sa boule. Un sacrilège ! La foule des pétanquiers hurle, jette de colère les boules à terre, invective tout ce qui bouge autour d'eux, si ce satané ballon surgit inopinément dans le champ de vision du bouliste. Spectateurs rigolards : les plus vieux, ceux qui ont trop usé leurs os et leurs muscles et qui ne peuvent même plus se baisser pour ramasser une boule. Assis pendant des heures, avares de leurs gestes, ils sont, en revanche, généreux en commentaires. Draguignan pouvait avoir été isolée du reste de la planète par son sénateur-maire, la ville n'en avait pas moins conservé ses traditions méditerranéennes. Peut-être plus encore qu'ailleurs, précisément à cause de son éloignement fabriqué. On disait de ces traditions qu'elles étaient provençales. Sans doute la bonne humeur, la joie de vivre, les rires sont-ils plus naturels, plus bruyants qu'à Nice. Mais la nécessité de tout vivre en commun, dans la chaleur du groupe, est identique.

Trop occupé par la nécessaire « pêche aux voix », je n'avais pas pris le temps de goûter au bonheur de partager ces instants de sérénité avec ces gens simples et chaleureux. Arrêter sa course, ne fût-ce qu'un instant, pour reposer la tête et les jambes dans le calme souriant de promenades lentes entre les gamins et les joueurs de boule, écouter les commentaires, échanger quelques mots. Vivre aussi leur bonheur. Je les aimais parce que je me sentais proches d'eux. Méditerranéen aussi. Encore marqué des stigmates inguérissables laissés par mon enfance. Le savaient-ils ? Il est près de 21 heures. Les allées d'Azhémar se sont vidées. Les femmes, rentrées plus tôt, préparent une soupe au pistou. Les gosses en ont un peu « ras-les-baskets » de ces inévitables potages du soir, mais ils s'en accommodent. De toute façon, c'est le potage ou... au lit le ventre vide. Les hommes s'attardent devant un dernier verre. C'est sûr, ce sera le dernier ce pastis mélangé à de l'orgeat ou de la menthe pour atténuer, disent-ils, les effets de l'alcool. Enfin seul. La peur, mon obligée et encombrante compagne de tous les instants, a bien voulu me laisser un moment de répit. Montent du sol et viennent des maisons voisines les parfums puissants qui me rappellent ma jeunesse. Assis sur un banc je ne l'ai pas entendu approcher. C'est sa voix qui me tire de ma douce torpeur.

— Alors, vous êtes heureux, vous savourez déjà votre prochaine victoire ?

C'est le chef d'agence de *Var Matin*. Et c'est vrai, les sondages montrent que l'issue du scrutin est incertaine, la ville est coupée en deux camps égaux. D'un haussement d'épaules, d'une moue je montre mes doutes.

— Qu'est-ce que vous en pensez ?

— Franchement, je ne sais plus. Soldani est convaincu de l'emporter largement. Les Renseignements généraux prévoient un scrutin tellement serré qu'il est impossible de dire ce qu'il adviendra. Si vous perdez, que comptez-vous faire ?

Je le regarde. Je ne me suis même pas posé la question. Je n'en sais rien.

— Je vous fais une confidence. Ce duel m'a toujours paru si irréel que je n'ai jamais imaginé l'emporter. Mon vrai souci était de ne pas être ridicule, de prendre racine dans la ville et de tenter de l'emporter aux prochaines législatives.

Je me demande, comiquement, si une victoire ne serait pas, pour moi, plus inquiétante qu'une défaite. Je ne suis pas du tout prêt à gérer. Je ne dispose d'aucune structure technique susceptible de m'aider dans la conduite des affaires de la ville. Ce ne sont certainement pas mes colistiers qui seront en mesure de me fournir le soutien indispensable. Fragiles, inefficaces, totalement inexpérimentés, je les sens en outre prêts à toutes les trahisons.

— De toute façon, je ne me fais aucune illusion, Soldani a déjà certainement trafiqué ces élections !

Il éclate de rire.

— C'est sûr ! Ce ne sont pas vos scrutateurs et assesseurs qui pourront contrôler le bon déroulement.

Je ne me fais aucune illusion, mais il sent bien que je suis heureux de profiter de ces instants de répit. Un long silence.

— Pourquoi, vraiment, êtes-vous venu à Draguignan ?

Il échafaudera probablement toutes les hypothèses à partir du regard « qui en dit long » que je lui jette. Nous partons ensemble. Le bar « dit de l'Opposition » est toujours ouvert.

— Je vous offre un verre. La nuit sera brève. J'ai besoin de dormir et de réfléchir seul.

C'est évident. Le scrutin a été trafiqué. Une certitude, plus qu'un doute.

Toute la journée, les opérations de vote se déroulent dans le cadre de l'organisation voulue et imposée par le maire. À la varoise ! Pas question d'autoriser les délégués de la liste adverse à séjourner dans les bureaux. Pas question, non plus, de contrôler les identités. Les votants amis du vieux lion se sentiraient outragés d'avoir à produire une preuve de leur inscription sur les listes officielles. Et les présidents, désignés par le maire, opposent un méprisant haussement d'épaules à toute demande de vérification. Évidemment, il n'échappait pas à nos trop minces contrôles d'amateurs que certains électeurs votaient quatre ou cinq fois, dans des isoloirs distants de plusieurs kilomètres, aux quatre coins de la ville. Un simple hochement de tête, accompagné d'un large sourire et de quelques encouragements tutoyés, permettait de déposer son bulletin en ignorant avec mépris l'isoloir. Il faut que Soldani sache qu'on a « bien voté » ! Le malheureux assesseur, missionnaire de l'étranger en terre hostile, n'a qu'à « émettre les réserves d'usage » sur le cahier prévu à cet effet. Ces cahiers finiront dans une poubelle ou, au mieux, dans une cave inaccessible de la mairie fortifiée.

Tous les renseignements qui parviennent à la permanence de l'opposition confirment que le scrutin se déroule dans une illégalité totale. Sentiment d'impuissance, colère ? Les vociférations, les gesticulations, tout est vain. Cocasse et stupide. La sous-préfecture est étrangement sourde. Les juges de permanence au tribunal se font apaisants.

— Nous relèverons ensuite vos remarques et nous y prêterons la plus grande attention.

Comme à La Seyne-sur-Mer, comme à Toulon, la consultation se déroule « sous contrôle ». C'est ainsi. Comme dans les démocraties africaines, comme dans les républiques bananières. Après un premier tour incertain, le second dimanche confirme l'évidence. Nous sommes battus. Bien entendu ! Mais l'écart de voix est à la fois réconfortant et générateur de tous les doutes : 129 voix seulement. Un résultat incroyable mais inacceptable.

Léotard est élu, Laurin également, Arreckx évidemment. Ce dernier est visiblement plus préoccupé par le sort de son ami Soldani que par sa propre victoire. Lorsqu'il saura, enfin, que le vieux lion l'a emporté, il laissera éclater sa joie, criant presque à ses fidèles agglutinés autour de lui :

— Je suis heureux ! C'est Médecin qu'on a battu ! Passez-moi vite mon ami Soldani, je veux être le premier à le féliciter.

Sidérant. Fallait-il être naïf pour imaginer que le plus important patron de l'opposition varoise, ou prétendue telle, aurait au moins un mot de consolation pour le malheureux qui portait ses couleurs dans la cité dite du Dragon ! Seule comptait en vérité la sauvegarde de l'axe Soldani-Arreckx. Laurin me gratifie, méprisant et faussement triste, d'un commentaire laconique en forme de condamnation :

— Je te l'avais bien dit ! Tu n'as plus qu'à rentrer à Nice.

Seul Léotard écoute attentivement mes récriminations. Il est réconfortant :

— Au fond, ce résultat était inespéré. Ne prends aucune décision avant de m'avoir vu. Nous en reparlerons avec Médecin.

Un dernier carré de fidèles est resté à mes côtés. Visages fermés. L'inquiétude réapparaît. Comment les empêcher de penser aux vengeances dont ils vont être les victimes ?

— Nous allons en mairie, au bureau centralisateur.

Cette apostrophe procède de la plus pure démence, et pourtant je l'ai lancée. À Nice, comme dans toutes les villes « normales », il est naturel que le candidat, tous les candidats, se fassent communiquer officiellement les résultats par le bureau centralisateur. Cet organisme purement administratif est un lieu ouvert. Chaque citoyen y a accès, à plus forte raison chaque candidat. J'avais vu le rusé Caressa, candidat communiste doutant de la légalité de certains scrutins niçois, venir aimablement demander les chiffres et annotations de ses scrutateurs. Max Gallo, challenger socialiste malheureux de Médecin, s'y était également fait communiquer les informations qui lui manquaient. Les fonctionnaires les invitaient à s'asseoir et leur laissaient tout le temps souhaité pour analyser, commen-

ter, réclamer des renseignements complémentaires. La
« furia » était ailleurs. La foule, passionnée et déchaînée
des amis du maire, était au siège de la permanence.

À Draguignan, dans le Var, il en allait autrement. Le
bureau centralisateur était installé dans la salle des délibérations de la mairie, vite envahie par la foule revancharde
et hurlante des fidèles de Soldani. La mairie était également « sa » permanence !

Les quelques amis restés près de moi me regardent stupéfaits. Eux savent les dangers d'une intrusion dans la Cité
sainte du soldanisme. Dans la rue, ils sont quatre : deux
supposés gardes du corps, dont Lee, l'Asiatique, un imprimeur niçois, vieil ami aussi gentil qu'inoffensif qui ignore,
comme moi, les pratiques dracénoises, et l'aimable et toujours aussi fragile colistier qui avait tremblé si souvent sur
le marché en lisant les tracts diffamatoires. C'est lui qui
m'apostrophe le premier. Nous venons de dépasser le coin
du boulevard Georges-Clemenceau et de la rue Cisson qui
mène à l'hôtel de ville. Il y a là plus de deux mille personnes, regroupées en une foule compacte, menaçante.

— Tu es fou, on va se faire lyncher !

Je regarde le spectacle de ces gens communiant dans
une même dévotion pour le maire. Trop tard, les plus proches m'ont vu.

— Tais-toi et suis-moi. On ne peut plus reculer.

Le reste peut sembler irréel, absurde pour qui ne
connaît pas le Var. Lee, craignant le pire, s'est posté
devant moi. Dans les premiers rangs, les hommes et les
femmes, sidérés de me voir surgir tel un diable dans la
célébration d'une messe à la gloire du dieu glorieux, me
laissent avancer. Puis la foule nous enveloppe, de plus en
plus compacte, de plus en plus étouffante. Le silence de
stupéfaction n'a duré qu'une petite minute. La foule
n'aime pas le silence. Il ne lui est pas naturel. Moins
encore dans ces manifestations de vénération. Les premiers hurlements fusent. Puis c'est un grondement sourd,
de plus en plus puissant. Terrifiant. Bousculades, cris. Je
sens qu'on tente de m'arracher ma veste. Une femme

m'agrippe les cheveux. Un vieux m'assène un coup de poing sur l'épaule. Lee fait de son mieux, mais la montée de l'escalier menant à la salle des délibérations prend vite l'allure d'un combat au corps à corps. Quand nous parvenons, enfin, dans ce qui devrait être un bureau administratif, nous sommes livides, dégoulinants de sueur. Col de chemise arraché, je m'aperçois que j'ai perdu ma cravate, sans doute devenue un trophée de guerre pour un des enragés.

De nouveau, le silence. Dans une chaleur étouffante, le roi Édouard trône sur une estrade. Il abandonne nonchalamment sa main aux fidèles qui la baisent, se l'arrachent, la portent sur leur cœur. Notre présence doit être si saugrenue, si inattendue, qu'ils sont pétrifiés. Il est impossible, physiquement, d'accéder à l'estrade gardée par une petite armée de géants, dont le plus dangereux, le plus violent, est toujours le gitan « Chocho ». Il va falloir se replier. Impossible. La foule s'est refermée sur nous.

Geste de désespoir ? Réflexe d'autodéfense ? Pure inconscience ? Je lance très fort :

— Nous contestons ces résultats ! Nous nous reverrons !

Alors la foule, dos tournés à l'estrade, resserre encore son étreinte. Les plus proches me montent sur les pieds, les crachats pleuvent.

Dieu, du haut de son trône, me regarde. Je vois, de loin mais nettement, ses yeux fixés sur moi. Déjà pleuvent quelques coups. Des pieds, des poings me cognent sévèrement, sur les tibias, les épaules, le visage. Je vois Lee en réel danger. Au Moyen Âge, pénétrer par effraction dans une citadelle pour défier le prince entraînait une condamnation naturelle : la tête tranchée sur le billot. J'ai osé défier et j'ai perdu. Nous allons être sacrifiés.

Mais Soldani ne veut pas que sa victoire soit sale, entachée de sang. Je l'entends hurler :

— Ne le touchez pas ! Il faut qu'il reste vivant pour dire à Médecin que le Var, c'est moi, et que je l'emmerde !

Toute la salle, puis la foule agglutinée dans les escaliers, sur le parvis de la mairie, dans les ruelles proches, reprennent en chœur : « Pédé, Pédé, on t'emmerde ! »

Soldani a fait signe à un de ses mercenaires. Je le vois s'approcher de moi, écartant les plus agités de ses bras puissants.

— Ordre de Soldani, suivez-moi. Je vais vous aider à repartir !

— Ordre de Soldani, ne les touchez pas !

Il répétera dix fois la même phrase tout au long de la retraite. Interminable. Toujours sous les crachats et les coups dans les jambes, la tête, les bras. Lorsque, plusieurs centaines de mètres plus loin, nous retrouvons le calme et le silence, il se tourne vers moi :

— Tu es pied-noir, je suis kabyle. Tu es courageux, mais ne fais plus jamais ça. Tu m'entends bien : plus jamais ! Tu réalises que ta vie est en danger ?

Lee est à moitié assommé. Les trois autres, muets de terreur, ne pensent même pas à rajuster leurs vêtements. Mon ami imprimeur, la voix tremblante, murmure :

— Qu'est-ce qui nous est arrivé ? Ce sont des fous, Jean-Paul. Rentre vite, quitte cette ville, quitte le département. Moi, je fous le camp !

Moins de dix minutes plus tard, sous les yeux de ma femme silencieuse, j'éclate en sanglots. La rage, la peur rétrospective, l'humiliation, l'écœurement... et surtout l'épuisement. Je regarde mon pantalon déchiré. Lee est là. Il m'ôte la veste dont une manche pend lamentablement, essuie maladroitement mon visage, encore couvert de crachats et d'ecchymoses, avec une serviette humide. Nous sommes prostrés, muets. Ils me regardent pleurer. J'ai honte sans doute, mais comme ces soldats en larmes après une bataille sanglante, je suis incapable de retenir ces fichus sanglots.

— Calme-toi ! Tu n'as pas le droit de pleurer.

La voix est cassante, presque acerbe. Sans le moindre soupçon de complaisance. Toujours tendre mais autoritaire. C'est un ordre. Mes yeux, encore rouges, doivent être suppliants. Elle refuse de les regarder. Un dernier sursaut d'orgueil, pour répliquer :

— Tu ne comprends pas ! Je sais maintenant que notre vie est en jeu. Je ne peux pas l'accepter. J'abandonne, nous rentrons à Nice dès demain.

Je n'ai pas entendu entrer trois hommes. Les frères Scrivo. Trois jeunes maçons italiens que je connais bien. Ils ont assisté au « lynchage », parfaitement incapables de m'approcher, assistant impuissants à ma fuite sous escorte. Ce sont des gens simples. Ils ont la carrure et le calme des Piémontais, résistant jusqu'au dernier souffle à toutes les agressions, à toutes les injustices. Dans un français approximatif, usant de mots brefs et aussi simples qu'eux, ils me parlent, doucement, presque plus tendrement que ma propre femme. Lentement, pour être sans doute plus sûrs que je les perçois bien.

— Ils ont eu plus peur que toi ! Ils ont vraiment cru que tu allais détrôner leur maire. C'est la peur qui les a rendus si haineux. On les connaît tous bien. Il y a bien quelques criminels en puissance chez eux...

— Oui, je m'en suis aperçu !

— C'est vrai, mais la plupart sont des imbéciles qui se seraient aussi bien précipités dans tes bras, si tu avais gagné. Ils ont si peur de Soldani qu'ils en ont fait un peu trop, c'est vrai, mais ils étaient combien ? Deux mille ? Peut-être un peu plus.

— Oui, mais cette haine ?

— Tu as pensé aux autres ? À tous les autres qui ont voté pour toi, qui se sont « mouillés » pour toi, et qui, ce soir, pleurent comme toi ? Et pire encore : ils sont convaincus que tu vas les abandonner, laissant libre cours aux vengeances de Soldani.

C'est incroyable. Je sors miraculeusement vivant, porteur encore de blessures visibles et ils me demandent de rester ! Je suis parfaitement incapable de dire un mot. C'est ma femme qui répond :

— Il faut qu'il dorme. Ne vous inquiétez pas, je ne veux pas qu'il rentre à Nice. Venez demain.

Surgit alors, folle de rage, vociférante et gesticulante, une grosse bonne femme. C'est l'épouse d'un de mes colistiers, celui qui traîne inlassablement une jambe folle, le « délégué personnel » de Laurin à Draguignan. Elle est menaçante, elle m'insulte copieusement. Son mari — je l'ignorais — est allé lui aussi en mairie. Il n'est toujours pas rentré. Dans son esprit, je l'ai abandonné à la furie des amis de Soldani.

— Vous êtes un salaud !

Je regarde les autres, spectateurs effarés et incrédules. Comment retourner le chercher ? Lee, toujours lui, sans un mot, remet ses chaussures, agrafe les boutons de sa chemise.

— J'y vais seul.

Mais la porte, une fois de plus, est violemment poussée. C'est le mari, canne menaçante à la main. Elle ne me vise pas, non ! C'est vers sa femme qu'il court presque, pour l'insulter grossièrement.

— Tu n'as rien à foutre ici ! Je n'ai pas besoin de ton aide !

Décidément, je crois rêver. Sont-ils donc tous devenus fous ? En fait, rusé et malin, Soldani l'a chaleureusement accueilli dans la grande salle de la mairie. Protégé par son infirmité et par un calcul tactique et machiavélique du baron de la ville, il a été associé à l'ultime décompte des voix. De ce fait, il s'est déjà coupé du reste de la liste. Soldani lui a publiquement donné l'accolade, l'a invité à revenir le voir dès le lendemain. Ce renard pense déjà à briser l'unité des futurs conseillers municipaux d'opposition !

Je l'écoute me raconter ses échanges courtois avec le vieux lion. Lui sait parfaitement que mon départ le repositionnerait en chef de file de la droite. Mais non, vraiment non, ça suffit pour la journée. Épuisé, je n'ai plus envie de jouer au chat et à la souris. Ras-le-bol. J'en ai marre. Je me lève sans un mot. Direction : la salle de bains et surtout mon lit. Je sais déjà que je n'oublierai jamais cette journée.

Nuit sans sommeil. Quelques instants d'assoupissement

brutalement interrompus par d'épouvantables cauchemars. Draguignan s'est assoupie. Le silence règne. Je m'installe dans notre minuscule jardin. Assis par terre, prostré, j'ai froid, une vieille parka enfilée à même la peau. Je regarde, encore stupéfait, mes ecchymoses. Le bon docteur German me disait bien que le Var « n'est pas un département comme les autres ». Je tente de trier mes émotions, de calmer mes sentiments. Non, ce n'est pas une défaite. Le résultat est inespéré. Et maintenant ? Rester, c'est modestement essayer de protéger ceux qui ont osé, avec moi, défier le seigneur des lieux. Mais, dans un environnement aussi fou, quelle sera la marge de manœuvre ? Partir, c'est un peu déserter. Me reviennent en mémoire les visages hagards de ces harkis qui avaient tant cru au maintien de la présence française en Algérie et qui regardaient, incrédules et déjà épouvantés, leurs lieutenants préparer les valises du retour en métropole.

À Draguignan, comme dans toutes les villes du Var, bien plus que dans les Alpes-Maritimes, se sont installées ces familles de harkis, ces oubliés de l'Histoire. Dans l'arrière-salle d'un modeste restaurant, ils m'avaient reçu le temps d'une soirée, recréant la tendre complicité que j'avais connue dans ma jeunesse entre les copains arabes et français.

François Léotard sent qu'il ne peut rien m'imposer. Il se montre à nouveau réconfortant. Si je reste, je pourrai compter sur son appui. Médecin m'écoute raconter cette campagne électorale, ses débordements, les trahisons et les haines, les coups et les crachats. Je sens bien qu'il doute, mais il n'aime pas perdre. Or, lui aussi, inconsciemment, s'est pris au jeu. Est-il sincère ? Souhaite-t-il, plus vraisemblablement, éviter que mon repli sur Nice ne provoque de nouveaux affrontements avec son épouse américaine ?

— Réfléchis, tu as passé le pire. Maintenant Soldani ne peut plus avoir peur de toi. Tu ne risques plus rien. Introduis un recours devant le tribunal administratif et fais du mieux possible ton travail de conseiller de l'opposition. De toute façon, jusqu'au jugement, je te soutiendrai. Tu n'as pas un sou, je continue à te payer. Garde une petite fonction à Nice pour justifier ton salaire.

Je ne risque plus rien ? Est-ce vraiment sûr ? Quatre jours plus tard, première réunion du conseil municipal. Édouard Soldani, grand maître des cérémonies, veut une messe de couronnement. Il a choisi l'église : un immense gymnase. Il a préparé la ville en offrant une matinée de congé exceptionnel à tous ses collaborateurs. Les autres administrations ont été aimablement invitées à faire de même pour les amis d'Édouard. Tout a été prévu dans le moindre détail. La célébration de l'office républicain doit être la plus fastueuse manifestation de vénération du dieu local. Le peuple des fidèles a été convoqué une bonne demi-heure avant les conseillers municipaux de la majorité. La foule, plus de deux mille personnes, est agglutinée sur les gradins dans une chaleur suffocante. Dans l'arène, au centre des pistes d'athlétisme recouvertes d'épais tapis verts, des tables en arc de cercle. Y ont été soigneusement posés des cartons portant les noms des élus. Diabolique Soldani ! Il a partagé les élus de l'opposition en deux groupes, aux deux extrémités des tréteaux. Il a aussi organisé son entrée. Une bonne demi-heure après ses colistiers. Évidemment, rien ne nous avait été dit de cette mise en scène. Nous sommes huit, coincés par quatre géants, sourds et impassibles, dans un minuscule corridor. L'entrée des fauves à abattre est minutée. Nous avons vu, de loin, Soldani pénétrer sur la piste de ce cirque, lentement, impérial, saluant de petits gestes de la main la foule qui hurle, debout, et chante des cantiques à sa dévotion. Les conseillers, un par un, baisent la main du patriarche pour qui a été préparé un somptueux fauteuil, légèrement surélevé. Les deux mille personnes tapent des pieds et des mains, scandant son nom : « Soldani... Soldani... » Je le vois, par l'entrebâillement d'une porte que ses gardes nous interdisent toujours de pousser, prendre tout son temps, une éternité, pour achever son tour de piste et lentement s'asseoir. Voilà, il permet notre entrée !

Le gitan « Chocho » pousse la porte. Les fauves sont invités à pénétrer sur le sable chaud de l'arène pour une mise à mort annoncée. La foule a bondi, hurlante, haineuse. Le temps de trouver et gagner nos sièges — des tabourets ! — et sont autant de longues, d'interminables minutes que le roi Édouard offre à ses sujets pour nous insulter, gesticuler, menacer de nous pendre. L'arbitre savoure le spectacle. Il est à sa dimension. Il est l'empereur, nous sommes les gladiateurs. Il a baissé symboliquement le pouce pour ordonner notre humiliation publique. Elle durera plus de deux heures. À chaque appel du nom d'un élu de l'opposition, la scène, grotesque, insupportable, se reproduit. Cris de haine, gestes obscènes, la foule à l'unisson, de nouveau debout, scande : « pédés... pédés ! » Soldani rit franchement.

Les gorilles nous intiment l'ordre de quitter la séance, dès la rapide signature des registres. La foule, toujours debout, hurle ses menaces. Pendant que la fête reprend dans le gymnase survolté, les huit malheureux, assis dans un coin retiré d'un bistro choisi pour son éloignement, se regardent en silence. J'avais préparé quelques mots. De remerciements certes, mais aussi d'excuses. La nuit précédente, j'avais décidé, contre l'avis de tous, de quitter cette ville. L'ancien bâtonnier de l'ordre des avocats, troisième de la liste de l'opposition, le plus intelligent, le plus fin, a senti instinctivement que ma décision est prise. Nous échangeons un long regard, tendre et douloureux. Mais non, vraiment : c'est devenu impossible. Soldani m'a rendu aussi haineux que ses fidèles. Après avoir été incapable de le détester, après avoir même éprouvé pour ce vieillard un certain respect, teinté d'un peu d'admiration, je sens déferler des flots de haine. Dans un réflexe d'enragé, je murmure :

— Il faut qu'il paie.

Le bâtonnier esquisse un sourire.

— J'introduis dès demain un recours en tribunal administratif. Il croit avoir définitivement gagné, nous continuons la bataille. Nous avons deux mois pour préparer le dossier.

Enfoncés dans leurs sièges, mes compagnons d'aventure paraissent rassurés.

— Tu penses qu'on peut réussir ? Soldani a tant d'amis.

Les deux humiliations publiques, à la mairie le soir des résultats et dans le gymnase supposé accueillir une séance de conseil municipal, ont convaincu Soldani que le combat est terminé. Il n'y a plus lieu de lutter puisqu'il n'y a plus de combattant. Son orgueil démesuré ne lui permet pas d'imaginer un orgueil aussi puissant chez un autre. Blessé, ulcéré, n'ayant plus rien à perdre, je suis devenu, par sa faute, infiniment plus dangereux.

Nous gagnons, à Nice, le recours en tribunal administratif. La preuve des trucages est flagrante. Édouard Soldani est présent dans la petite salle du tribunal, tout habillé de vert comme à son habitude. Il s'habillait en vert, écrivait à l'encre verte, faisait peindre les bâtiments publics en vert... Étonnant personnage balzacien, qui cultivait les différences. Tout devait constituer des signes distinctifs de sa grandeur, de la distance qu'il convenait de maintenir avec les autres hommes. Médusé, il écoute l'annonce de l'annulation du scrutin, prend acte de ce revers et dépose aussitôt un recours en Conseil d'État.

Au lendemain de la défaite, je suis convoqué par le vieux Valentini dans son château toujours aussi glacé. Ma décision de rester en ville le fait trépigner de joie. Il s'apprête à acheter un local plus convenable pour installer une permanence définitive et a déjà préparé un « plan de soutien financier ». Il veut que le chapiteau soit maintenu, que se poursuivent les émissions pirates de ce qui allait s'appeler Radio Draguignan. Lui n'a jamais cessé son combat contre le vieux lion. Il n'est désormais plus seul.

Protégé, cette fois, par mon statut de conseiller municipal — du moins je le pense —, je redescends au fond de la mine. De nouveau, les visites dans les quartiers, mes sorties sur le marché, les kilomètres de trottoirs. L'hebdomadaire de l'opposition paraît toujours. Soldani est interloqué mais persiste à se croire intouchable. Il se moque de notre harcèlement quotidien. Nous installons, avec autant de solennité que le lieu d'accueil le permet (une arrière-salle de restaurant), un conseil municipal parallèle. Chaque semaine, nous prenons systématiquement le contre-pied des décisions officielles. Soldani en rit bruyamment devant les journalistes, en se tapant sur les cuisses. L'espace glacé du chapiteau, sur le terrain de Valentini, affiche chaque semaine un programme complet de réunions et de manifestations diverses, sportives ou culturelles. Rien n'atteint le maire. Du moins en apparence. La ville, stupidement, refuse de recevoir dans un lieu convenable Pierre Salinger, l'ancien conseiller de John Kennedy, pour un débat public sur l'avenir de l'Europe. C'est le chapiteau qui l'accueille. Le vieux lion, énorme et impressionnant iceberg, ne s'en émeut guère. Moments irréels. Draguignan vit avec deux équipes municipales. Celle de Soldani, dans la légalité et indifférente aux bruits extérieurs pourtant de plus en plus assourdissants. Celle de l'opposition, qui « joue à faire semblant » d'être aussi active, plus efficace, plus proche du petit peuple. Les braves vendeuses du marché nous observent, stupéfaites, déambuler nonchalamment deux fois par semaine entre les étals colorés et bruyants. Soldani, inapprochable, est enfermé dans son château-mairie.

Quelques mois de relative tranquillité, ni affrontements ni embuscades. Les mercenaires du roi ont pris, semble-t-il, leurs quartiers d'hiver. Un calme surprenant a gagné la ville. Soldani ne voit pas que les Dracénois, même les moins démonstratifs, les plus craintifs, fréquentent autant les couloirs de la permanence de l'opposition que les bureaux municipaux. Ils se sentent protégés, même si ce sentiment est parfaitement illusoire.

C'est à Paris que se poursuit la bataille, âpre, acharnée, dans les bureaux du Conseil d'État. Dans les premières heures d'un après-midi d'hiver tombe la nouvelle : le Conseil d'État confirme : les élections sont annulées. Trois personnalités locales « indépendantes » sont chargées par le préfet d'expédier les affaires courantes et de préparer un nouveau scrutin.

La colère de Soldani est monstrueuse : contre ses fonctionnaires qui l'ont, bien sûr, trahi ; contre les administrations ; contre ses propres amis qui n'ont pas été capables de me faire fuir en me bottant le cul. C'est trop tard. Toute la presse française s'installe dans la ville. Télévisions et radios plantent leurs matériels sur le marché. Il n'y a plus d'autres élections à « couvrir », la « bataille de Draguignan » devient un enjeu national. Les dirigeants de l'opposition, libérés de leurs propres angoisses électorales, viennent poser leurs fesses sur les sièges de l'estrade du chapiteau. La stupéfaction des fidèles du maire les a paralysés, démobilisés. Ils se prennent à douter. Le couronnement du roi dans le gymnase, l'humiliation de ma fuite, sous protection, de l'hôtel de ville devaient signifier la fin des affrontements. Une fois encore, ils avaient gagné. Et voici que, soudain, tout est à recommencer. La rumeur enfle, démesurée, gigantesque : « Soldani est épuisé. »

Il l'est certainement, et plus encore atrocement blessé dans son orgueil. Maintenant, chacun le perçoit bien, tout devient possible, tout est à craindre. Soldani chancelle. Les plus fidèles l'observent avec une soudaine compassion. Leur tristesse ne les empêche pas de solliciter des « rencontres discrètes » avec celui que les journalistes ont définitivement baptisé « le jeune loup ». Soldani, vieilli, déjà à demi-paralytique, pesant lourdement sur des béquilles, reste lucide et malin, capable de tous les coups tordus. La souffrance que je lui fais endurer, sa blessure morale l'ont rendu encore plus dangereux. L'animal est atteint. Acculé, il joue sa vie.

Entre la place aux Herbes, dans les vieux quartiers, et l'avenue des Marronniers serpente la plus ancienne artère de la ville, la rue de Trans, pittoresque et simple. Les commerçants, comme les habitants, y sont les plus humbles, les plus chaleureux aussi. Comme dans toutes les communautés pauvres, la rue tient une place importante, démesurée. Les plus âgés et les enfants, dès les premières heures de la journée, quittent les logements sombres et vétustes pour vivre dans la rue. Il s'y recrée une société, avec ses traditions et une apparente hiérarchie entre les plus bavards, les plus vantards aussi, et les autres, qui écoutent et commentent. La boulangerie est tenue par un petit homme d'origine italienne. Il passe plus de temps au bistro d'en face que derrière son comptoir, mais les cris de sa femme l'indiffèrent. Il palabre avec le boucher, un vieux Kabyle, doux et affable, qui vend, bien entendu, la meilleure viande de mouton de la région. La fleuriste, Mme Guigou, jolie comme dans les opérettes d'Offenbach, vient aussi siroter un café brûlant, près des verres de pastis toujours remplis. C'est dans cette rue que je me sens le plus heureux. La mercière, une vieille dame effacée, n'apprécie pas vraiment mes intrusions, chaque matin, dans son magasin. « Elle ne fait pas de politique » et le crie quand son magasin est plein, mais ses yeux rieurs démentent son propos. Elle écoute ce qui se dit et le répète.

C'est le centre historique de la ville, le quartier le plus méditerranéen. D'origines espagnole ou italienne, les habitants occupent, dans une promiscuité attendrissante, ce petit havre commercial avec quelques anciens harkis devenus maçons ou commerçants, et de « vieux Dracénois » restés là autant par attachement que par manque de ressources pour habiter les beaux quartiers. Quand le soleil commence à disparaître à l'horizon, l'exiguïté de la rue est telle que l'ombre y descend plus rapidement qu'ailleurs. Avec le retour de la fraîcheur, les plus vieux sortent leurs chaises, les installent sur le trottoir et cette grande famille retrouve les comportements propres aux populations des bords de la Méditerranée : palabres interminables, cris, gesticulations, querelles apparemment épouvantables mais vite oubliées devant un apéritif. Ici, comme à Nice, on boit des « momies » : un verre minuscule aux trois quarts rempli de pastis et à peine teinté par quelques gouttes d'eau. Le pastis « dans un grand verre », c'est pour les touristes, les « étrangers » ! Les « momies », supposées moins enivrantes puisque plus avares d'alcool, sont en réalité plus dangereuses, car ils en consomment des dizaines chaque jour. Il ne se vend pas d'« anisette », comme à Oran ou Alger, mais cette rue me repose. Elle est celle de mon enfance dans le quartier de la Marine, sous la colline de Santa Cruz. Comme la petite rue de la Préfecture, à Nice, ou celles qui serpentent dans le vieux Toulon, à quelques mètres de la préfecture maritime. Eux savent d'où je viens. On n'oublie jamais les gestes et les mots de son enfance. Dans la tiédeur sombre des petits bistros, mon naturel ne peut être fabriqué, joué. Ils savent que je suis des leurs. Je sais qu'ils m'aiment. Mon langage n'est pas celui d'un Parisien, d'un énarque. Les premiers, ils m'ont averti du danger.

Mes accompagnateurs habituels ne suffisent plus. Première étape de l'escalade de la violence, je vois arriver, affectées à ma protection par le RPR — peut-être par Jacques Chirac en personne, je ne le sus jamais —, trois personnages incroyables : deux hommes et une femme. Les trois disent arriver d'Afghanistan ! Vrai ou faux, on les appela « les Afghans ». Discrètement armés, sous des imperméables dont ils ne se débarrassent jamais, il n'y a pas plus d'un mètre « autorisé » entre eux et moi. La jeune femme, jolie blonde très mince, est quasiment muette. Elle est probablement la plus hargneuse. Collée à mon côté gauche, elle ne me permet aucun déplacement hors de son champ de vision. M'ont également rejoint, sans que je l'aie souhaité, quelques anciens des commandos Delta de l'OAS. Plutôt encombrants, trop visibles et bruyants, ils agissent sous la direction d'un certain Jo qui a modestement participé au « casse du siècle », au pillage de la Société générale à Nice. Si modestement, qu'il crut utile de réaliser, à Paris, son propre « casse », dans les mêmes conditions, aux côtés d'un « ingénieur » spécialisé dans l'ouverture des coffres. Mais la petite bande, trop bavarde, était attendue, dans les égouts proches de la banque, par le commissaire Broussard ! Il avait écopé de plusieurs mois de prison. Cet entourage ne me convenait pas mais j'étais obsédé par une mise en garde mille fois répétée : « Attention, on est dans le Var ! »

Un matin, ma femme, tremblante de peur, s'est précipitamment réfugiée dans un magasin, après avoir évité miraculeusement un camion lancé dans une course folle en plein centre ville. Le camion a disparu et la plainte paraissait devoir, une fois de plus, demeurer sans suite. C'est vrai, nous sommes dans le Var.

Un autre matin sur le marché, Antenne 2 m'avait donné rendez-vous pour quelques images que je supposais anodines. En fait le journaliste avait cherché à organiser une rencontre entre Soldani et moi. En plus d'un an de campagne, nous ne nous étions jamais croisés. Le maire refusait tout contact et je ne lui en demandais pas. Le journaliste avait pris soin de ne pas me prévenir qu'il avait invité Soldani sur le même marché, à la même heure. La foule est dense, bruyante. Je déambule entre les étals. Soudain, le silence, un silence irréel. Soldani, entouré de ses gardes, a surgi sur la place. Nous allons, immanquablement, nous croiser. Les conversations se sont arrêtées. Les commerçants, les badauds, amusés mais inquiets, attendent le face-à-face. Le journaliste est ravi. Une caméra me suit, une autre accompagne Soldani. Il ignorait, lui aussi, le coup monté. Pas question de tomber, en public, dans le piège de la provocation, de laisser nos deux équipes se battre comme des chiffonniers devant les caméras.

— Laissez-moi seul, écartez-vous !

Tous s'éloignent de quelques mètres, sauf, évidemment, mes deux « Afghans ».

Soldani a, lui aussi, compris le danger. Il a donné le même ordre. Nous sommes enfin face à face, lui et ses deux gitans, moi et mes deux « Afghans ». Nous n'échangons pas un mot, pas un regard. Le temps de nous dépasser de quelques mètres et, de nouveau, les bruits habituels et réconfortants du marché resurgissent.

J'en ai maintenant la certitude : je suis intouchable.

Observé par toute la presse, Soldani ne me fera rien. Le moindre débordement, d'un côté ou de l'autre, serait signé et favoriserait l'adversaire.

Premier tour de ce nouveau scrutin. À la tête d'une liste à laquelle il a mêlé les communistes, l'avance de Soldani n'est que de quelques voix. Or, deux autres listes vont devoir se retirer : une « indépendante » mais que je sais incapable de rejoindre les « socialo-communistes », et une autre du Front national. J'imagine que ses électeurs ne courront pas aux urnes, le dimanche suivant, pour associer leurs bulletins à ceux de la « gauche marxiste ». Mais je dois en être sûr. Sur le papier, j'ai gagné, mais il faut « faire le plein » des voix.

Le lendemain, lundi, je rencontre, pour la première et dernière fois, Yann Piat. Elle était, à l'époque, responsable du Front dans le Var. Elle accompagne le candidat malheureux de son mouvement. Cette femme élégante, avare de bavardages inutiles, n'en est pas moins déterminée. C'est elle qui décide. L'essentiel de la conversation porte sur le montant du « dédommagement » qu'ils m'imposent pour un désistement en ma faveur. J'apprendrai, beaucoup plus tard, en lisant un ouvrage sur les finances du Front national[1], que le même jour mes interlocuteurs avaient répondu à une autre convocation : celle de Soldani. Il aurait payé le double pour acheter leur silence. Au terme de ces tractations « idéologiques », le Front national publia un communiqué aussi vague qu'ambigu « laissant toute leur liberté aux électeurs ». Beau comportement !

Toute la journée du mardi se passe en tractations avec mes propres colistiers. Déjà avides de pouvoir, ils se disputent les futurs postes d'adjoints ! J'intime à tous l'ordre d'être discrets, de s'abstenir de déambuler dans les rues. Plus d'affichages, plus de distribution de tracts. Il n'est pas question de provoquer le moindre incident, de tomber dans le piège d'une provocation. L'affrontement est quasi-

---

1. *La Main droite de Dieu*, E. Faux, Th. Legrand et G. Perez, Seuil, 1994.

ment terminé, il faut laisser s'effectuer les reports de voix qui nous ouvriront les portes de l'hôtel de ville, se faire aussi petits et discrets que possible.

Mardi soir, je suis devant mon poste de télévision. La maison, beaucoup plus spacieuse, que nous habitons depuis quelques mois nous a été louée par un ancien directeur départemental de l'Équipement muté dans la région parisienne. Lui aussi est ravi de faire un pied de nez à Soldani. Geste d'autant plus aisé qu'il ne compte pas revenir sur les terres du vieux lion avant plusieurs années. Devant la porte d'entrée, plus de six mille mètres carrés de terrain non clôturés, bordés par une voie de chemin de fer désaffectée, et, à l'arrière du bâtiment, un pont qui enjambe les rails : le pont des suicidés ! Je doute de la validité de cette appellation car le pont ne surplombe la voie ferrée que de quelques mètres ! Mais ainsi va la tradition méditerranéenne. Il est 22 heures, ce 21 février 1984. J'entends nettement le bruit d'une voiture pénétrant en trombe dans l'allée, des portes qui claquent, la course d'un homme sur le gravier et des coups assourdissants assenés brutalement sur un des volets.

— Jean-Paul, ouvre vite ! Je t'en supplie, c'est moi. Il se passe des choses très graves.

C'est le directeur de ma campagne, essoufflé, livide. Je l'écoute comme dans un rêve ou plutôt un cauchemar.

— On a tiré au fusil de chasse sur Soldani. Il est à l'agonie. Les médecins l'ont transporté à l'hôpital de La Timone à Marseille.

C'est si incroyable, si énorme que mon regard doit probablement refléter une totale incompréhension. Il reprend une fois, deux fois, les mêmes propos. Je suis atterré.

— Ses amis sont sûrs que c'est toi qui as fait le coup. Certains sont armés et se rassemblent dans l'avenue. Ils veulent te faire la peau !

C'est complètement fou. Soldani victime d'un attentat ? Entre la vie et la mort ? Mais pourquoi ? J'ai le cerveau en feu.

La nouvelle de l'attentat, dont je ne connais encore aucun détail, est parvenue dans les rédactions. Ma radio l'annonce déjà. Bien sûr, j'ai peur. Tout cela est tellement incroyable, si dément que désormais tout peut arriver. Mes trois « Afghans » sont sortis. Je l'ignorais. Ils sont en train d'installer, dans le jardin, des fils d'acier tendus entre les arbres, pièges invisibles, mortels, pour tout intrus. Mon jeune fils aîné, que j'ai stupidement laissé venir dès le soir du premier tour, manquera, une nuit, de se faire décapiter par cette arme redoutable.

Le téléphone sonne. C'est un inspecteur de la police judiciaire de Toulon, à peine arrivé à Draguignan. Il a pris possession, avec deux de ses collègues, des bureaux du commissariat central. L'ordre est bref. Indiscutable.

— Vous êtes convoqué immédiatement. Nous vous attendons.

— Mais, dites-moi, vous me soupçonnez ? Vous plaisantez ?

— Je n'ai pas la moindre envie de plaisanter ! Monsieur Soldani est peut-être mort à l'heure où je vous parle. Vous êtes le principal témoin de cette affaire.

J'apprendrai, plus tard, que la fille du sénateur-maire a déjà témoigné, insinuant que le crime est signé et que je suis le coupable désigné. J'appelle le sous-préfet.

— Je viens d'être convoqué au commissariat central. Vous savez que les rues sont pleines de fous furieux armés qui veulent me descendre. Si j'y vais dans ces conditions, je veux que vous sachiez que votre responsabilité est engagée. Ce n'est pas un mort, mais deux que vous aurez à déplorer ce soir.

Je le sens inquiet. Il est ébranlé. J'insiste :

— Vous les connaissez, vous savez que je ne plaisante pas. C'est à vous d'assurer ma sécurité.

— Ne bougez pas, ne sortez surtout pas de chez vous. Je m'en occupe !

Quelques minutes plus tard, deux fourgons de police surgissent en trombe dans le jardin. Un officier des Renseignements généraux m'interpelle :

— Nous sommes là pour vous protéger. Vous allez vous coucher sur le sol d'un des fourgons, pour être totalement invisible. Les deux véhicules emprunteront des itinéraires différents. Dans le vôtre ont déjà pris place quatre fonctionnaires de police.

Une vraie scène de western. Les Apaches sont sur le sentier de la guerre. Je suis attendu pour être jugé et pendu, mais le shérif me veut vivant ! Ma femme se jette dans mes bras. Une folle étreinte. L'officier de police s'éloigne de quelques mètres. Je sens passer dans les mains de mon épouse ses émotions, la passion et la panique. Elle a peur, moi aussi. Peur de l'inconnu dans une affaire qui échappe à toute logique. Je sais que je suis étranger à cette tentative d'assassinat. Je sais qu'aucun de mes compagnons de campagne, colistiers, afficheurs ou gardes du corps n'a pu accomplir un acte pareil. Notre bonheur, il y a quelques heures à peine, était total. Ils sont tous rentrés chez eux, démobilisés. La victoire est certaine. Alors que s'est-il passé ?

Soldani, la police me le confirme, est vraiment à l'agonie. Un coup de feu l'a atteint dans sa voiture, sur une petite route déserte qu'il empruntait assez rarement. Les mercenaires du président sont en ville, armés et prêts à m'abattre. Dans ce genre de situation, les hommes, incontrôlables, n'obéissent plus à une stratégie. Il s'en trouve toujours un, plus débile ou plus extrémiste que les autres, pour vouloir « faire le travail », même seul. Des truands les côtoient, les encadrent. Pour eux, la mort de Soldani peut être prétexte à une bataille rangée. Ils n'hésiteront pas. Il n'en est plus un seul, parmi nous, qui soit en sécurité. Cet attentat, complètement dément, s'inscrit dans un schéma de guerre des gangs. La mairie en est l'enjeu. Mais pourquoi avoir tiré sur le sénateur-maire ? Qui a pu commettre ce forfait ?

Le petit groupe des pieds-noirs mené par Jo surgit de l'ombre. Ils sont une dizaine. Je vois bien qu'ils sont armés. Les policiers aussi s'en sont aperçus. Tous se regardent. Pas un ne bronche. Ils font semblant de ne pas se voir.

C'est cela aussi le Var. Et puis je réalise, brutalement, l'issue inévitable, fatale, de cet épisode sanglant : évidemment, je viens de perdre les élections !

Et si c'était précisément cela que les tireurs souhaitaient ? J'appelle Jo.

— Je t'interdis de sortir en ville. Tu passes ici même la nuit, et toutes les autres s'il le faut. Jo, regarde-moi ! Je te connais depuis plus de trente ans, je sais ce dont tu es capable ! Si tu commets la moindre bêtise, je te jure que je te le ferai payer très cher ! Tu me connais aussi, tu sais que j'en suis capable également. C'est clair ?

Si la situation était autre, il serait presque comique dans son attitude de garde-à-vous.

— Tu as ma parole d'honneur. J'obéirai.

Il se tourne vers les « Afghans », étonnamment calmes. Ils sont à quelques centimètres de moi.

— On se partage la garde de la maison et de sa femme.

L'officier de police intervient :

— Je vous conseille, surtout, de surveiller les accès. Ayez confiance, personne ne touchera un cheveu de Jean-Paul.

Je lui jette un rapide coup d'œil. Voilà qu'il m'appelle par mon prénom ! Est-ce un bon ou un très mauvais signe ? Marque d'affection ou certitude de tutoyer un assassin ? Je m'allonge sur le sol d'une des fourgonnettes. Un des quatre policiers tire une vieille couverture sur moi. Il faut que je sois indécelable dans le véhicule. Au commissariat central, une porte de service, en principe condamnée, a été déverrouillée. Ma fourgonnette entre en trombe. J'entends le bruit des portes en fer qui claquent derrière nous. Pendant le court trajet, sous ma couverture sale, je n'ai perçu aucun bruit, mais je le sais, les policiers me l'ont confirmé, les hommes du président se sont constitués en bandes armées. Ils sont partis à la chasse de mes proches. Je suis fou d'inquiétude. Une nuit de démence qui commence, propice à tous les excès, à tous les dangers. Elle peut être sanglante.

La première question de l'inspecteur de la Crim, arrivé de Toulon, est sans ambiguïté.

— Où étiez-vous à 20 h 30 ?

L'interrogatoire durera plus de trois heures. Je me surprends à garder un calme qui, je le vois, les étonne. Cet interrogatoire est classique dans le genre. Un des officiers joue au dur. Méprisant, il me tutoie, me bouscule, il sait que je suis coupable !

— Avoue le plus vite possible. À qui as-tu donné l'ordre de tuer Soldani ?

L'autre, il en est toujours ainsi, est plus doux. Il me vouvoie, commence toutes ses questions par : « Monsieur... » C'est le jeu habituel. Je n'ai qu'un comportement à garder : expliquer. Expliquer calmement que ma position de virtuel vainqueur de ces élections exclut toute participation de ma part, ou de quiconque, parmi mes amis, à cet attentat imbécile qui va me faire perdre des élections dont le succès m'était assuré.

Dix pages de déposition, ce qui me permet de lire celle de la fille du vieux lion. Sans le moindre complexe, sans aucun scrupule, elle me met en cause.

— Nous avons commencé l'enquête, mais ce sera long. Nous vous assignons à résidence : interdiction de quitter la ville. Dès demain, le dossier sera transmis au juge qui décidera.

— Je peux rentrer chez moi ?

— Oui, on va vous raccompagner. Des patrouilles de police sont postées depuis quelques minutes dans les rues de la ville, vous ne risquez plus rien.

Je suis conduit vers la sortie principale. Du haut de l'escalier qui mène au rez-de-chaussée, je vois une bonne centaine de journalistes qui se bousculent. La nouvelle de l'attentat les a immédiatement conduits à Draguignan. Les flashes des photographes, les spots puissants des caméras de télévision, une dizaine de micros qui se tendent. Le journaliste de RTL m'interpelle le premier.

— Vous êtes inculpé ?

Je me force à rire. L'expérience prouve que, dans ces instants exceptionnels, les premiers mots sont d'une importance capitale. Je n'ai que quelques secondes. Je le regarde dans les yeux. Je le connais bien, nous avons été journalistes ensemble. C'est même moi qui lui ai confié la correspondance de RTL pour la région, quand je suis entré au cabinet de Médecin. Je le sens gêné, mais il fait son boulot. Miraculeusement, je trouve la seule réponse possible.

— À vous, comme à tous les Dracénois qui m'écoutent, à tous les Français qui, dès demain, apprendront cette nouvelle incroyable, je veux dire très simplement ceci : cet attentat scandaleux, horrible, a fait de Soldani une victime physique. Je veux qu'il se rétablisse, car cet attentat a fait de moi une victime politique. En ce moment, il perd son sang à La Timone, à Marseille. Il faut qu'il se rétablisse, car dès cet instant, moi, je perds les élections.

Le lendemain, les unes de la presse écrite, radio et télévisée relatent l'événement. Avec, en illustration, ma photo à la sortie du commissariat et mon commentaire. Jacques Chirac, très tôt, m'appelle pour me féliciter. Il a bien compris que je ne suis pour rien dans cette affaire et me complimente pour ma réaction à chaud.

— Si vous avez besoin d'aide, appelez-moi.

De quelle aide ai-je besoin ? À huit heures du matin, j'ai vu arriver un fourgon de CRS dans mon jardin. Une section d'une vingtaine d'hommes. Ils ont pour mission d'occuper ma maison afin de me protéger sûrement, mais aussi de m'interdire de sortir. Le sous-préfet, affolé par la tournure dramatique des événements, m'appelle.

— Je vous en supplie, ne sortez pas de chez vous. Les CRS sont là pour vous garder, et de plus, je vous envoie deux fonctionnaires des Renseignements généraux. Ils resteront près de vous, nuit et jour.

Il a un demi-mort sur les bras, il ne faudrait pas que je sois, à mon tour, transformé en passoire.

Cohabitent dans mon jardin, dans le salon et les pièces de la maison, et même pour l'accès à l'unique cabinet de toilette, les CRS, les deux officiers des RG, mes « Afghans », ma petite troupe de pieds-noirs... soit une bonne cinquantaine d'hommes, tous armés, et qui se savent prêts à tirer sur le premier intrus. Officiels et privés, porteurs légaux de revolvers et de pistolets-mitrailleurs et les autres, tous détenteurs d'un arsenal d'armes diverses. Ils se sont partagé les tâches : aux officiels la maîtrise de la sécurité à l'extérieur, aux privés la garde intérieure de la maison. Et nous ? Époustouflés par ce déploiement de forces, bousculés par tous ces hommes, nous faisons front. Ma femme prépare des dizaines de litres de café chaud qu'ils ingurgitent sans discontinuer.

Les nombreux journalistes attendent le scoop, la révélation que tout le monde espère sur l'origine de cette tentative de meurtre. Je n'ai plus jamais été convoqué par la police, pas plus que par le juge d'instruction, un géant débonnaire et calme, fou de rugby. Beaucoup plus tard, il me confiera quelques détails, découverts dès le début de l'enquête. Soldani avait précipitamment quitté son bureau, tard dans la soirée, après avoir reçu un appel téléphonique mystérieux. Il semble qu'un interlocuteur anonyme lui ait fixé rendez-vous pour lui remettre des documents me concernant, documents si explosifs que le maire n'hésita pas une seconde à partir, en pleine nuit, sur un chemin désert, sous un pont où un ou des inconnus l'attendaient. Que s'est-il passé ? Il est certain que Soldani a été atteint à « bout touchant » par le coup de feu. Il était assis à l'arrière du véhicule. Les marques de brûlure et de poudre laissées sur sa veste attestent que le canon du fusil était collé dessus. Il a donc vu son agresseur. Son chauffeur maintiendra toujours une autre version des faits. Le tireur, un inconnu, aurait fait feu du haut du pont. C'est totalement invraisemblable. Curieusement, à La Timone, les vêtements du maire ont disparu. La preuve du « bout touchant » avec eux. Si Soldani a identifié son agresseur, pourquoi ne l'a-t-il pas désigné ? Pourquoi n'a-t-il jamais parlé ? Un faux attentat qui aurait mal tourné ?

Tout est possible dans ce département du Var, même le plus incroyable, comme le classement « sans suite » de cette affaire, quelques années plus tard ! Soldani a toujours gardé le silence. Il n'a jamais protesté contre le classement « sans suite » du dossier. Alors que s'est-il vraiment passé ?

Le silence observé par les protagonistes de cette affaire sanglante et le secret de l'instruction, jamais percé, permettent d'échafauder toutes les hypothèses. Ma conviction est que Soldani est tombé dans le piège d'un faux attentat qui a mal tourné. Il est même vraisemblable que, voyant son agresseur, il ait refusé de se prêter à la mise en scène et, dans sa colère, ait précipité le tir, dans des circonstances jamais élucidées mais qui ont bien failli le conduire à la morgue.

Ancien virtuel vainqueur des élections, je suis devenu un prisonnier de luxe, condamné à abandonner le terrain. La campagne électorale se poursuit dans un contexte irréel. Le maire est entre la vie et la mort, car ses blessures sont extrêmement graves. Le challenger est prisonnier dans sa villa.

Le jeudi, sept mille personnes ont été invitées à participer, dans la rue, à une manifestation de soutien à Soldani. Tous ses amis, maires, conseillers généraux, Arreckx en tête évidemment, conduisent le lent défilé qui parcourt l'avenue principale. Deux slogans sont hurlés si fort que je ne peux pas ne pas les entendre de ma fenêtre, pourtant à près d'un kilomètre du cortège : « Vive Soldani, Claustres assassin ! » J'écoute ces hurlements de haine et je pense à ma mère qui m'appelle toutes les heures. Elle est égale à elle-même et partage sa journée en prières à sainte Rita et en dizaines et dizaines de chapelets.


Mon père me manque horriblement. Avant de disparaître, il m'avait, sobrement mais avec des mots justes et effrayants, raconté les journées et les dernières nuits passées seul, enfermé dans son petit appartement de Belcourt, à Alger. Les longues et interminables journées qui précédèrent la proclamation de l'indépendance. Une foule de musulmans haineux, déchaînés, déferlait de leurs quartiers, de leurs cités où ils étaient si longtemps restés cloîtrés. Voyous et braves pères de famille, jeunes filles et vieilles mères étaient unis dans un même enthousiasme et une haine explosive, monstrueuse, contre les Français. Ils entraient dans les maisons, cassaient, pillaient. Mon père, assis sur une des deux seules chaises restées sur place après la fuite de la famille, attendait que la troupe brise la porte et le balance par la fenêtre. Sa mère avait tenu à rester près de lui. Ils se tenaient la main, serrés l'un contre l'autre. Seuls, ne bénéficiant d'aucune protection, sinon celle qui, en fait, leur sauva probablement la vie : le voisinage d'une famille arabe, sur le même palier, qui entretenait avec nous des liens tendres car nous partagions des angoisses identiques, dans une même humilité.

Tout près de Toulouse, dans un quartier peuplé d'ouvriers, ma mère avait trouvé un minuscule logement. Sans argent, vivant de quelques maigres économies, elle attendait, des heures, devant l'unique poste téléphonique public, dans la foule des autres émigrés aussi inquiets qu'elle, de pouvoir entendre quelques mots de son mari resté dans la tourmente algéroise. Son dernier entretien ne dura, comme les autres, que quelques minutes. Les pièces de monnaie étaient trop chichement comptées. Ils n'eurent que le temps de se dire, une fois encore, qu'ils s'aimaient follement, puis les voix furent couvertes par le bruit d'une fusillade. Mon père s'était jeté à terre, raccrochant brutalement le combiné. Ma mère resta figée, paralysée devant la cabine. Elle tenta bien de rappeler, mais tous les contacts avec l'Algérie avaient été coupés. Elle se mit à sangloter doucement, pudique dans la douleur comme dans la misère. Tenant ses deux filles, encore toutes jeunes, par la main, elle regagna lentement son petit deux-pièces et s'assit. Prostrée, elle ne bougea plus pendant les jours qui suivirent, refusant de s'alimenter et de dormir, égrenant interminablement son chapelet. Elle attendait son mari. S'il n'était pas revenu, elle se serait laissée mourir, naturellement, sans un cri, sans une larme, pour rejoindre son homme, quelque part dans le ciel qu'elle estimait avoir assez prié pour leur avoir réservé une petite place dans un environnement de bonheur éternel.

Ma femme et moi, nous nous tenons la main. Très fort. Nous sommes assis l'un contre l'autre sur le lit, mais je pense à mon père. Était-il courageux ? Étions-nous, nous-mêmes, courageux, assis là, protégés par une troupe en armes, alors que la foule descend et remonte inlassablement la grande avenue, hurlant ses menaces de mort ? Comment savoir si le courage existe quand les événements qui sont supposés le réclamer sont à ce point inattendus, brutaux et inimaginables ? Il faut savoir au préalable ce qui vous attend pour prétendre être courageux. Là, immobiles, muets, épaules voûtées, nos mains glacées, seule une peur intense nous habite.

Plusieurs heures plus tard, le silence revient avec la nuit. Nous sommes toujours prisonniers, mais plus calmes. Un de mes colistiers, profitant de cette nuit qui terrorise et protège aussi, nous a rejoints :

— Il est impensable que tu restes ainsi enfermé.

À deux jours du second tour de scrutin, je suis obligé de reprendre l'initiative, ou sinon de partir, de fuir loin, très loin. Il faut choisir.

Le lendemain, j'ai Léotard au téléphone. J'ai décidé d'organiser une conférence de presse pour lire un télégramme adressé au ministre de l'Intérieur : « Il faut reporter le second tour de ces élections, rendues caduques par cette tragédie. » Je ne me fais aucune illusion. Léotard est à mes côtés, mais il sait, comme moi, que cette mesure est constitutionnellement impossible. Valéry Giscard d'Estaing avait prévu de venir me soutenir en présidant un dernier meeting sous le chapiteau. Il l'annule. Jacques Chirac me rappelle. Il accepte volontiers de venir. Mais pour tous les Dracénois, il est responsable du transfert de la préfecture à Toulon. Sa venue aurait des effets catastrophiques. Raymond Barre m'appelle à son tour, j'en suis surpris. Je n'imaginais pas que ce personnage rond et si calme pût, en ces circonstances, manifester autant de courage. Il ne peut pas venir à Draguignan, mais il m'attend à Toulon. Il veut poser à mes côtés devant les photographes et dire tout haut mon honnêteté et sa confiance en moi.

De toute la France, émanant d'innombrables mairies, de l'Assemblée nationale, du Sénat, me parviennent des télégrammes de soutien. Tout cela est bien aimable, mais je n'en demeure pas moins prisonnier dans cette villa où je cogne les murs à force de marcher de long en large, incapable de retrouver mon calme. Il faut que je retourne dans la rue, au moins une fois ! Il faut que les Dracénois me voient. Le problème est toujours le même : si certains doutent de mon innocence, me montrer en public revient à leur démontrer que je ne me sens responsable de rien. J'appelle le sous-préfet.

— Je tiens à vous faire savoir que j'ai décidé de retourner dans les rues de Draguignan. J'y serai demain vendredi.

— Vous êtes complètement fou ! Il est impossible d'assurer votre sécurité.

— Monsieur le sous-préfet, je suis candidat aux élections qui auront lieu ce dimanche. Ma sécurité est votre problème. Ou vous estimez être le garant d'une certaine idée de la démocratie et c'est vous qui prendrez toutes les dispositions qui s'imposent, ou ils me trouent la peau et c'est vous qui en serez responsable. De toute façon, vendredi à 14 heures je sors !

Le moment venu, devant le portail de la villa, je jette un regard vers ma femme. Elle est verte. Je ne suis pas très rassuré. Que va t-il se passer ? Si j'avais souhaité passer inaperçu, ou pour le moins être discret, l'incroyable escorte qui m'entoure, m'enveloppe, rend cette perspective saugrenue. Quatre policiers en uniforme, les trois « Afghans », deux inspecteurs en civil, ma petite troupe de pieds-noirs et un groupe de gendarmes ! Tous m'encadrent. C'est incroyable. Nous sommes en plein xxᵉ siècle.

Le département du Var se trouve probablement sur une autre planète !

La balade ne dure qu'une petite heure. Les Dracénois m'ont vu. Il aurait été malvenu de m'approcher de trop près. Mon escorte s'attend au pire. Les « Afghans » surveillent les balcons et les fenêtres, guettent l'apparition d'un éventuel tireur. À quelques mètres, devant et derrière moi, les pieds-noirs se sont partagés en deux groupes. Contre moi, tout contre moi, les inspecteurs en civil, officiers des RG. Enfin, formant un cercle infranchissable, les policiers en uniforme soutenus par les gendarmes. Je ne parviendrai même pas à saisir quelques mains amies qui se tendent vers moi. J'entends des applaudissements sur le marché, mais le passage, entre les étals, se fait au pas de course ! C'était varois !

Le scrutin a lieu dans quarante-huit heures et il est impossible d'en prévoir l'issue. C'est à la population de juger cette tentative d'assassinat. Si elle m'en tient responsable, même indirectement, je vais à une déroute. Le succès, s'il advient, ne résultera que de sa capacité à douter, à croire à un coup monté, à penser qu'elle a été piégée.

Le dimanche soir, installé avec colistiers et fidèles dans un salon du plus vieil hôtel de la ville, gardé par une véritable petite armée de policiers en civil et en uniforme, le résultat nous parvient enfin.

26 février 1984. J'ai gagné. Soldani, l'indéracinable, a perdu. La différence de voix est telle que sa défaite s'apparente à un désastre. Les Dracénois n'ont pas cru à cet attentat.

# 14

## *Le piège de la victoire*

Lorsque le chapiteau de la route de Lorgues recevait, pendant les dernières semaines de campagne, des personnalités politiques, la petite équipe chargée de l'organisation avait décidé de nous faire entrer aux accents de l'air des esclaves de *Nabucco*. Ces esclaves désespérés rêvaient de liberté, comme les Dracénois, otages du potentat local. Ce choix, en 1983 et 1984, était dénué de toute connotation politique puisqu'à l'époque Le Pen et le Front national n'en avaient pas encore fait un hymne guerrier. Et, curieusement, personne ne s'était avisé de rappeler que ce fond sonore saluait aussi les entrées triomphales de Mussolini à la Scala de Milan !

Ce choix évoquait pour moi la petite salle de rédaction, aussi sale que sombre, de *L'Écho d'Alger*. Le patron de nuit des journalistes nous infligeait en effet, pendant la lecture des dépêches, l'air des esclaves — invariablement. Les équipes de la sono du chapiteau, par un incroyable clin d'œil du destin, avaient rouvert un puits aux souvenirs que j'aurais voulu définitivement scellé. Je n'ai jamais pénétré sous ce satané bâtiment métallique, glacé et mal éclairé, sans avoir, en entendant l'air des esclaves, une pensée pour mon Algérie. Les bousculades, les hurlements, les mains qui se tendent et tentent de toucher, tous ces gestes d'encouragement ont une fâcheuse tendance à me rappeler d'autres cris et hurlements de foules terrifiées, plon-

geant à terre dans les jardins et sur les trottoirs de la rue
d'Isly. Quelques secondes seulement, mais sacrément salu-
taires. Car, on ne peut traverser une foule enthousiaste,
qui hurle votre nom, sans risquer une douce démence.
L'orgueil emplit le cerveau. Des millions de neurones véhi-
culent à une folle vitesse les germes inquiétants d'une
paranoïa enivrante. Elle isole, coupe les liens avec le
monde extérieur. Il est très difficile d'y résister.

Cet air des esclaves, paradoxalement supposé rendre la
foule et le candidat encore plus ivres, agissait tel un fantastique antidote, une thérapie inespérée, miraculeuse. Ma
mère, sagement assise au premier rang, ne comprenait pas
très bien ces déchaînements de liesse. Parvenant à sa hauteur, je sentais, chaque fois, le frôlement de sa main. Nos
yeux se croisaient et mes souvenirs resurgissaient, les plus
tendres et les moins heureux. Le regard raisonnable, et
même un peu inquiet, d'une mère devrait toujours s'imposer, un bref instant, à l'homme pris dans le vertige d'une
gloire qu'il croit définitive, mais qu'elle sait, elle, affreusement fragile, éphémère. « Pourvu que ça dure », disait déjà
la bonne Letizia Ramolino en assistant à la montée au
pinacle de son fils Napoléon. Après mes nuits à *L'Écho d'Alger*, il fallait regagner l'appartement familial, à l'autre bout
de la ville. Le couvre-feu plongeait les rues dans un silence
inquiétant, quelquefois rompu par le bruit d'une rafale de
pistolet-mitrailleur. Ma mère m'attendait, imperturbable,
seule, assise sur une chaise de cuisine. Elle avait gardé au
chaud quelques restes et un gigantesque flan aux œufs. Un
rite renouvelé chaque nuit. Nous n'échangions pas un
mot. Il lui suffisait de me voir vivant. Avant de gagner son
lit et de retrouver la main de son mari, elle se redressait
et m'obligeait à baisser le front sur lequel elle traçait un
signe de croix. Pendant trente ans, elle ne cessera, à cha-
cune de nos rencontres, de m'imposer ce signe de croix,
indifférente à la présence d'amis ou d'étrangers. Pudique,
un peu terrifiée par les foules du chapiteau, elle s'obstinait
pourtant à me signer en un rituel incompréhensible pour
tous ceux qui nous cernaient.

L'hôtel Bertin, vétuste et déjà condamné à la démoli-
tion, a été envahi par des milliers de gens. Les rues sont
pleines d'une foule en délire. De nouveau la sono crache
le refrain de l'air des esclaves. J'ai crié le prénom de ma
femme. C'est elle que je veux à mes côtés. N'est-ce pas elle
qui a exigé mon maintien dans la ville ? Je lui dois en
grande partie ce triomphe. On me passe un téléphone.
C'est ma mère. Elle a si peur de la foule et des risques de
débordement qu'elle a préféré rester à Nice. « Mon fils, je
te fais un signe de croix. »
Nous avons gagné. C'est inouï. Me voici maire de la
deuxième ville du Var. Notre villa est envahie. Il y a, bien
entendu, tous les connus et les autres, ceux qui, au soir de
ma première défaite, m'ont peut-être craché au visage et
arraché mes vêtements. Ils chantaient. Ils dansaient. Pendant ce temps, le téléphone n'arrête pas de sonner. Jacques Chirac, bref et émouvant, souhaite me voir dès que
possible. Le calme revient très lentement. La nuit a été
longue, épuisante. Je suis assis sur une margelle, ma
femme me tient tendrement la main. Nous n'échangeons
pas un mot.
— Rentrons nous coucher. Demain les enfants nous
rejoignent.
Dès le début de la nuit, une main anonyme m'a fait passer un message écrit sur un bout de papier sale : « Tu ne
pourras pas poser ton cul sur le fauteuil du président. On
te descendra avant. » Je l'avais, un instant, oublié, nous
sommes dans le Var !


Maire sans doute, mais désespérément seul. L'administration municipale est sous contrôle socialiste et soldaniste.
Les autres administrations sont dirigées par des fonctionnaires auxquels le vieux lion a inculqué une obéissance
totale. Mes conseillers municipaux ? Une cohorte un peu
pitoyable d'hommes et de femmes qui n'ont pas été choisis. Ils étaient les seuls à accepter de tenter l'aventure. Ils
n'ont pas la moindre expérience. Ils ne seront pas capables

de résister. Ils ne forment pas un groupe homogène mais une myriade de groupuscules. Et surtout, le plus grave, Édouard Soldani est toujours président du Conseil général.

La mairie et le siège de l'administration départementale sont distants d'une centaine de mètres. Il est évident que son seul objectif est de se venger. Or, je ne dispose d'aucune structure de soutien, politique ou administrative. Maurice Arreckx me voue une haine farouche. Laurin se contente de m'observer, sans haine mais sans m'apporter le moindre soutien. Médecin ? Il est impensable de l'associer à mes futurs soucis. Le Var ne veut pas de lui. Je ne l'ai invité à Draguignan qu'une seule fois pendant la campagne. Reste Léotard. Il affiche une joie éclatante. C'est un peu sa propre victoire qu'il savoure. Mais le voilà, par la différence sensible des populations de nos villes, déclassé hiérarchiquement. En outre, il est PR et je suis RPR. Comment vont évoluer nos relations ? Poser la question c'est y répondre. Léo rêve d'un rôle national. Dans son entourage s'est constituée une étonnante association d'amis pour son accession à la présidence de la République ! Nous avons le même âge, nous sommes à la tête de deux villes varoises. En 1984, il n'était encore qu'un modeste chef de parti, pauvre et marginalisé par le RPR. L'incroyable effet médiatique de ma victoire le rend nerveux, inquiet. Il va même être rapidement exaspéré.

*France Soir* consacre à cet événement une pleine page, *Le Figaro* publie une photo et un titre sur trois colonnes à la une près d'un dessin de Jacques Faizant me mettant en scène avec Marchais. Tous les journaux nationaux et régionaux en ont fait l'événement. Certes la défaite de Soldani, le « prince socialiste du Var », annonce un « virage à droite » du département. La tentative d'assassinat a transformé cet affrontement en affaire d'État. Me voici promu vedette, de façon sans doute trop ostentatoire. Car, dès cet instant,

Léotard pense peut-être à ce qu'il pourrait tirer de mon élimination politique.

L'homme politique est supposé apporter du rêve aux populations, mais l'homme politique, lui, est interdit de rêve. Le monde politique ne se nourrit que de haines et de trahisons. Malheur à celui dont la vigilance s'émousse. L'homme politique qui rêve est, à terme, condamné. Je rêve pourtant. Comment l'éviter après une telle campagne, à l'aube d'une pareille victoire ? Dès ce jour, s'annonce ma fin politique. Pour avoir trop rêvé ? Probablement. Pour avoir cru que les dangers avaient, comme par enchantement, disparu ? Sûrement aussi. La naïveté n'est pas autorisée en politique.

Or, il fallait être bougrement naïf pour imaginer que Léotard supporterait ma présence. Il avait souhaité ma venue mais ma victoire me rendait encombrant. Il fallait être naïf pour croire que le vieux lion me ficherait la paix et me laisserait gérer la ville. Il fallait être naïf pour penser que les comportements varois allaient, miraculeusement, disparaître. Il fallait être naïf pour imaginer que cette élection me permettrait d'entrer dans le cercle très fermé des barons varois. Arreckx n'entendait pas me faire partager sa conception de la gestion du département. Heureusement pour moi !

Un événement, quelques jours plus tard, me contraignit à faire surface et à retrouver les incroyables et méprisables habitudes varoises. Réunion de l'assemblée des maires du Var, voulue et programmée par Maurice Arreckx. Se côtoient les anciens réélus et les petits nouveaux dans mon genre. Je suis convaincu que cette victoire me vaudra au moins les félicitations de ces nouveaux collègues. Maire de la seconde ville du Var, il n'est pas impensable de briguer un poste de vice-président dans une assemblée sans grand intérêt. Sur l'estrade, Léotard est tout proche d'Arreckx qui devise aimablement avec Laurin. Aucun des trois ne m'a salué. Pas un des maires de la génération Soldani ne m'accorde un regard. Je suis assis sagement dans les derniers rangs quand Arreckx invite les participants à « observer une minute de recueillement »... en l'honneur de Soldani ! Ils l'élisent président d'honneur. Sidérant ! Qu'est-ce que je fous là ? Je reste assis tandis que droite et gauche applaudissent à la lecture du message que l'association adresse à « ce cher ami, qui n'est plus des leurs ». Évidemment, aucun poste ne m'est proposé. Arreckx ne signale même pas ma présence. Léotard feint de l'ignorer. J'ai bousculé l'ordre départemental. Crime impardonnable. Ma peine : une mise en quarantaine. Même le « gentil » Léo ne bronche pas. Je suis seul, désespérément seul. De toute la France me parviennent des témoignages d'affection et de soutien, mais dans le Var je suis « tricard » ! C'est alors que je commets mes premières fautes politiques.

Nous sommes en mars 1984. J'ai fait mon entrée en mairie sous escorte policière. La loi exige que le budget de la ville soit présenté dans les jours qui viennent. La fatigue est telle après deux ans de campagne électorale « à la varoise », que j'ai hâte de poser mon sac, d'arrêter de ferrailler. Première épreuve. Première faute. Elle se révélera la plus grave. Ses effets seront dévastateurs. Avant de présenter un budget, il faut nécessairement voter le « compte administratif » qui entérine la gestion passée. Je ne sais strictement rien de cette gestion. Comment pourrait-il en être autrement ? Ni le délai ridiculement court laissé pour tenter d'analyser les comptes, ni la faiblesse de mes colistiers ne peuvent me permettre de déceler les éventuelles magouilles contenues dans cet épais document, que nous avons pourtant transmis, pour une analyse rapide, à l'administration municipale de Nice. Elle me répond qu'elle n'a « strictement rien compris ». Deux solutions. La première, refuser de voter ce « compte administratif » et, tout naturellement, la gestion de la ville sera remise entre les mains de la chambre régionale des comptes. C'est la paralysie, plus ou moins longue, d'une administration placée sous tutelle. Seconde hypothèse, nous votons pour en finir avec toutes ces batailles, mais nous cautionnons la gestion passée et, de ce fait, la rendons nôtre. Il existe une continuité naturelle dans la gestion des finances publiques, continuité indifférente aux changements politiques. La Cour des comptes n'établit pas deux analyses séparées, celle d'un maire puis de son successeur. Elle ignore les changements d'équipe. Elle présente un bilan. Aux intéressés ensuite de démontrer les causes et de fixer les responsabilités.

Jusqu'à la dernière minute et même après l'ouverture de la première séance du conseil municipal, nous hésitons, tergiversons. Un pas de tango : une fois oui, une fois non. Que faire ? Le bâtonnier devenu adjoint aux finances reste le plus lucide. Il redoute le pire. Nous nous isolons tous deux pour un bref conciliabule. Il ne veut pas que nous votions le budget Soldani. Il a raison. Mais il me voit épuisé, excédé, il sent bien que je ne suis plus en état de poursuivre le combat. Peut-être m'aime-t-il trop. Il cède. Il a eu tort. Je vais commettre ma première faute, la plus grave. Une erreur monstrueuse.

La majorité du conseil vote le texte alors que, dans un réflexe d'agressivité, les amis de Soldani, paradoxalement, le refusent. Eux qui ont géré la ville pendant cette dernière année, qui sont comptables des dépenses et recettes, les ont initiées et assumées, refusent ce texte : le leur ! Dès cette minute, nous sommes condamnés. Ce vote implique l'acceptation de tous les comptes. Il y aura donc, naturellement, continuité entre les années Soldani et celles qui s'annoncent. Administrativement, il ne pourra plus jamais être question de revenir en arrière. La révélation des fautes de l'ancienne équipe, des magouilles, des trucages, des triturages de chiffres ne sera plus imputable à Soldani seulement. En votant le « compte administratif », chef-d'œuvre d'équilibrisme, nous devenons les co-responsables !

La suite s'inscrit dans le cadre habituel, et abominablement déprimant, de la gestion « normale » d'une petite ville de province. Les recrutements de collaborateurs sont soumis à l'appréciation du sous-préfet. Le montant des salaires autorisés doit tenir compte d'une vague équivalence avec la fonction publique territoriale. La qualité, le professionnalisme d'un candidat à un poste administratif est à la triste mesure du salaire qu'il est permis de lui accorder. Comment imaginer créer un environnement de spécialistes, de vrais techniciens, quand ces recrutements supposent, de la part des candidats, le renoncement à des postes infiniment mieux payés, des séparations familiales douloureuses, un exil dans une petite ville qui, pour être jolie et attachante, n'en est pas moins une grosse bourgade ? Il faut faire avec, c'est-à-dire avec les moins professionnels, les oubliés des autres administrations, les moins performants ou, pis encore, ceux que cet excellent et si généreux collègue vous conseille afin de se débarrasser au plus vite d'un collaborateur douteux. Petite troupe un peu pitoyable composée de médiocres, présentés « aimablement » comme d'exceptionnels collaborateurs, de fonctionnaires que les villes se repassent sans le moindre état d'âme. L'administration française est ainsi faite. Hors les quelque dix plus grandes villes de France, où les comportements et les budgets sont à la dimension d'une importante seigneurie, les autres communes doivent tenter de faire au mieux avec les mal payés, qui, bien sûr, comptent quelques excellents serviteurs mais dont le gros de la troupe sait ne pouvoir obtenir mieux ailleurs.

Ce serait faire injure aux fonctionnaires que d'imaginer deux mondes, l'un aux ressources financières aussi humbles que leurs qualités professionnelles, et l'élite des élèves de grandes écoles optant pour l'aventure dans les entreprises privées. Et pourtant ? Qui a songé aux maires des quelque trente mille communes condamnés à gérer en ne disposant que d'effectifs aussi maigres que peu compétents ? Ils sont seuls responsables, selon le code des communes, des actes, des dépenses et des recettes. Ils doivent en répondre sur leurs propres deniers. Qui songe à leurs angoisses quotidiennes, à leurs inquiétudes dès qu'ils veulent agir ? Dans les ministères, voulus pauvres dans un souci d'exemplarité, les fonctionnaires indispensables sont aimablement prêtés par d'autres administrations mieux pourvues et qui continuent, sans complexe, à les salarier.

Dans les mairies, les services administratifs et techniques ne peuvent bénéficier de ce dispositif. Alors ? Alors, c'est la porte ouverte à tous les subterfuges, les plus sophistiqués et les plus stupidement voyants. C'est ce maire qui promet un appartement, complétant la panoplie des avantages promis. Mais la loi l'interdit. Le truc marche tant que le préfet ferme les yeux. À Fréjus, Léotard en fera la douloureuse expérience. C'est ce maire qui complète, croit-il habilement, le salaire ridicule du secrétaire général par des versements réguliers effectués par des associations parallèles, auxquelles il est supposé apporter collaboration et assistance. À Nice, le truc était parfaitement rodé. Le système avait organisé une imbrication, professionnelle et financière, entre certains fonctionnaires municipaux, et non des moindres comme le directeur des services financiers, et les structures gravitant autour de la planète Médecin. Cet aménagement conduisit présidents d'association et fonctionnaires dans les bureaux des juges d'instruction. Tous ces arrangements avaient pourtant été cautionnés par le préfet des Alpes-Maritimes, garant en principe scrupuleux de la légalité des actes municipaux.

Préfet qui resta étrangement silencieux pendant toute la durée des poursuites judiciaires. Comme tous les préfets et sous-préfets qui n'ont jamais eu à répondre de ce qui relève d'une complicité objective, sinon active.

Notre République s'inspire inconsciemment, même dans son fonctionnement constitutionnel et ses rites, du vieux complexe judéo-chrétien de l'argent sale et répugnant. L'administration de l'État comme celle des bourgades procèdent de l'application d'un vieux principe qui tient en quelques mots : les serviteurs de la Nation, au plus haut niveau comme dans les villages, ont « l'honneur » de gérer les affaires publiques. Cet « honneur » est une rétribution suffisante. Dans le même temps, on veut que les maires soient des chefs d'entreprise, aux méthodes modernes et rigoureuses. Le sujet mériterait un vrai débat, aussi technique que philosophique. Le maire et le chef d'entreprise vivent dans des mondes sociologiquement et historiquement différents. Quand bien même l'élu devrait-il tendre à se rapprocher de la gestion telle qu'elle est pratiquée dans les entreprises, il n'en a ni les moyens ni les avantages. Les collaborateurs des maires sont, eux aussi, victimes de ces blocages et la qualité de leur recrutement s'en ressent.

Quand j'ai supplié Jacques Médecin de me dépêcher une assistance technique à Draguignan, il mobilisa un collaborateur autoritaire et dévoué, il paraissait compétent. Du moins, ses comportements le laissaient imaginer. En fait, mes amis niçois me révélèrent, plus tard, que son départ avait suscité des soupirs de soulagement, tant il était incontrôlable et maniaque du complot. La ville de Nice le tenait à l'écart des actions et décisions sensibles. Il était aussi intelligent que dangereux. À Draguignan, il devint non plus le témoin essentiel des activités municipales, mais l'initiateur ! Sa manie du complot l'entraîna dans un troublant dualisme comportemental. Il agissait et fomentait des complots contre ses propres activités et les hommes qui y collaboraient. Il m'arriva, parfois, de m'interroger sur mon propre comportement ! Avais-je, moi aussi, succombé à sa maladie de la persécution ? Je finissais par voir ou imaginer des complots au détour de chaque couloir, dans le silence de chaque bureau.

Comment résister à ce début de paranoïa quand, dès le lendemain de l'élection, retentit le fracas des bombes ? D'abord au domicile d'un grand avocat de la ville. La déflagration a détruit tout un étage. Pourquoi ? Qui ? l'enquête ne le révélera pas. Quelques jours plus tard, le colonel des sapeurs-pompiers me réveille en pleine nuit. Une autre bombe a anéanti un minuscule établissement de boissons et sandwiches sur la route de Lorgues. Les occupants ont échappé de peu à la mort. Dans la nuit noire, j'approche seul des lieux de l'attentat. Le colonel vient à ma rencontre, mais s'éclipse aussitôt. Lui sait ! Le propriétaire est un gitan, l'un des hommes de « Chocho », au service de Soldani. Il affiche une monstrueuse moustache et un physique de catcheur. Il est à demi dément, ce qui est compréhensible, sa fille ayant failli périr dans l'explosion. J'avance lentement, en essayant de cacher mon angoisse. Lui aussi s'avance. Les conversations se sont tues. La gendarmerie est toute proche. Des hommes, en slip et tee-shirt, tirés brutalement de leur sommeil, observent la scène. Ils ont compris. Trois d'entre eux se détachent et s'approchent. Le gitan, désorienté de me voir seul devant lui, s'est arrêté. Il peut m'envoyer à l'hôpital pour plusieurs jours. Que se passe-t-il dans sa tête ?

— Tu as un sacré courage pour oser être là !

Suivent les invectives et insanités, au fond pardonnables en la circonstance. Volontairement, je le tutoie aussi :

— Tu as ma parole d'homme. Je te jure, sur la tête de mes enfants, que je ne suis pour rien dans cet attentat.

Quelques secondes de flottement, interminables.

— Je trouverai le responsable. Même si c'est un de tes copains, même si tu es maire, je vous tuerai !

— Calme-toi. Nous ferons cette enquête ensemble. Allons voir ta fille et, dès ce soir, je te trouve un autre logement.

Une nouvelle fois, l'enquête fut vite close. Aucun coupable. Aucun responsable. Les nuits varoises sont assez noires pour laisser s'évaporer les furieux qui règlent au pistolet ou à la bombe des différends restés à jamais mystérieux.

Promesse solennelle avait été faite d'ouvrir la mairie, de la rendre totalement transparente. Funeste décision. Dans une mairie, plus encore que dans une entreprise, l'outil le plus dangereux, le plus diabolique, est la photocopieuse ! Cette machine peut se révéler plus meurtrière qu'une rafale de pistolet automatique. La mairie, désormais ouverte à tous, était chaque jour visitée par le chef d'agence de *Var Matin*. Le journaliste « fouineur », celui qui ne pouvait imaginer finir sa carrière sans « coller » à l'image des stars du *Washington Post*. « S'offrir » la tête du maire, une sorte de minuscule, ridicule, pitoyable « Nixon local » : refaire le Watergate. Il se constitua rapidement une volumineuse documentation dont nous avions, imprudemment, autorisé la diffusion. Elle concernait la gestion des années Soldani. Puis, elle révélera les décisions et les actions des années suivantes.

La présentation des finances locales par Soldani consistait à trafiquer le montant des « avoirs municipaux » en faisant monter ou dégringoler, au fil des années et selon le besoin, la valeur des bâtiments publics. Cette technique lui permettait de présenter un bilan propre. Il suffisait de comparer les chiffres des dix dernières années pour constater que ce chapitre budgétaire pouvait varier du simple au triple ! Soldani avait également monté un centre d'action sociale, officine qu'il dirigeait seul et qui servait de source de financement occulte pour des prêts divers à des collaborateurs zélés qui oubliaient de rembourser. Petite centrale, déficitaire, gérée dans la confidentialité la plus totale et dont une des dépenses, par exemple, n'était rien de moins qu'un somptueux service en argent massif... offert généreusement au président ! La révélation de ces trucages fut vite complétée par la découverte de véritables bombes à retardement. La mairie, dans l'organisation de ses finances, se présentait un peu comme une entreprise que nous aurions imprudemment achetée sans avoir pris connaissance de toute la comptabilité. Faisait en particulier défaut l'état complet des factures impayées ou non encore présentées.

Dans le contexte qui était le nôtre, l'homme politique doit absolument tuer après avoir blessé. Il ne doit pas laisser survivre l'adversaire. Le chasseur doit achever le fauve blessé. Je ne suis pas un tueur. Nouvelle erreur. Il eût suffi d'un dépôt de plainte contre le vieux lion, argumenté par les découvertes de ses errements de gestion, pour qu'il soit inculpé et achevé. Vainqueur dans la liesse populaire, la mise à mort m'était intolérable. Je hais, dans les corridas, ces instants dramatiques. Ils sont inesthétiques. À l'inverse de mon prédécesseur, je ne me voyais pas, empereur romain, baisser le pouce pour exiger l'exécution du gladiateur à terre. J'aurais dû savoir que tout répit laissé à un adversaire atteint mais toujours vivant signifie, à terme, le retour des affrontements. Pour les éviter, il n'est d'autre solution que de finir le sale travail. Paradoxalement, le vieillard, reclus dans son bureau du Conseil général, à quelques mètres à peine de la mairie, ne parvenait pas à m'être haïssable. Pourquoi ? Par esprit chevaleresque ? L'explication est sans doute noble mais elle ne correspond pas à toute la vérité. J'ai vraiment cru que Soldani était fini. Belle ânerie.

Le décor est d'une simplicité terrifiante : aucun collaborateur compétent ; une administration restée en liaison directe et confidentielle avec le vieux lion ; des conseillers municipaux incapables du plus petit soupçon de résistance ; pas de réseaux de communication directe dans la ville. Pour les constituer, le temps est indispensable, ainsi que des hommes sûrs et parfaitement fidèles. Ils me font cruellement défaut. Mercenaire envoyé seul au combat, j'attends les renforts. Je les attendrai pendant toutes les années qui suivirent. Pour réussir l'après-victoire, la seule troupe d'appoint reste le petit cercle des élus. Les groupuscules, un instant unis dans l'ivresse du triomphe, retrouvent rapidement leurs manies du complot... entre eux, contre l'administration, et contre le maire !

Un de ces groupuscules, le plus étrange, était à l'image des comportements varois. Après avoir été obligé de l'intégrer dans la liste municipale, je « découvris » ce curieux cercle. Cinq d'entre eux, conduits par un médecin plus maladivement jaloux qu'heureux d'avoir enfin gagné un combat qu'il avait toujours lamentablement perdu, s'étaient constitués en cellule du style loge P2. Ils obéissaient à un étrange gourou, un magistrat de la Cour des comptes, ancien préfet. Leurs réunions, secrètes, se tenaient, chaque fois, dans des appartements différents et selon un cérémonial usant de rites presque ésotériques. Sous un immense portrait du préfet, en uniforme officiel, le maître s'asseyait sur un siège un peu plus élevé, en forme de trône. Dans une pièce gardée par des cerbères qui n'étaient pas dracénois, les audiences devaient faire l'objet d'une demande circonstanciée. Elles ne duraient que quelques minutes. L'officier supérieur chargé de veiller au bon déroulement de ces réunions étranges était un incroyable personnage, tout droit sorti d'un roman de Victor Hugo. Il ne disposait librement que d'une main, l'autre, gantée de cuir, paraissait avoir été arrachée. Dans quel affrontement ? En quelle occasion ? On ne sut jamais vraiment qui ils étaient, pas plus que ce qu'ils voulaient. L'homme à la main gantée s'était spontanément présenté pendant la campagne électorale. Il disait disposer de réseaux locaux et nationaux d'une efficacité redoutable. Il prétendait détenir des renseignements et des ressources infinis. Leur rêve n'était rien de moins que de porter ce préfet, Lenoir, à la présidence de la République !

Pour avoir bien connu, en Algérie, le monde inquiétant des barbouzes, je conserve la certitude que ces hommes, cultivant le goût du secret, ressemblaient à ces inquiétants agitateurs de l'ombre envoyés en Algérie pour utiliser les mêmes méthodes que les activistes de l'OAS. Leur officier supérieur, qui ne répondait jamais aux questions, n'avait qu'un objectif : faire du groupe qu'il commandait le conseil privé et exclusif du maire. Il nous avait offert un peu d'argent en échange de la présence de cinq d'entre eux sur la liste. Il m'aurait été difficile de refuser, alors que je risquais de ne même pas être capable d'aligner les trente-cinq noms nécessaires ! Je sus, bien plus tard, qu'il avait effectué la même démarche auprès de Soldani ! Le Var fourmillait de ces groupuscules mystérieux. Le caractère exceptionnel de ma candidature les avait alléchés. Grâce à moi, ils avaient réussi à intégrer la mairie. Aussi incroyable que cela puisse paraître, aujourd'hui encore, je dois avouer que je ne sais pas qui étaient ces gens.

Plus de trois ans après mon élection, lorsqu'il devint évident que ma démission était inévitable, ce préfet Lenoir, sentant probablement son heure venue, annonça sa candidature à ma succession. Les circonstances de cette candidature, son environnement psychologique et politique furent proprement inouïs, provoquant autant l'effarement que le fou rire. Personne ne le voyait. Il ne se déplaçait qu'en voiture aux vitres teintées. Il n'en descendait sous aucun prétexte, pas même pour annoncer ses intentions aux rares journalistes réunis dans une minuscule permanence. Tout son fonctionnement parodiait une loge maçonnique ! Il fit lire l'annonce de sa candidature dans le cadre d'un cérémonial digne d'une secte : un télégramme de quelques lignes quasiment chanté, tel un cantique, sous son immense portrait. Son score fut si ridicule qu'il disparut du département et mourut sans m'avoir laissé le temps de comprendre qui il était vraiment et qui étaient ses compagnons. Ce sont eux, les premiers, qui commencèrent à comploter, de l'intérieur de la mairie. Pourquoi ? Parce que j'avais refusé de soutenir Lenoir dans une élection cantonale.

Jacques Chirac, en visite à Toulon avec Bernard Pons, m'offrit l'unique occasion de recevoir, en public, les félicitations et l'ovation des autres élus. Le maire de Paris n'était certainement pas au fait des comportements locaux et moins encore des méthodes de son collègue de Toulon. Devant une foule hurlant son nom, il me contraint à quitter le fond de la salle, où le copain de Soldani m'avait exilé. Il m'appela à ses côtés, non loin d'Arreckx, livide, pour m'associer à son petit triomphe. Ce fut la seule manifestation publique varoise de reconnaissance pour ma contribution au développement de l'influence de la droite dans ce département. Jacques Chirac me reçut aussi dans son somptueux bureau de l'Hôtel de Ville de Paris. Visiblement heureux, il me promit un avenir politique brillant et l'aide des services de la ville de Paris. Cette aide ne me parviendra jamais. Chirac était sans doute convaincu que l'organisation Médecin était puissante et performante et réglerait les difficultés. À ses côtés se trouvait un de mes meilleurs amis : Bernard Bled. Il le restera toujours. Indifférent aux événements chaotiques qui allaient me contraindre à quitter un jour Draguignan, il demeura un des rares — fidélité attendrissante — à me garder ouverte la porte de son bureau. Je souris en me souvenant lui avoir proposé, au cours d'une de nos rencontres, de devenir secrétaire général de Draguignan... alors que le destin, le récompensant naturellement pour son efficacité et sa résistance, lui promettait le poste de secrétaire général de la ville de Paris. C'était un sacré culot de ma part, ou de l'inconscience ! Nous ne nous revoyons jamais sans nous rappeler ce détail et en rire.

Chirac, que je découvrais aussi gentil et décontracté dans le privé qu'il paraissait triste et figé dans ses apparitions télévisées, écouta mes doléances. Il promit d'en parler à Michel Giraud, alors président de l'Association des maires de France. J'aurais mieux fait de me taire. Chirac me demanda un bref rapport, le lut, le transmit à Michel Giraud en le priant de m'associer plus étroitement à une mission de réflexion sur le statut des élus des communes pauvres. J'eus été mieux inspiré de ne rien écrire. Quatre ans plus tard, Giraud me fit payer chèrement cette intrusion dans la gestion de son association. Reclus dans un petit appartement parisien après mon départ piteux de Draguignan, et n'ayant pour seul souci que de me faire oublier pour retrouver un emploi, j'obtins, par un heureux concours de circonstances, un entretien personnel avec Bernard Arnault, qui commençait, lentement mais habilement, à construire son empire industriel, LVMH. Élégant, séduisant, d'une intelligence fine, rapide, impressionnante, il me reçoit dans son appartement, près des Champs-Élysées, pour un petit déjeuner en tête à tête. L'entretien se passe si bien qu'il m'invite à prendre, aussi vite que possible, contact avec sa directrice des ressources humaines pour fixer les conditions de mon recrutement à la direction de la communication du groupe. J'avais soigneusement, à tort peut-être, évité de lui parler de mon aventure dracénoise, aussi brillante que malheureuse. Il me raccompagne vers la sortie. Devant la porte d'entrée, attend Michel Giraud. Nous nous regardons. Je sais qu'il ne m'a jamais pardonné le rapport, pourtant bien innocent, adressé à Chirac. Il salue Bernard Arnault, qui va nous présenter. Et fuse une question, brève, cruelle, assassine, une question en forme de couperet de guillotine :

— Tiens, c'est curieux, vous êtes à Paris ? Je vous croyais réfugié aux États-Unis...

Terrifié, épaules voûtées, je lance un regard furtif à Bernard Arnault qui ne comprend rien à la situation. Moi, j'ai compris. Je n'ai été que l'espace de quelques minutes le directeur de la communication de LVMH ! Michel Giraud savait pourtant parfaitement que la justice m'avait, après des mois d'enquête, accordé un non-lieu total et définitif. Mais il était alors au faîte de la gloire. Il ne soupçonnait pas les soucis judiciaires qui allaient le pousser, à son tour, vers un départ sans gloire. Il venait de me réexpédier en enfer. Rapide et diabolique retour à la réalité politique.

Draguignan, 1984. Cette réalité politique était étonnamment double : varoise et d'une complexité effrayante dans le contexte des trahisons et autres complots annoncés ; parisienne et vue sous un tout autre éclairage.

Je suis le maire. Je suis RPR. Je suis un des pions dont le mouvement a besoin pour les prochaines campagnes nationales de Chirac. Charles Pasqua, qui avait plusieurs fois fait le déplacement à Draguignan où sa faconde et son verbe enthousiasmaient les foules, me reçoit dans son bureau de président du groupe RPR au Sénat. Il est fier de moi, m'appelle « son compagnon ». Il veut que cette victoire soit suivie d'autres, plus nombreuses, plus déterminantes encore, pour gagner définitivement le Var. Mais il attend aussi autre chose du maire de Draguignan. Léotard commence à prendre du poids. La position de Léo, d'abord fragile à la tête d'un PR pauvre et peu représenté à l'Assemblée, s'est renforcée. Jeune, il laisse espérer que sa génération va profondément changer les comportements politiques. En un mot, il devient gênant, un peu trop encombrant pour le RPR. Pasqua, très doucement, dans un murmure surprenant pour le personnage, me souffle :

— N'hésite pas à le titiller dans son propre département. Arrange-toi pour le gêner, pour occuper le terrain de telle façon qu'il soit contraint de toujours rester dans ses terres. Il ne faut pas qu'il se mette en tête de devenir un jour un concurrent de Jacques Chirac. Fais le nécessaire.

Je l'ai écouté. Je me suis cru investi d'une mission nationale. J'ai obéi. Belle imbécillité.

Draguignan, qui digérait encore la victoire contre le roi Édouard, voyait défiler les vedettes de la politique nationale. Valéry Giscard d'Estaing passe plusieurs heures dans ma villa, paraissant aussi sensible à la simplicité de l'accueil qu'au charme de ma femme ! L'homme, profondément marqué par sa défaite à la présidentielle, n'en a pas moins conservé une intelligence exceptionnelle, une rapidité d'esprit étonnante. Il est difficile à suivre, mais paraît heureux de retrouver un contact direct avec les hommes, contact dont il ne se montrait guère friand lorsqu'il résidait à l'Élysée et qu'il ignorait superbement les ennuis de son secrétaire d'État au Tourisme, le tonitruant Médecin.

Raymond Barre, qui songe aussi à un futur destin présidentiel, visite les communes de France en compagnie de sa femme, légèrement compassée et distante. Léo était dans son sillage. Barre, probablement mû par le seul souci de me remercier pour la chaleur de l'accueil des Dracénois, se penche vers moi et, assez fort pour être entendu des plus proches, dont le maire de Fréjus, me lance :

— Si nous revenons aux affaires, et si j'en ai le pouvoir, je serai heureux de voir en vous un futur ministre de l'Information.

Funeste déclaration. Diabolique promesse. Léotard ne bronche pas, mais je sens que cette perspective lui est parfaitement insupportable. Décidément, je deviens encombrant. Depuis mon élection, sans doute excessivement médiatisée, il écoute les conseils de son entourage. Son destin national ne peut s'envisager sereinement, dès lors que le maire de Draguignan, de son âge et membre du

RPR, détient une position aussi forte que celle dont disposait Soldani.

Et Soldani, précisément ? Il est enfermé, nuit et jour, dans ses appartements et bureaux du Conseil général. Il ne paraît plus en ville. Mais, l'ai-je oublié ?, il est toujours président du Conseil général. Il sait que son autorité sur cette assemblée lui permet de conserver avec Arreckx une tendre complicité, autorisant ainsi la ville de Toulon à disposer de soutiens financiers, de subventions importantes. Ils se téléphonent tous les jours. Arreckx n'interviendra jamais auprès de son « si cher ami » pour imposer l'attribution de la plus modeste subvention à la ville de Draguignan. Pas plus que Laurin, pas plus que Léotard. J'ai voulu rendre la gestion de la ville transparente ? Tant pis pour moi. J'ai refusé que les conseillers socialistes de l'opposition soient interdits de séjour en mairie, comme nous l'avions, nous-mêmes, été ? Tant pis pour moi. Va donc s'imposer, d'abord dans le secret, dans l'ombre, une curieuse situation. Tous les jours, sont convoqués dans le bureau du président ses anciens collègues et quelques fonctionnaires. Ces derniers, sans doute peu nombreux, trahissent. C'est une habitude varoise. Ils avaient trahi Soldani, ils trahiront mon successeur.

Dans le bureau du président, surgit aussi, tous les jours, le journaliste de *Var Matin*. Les dossiers municipaux lui sont devenus, par notre volonté, accessibles. Il va naturellement les montrer... à Soldani. Le chiffre des ventes de *Var matin* a dégringolé dangereusement. La victoire de l'opposition a placé *Nice Matin* en tête. Sa mission est simple : regagner les parts de marchés perdues. La tâche l'enivre. Il doit avoir la peau du nouveau maire. Non point parce qu'il me hait. Il aime, au contraire, jouer à séduire la nouvelle équipe. Il sait faire semblant de comprendre les difficultés, les ennuis techniques, financiers et humains. Il va lentement organiser un tissu relationnel personnel avec certains des colistiers de la nouvelle majorité. Ils troquent : une information, un renseignement « exclusif » contre un splendide titre à la une. Les miens, enivrés par la victoire, se sont pris à croire qu'ils m'avaient fait roi, alors qu'ils auraient été bien incapables, autant individuellement que collectivement, de ferrailler contre le vieux lion. La médiatisation outrancière de cette victoire, collée à ma seule petite personne, les a rendus nerveux. Ils veulent une part de la gloire. *Var Matin* va la leur offrir.

Ils n'ont pas la moindre expérience politique. Ils n'ont même pas conscience de jouer avec le feu. Le journaliste use de deux pseudonymes, l'officiel sous lequel il rend compte, dans des reportages supposés plus ou moins objectifs, des décisions et actions municipales, et un autre, emprunté au vocabulaire cabalistique et infernal, Balbus, sobriquet du démon. Il adore cette situation. Enfin, il existe. J'ai, collé contre la tempe, un revolver à gros barillet : Balbus a le doigt sur la détente. Les balles lui sont offertes par les nouveaux comploteurs. Un jour, à brève échéance, il tirera. Je serai atteint, c'est sûr, mais les comploteurs seront rendus à un anonymat, où, au fond, ils auraient été mieux inspirés de rester pour l'éternité.

Autre faute : j'ai transposé à Draguignan les structures paramunicipales niçoises. Pourquoi ne l'aurais-je pas fait ? Elles fonctionnaient si bien à Nice, et, de plus, elles avaient reçu l'aval de la préfecture des Alpes-Maritimes. Qui eût pu douter de leur légalité ? Comme à Nice, existait donc une association dont la tâche était la promotion et l'animation de la ville : Draguignan-Promotion. Elle reçoit la caution de l'autorité de tutelle, du sous-préfet, qui aime autant venir plonger ses fesses de jeune énarque dans la piscine de ma villa que converser et échanger des informations avec Soldani. Leurs bureaux sont si proches ! Comme la plupart des maires de France, j'accepte de présider cette structure. Son directeur est un curieux personnage, Pascal Vito, aujourd'hui disparu. Niçois, fils d'un agent de voyages au passé de résistant exceptionnel, il paraît connaître son sujet : le tourisme. Il m'a rejoint à Draguignan pour, disait-il, se libérer de l'autorité paternelle. Je le savais fragile, instable. Jacques Médecin m'avait prévenu.

— C'est un autre revolver que tu te laisses mettre sur la

tempe, avec ce type. Un jour, le coup partira. Tu ne sauras pas pourquoi, mais sois rassuré, lui non plus ne saura pas pourquoi il aura tiré.

C'est Vito qui a organisé le trop fameux voyage au Japon, auquel s'était associé Spaggiari, l'auteur du casse du siècle. Vito, au cours de ce déplacement, pour être agréable à Médecin, lui avait acheté divers cadeaux, des souvenirs locaux, des babioles... et des objets de luxe.

Médecin, incapable de refuser un présent, ne s'interrogeant jamais sur son financement, découvrit à son retour à Nice que la facture de tous ces objets avait été ajoutée à la note officielle présentée en mairie. Nouvelle erreur de ma part : je ne verrai pas — inconscient ou naïf — qu'il agissait de même avec les fonds de Draguignan-Promotion.

Vito forme avec le secrétaire général de la mairie le couple de Niçois en détachement à Draguignan. La manie du complot de l'un et l'inconscience maladive de l'autre les unissent dans une diabolique complicité. Le directeur de campagne, aux qualités d'organisateur exceptionnelles, est (encore une erreur !) devenu directeur de cabinet. Les deux fonctions sont différentes, exigent des qualités et des comportements opposés. La découverte de l'ignorance de l'administration dont faisait preuve mon directeur de cabinet conduisit à le relever de ses missions pour des tâches plus modestes. Une mise au placard qu'il interpréta comme une trahison. Et, tout naturellement, il partit rejoindre le groupuscule des mystérieux amis du préfet Lenoir.

Janvier 1985. Les élections cantonales approchent. Soldani est renouvelable, non plus à Draguignan mais sur un territoire immense, campagnard, formé par plusieurs bourgades. Je ne me sens pas de l'affronter à nouveau. Je ne sais rien du monde paysan. J'étais peut-être un extraterrestre sur les terres urbaines du vieux lion, je deviendrais une espèce d'idiot du village dans un monde rural hermétiquement clos, imperméable aux méthodes modernes de communication. Les habitants de Draguignan m'avaient, un temps, paru inspirés des héros de *Jean de Florette.* C'était faux. Leur vie quotidienne était seulement gérée autoritairement par le roi Édouard. En revanche, les paysans et villageois de Lorgues, des Arcs ou Taradeau, sont les vrais interprètes des romans de Pagnol. Criants de vérité. Touchants, attendrissants et... inapprochables. Ils forment « l'autre Var », celui que les touristes traversent pour rejoindre les gorges du Verdon, sans jamais s'arrêter. Ce Var me rappelle des souvenirs du Japon. On peut, là-bas, parcourir l'île, y faire toutes les rencontres, y lier même des relations, sans jamais pénétrer la société japonaise. Le touriste, l'homme d'affaires sont comme une goutte d'eau sur une toile cirée. Elle peut courir sur toute son étendue sans jamais la percer.

Des vignobles à perte de vue. C'est là que se mettent en bouteilles, chaque année, des millions de litres de rosé de Provence. Vignobles infranchissables jusqu'à Bandol, objets de querelles de voisinages incessantes, terribles, parfois meurtrières. Ici, on ne joue pas avec la propriété d'un mètre carré de terrain. Les comportements sont d'un autre âge, millénaires. Respectables à l'évidence, mais totalement incompréhensibles pour le citadin, fût-il devenu maire de Draguignan. Eux n'ont pas subi l'autoritarisme de Soldani. Il leur est naturel. Soldani est des leurs. Il est né dans un de leurs villages. Ils ne le craignent pas. Ils l'aiment, c'est vrai. Les méthodes d'intimidation à la dracénoise sont parfaitement inutiles sur ces terres, où l'homme vit dans un isolement jaloux, entretenu jusqu'au paroxysme. Ils ne sont pas isolés du reste de la planète, ils veulent l'être. Ces paysans, qui savent inviter à leurs tables pour des déjeuners aussi arrosés que chaleureux, cultivent autant leurs raisins que le réflexe d'autodéfense contre toute intrusion. Il ne peut pas y avoir de trublion chez eux, car tout, dans l'environnement et les comportements, l'interdit. Là se trouvait, vraiment, le royaume de Soldani.

Il n'est pas pensable que je fasse acte de candidature. Il est clair que lui souhaite prendre sa revanche sur un terrain que je ne suis pas susceptible de comprendre. Il aurait été indispensable que, prenant du recul, digérant modes-

tement, enfin, ma première victoire, je refuse l'affrontement. C'était folie de défier Soldani dans sa ville. Le
redéfier dans son canton relève de la psychiatrie ! Mais Léo
ne l'entend pas ainsi. Nous sommes dans la cuisine de sa
villa de Fréjus, assis face à face devant une bouteille de
rosé.

— Tu es condamné à l'affronter de nouveau. Tu dois
l'achever. Tu es devenu un héros de western, nous t'attendons tous pour ce nouveau duel. Tu en sortiras encore
vainqueur. J'en suis sûr. De toute façon, c'est un impératif
pour le Var : il faut qu'une majorité de cantons passe à
droite, pour en terminer avec l'hégémonie soldaniste. Ton
boulot, c'est de le battre.

Je n'y crois absolument pas. Son discours n'est pas naturel. Il cherche autre chose. Difficile de décrypter le message, car il sait être convaincant, use de mots justes pour
flatter mon orgueil, me persuader. Il faut que « j'y aille ».
Il sera, comme d'habitude, à mes côtés. Pourquoi l'ai-je
cru ? La seule raison objective reste l'intime conviction que
nous étions liés par une amitié indéfectible. Il ne pouvait
pas me piéger. Il était mon ami. Depuis que, tout jeune
collaborateur de Michel Poniatowski au ministère de l'Intérieur, il m'avait rencontré pour l'aider à obtenir de
Médecin le soutien logistique indispensable à sa propre
élection à Fréjus, notre complicité était restée, croyais-je,
intacte. La bataille commune menée à Draguignan avait
scellé cette amitié. Certes, répondant aux recommanda-
tions de Charles Pasqua, je l'avais bien titillé sur les terres
varoises, mais sans grands résultats. Léotard était devenu
un Varois. Soldani battu, il avait conforté ses relations avec
Arreckx et, ainsi, retrouvé une certaine complicité avec le
vieux lion, dont il attendait, et obtenait, des aides et subventions départementales. Pourtant, un jour, répondant à
son invitation, j'avais rencontré François Léotard à Fréjus,
dans l'espace des arènes. Entretien irréel. Il me prend par
la main après la fin d'une vague cérémonie officielle,
m'entraîne au centre du cirque, sur le sable encore chaud.
Nous sommes face à face, couple insolite dans ces ruines

magnifiques, à l'abri des oreilles indiscrètes. Les personnalités officielles, stupéfaites, nous ont vus nous éloigner, solitaires, nous arrêtant en plein centre de l'espace occupé par les corridas. Ils attendent, sagement, à plus d'une cinquantaine de mètres.

— Jean-Paul, je ne peux plus supporter une situation devenue trop encombrante pour moi. Je sais que tu obéis à des consignes parisiennes, mais je suis le patron du PR, tu es RPR, notre cohabitation est devenue impossible. Je t'offre une perspective : tu lâches le mouvement gaulliste, tu me rejoins au parti républicain et je m'engage à faire de toi mon second dans le département. Tu seras, je te le jure, député du Var.

— François, j'ai vécu près de Médecin, pendant des années, ces allers retours incessants entre des formations politiques qui ne l'ont jamais complètement adopté tant il paraissait douteux à tous. Je ne jouerai pas à ce jeu. Ne crois-tu pas qu'il soit préférable pour toi que le maire de Draguignan, même RPR, soit ton ami ? Je te jure que nous ne nous affronterons jamais. Ma fidélité au RPR n'est pas génétique, tu le sais. Mais je suis fondamentalement incapable de trahir.

— Réfléchis ! Un jour, ton mouvement te lâchera. Avec moi, ton avenir politique est garanti.

— Non, François, je ne le ferai pas.

— Tant pis, ils te lâcheront.

C'était un temps qui paraît si lointain, où ma certitude d'être intouchable sous le parapluie nucléaire du RPR était telle que l'idée même d'une trahison m'eût paru insupportable. C'était un temps où le parti républicain faisait si pâle figure dans le paysage politique français que, même pour l'amitié de Léotard, il eût été impensable de déserter. Nous nous étions quittés, me semblait-il, toujours aussi amis. La complicité née dans les combats menés en commun paraissait devoir l'emporter sur nos différences partisanes.

331

Dans sa cuisine, le charme et la séduction de Léo sont anesthésiants. Il n'est d'autre objectif que d'en finir avec le tout-puissant socialisme varois. J'hésite pendant plusieurs jours. La naïveté est mortelle en politique, le manque de lucidité inacceptable. Je n'ai pas vu venir le coup fatal. Je n'ai pas senti le piège. La raison exigeait que j'assure, en premier lieu, ma position dans la ville. Ne pouvant imaginer que, déjà, se préparaient les complots que le premier faux pas allait rendre publics et officiels, l'entreprise ne semblait pas présenter de risques majeurs. Manque de maturité ? Probablement, mais plus sûrement solitude effrayante, manque total de soutiens intérieurs, absence cruelle de conseillers lucides et loyaux. La suite était prévisible, sauf par moi qui ne l'ai même pas imaginée.

La campagne électorale a lieu. Étrangement calme après les drames et affrontements dracénois. Le mouvement gaulliste, essentiellement motivé par Charles Pasqua, a, lui aussi, instillé dans mon esprit l'idée qu'il fallait une suite à la prise d'assaut de Draguignan. Pasqua était-il sincère ? Poser la question revient, en fait, à émettre quelques doutes. Léotard avait, intelligemment, commencé à nouer des liens avec l'état-major du RPR. Y eut-il connivence ? Au fond, évoquer la sincérité en politique a-t-il un sens ? Le fait est que Pasqua fit le déplacement dans le canton pour me soutenir dans cette nouvelle bataille. Il y eut bien des meetings dans des salles que sa faconde et son accent enthousiasmaient. Il y eut aussi des balades sur les marchés. Sur la place centrale du petit village des Arcs, les paysans me saluent mais ne me voient pas. Pasqua est à mes côtés quand surgit, à quelques mètres à peine, Soldani. Scène surréaliste. Pasqua se tourne vers moi :

— Il existe une tradition entre sénateurs, quelles que soient nos différences d'opinion, nous nous saluons toujours.

Il me plante là et, sans écouter ma réponse inquiète, va droit vers Soldani. Ils s'étreignent, entament un long conciliabule sous les yeux des journalistes, tandis que je tente, plutôt misérablement, de rester insensible, seul entre les présentoirs d'agrumes. Les paysans, un peu rigolards, observent l'accolade chaleureuse des deux hommes, celui qui est censé venir me soutenir et mon adversaire impitoyable !

Et Léotard ? Non seulement il s'abstint de paraître en public à mes côtés pendant toute cette campagne, mais il présenta contre moi un candidat du parti républicain ! À l'issue du premier tour, je réussis malgré tout à être en tête des candidats de droite. Au second, le 17 mars 1985, alors que tous se sont désistés en ma faveur, je réussis « l'exploit » de faire moins de voix qu'au premier tour ! Il est clair que des consignes ont été données pour me faire mordre la poussière. Léotard a merveilleusement réussi son coup : la majorité départementale est passée à droite... et je suis battu. Le piège a fonctionné. Le maire de Draguignan, réputé preneur de forteresses, est affaibli. De tueur potentiel, je suis devenu celui qu'il faut tuer. La première occasion leur sera bonne. Léotard, Soldani, Arreckx sont, pour des raisons différentes, parfaitement unis pour finir le travail. J'ai eu tort. Tant pis pour moi, il va falloir assumer.

Mère et fils côte à côte devant la tombe du père disparu. Nos deux mains se serrent très fort. Peut-être pense-t-elle, la coquine, tenir encore la main de son mari. Un sourire sur mon visage, qu'elle interprète déjà comme une victoire contre ce foutu désespoir irraisonné qui m'a précipité dans ses bras, très tôt dans la matinée après l'annonce de mon échec. Existe-t-il un droit aux larmes pour les industriels, pour les hommes politiques apparemment si distants, qui rencontrent l'échec et l'humiliation ? Lorsque, au soir des scrutins, apparaissent sur les écrans de télévision ces éternels sourires, béats de satisfaction, d'hommes politiques affectant d'être aussi heureux dans la victoire que dans la défaite, il plairait aux Français de les voir, tremblants d'émotion, pleurer dans les bras d'une mère. La comédie du pouvoir est aussi celle des apparences, de la prétendue insensibilité qu'il convient d'afficher parce qu'il est dans la nature du chef de paraître, en toutes circonstances, indifférent à l'environnement. Il serait, probablement, aussi utile qu'agréable au bon peuple d'offrir le spectacle de ces mêmes chefs plongeant leurs têtes en feu entre les bras réconfortants d'une femme, épouse ou mère compatissantes. Évidemment ils le font tous. Stupide refus de prendre en compte le paramètre de l'amour, de la tendresse, dans la vie publique. Il y aura toujours, à quelques mètres de ces hommes et femmes au bord des larmes, un savant conseiller en communication pour rappeler à l'ordre le malheureux et lui imposer le sourire. Qui est dupe ? Sûrement personne. Certainement pas les journalistes, si habitués au scénario qu'ils l'interprètent, eux aussi, avec une identique mauvaise foi. Certainement pas, non plus, la foule qui, d'instinct, sait qu'on lui ment. Pour avoir été à la fois un de ces journalistes et un de ces hommes politiques, pour connaître à présent les rôles interprétés, plus ou moins bien, par les grands industriels, je me demande ce que serait, au fond, la réaction de la population. Pourquoi ne pas accepter, un jour, de montrer qu'au-delà du petit théâtre il existe une réalité des émotions ? Je crois plus au courage du père de famille contraint, quoi qu'il arrive, d'assumer la survie d'une famille tout au long d'une vie, qu'à celui de l'homme politique jouant à rester insensible, indifférent aux échecs. La foi en l'homme politique ne sera jamais totale tant que demeurera cette barrière invisible, artificielle et au fond inacceptable à la conscience collective, entre ceux qui souffrent et dont les inquiétudes, les angoisses sont naturelles, et ceux qu'on s'acharne à vouloir montrer froids, glacés, prouvant ainsi, à l'évidence, qu'ils ne jouent qu'une partition, finalement mal jouée parce que, précisément, elle est jouée.

Dans ce cimetière de Nice, immense et angoissant, sur les hauteurs de la ville, mère et fils rêvent qu'il pourrait survenir un miracle : le retour du père dans une explosion de lumière brutale, pour rassurer, prononcer seulement quelques mots réconfortants, puis redisparaître. À Oran et à Alger, villes à la religiosité pourtant si différente, le petit peuple espagnol ou italien, maltais, juif ou musulman, pratiquait le culte des morts avec une constance impensable dans notre modernité contemporaine. La tradition méditerranéenne était sans doute plus forte, plus contraignante. Comme se formaient, chaque dimanche, des cortèges de pèlerins s'épuisant à escalader la colline de Santa Cruz, ou à grimper vers la grande basilique de Notre-Dame d'Afrique, des foules silencieuses s'installaient, chaque samedi, unies par la prière, dans les cimetières sur les hauteurs des villes. Ma mère, bien entendu, n'aurait pour rien au monde dérogé à cette tradition. Et il était naturel que la petite troupe de ses enfants l'accompagnât. Dans nos têtes de gamins, il s'agissait d'une sortie comme les autres, qui autorisait les jeux, les parties de cache-cache entre les tombes. Le cimetière, dans l'inconscient collectif des Méditerranéens, n'est pas obligatoirement triste et silencieux. Ces femmes, accoutumées à l'angoisse de la petite pauvreté puis à celle de la guerre, considéraient que les disparus revenaient, entre ciel et terre, au-dessus des tombes, sous le soleil violent face à la mer toujours bleue, pour éprouver un peu de bonheur à voir enfants et petits-enfants courir joyeusement entre les stèles fleuries. Il n'était pas sacrilège d'associer le souvenir des morts à la joie des enfants.

J'étais, un matin, revenu seul, plusieurs années après l'indépendance de l'Algérie, dans l'immense cimetière que je connaissais si bien. Le ciel était toujours aussi limpide et la mer chatoyante. Les tombes n'étaient plus parfaitement entretenues. Instinctivement, mes pas, entre les innombrables allées, me ramènent devant la tombe de mon grand-père, mort sans avoir eu le temps de m'expliquer ce que nous étions venus faire sur cette terre, d'où nous venions, et pourquoi, un matin des années 1800, son propre père, encore gamin, avait quitté son Ariège natale pour pareille aventure. La tombe était à peu près conservée. Debout, perdu dans mes souvenirs, je ne l'ai pas entendu approcher. Un vieux musulman m'observe, silencieux, et attend, respectueux, que je termine une courte prière. J'en ai retrouvé naturellement les termes. Il me caresse l'épaule.

— C'était qui ? Ton père ?

— Non, mon grand-père, que je n'ai pas connu.

La douceur de son propos, son apparente tendresse me touchent, me rappellent mon intrusion dans l'appartement où je suis né.

— Tu veux que je m'occupe de mettre des fleurs de temps en temps ?

Pourquoi suis-je stupéfait ? L'Algérie, paranoïaque et cocasse dans sa culture marxiste nouvelle et insupportable à la tradition arabe, a déjà mis en chantier une vaste opération de réaménagement des cimetières « colonialistes ». Méditerranéen comme eux, je sais que cette initiative, fût-elle exclusivement imaginée pour détruire tout vestige de la présence française, est incongrue, inimaginable pour des gens qui sont parfaitement incapables, dans leur tradition, de toucher à un mort, de risquer de troubler l'éternité de la paix qu'il a enfin retrouvée. Et lui me propose d'entretenir la tombe familiale ! Je le prends par l'épaule. Il a probablement vingt ans de plus que moi, il aurait pu être mon père. Il a certainement vécu, lui aussi, dans un quartier humble, à quelques centaines de mètres sûrement de celui qui a servi de cadre à mon enfance.

— Oui, tu es gentil, je vais te donner de l'argent et...

— Jamais de la vie, tu es fou. Je ne veux pas d'argent. Je cueillerai des fleurs dans les jardins. Je le ferai pour que tu sois heureux et rassuré.

— Je le dirai à ma mère, c'est elle qui m'amenait chaque samedi ici.

— C'était il y a bien longtemps ! Tu sais, je ne vois plus personne dans ce cimetière. Tu reviendras ? Reviens, il y aura des fleurs.

Bien entendu, je savais que je n'y reviendrai plus jamais. À quoi bon le lui dire ? Un court instant, dans ce pays que je ne reconnaissais plus et qui déjà agonisait, entraîné dans l'épouvantable spirale du suicide collectif, nous avions retrouvé la paix et la complicité de nos jeunesses. Nous étions algériens tous les deux. Une pause magique dans le déroulement d'une histoire terrifiante. Ce sont ces pauses, brèves, fugaces, qui paraissent durer une éternité. La raison ne gère plus le temps, livré à l'unique et incontrôlable durée des sentiments. Je n'ai plus jamais revu ce cimetière. Il est probable que l'Algérie a « libéré » ce bout de terrain et expédié les restes dans des fosses communes. Pourtant, une tombe est un petit bout de ces racines indispensables à l'équilibre d'une vie. Replanter des racines ? Oui, bien sûr ! Mais Dieu, que le temps est long pour qu'elles reprennent vie. Le temps, triste et indispensable, de réinstaller des tombes familiales dans d'autres cimetières.

Dès le soir de ma défaite, j'ai délibérément fui Draguignan pour trouver un moment de calme à Nice. Pourquoi Nice ? Sans doute parce que ce cimetière, la tombe de mon père, la présence de cette mère toujours étonnamment vigoureuse instillent dans ma tête le doux réconfort de la découverte de petites racines personnelles. Celles également de ma femme, plus profondément enterrées, plus puissantes, plus épaisses. Le soir, dans une chambre d'hôtel de Nice, d'incessants cauchemars m'ont finalement incité à m'asseoir sur une minuscule terrasse, face à cette mer dont les vagues ont bercé ma jeunesse. Il fait presque froid. Nu, seul dans le silence à peine troublé par le bruit familier du roulement des galets, calme et presque indifférent, la lucidité enfin retrouvée, il me paraît clair que les semaines qui viennent me réserveront autant de surprises que d'épreuves douloureuses.

Sur FR3 Soldani est apparu triomphant, savourant sa vengeance. Il m'a gratifié de quelques injures grossières. La bataille va reprendre, encore plus dangereuse, plus cruelle. Les rôles sont inversés. J'avais, à peu près bien, interprété celui de l'agresseur. Il convient que je tente d'être aussi bon dans celui de l'agressé. Je suis toujours maire, certes, mais probablement plus seul que jamais.

## 15

## *Coupable*

Voici venu le moment de constater les effets désastreux
de ma défaite, ses dégâts psychologiques terrifiants dans
les esprits des conseillers municipaux aveuglés par une
conviction qui a d'abord lentement germé dans leurs cerveaux puis enflé jusqu'au délire, avant qu'ils ne s'abandonnent à la cérémonie pitoyable et attristante du suicide
collectif. J'ai été battu, ils sont donc les vrais artisans de la
victoire de Draguignan. Je ne leur suis plus nécessaire.

*Var Matin* commence sa campagne de harcèlement, aidé
par les conseillers d'opposition, avec l'aimable collaboration de Soldani, que sa victoire aux cantonales a miraculeusement rajeuni et guéri de ses blessures physiques et
morales, objectivement soutenu, enfin, par les conseillers
de la majorité obéissant au réflexe varois du complot. La
mort brutale de l'adjoint aux finances a provoqué un vide
effrayant. Il était non seulement compétent, mais savait,
d'un mot, calmer les esprits, éteindre les velléités de rébellion. Il manque désespérément.

À peine élu dans un vaste mouvement qui avait permis
à la droite d'emporter d'innombrables villes, une réunion
« informelle » avait regroupé, à Val-d'Isère en 1984, ces
jeunes nouveaux maires. Alain Carignon en avait été l'initiateur. On sait ce qu'il advint de lui ! Le maire de Val-
d'Isère sera, lui aussi, condamné ! L'un des participants les
plus remarqués était Berthelot, vainqueur des municipales

à Brest, contraint de démissionner quelques mois plus tard. J'étais également présent, ignorant que la durée de mon mandat n'excéderait pas trois ans. Une bonne dizaine d'autres ont disparu de la scène politique. Seul, Philippe Séguin, également présent, déjà autoritaire et imposant, connaîtra un destin national avant de démissionner de la présidence du RPR. Il était naturel, dans cette assemblée, que les visages soient rayonnants. Une jeune génération, décidée à tout changer, faisait irruption sur le devant de la scène. Un appel téléphonique urgent me tire de ma douce torpeur. L'ancien secrétaire général adjoint de la sous-préfecture, devenu, après notre victoire, adjoint en charge du personnel m'annonce sa démission, une petite semaine à peine après le triomphe. Il est ulcéré de ne pas disposer de voiture de fonction ! La réaction la plus intelligente eût été de le laisser retourner à un sommeil qu'il aurait été mieux inspiré de ne jamais interrompre, mais, redoutant les effets de cette démission dans les esprits dracénois, je quitte précipitamment la réunion de Val-d'Isère. Revenu à Draguignan, j'apprends que le personnage, que j'ignorais si fragile, a renoncé à son idée sous la pression du merveilleux bâtonnier.

Dans les Alpes-Maritimes, à Nice plus précisément et même à Cannes plus tard, lors des événements qui provoquèrent la chute de Mouillot, les élus savaient sauvegarder les apparences. Les épreuves paraissaient les souder, les rendre plus forts, plus résistants. La tradition politique niçoise impliquait de vivre en famille. Certes, les scènes de ménage étaient parfois gigantesques, effrayantes et inquiétantes, mais tout devait se régler en famille. Médecin dut bien, parfois, affronter des rébellions internes dangereuses, mais son autorité ou ses concessions permettaient de calmer les plus excités. Personne n'aurait imaginé déserter l'équipe. J'étais flanqué de petits chefs désireux de se constituer, chacun, leur propre mairie, d'authentiques piliers de bistros, miraculeusement élus, et tous leurs défauts qu'on pouvait croire guéris par la divine thérapie de la victoire réapparaissaient, effrayants et mortels.

François Léotard avait programmé ma mort politique. Notre entretien dans les arènes de Fréjus fut le dernier. Nous ne nous sommes plus jamais rencontrés. Une fois pourtant nous avons été contraints, par un curieux concours de circonstances, de voisiner dans un autobus nous conduisant à l'aérogare. Léo avait vieilli. Sa séduction avait disparu. Le charme dévastateur a laissé place à une attitude figée, presque raide, aussi triste que le visage redevenu très maigre. Le regard est agressif. Devenu un vrai Varois, il a troqué ses costumes de prince charmant pour des vêtements noirs, aussi désespérants que ses nouveaux comportements. Oublié le temps où il m'aidait à préparer des petits plats, au-dessus des fourneaux de ma cuisine, en attendant l'arrivée de Giscard d'Estaing. Nous n'avons échangé qu'un bref regard. Je l'aurais sans doute approché pour lui adresser quelques mots aimables, supposés le réconforter dans ses épreuves judiciaires, mais il n'était plus Léo.

À Draguignan, dès 1985 apparaissent les premières difficultés financières graves. *Var Matin*, les conseillers d'opposition et ceux de la majorité ( !) ont constitué une sorte d'alliance objective. Ce qui est naturel aux premiers est proprement incroyable de la part de ceux que j'ai fait, seul, élire.

Mais la peur les paralyse d'abord, puis va les entraîner dans la délirante spirale du suicide. La peur ? celle de la découverte des problèmes financiers. Pourtant — expérience totalement novatrice —, mus par un souci de transparence, nous avons réuni les chefs d'entreprise, les décideurs, les banquiers, les hauts fonctionnaires des administrations de la ville, pour exposer les grandes lignes du budget, les inciter à en débattre. Forum populaire, tentative de démocratie directe. Il ne pouvait exister de zones d'ombre. Les errements passés, les petites et grosses « bombes à retardement » étaient sus de tous. Il ne pouvait subsister le moindre doute. Rares sont les maires qui oseraient présenter leurs choix budgétaires et leurs difficultés aux représentants les plus actifs de la population avant qu'ils ne soient exposés en conseil municipal.

Pendant les dernières années Soldani, de 1981 à 1984, le montant de la dette était passé de 85 à 137 millions : il avait presque doublé. Dans le même temps, les impôts locaux avaient augmenté de 75 %. Une des bombes à retardement ? la part de financement municipal pour la construction du nouvel hôpital : 11 millions de francs ! c'est le directeur de l'établissement qui nous en fait la révélation. Soldani avait oublié de payer sa dette depuis trois ans. Le sous-préfet, les administrations concernées n'osaient la lui réclamer. À la nouvelle équipe de faire les frais de cet oubli. Il faudra emprunter, mais au taux nouveau de 14 %, alors que le respect des engagements aurait permis à mon prédécesseur de faire la même opération à un taux de 8 %. Malgré tout, l'augmentation de la pression fiscale est stoppée. Le budget investissement reste encore supérieur à celui du fonctionnement. C'est une gageure, car 25 % du personnel est « journalier ». Un chiffre effarant. Soldani avait trouvé un excellent moyen pour cacher cette situation : il ne réunissait jamais la commission paritaire, pas plus d'ailleurs que la commission des finances ou celle de l'urbanisme.

Le poids du passé ajouté, très probablement, à des erreurs qu'il eût été aisé de corriger avec du temps, a rendu extraordinairement difficile la conduite des affaires de la ville. Ont-ils peur d'être considérés complices d'une mauvaise gestion ? Ils savent parfaitement que c'est l'héritage que nous sommes contraints d'assumer. Je sais que l'argument est utilisé par tous les successeurs mais, en la circonstance, le doute n'est pas permis. Ce n'est pas en un an et demi, à peine, de gestion que la nouvelle équipe a pu accumuler les folies ! Les seules réalisations programmées et réalisées sont d'une désespérante maigreur ; elles existent pourtant : une école, un jardin public, le réaménagement d'un carrefour à l'entrée de la ville, et un espace couvert, pas même terminé, pour six courts de tennis, embellissement du terrain dit de la Foux, création d'une police municipale d'une dizaine de fonctionnaires, et surtout transformation complète du centre historique de la ville par la piétonnisation de la vieille rue de Trans. Si ces réalisations peuvent sembler insuffisantes aux yeux des audacieux inconscients qui ne tiennent aucun compte du temps, la véritable nouveauté réside dans l'esprit de la gestion. Oui, la mairie vit dans la transparence et sur un modèle démocratique : les commissions se réunissent régulièrement ; y sont associés les conseillers socialistes et communistes. J'ai tenu mes promesses : je voulais instaurer un espace de liberté dans les couloirs de l'hôtel de ville. Il existe. Mais il a fallu payer les dettes, et celles qui suivent sont rendues longues à rembourser du fait de la maigreur du budget de fonctionnement.

S'ajoute à ce climat d'incompréhension l'attitude extraordinairement légère de la Caisse des dépôts et consignations que nous appelons à l'aide pour obtenir les prêts indispensables. Si on pouvait pardonner à notre équipe d'ignorer à peu près tout de la réalité des finances de la ville, il semble inimaginable que cet organisme qui contrôle, avec le sous-préfet, l'utilisation des avances consenties, ait paru, plus encore que nous, incapable de mesurer l'ampleur du déficit financier. Je garde en mémoire une phrase incroyable que me murmura le responsable régional de la Caisse : « Vous pouvez emprunter, n'ayez crainte. » Or, un an plus tard, le même fonctionnaire avouait « avoir mal apprécié la situation » et négligé de vérifier la bonne utilisation des sommes prêtées pendant les années Soldani.

L'association Draguignan-Promotion, dont il convenait de faire un outil performant, indispensable au développement touristique de la ville, va devenir le principal objet de discorde. L'objectif était de s'appuyer sur l'extraordinaire essor des villes des Alpes-Maritimes pour que les congressistes présents à Nice inscrivent dans leur programme de voyage un détour par Draguignan. C'était possible, à quelques kilomètres des gorges du Verdon. Mais le président de l'association refuse de rendre des comptes à l'administration. Les conseillers municipaux haïssent ce président, un Niçois. Le secrétaire général, autre Niçois, passe, à l'insu de tous, de longues heures en conciliabules avec mon ancien directeur de cabinet, rejoint par le responsable de l'association. Ils n'admettent pas que leur incompétence ait imposé le recrutement d'un collaborateur direct plus solide et plus efficace. De fait, la comptabilité de l'association, dans laquelle, bien à tort, je ne suis jamais intervenu, n'est pas sans failles. Des fautes ont été commises. Je les sens confusément. Elles créent une situation d'autant plus délicate que j'ai inventé cette structure. Dans un comportement totalement irrationnel, un, puis deux, puis une dizaine de conseillers de la majorité vont discrètement, à la nuit tombée, rencontrer le chef d'agence de *Var Matin*. Ils cherchent à se dédouaner, oubliant qu'ils appartiennent à une équipe. Ils sont convaincus de pouvoir s'affranchir de ma tutelle. Les malheureux ne voient pas qu'ils se sont engagés dans un long et épouvantable processus de suicide collectif.

Un jour, rencontrant à Paris mon ami Jean-Pierre Raffarin, qui était alors un des plus habiles spécialistes en communication politique, il me glisse à l'oreille :

— Prends garde, il se prépare contre toi, je le sais, des attaques graves.

Je n'avais toujours pas senti le complot.

Je prends l'initiative d'en appeler à la chambre régionale des comptes. La loi veut que cette institution s'autosaisisse. Le sous-préfet, après m'avoir longuement écouté, consent à l'inciter à débarquer en ville. Je veux démontrer que, même responsable de certaines fautes de management, nous avons hérité d'un monstre ingérable. La société dracénoise reste divisée. Le clivage n'est plus politique mais sociologique. Le petit peuple qui a permis la victoire continue de manifester une totale fidélité, touchante, émouvante lors des balades à pied quotidiennes dans les petites rues et sur les marchés. La bourgeoisie locale, heureuse d'avoir laissé faire par un autre le sale travail de la révocation du roi Édouard, se prend subitement à découvrir qu'au fond ce maire n'est pas un vrai Dracénois. L'étranger a été bien utile, le mercenaire bien sympathique, mais il n'est pas des leurs. À l'image de Médecin à Nice, mais pour des raisons différentes, il est clair que la petite bourgeoisie méprise ostensiblement le nouveau maire. Elle avait eu besoin d'une véritable révolution politique pour bouleverser le paysage local, mais l'histoire démontre que ce ne sont jamais les révolutionnaires qui bénéficient du pouvoir qu'ils ont conquis, sauf à se muer en dictateurs, ce à quoi rien ne pourrait me résoudre. Je ne suis pas Soldani. Ce sont donc les petits bourgeois, restés calfeutrés chez eux, sourds aux vociférations et gesticulations de la foule, qui, subrepticement, lentement, cyniquement, reprennent le pouvoir. Mes rares rencontres, à domicile, avec ces médecins, notaires, propriétaires terriens, se déroulaient dans une atmosphère lourde, pesante, effrayante de cynisme. Me revient en mémoire cette splendide réplique du comte de Chamfort, dans ses *Maximes* : « La bonne éducation consiste à faire semblant d'apprendre ce que l'on sait, de gens qui ne le savent pas. » Voulant être aimé, même de ces gens, il me fallait faire preuve de cette « bonne éducation ». Le révolutionnaire est admiré, soutenu, porté par ces petites élites, tant qu'il s'avère capable d'entraîner les foules, ce dont elles se savent parfaitement incapables. Une fois la révolution terminée, il n'est plus de bon ton de fréquenter les plus humbles. Les Dracénois qui avaient, les premiers, accompagné et soutenu la « démarche révolutionnaire » en étaient sans doute restés trop proches ! Il n'était pas « supportable » que la coexistence forcée des deux « mondes » dans la bataille et les affrontements perdurent après la victoire.

Les familles aisées qui s'acoquinaient, ravies et enthousiastes, dans la fièvre des grand-messes populaires sous le chapiteau de la route de Lorgues, ont rapidement repris leurs distances. On peut dîner un soir en compagnie de gens simples et bruyants, c'est merveilleusement excitant, mais, une fois le dessert ingurgité, il convient de rappeler qu'il existe une hiérarchie incontournable. Pour gagner, il faut se faire aimer par le petit peuple. Les mots simples, les apéros pris dans les arrière-salles de bistros sales doivent être naturels. Une fois encore, cet électorat n'est jamais dupe. Il sait d'instinct déceler les mots menteurs, affectés. Il sait reconnaître les messages que le souvenir d'une enfance simple rend naturels et vrais. La victoire passée, il est convenable de recréer la distance qu'impose la hiérarchie sociale. Après les événements de Mai 68, les hommes politiques et les belles bourgeoises retrouvaient, enfin, le goût de sortir dans des rues restées si longtemps infréquentables. Leurs rires, leurs attitudes voyantes comme les étoles et bijoux que les femmes reprenaient plaisir à montrer étaient aussi explosifs que leur peur avait été intolérable. Le sale travail du bouleversement des institutions et des ordres établis avait été accompli par les autres. Les petits bourgeois apeurés savaient qu'ils en tireraient quelques profits, mais dans une distance de nouveau imposée par cette foutue hiérarchie sociale.

Le nouveau maire, initiative insupportable à la petite bourgeoisie locale, s'ingéniait à saisir toutes les occasions pour retourner sur les marchés, déambuler dans les rues, perdre des heures en bavardages attendrissants avec le petit épicier, l'énorme mercière ou le boulanger un peu ivrogne, dans de minuscules brasseries où se côtoyaient les artisans, les retraités et, suprême affront, quelques anciens harkis devenus les meilleurs bouchers des vieux quartiers. C'est pourtant là que j'ai connu les instants de plus grand bonheur. Eux ne comprenaient pas ce qui se passait en mairie. Ce n'était pas leur problème. Ils avaient voté la confiance et savaient devoir accorder du temps. Ils savent d'expérience qu'il faut du temps pour obtenir plus de ressources, du temps pour acheter demain ce qui est inabordable aujourd'hui, du temps pour gagner un peu plus de sous, du temps pour payer les dettes du ménage. Un temps qui est un paramètre inconnu dans la classe aisée. Les ressources financières accélèrent artificiellement l'écoulement des journées.

Elles permettent d'aller plus vite, d'ignorer les pauses. Elles rendent méprisables les sollicitations de délais pourtant indispensables aux plus miséreux.

Dans la cuisine de mon ami Jean Allione, un pur Dracénois, ni pauvre ni riche, nous passions, avec sa femme, des moments de joie devant les plats arméniens qu'elle préparait avec amour et un extraordinaire savoir-faire. C'était délicieux, et leur tendresse était réelle. Quand, épuisé, l'estomac de nouveau serré par l'inquiétude, je m'invitais à leur table, leurs mots justes et simples, émouvants et tendres devenaient la meilleure des thérapies. Jean disposait d'un solide bon sens et connaissait le caractère de ses concitoyens, leurs côtés attachants comme haïssables. Simples dans leurs comportements, sa femme et lui n'auraient pas imaginé une seconde tirer bénéfice de cette relation complice avec le maire. Ils avaient, dès l'engagement de la campagne électorale, pris des risques certains, nous suivant dans tous nos déplacements. Du moins ceux qui n'étaient pas supposés dangereux. Jean était un chasseur quasi professionnel. Faisans et lièvres emplissaient le réfrigérateur. Il passait des heures à m'enseigner l'art de bien les cuisiner. Sur sa petite terrasse, il accueillait sa sœur en voisine. Exceptionnelle de courage et de ténacité, trop vite veuve, elle avait assumé les emplois les plus humbles, donc les plus épuisants, pour assurer la survie de sa famille. Elle aurait pu être ma mère. Je la regardais avec tendresse, retrouvant dans ses gestes et sa générosité, son indifférence aux problèmes financiers quotidiens, les réflexes de ma propre mère. Les repas étaient aussi bons que pantagruéliques. Comme dans les familles du quartier de la Marine à Oran, ou de Belcourt à Alger, on ne reçoit pas un invité sans tout proposer, craignant toujours qu'il puisse repartir le ventre creux.

Martine, la fille de cette veuve, aussi courageuse et acharnée au travail que sa mère, était devenue ma secrétaire. Rougissante, jeune, charmante, toujours souriante, à peine âgée d'une vingtaine d'années, elle avait passé des nuits à réviser sa sténo avant notre premier entretien en mairie. Comme ma mère me faisait réciter mes leçons de grec, la sienne lui dictait inlassablement des dizaines de pages que la gamine devait enregistrer le plus vite possible. De plus en plus vite. Jouant comme une enfant, le soir, avec mes propres garçons et ma fille, elle devenait, en mairie, un cerbère redoutable et d'une efficacité indispensable. Sa présence fidèle à mes côtés lui valut quelques haines tenaces. Cette satanée petite bourgeoisie locale aurait préféré que la secrétaire du maire fût issue de ses rangs. L'avenir prouva qu'elle fut l'un de mes meilleurs choix.

Est-ce une idée de mécréant de prétendre que la capacité de résistance n'est pas le fait de ceux qui sont nés dans la soie ? En politique comme dans les grands groupes industriels, la résistance aux trahisons, aux agressions, au stress provoqué par la course à la performance, est une seconde nature pour ceux qui ont, dès leur enfance, vu et partagé le combat de parents obsédés par la réussite du gamin et la survie de la famille.

Sur le marché, Geneviève, la vendeuse de tomates et de poivrons, aussi grosse que généreuse, s'était mis en tête de m'enseigner l'art de la culture des légumes. Avec une patience infinie, alors que je manifestais une nullité crasse dans cette discipline, elle venait, chaque matin, donner un coup de main pour ranger les plantations de courgettes et de poivrons. Elle avait bien besoin, aussi, de son petit verre de rosé pour manifester un peu plus d'énergie et oublier ses trop nombreux kilos. Puis elle repartait, à bicyclette, reprendre la vente de sa petite production. Non loin d'elle, se trouvait l'étal d'un Arménien, Derderian, tonitruant, généreux et volubile, à la carrure impressionnante. Il eût été impossible de l'ignorer sur le marché, car il était celui qui hurlait le plus fort. Un fou de rugby. Dépité par mon insensibilité aux subtilités de ce sport pratiquement inconnu en Algérie et à peine naissant à Nice, il avait décidé, lui aussi, de m'en enseigner les rudiments. Tâche éminemment difficile, mais sa verve, sa passion étaient telles qu'il eût été inimaginable de ne pas l'accompagner aux matches dont il tentait de m'expliquer les secrets et les beautés. Avec ses frères, aux carrures aussi impressionnantes que la sienne, il organisait dans son jardin les « troisièmes mi-temps », prétextes à des retrouvailles bruyantes et joyeuses et à de gigantesques absorptions de rosé et de charcuteries. Gardant en mémoire mes souvenirs de Camus, je restais sagement assis sur les gradins du stade, pensant aux innombrables matches de football que sa passion du sport avait exigé qu'il suivît.

Sur les hauteurs du quartier Saint-Joseph, perdue dans les bois, la villa d'un couple à la retraite. Jeanette, qu'on ne pouvait pas ne pas adorer, ne savait pas me rencontrer sans m'étreindre, au risque de m'étouffer contre ses seins gigantesques. Puis, nous passions à table pour d'autres repas pantagruéliques. Son mari, la larme à l'œil, nous accueillait régulièrement, ma femme et moi, en posant sur un vieux tourne-disques ce satané air des esclaves de *Nabucco* ! Le cérémonial était immuable et cent fois répété. Il était hors de question d'avaler la première bouchée sans avoir entendu la totalité de ce disque qui grésillait affreusement. Simples mais loyaux, se moquant éperdument de l'agitation qui enfiévrait l'esprit des élus, tous ces gens constituaient le vrai peuple de Draguignan. Ils avaient, une fois pour toutes, intégré le prétendu mercenaire. Ma mère nous avait rejoints, logeant dans un minuscule appartement du centre ville. Avec modestie, craignant peut-être aussi des lendemains qu'elle avait quelques raisons de redouter, elle avait refusé d'apposer son nom sur la plaque d'entrée de l'immeuble.

— Personne n'a besoin de savoir que je suis ta mère, même si tu as réussi. Je veux seulement être près de toi.

Nos enfants sont scolarisés dans la ville. Accompagnant en classe ma fille et mon plus jeune fils, chaque matin, quelles que soient les contraintes de l'emploi du temps, je rencontre la directrice de l'établissement, habituellement fréquenté par les rejetons de la bourgeoisie locale. Elle est

348

grande, mince, jolie et elle a un caractère en acier. Elle ne cache pas ses idées plutôt à gauche tout en affectant une feinte indifférence pour les agitations politiques locales. Épouse exceptionnelle, elle sait assumer, seule, la survie de sa grande famille, malgré les nombreuses mises au chômage de son mari, un Italien aussi discret que généreux, expert en plomberie, qui vient régulièrement vérifier les chasses d'eau dans notre villa. Ses enfants et les nôtres nouent une amitié scellée par quelques âneries justifiant de belles fessées. Elle entretient avec nous une relation si fidèle qu'elle restera insensible à la suite chaotique de cette aventure politique.

Colette Pesce, aussi autoritaire dans son rôle de directrice d'école que douce et merveilleusement gentille, avait, une fois pour toutes, considéré que sa porte nous était ouverte. Dans un placard du petit salon, elle gardait jalousement, à notre seule intention, une bonne bouteille de whisky, qu'elle me servait, parfois, avec un peu trop de générosité. Varoise, elle avait su, habilement, conserver une relation professionnelle et courtoise avec la petite bourgeoisie locale, sans rien renier de ses origines humbles, sans rien laisser paraître de la tranquille et difficile simplicité de la vie familiale.

Sur le jardin de notre villa, transformé en terrain de football, les gamins s'épuisent en d'interminables rencontres aussi sportives que musclées, auxquelles se joint le gamin d'un petit distributeur de journaux, un truculent pied-noir. Éternel rire aux lèvres, le père Sanchez, en charge d'une famille trop nombreuse, trime dur pour que ses gosses ne crèvent pas de faim. Modeste et discret, il n'a jamais dit que ce foutu destin qui l'a envoyé d'Oran dans cette grosse bourgade lui a, aussi, donné un enfant handicapé auquel, avec sa femme, il voue un amour aussi gigantesque que caché. Dans ses fonctions de distributeur de journaux, il était venu nous prévenir, pendant la campagne électorale, de l'achat systématique et massif de centaines de *Nice Matin* par les porte-couteaux du vieil Édouard, lorsque l'édition du matin ne leur convenait pas. Un de ses enfants, petit génie du football, suivait à Cannes les stages de l'école de foot, aux côtés d'un certain Zidane. Évidemment, il était imbattable lors des matches improvisés sur notre pelouse, qui avait pris rapidement, sous les yeux de ma femme impuissante, l'allure d'un terrain vague.

Se mêlait, parfois, à ces rencontres à domicile un autre étonnant personnage : un curé, physique de rugbyman, gueule d'ange. Dès son arrivée en ville, l'église accueillit miraculeusement une assistance plus imposante. Les habituelles petites vieilles s'étonnaient de côtoyer de jeunes et jolies jeunes femmes que le pouvoir de séduction du père Hadrien avait, par bonheur et magiquement, ramenées sur le chemin de la religion.

À l'inverse de ces personnages merveilleux, ce grand médecin, qui roulait en ville dans une vieille carcasse ambulante avant de retrouver, quelques kilomètres plus loin, une somptueuse voiture, daigna nous inviter une seule fois. Soirée affreusement ennuyeuse. Ils avaient, certes, invité le maire, mais j'étais l'intrus. Devant une table de petits fours, ne buvant, lèvres pincées, que quelques gouttes de champagne, se retrouvaient, unis par leur complicité de classe, tous ceux qui avaient pourtant choisi des parcours politiques diamétralement opposés : les socialistes anciens adjoints de Soldani et les notaires ou médecins qui explosaient de joie dans la foule un peu ivre du chapiteau de la route de Lorgues. Il y avait là un certain Max Piselli, à la brève carrière d'enseignant, ayant épousé l'une des filles d'un riche propriétaire de magasins de plomberie. Il fréquentait le court de tennis le plus huppé de la petite cité. Toujours vêtu, au sport comme à la ville, de costumes et chaussures du dernier cri, pas un cheveu ne dépassant de sa coiffure impeccablement soignée, il se trouvait, à l'évidence, séduisant et beau. Il était entré en politique en vouant à Soldani la même vénération que les autres féaux. Peut-être même un peu plus, puisque le vieux lion en avait fait son adjoint aux travaux. On le présentait même comme le dauphin. Il avait présidé le comité de soutien à la liste socialo-communiste de Soldani que nous avions battue et comptait au nombre des responsables des errements que nous allions découvrir. Avec un sourire crispé, il me fit remarquer, au cours de cette soirée, que mon chien éprouvait un malin plaisir à sauter la clôture pour aller prendre un bain dans sa piscine. Et tout ce beau monde de s'esclaffer avec la nécessaire retenue de règle. Des petits rires vite étouffés, jamais de grands éclats qui eussent été inopportuns et auraient reflété un soupçon de mauvaise éducation. J'ignorais encore que le gentil Léo, à l'occasion de mon élimination, allait le choisir pour me succéder. Qu'il ait été un adversaire impitoyable dans une campagne à laquelle François Léotard avait pris une part considérable deviendrait un paramètre négligeable. Léo était devenu un vrai Varois, un clone des autres barons. Les affaires politico-judiciaires qui l'ont rattrapé depuis me sont totalement inconnues. Le propos n'est pas de juger. François Léotard n'est peut-être pas un homme plus condamnable aujourd'hui qu'il n'avait été, hier, le pur et innocent jeune homme, séduisant et charmant, que l'on présentait aux foules. Il n'est pas concevable, pour autant, qu'il ait pu ignorer les comportements de son ami de Toulon, Maurice Arreckx. Mon propos n'est pas d'accuser. L'accuser de quoi ? L'ignorance interdit la critique. Et comment aurais-je pu être mis dans les confidences, moi l'intrus ? Rarement invité à des manifestations extérieures, il était inimaginable que je pénètre le milieu politique varois. Arreckx entretenait avec le maire de Draguignan une distance d'autant plus grande qu'il était probablement convaincu de sa « complicité objective » avec Médecin. Les « petites affaires » du maire de Toulon devaient rester inconnues. Pour qu'il en fût ainsi, il était indispensable que les contacts soient des plus réduits. Ils n'existèrent jamais.

Nous ne nous sommes rencontrés que deux fois. Je le vis un soir, dans son appartement de Toulon dont les fenêtres dominaient l'avenue principale. Près de lui se trouvait son épouse, apparemment simple et surtout discrète. Il m'assura de sa loyauté et me promit son aide. Je n'ai bénéficié ni de l'une ni de l'autre. Quand bien même l'eût-il effectivement souhaité, il est clair que, trop gênant pour Léo resté avec Arreckx parfaitement uni, il lui était impossible de m'aider, et moins encore de m'associer à la gestion départementale. L'autre rencontre eut lieu dans le cadre d'une manifestation publique. La pose de la première pierre d'un bâtiment à la destinée assez inintéressante pour qu'elle ait complètement disparu de ma mémoire. Près de lui, devant la foule des personnalités officielles, une splendide jeune femme que la chaleur de l'été avait incitée à ne revêtir que le strict minimum vestimentaire. Son mini short et un corsage transparent laissaient apercevoir un corps effectivement somptueux. Arreckx prenait un immense plaisir à la tenir par la main, à la serrer de très près. Au moment de saisir la traditionnelle pelle, baignant dans un seau de ciment frais, le maire de Toulon se tourne vers ses amis les plus proches et, sans un soupçon de complexes, lance :

— C'est à elle que je devrais laisser ce manche. Elle sait mieux le manier que moi.

Quelques rires discrets au milieu des visages impassibles, supposés refléter une surdité soudaine. Cela, aussi, c'était varois.

Draguignan célèbre, chaque année, la saint Hermentaire et la traditionnelle fête de l'Olive. À quelques mètres de l'immense bâtisse occupée par Valentini, se trouve une petite chapelle. En ces occasions, y sont célébrés des offices très simples mais merveilleusement émouvants. La foule mêle allégrement les plus humbles, les paysans et les bourgeois locaux, trop heureux de paraître dans les toilettes les plus belles. La dévotion à la Vierge et à tous les saints, Hermentaire en tête, impose la renonciation aux distances sociales et le recueillement. Tout près de ma mère, dans cette minuscule chapelle, je retrouve les parfums d'encens, la magique sérénité des petites églises de notre Algérie natale. Là-bas, elle connaissait par cœur les emplacements du moindre sanctuaire, de la plus petite chapelle. Après avoir quitté, au-dessus du quartier de Bab el-Oued, à Alger, les rues et avenues encore pavées, elle avait trouvé, perdu dans les bois, au terme d'une marche épuisante sur des sentiers presque impraticables, un de ces minuscules sanctuaires dédiés à une sainte inconnue. S'y retrouvaient, en longues processions, des centaines de pèlerins chantant à l'unisson des cantiques dirigés par des sœurs clarisses qui logeaient dans un couvent à quelques dizaines de mètres de Notre-Dame d'Afrique. Elles fabriquaient des ouvrages en dentelle qu'elles vendaient, très cher par ailleurs, pour assurer leur existence. La foule des pèlerins chantait aussi fort que leur dévotion était immense, rendue encore plus émouvante dès lors que le fracas des bombes commença à plonger toutes les femmes dans une terreur quotidienne. Dans le petit sanctuaire de Saint-Hermentaire, ma mère, évidemment, me tient la main, fermement, indifférente aux regards étonnés des bourgeoises endimanchées pour lesquelles, sans doute, la qualité de maire exigerait une certaine distance. Elle s'en moque éperdument et, au fond, j'en éprouve une certaine joie.

Dans le cimetière de la ville, les noms sur les tombes me sont inconnus lorsque je déambule entre les allées, les bras chargés de fleurs, comme il convient au maire le jour de la Toussaint. Je pense que, peut-être, le destin, s'il l'accepte, me permettra un jour de reposer là, quelque part, au terme d'une vie qui m'aurait permis d'enfouir enfin mes racines desséchées. Mais si Dieu existe, je le soupçonne d'être un joueur impénitent. Il aime s'amuser à donner aux chemins du destin une allure tortueuse, à les peupler d'ornières invisibles mais affreusement dangereuses.

La chambre régionale des comptes a terminé son travail. Le rapport est accablant : le trou est de 50 millions de francs. Évidemment, les magistrats n'ont tenu aucun compte du changement d'équipe municipale. Le déficit a été accumulé pendant les dix dernières années, mais le titre sur six colonnes, à la une de *Var Matin*, fait l'effet d'un cataclysme. Il eût pourtant été simple de comprendre qu'avec un budget annuel principal de 261 millions il était impossible de creuser un trou de 50 millions en deux ans ! Même le pire escroc, bénéficiant de la complicité du préfet et du trésorier payeur général, n'aurait techniquement pas pu se rendre coupable d'un tel détournement en un délai aussi bref ! Un soupçon de bon sens, un rien de lucidité auraient suffi pour comprendre que ce déficit ne peut être imputé à notre équipe ; moins encore en tenant compte des dettes laissées dans les tiroirs et que nous avons payées. Trop tard ! C'est à la prise de fonction qu'il aurait été nécessaire d'établir ce bilan. L'erreur a été de voter le compte administratif de Soldani. Ses fautes sont devenues les nôtres. Il faut résister, résister à tout prix. Commence alors un long, un interminable calvaire. Il faut avoir, soi-même, subi la violence quotidienne des attaques médiatiques, le plus souvent en titres ravageurs à la une de *Var Matin*, pour comprendre la compassion que m'inspirent tous ceux, vrais ou faux magouilleurs de la vie politique, que je vois harcelés et qui perdent leur lucidité. Pendant plus d'un an, *Var Matin* fit du maire son sujet de reportages exclusif. Rien ne fut épargné, ni la vie privée ni les membres de ma famille. Le plus petit doute sur une décision municipale se traduisait, dès le lendemain, en des commentaires aux effets dévastateurs.

Porter plainte ? En quoi est-ce utile ? L'instruction demande des semaines, sinon plusieurs mois. Pendant ce temps, chaque matin le journal, rendu plus venimeux encore, attaque et attaque sans discontinuer. Il m'avait paru bon de confier — pourquoi, au fond ? — une mallette de documents personnels à un de mes collaborateurs. Elle atterrit un jour sur le bureau du chef d'agence de *Var Matin*.

Pour donner plus d'ampleur à son travail, ce journaliste s'était octroyé une dimension nationale en servant de correspondant aux quotidiens et hebdomadaires parisiens.

C'est ainsi que j'appris un matin, à la lecture d'un de ces médias nationaux, que la cantine scolaire nous servait régulièrement des repas gratuits, agrémentés de grandes assiettes de foie gras. La réalité est que, las de recevoir à déjeuner dans le seul grand restaurant de la ville, dont les notes devenaient faramineuses, il m'était paru plus simple, plus agréable également, de recevoir à domicile les visiteurs les plus importants. Il était infiniment moins onéreux de commander ces repas à la cantine scolaire même si certains menus n'étaient pas toujours très dignes pour l'hôte. Un jour, pour agrémenter ce repas, le responsable de la cantine l'accompagna de mousse de foie gras, dont le prix est dérisoire. Dans la presse, le maire s'empiffrait de foie gras ! La rumeur épouvantable, incontrôlable, insaisissable, colportait les pires délires. Une autre fois, le journaliste, qui signait plus que jamais ses articles de son pseudonyme satanique de Balbus, avoua qu'il avait envoyé une petite équipe de collaborateurs, accompagnés d'un photographe, pour dénicher dans la palmeraie de Marrakech la somptueuse villa que j'étais censé avoir achetée. Mon manque de ressources personnelles étant connu de tous, cet achat ne pouvait avoir été effectué qu'en détournant de l'argent public ! Évidemment, je n'ai jamais possédé le plus petit lopin de terre, pas plus là-bas qu'en France, mais j'avais, par mégarde, annoncé à quelques « bons amis » que je m'apprêtais à partir en vacances au Maroc.

Dans la mallette personnelle qui avait abouti sur le bureau du chef d'agence de *Var Matin* se trouvaient mes dossiers intimes, mes correspondances dont certaines, très anciennes, avec le fisc. Des créanciers, des parents proches ou éloignés devinrent des sujets de reportages et de « révélations exclusives ». Ma femme avait traversé la ville en voiture ? Nouveau titre à la une, l'accusant de conduire une voiture de fonction, réservée à l'administration. La malheureuse n'avait même pas son permis de conduire ! Ces « révélations », en autant de longs reportages assassins, émanaient d'une cohorte, un peu minable, de comploteurs trahissant au vu et au su de tous puisque le journal récompensait ces informateurs par la révélation de leurs noms !

Ces intrigants faisaient aussi le déplacement de Fréjus, où, semble-t-il, le directeur de cabinet du maire, pressé par Léotard, les écoutait avec un intérêt grandissant. Benoîtement, un de mes « colonels-conseillers » me l'avoua un jour. Cette stratégie était simple :

— Il faut que le maire démissionne. Trouvons ensemble un autre maire, vous serez naturellement dans la future équipe.

Les imbéciles l'ont cru. Quand il devint évident que ce maire, même gravement atteint, ne démissionnerait en aucun cas, ce sont eux, les benêts, qui, par petits groupes, donnèrent leurs démissions pour forcer un destin auquel ils étaient certains d'être associés. Le calvaire continuait.

Les douloureuses stations de ce chemin de croix étaient marquées par le glissement, à l'aube, sous la porte d'entrée de la villa, du journal fraîchement imprimé. Je découvris que mon second fils, qui avait saisi le manège, se levait, sans bruit, avant le reste de la famille pour lire les titres et articles de plus en plus violents. Je le compris le jour où il s'approcha doucement de mon lit pour me glisser à l'oreille :

— Il ne faut pas lire les journaux, papa, ce sont tous des menteurs.

Ce matin-là, un reportage « exclusif » concernait le manteau de fourrure de ma femme. Acheté comment ? Avec quel argent ? Il datait de plusieurs années. Je l'avais trouvé chez un grossiste canadien au Québec, lors d'un déplacement ministériel. Ce fils, que nous avions tant désiré, rendu fragile par mes trop longues absences, ne digéra jamais cette période. L'homme politique doit tout assumer, tout supporter, pas ses enfants, pas un gamin qui ne peut pas comprendre que sa mère soit la scabreuse vedette de l'actualité la plus détestable. Au cours de cette période effroyable, les trois enfants qui constituaient notre progéniture avaient été rejoints, spontanément, par ma fille aînée, née d'un premier mariage. Elle était la plus âgée, elle fut la plus forte. Rendue hargneuse et vindicative, elle tint à ne plus me lâcher, collaboratrice bénévole et dévouée pour les tâches les plus humbles. Les trois autres furent si traumatisés qu'ils en gardent, inconsciemment, les traces. Leurs parcours professionnels s'inspirent, à leur insu, de cette douleur. La plus jeune, en faculté de droit à Aix, veut être juge d'instruction, avec, sans doute, le secret espoir de venger un peu le père en réglant quelques comptes avec le monde politique qu'elle hait. Ses idoles sont Laurence Vichniewsky et Éva Joly. L'aîné des garçons est entré en communication politique, comme on entre en religion. Mû, pourquoi pas, par le besoin de faire mieux que le père, il lui arrive de rêver revenir à Draguignan pour rétablir une vérité, synonyme, dans son esprit, d'honneur familial. Ce fut, en d'autres temps, la démarche intellectuelle, au demeurant sympathique, de Léo, voulant venger les humiliations infligées à son père. Son jeune frère, plus sensible, plus doux, au cœur plus tendre, et donc probablement le plus traumatisé, a voulu fuir ce monde qu'il estime pourri en s'engageant, dès dix-sept ans, dans l'infanterie de marine. Puis, il entra au séminaire pour être prêtre avant de rencontrer une jolie Niçoise éperdument amoureuse de lui, qui lui permet d'oublier peut-être cette jeunesse gâchée en lui offrant un enfant. Inconsciemment, il ne pardonne pas au père ces événements chaotiques.

Comment pardonner à ces conseillers municipaux initiateurs de ces perfidies et humiliations ? Comment, dès lors, pourrais-je pardonner à un journaliste mégalomane, trop soucieux de finir sa carrière professionnelle sur un « coup » digne de ses illustres confrères américains ? C'est impossible. Nous nous sommes revus plusieurs mois après mon départ piteux de Draguignan. Il m'a rendu quelques documents contenus dans la mallette arrivée par enchantement sur son bureau. Il m'a dit aussi que la hausse vertigineuse des chiffres de vente de son journal, pendant cette période, lui avait valu plusieurs caisses de champagne de sa direction. Avec ses collègues, il les a bues « à ma santé ».

En 1986, il devient évident qu'un par un d'abord, puis par petits groupes, les conseillers de la majorité démissionnent. Quelques semaines plus tôt, Laurin, le sénateur-maire de Saint-Raphaël, m'a demandé de le rencontrer.

— Tu parais bien tenir tes conseillers. Ils te sont sûrement fidèles.

Pourquoi cette confidence ? Il est évident que, lui, « savait ». Il ne pouvait ignorer ce qui se préparait. Il se garda bien de m'alerter. Est-ce outrecuidant ? Je pense à cette phrase que le général de Gaulle aurait lancée à Georges Pompidou au lendemain des accords de Grenelle qui mirent un terme aux grèves ouvrières de Mai 68 : « Je vous félicite, vous avez, en quelque sorte, sauvé la France. » On racontait, dans les couloirs ministériels, que l'épouse de Pompidou, à laquelle son mari répétait ce compliment, lui aurait rétorqué, cinglante :

— Tu n'as rien compris. Il vient de te signifier la fin de ton gouvernement.

Et mes « amis parisiens » ? Avant même la publication du rapport de la chambre des comptes, alors que j'en sais déjà, par des indiscrétions, les terribles conclusions, je sollicite un entretien avec Charles Pasqua devenu ministre de l'Intérieur. Dans son bureau de la place Beauvau, il paraît étrangement distant. Je vois sur sa table de travail le dossier de la chambre.

— Charles, tu sais très bien que je ne peux pas techniquement être tenu pour responsable de ce trou de 50 millions.

— J'ai lu le rapport. Il est accablant. Tu dois démissionner. Ne t'inquiète pas, tu es un de nos compagnons. Les gaullistes n'abandonnent jamais un compagnon. Je te trouverai un point de chute. Je sais que tu es sans le sou.

— Charles, tu sais les épreuves que j'ai subies pour emporter la mairie de Draguignan. C'est plus fort que moi, je ne peux pas démissionner.

Il se lève, l'œil mauvais.

— Draguignan ? C'est où Draguignan ? Je me fiche de Draguignan ! À l'Assemblée nationale, le RPR a besoin de François Léotard, tu entends ?

Ah oui ! c'est vrai, les élections législatives ont eu lieu. Au scrutin à la proportionnelle, les listes ont été fabriquées par les états-majors parisiens. Le maire de la deuxième ville du Var en est absent : battu aux cantonales, malmené dans l'agitation politique locale et, plus probablement, interdit de liste par François Léotard. La victoire sur Soldani, qui a fait basculer le Var dans le camp de la droite, est oubliée. Cette élection nationale, en mars 1986, n'a été emportée par la coalition RPR-PR que de quelques sièges. Du jour au lendemain, les élus de François Léotard sont devenus incontournables. Je suis condamné par mes propres amis.

— Mais enfin, c'est toi qui m'as demandé de titiller Léotard sur ses terres varoises !

— La situation a changé. Je n'ai rien d'autre à te dire : tu dois démissionner.

Explosion interne d'une rage incontrôlable. Je lance :

— Tu es corse, tu sais ce qu'est un engagement. Je suis pied-noir, je le sais autant que toi. Je ne démissionnerai jamais !

Il me regarde sidéré. Il doit penser que je suis devenu fou. C'est sans doute vrai. Il racontera, semble-t-il, la scène à un de ses collaborateurs qui me la répétera, avec sa conclusion.

— Il est devenu fou. Il ne doit pas lire les journaux. Il ne doit pas savoir que je suis ministre de l'Intérieur.

Dans ma voiture attend ma femme. Elle me voit, pâle, défiguré, au bord des larmes.

— Il a raison, tu es fou ! Comment veux-tu résister à un ministre de l'Intérieur qui est, de surcroît, Charles Pasqua ?

Elle m'avoue, la coquine, que dans le salon d'attente, elle a dérobé une petite clef de mobilier.

— Ce sera pour notre fils, pour qu'il n'oublie jamais la nécessité de nous venger.

Elle est déboussolée, elle aussi.

Le soir même, de retour à Draguignan, je suis installé devant l'écran de télévision. Je tente tant bien que mal de retrouver un peu de calme. Apparaît le présentateur :

— Nous apprenons, par une dépêche d'agence, que le maire de Draguignan vient de donner sa démission.

J'appelle immédiatement la direction de l'antenne, pour exiger un démenti. Il n'interviendra que le lendemain avec, en forme d'excuses, un long reportage sur ma victoire sur Soldani.

Charles Pasqua ne me pardonnera jamais ce démenti. Il n'évoquera plus jamais mon nom, sans m'affliger du qualificatif de « dangereux agitateur », commentaire que la nature de cet homme rend savoureux !

À Draguignan, les dégâts psychologiques et politiques sont irréversibles. Tous les élus vont démissionner. Sauf deux ou trois. En conseil des ministres la dissolution de notre conseil municipal, devenu fantomatique, est décidée. Ils caressaient l'espoir que je quitte mon poste, j'ai refusé, incapable de leur laisser ce que, seul, j'avais gagné et leur avais offert. C'est François Léotard qui a choisi mon successeur. Max Piselli a eu la bonne idée, oubliant son passé socialiste et sa vénération pour Soldani, d'adhérer au parti républicain. Déjà, il consulte pour composer sa liste. Mes ex-conseillers, aveugles, stupides et toujours aussi incompétents, le rencontrent pour solliciter le poste qu'ils croient, les benêts, leur être dû. Les civils, et les colonels aussi, s'abaissent à faire acte d'allégeance à celui qui sera le nouveau maître de la ville. Pitoyable. Évidemment, aucun d'eux ne sera retenu. Piselli sait se comporter « à la varoise ». Il n'éprouve ni complexe ni gêne à renier son passé, à mépriser et ignorer ces misérables quémandeurs. Ils retourneront chez eux, dans ces domiciles anonymes dont ils auraient été bien inspirés de ne jamais quitter la tiédeur tranquille.

Un temps, très court, l'idée de repartir en campagne s'imposa autant à moi qu'à quelques amis demeurés merveilleusement fidèles. L'un d'entre eux, Alain Schreck, avocat fiscaliste, un notable respecté et d'une honnêteté scrupuleuse, caressait l'espoir de démontrer, par la voie des urnes, que la grande majorité des habitants, les plus humbles, exaspérés de s'être fait voler leur victoire, nous réinstalleraient en mairie. Il avait peut-être raison. Jacques Toubon veillait au grain. Secrétaire général du RPR, il est non seulement un ami de Léotard mais il sait que mon éventuelle candidature peut recueillir assez de suffrages pour... faire passer un socialiste. Au quatrième étage du siège du RPR, je suis seul face à lui, dans la petite salle à manger où il m'a invité à partager un petit déjeuner.

— Tu ne peux pas te permettre de prendre un tel risque. Tu ne peux pas mettre la droite en danger dans ce département. Retire-toi !

— Je n'en ai rien à foutre ! Vous m'avez trahi. Je n'ai aucun compte à vous rendre.

Et, de nouveau, la rengaine, le cantique des cantiques des gaullistes, supposé miraculeusement efficace.

— Nous sommes tes compagnons, nous ne t'abandonnerons jamais.

Une irrésistible envie de rire et de balancer le pot de café par la fenêtre. Il sent cette rage et la volonté de vengeance.

— Nous savons que tu es sans le sou. Retire-toi et je t'offrirai un poste à Paris, un salaire à la dimension de tes compétences professionnelles.

Il a raison. Je n'ai plus de ressources, un échec m'expédierait tout droit dans une agence locale de l'ANPE. Au bout de plus d'une heure, il porte l'estocade :

— Nous te protégerons. Si Piselli est élu, il ne portera jamais la moindre critique contre toi.

En d'autres termes, ils ont déjà tout négocié sur mon dos. J'ai cédé. Aucune des promesses ne fut tenue. Il était convenu que le troc m'ouvrirait les portes du Conseil économique et social. Elles restèrent fermées. Et Piselli fut élu. Fidèle à une certaine idée de la démocratie, resté seul en mairie avec pour compagnie la toujours fidèle et merveilleuse Martine, ma secrétaire, je l'accueillerai symboliquement. Une simple poignée de main. Regards glacés. Je connais la musique, je connais cette comédie des transmissions de pouvoirs pour l'avoir vue si souvent interpréter dans les cabinets ministériels. Mon chauffeur est, évidemment, à la disposition immédiate du nouveau magistrat. Je rentrerai chez moi, seul, au volant de ma 2 CV. Il pleuvait ce jour-là sur la ville. Le ciel était presque noir. La nuit tomba rapidement. Elle dura près de deux ans.

Pendant toute cette nuit, j'entendrai les bruits et les rumeurs de la ville dans la demi-inconscience que provoque le sommeil, un très long sommeil artificiel qu'imposent, involontairement, la détresse et le soudain refus de voir, d'entendre, de vivre dans la réalité quotidienne. Le cerveau n'obéit plus. Les neurones ne fonctionnent plus. La mécanique intellectuelle est grippée. La centrale électrique complexe qui alimente le corps a explosé. Les gestes deviennent automatiques. La conscience ne répond plus aux sollicitations extérieures. C'est le silence. La nuit et le silence plongent l'homme, probablement malade, dans une sorte de léthargie, une apathie qui le rend impuissant. Impossible d'y résister.

Ils seront quelques-uns, les plus humbles et donc les plus fidèles, les plus vrais, qui continueront à dire leur incompréhension, à venir tendrement tenter de me réconforter, essayer aussi d'obtenir « l'explication ». L'explication de quoi ? La bêtise des élus, leur navrante inexpérience, les trahisons, l'impossibilité d'intégrer le milieu politique varois, ce prétendu trou de 50 millions, mes erreurs aussi ? À quoi bon expliquer puisque tout est fini ? Mon intrusion dans le Var était intolérable. J'y avais cru. J'ai eu tort. Le dossier de la chambre régionale des comptes a été transmis à la Justice. Le plus insupportable sera la mise en cause de certains de mes amis, sans doute trop proches, mais d'une scrupuleuse honnêteté comme le doux Jean Allione ou ma secrétaire Martine. Piselli, sans complexe, s'apprête à déposer plainte contre elle pour vol... d'une machine à écrire. Furieux, je joins Robert Pandraud au téléphone. Cet homme est étonnant. Ministre délégué auprès de Charles Pasqua à l'Intérieur, c'est un flic, il ne fait pas de politique. Il sait que je suis innocent et nous manifeste une sympathie exceptionnelle. Dans son bureau, assis devant une table jonchée de dossiers, il répond à ses interlocuteurs tout en écoutant les conversations de ses policiers. En même temps, il fume sa pipe, inlassablement, ce qui le rend inaudible. Il m'écoutera toujours avec une tendresse inattendue. C'est lui qui calme les ardeurs belliqueuses et honteuses de la nouvelle municipalité. D'où une autre rumeur : je serais devenu un collaborateur du ministère de l'Intérieur ! Aussi stupide que faux.

J'apprends que les nouveaux élus, dans un budget apparemment moins épouvantable qu'on ne l'a prétendu, se sont voté une substantielle augmentation de leurs indemnités. En outre, Max Piselli, le nouveau maire, s'est vu attribuer la Légion d'honneur... au titre de la Culture. Le ministre en exercice est François Léotard. Enfin, un bruit plus puissant, plus sonore cette fois, me tire de ma nuit : le doyen des juges d'instruction veut non seulement m'inculper ainsi que ma femme, mais a déjà prévenu qu'il m'enverrait dans cette nouvelle prison... sur le terrain de mon ami Valentini ! Il a déjà fait incarcérer le directeur de Draguignan-Promotion qui n'avait rien trouvé de mieux que de déserter ses bureaux et la ville en emportant la comptabilité ! Lorsque son avocat demandera sa mise en liberté, le magistrat rétorquera :

— Il vaut mieux qu'il reste en prison, pour son bien. Comprenez-vous, ce garçon risque le pire : il est bien trop exposé dans ce monde de truands, avec ce maire ami de Médecin, ami lui-même de Fratoni.

Amalgame déprimant dans la bouche d'un juge, dont les multiples investigations, les innombrables enquêtes fiscales et administratives, puis celles de la chambre d'accusation à Paris, allaient se conclure par la reconnaissance, officielle et définitive, de mon innocence, par un non-lieu prononcé au terme même de l'instruction du dossier. Attitude d'autant plus incompréhensible que, dans le même temps la justice restait aveugle devant des comportements autrement plus graves et habituels à Toulon, La Seyne-sur-

Mer et ailleurs. Les institutions du Var ferment les yeux sur les agissements d'Arreckx mais persistent, en revanche, à vouloir régler son compte au mercenaire de Médecin, coupable de délit d'intrusion dans l'ordre varois !

La loi applicable aux élus exige que les dossiers d'instruction soient transmis « hors le département » où ils ont exercé leurs fonctions. Ce sera Paris. Il existe un vide juridique, susceptible de provoquer tous les abus. L'envoi de ce dossier est lent. Il nécessite des délais qui peuvent atteindre plusieurs semaines. Or, pendant cette période floue, le juge local peut, s'il le souhaite, prendre toutes les mesures conservatoires qu'il juge utiles. La prison par exemple. Il me hait. Je le sais, comme j'ignore les raisons de cette hostilité. Une seule solution : disparaître de Draguignan le temps qu'il faudra à la justice pour transmettre mon dossier à la chambre d'accusation de Paris. Je vais prendre le maquis, c'est-à-dire vivre reclus dans une petite villa près d'Auxerre. J'attends la convocation. Le juge saisi de mon affaire viendra lui-même à Sens, dans l'appartement de ma sœur, pour me signifier mon inculpation. Il m'attend, tranquillement assis dans le salon, avec un calme et une courtoisie étonnants. Je n'oublierai jamais son premier mot.

— Monsieur le maire, je...

— Monsieur le président, merci, mais je ne suis plus maire.

— Si, c'est un titre que vous êtes en droit de conserver à vie. Je suis contraint de vous inculper ainsi que votre épouse.

— Pourquoi ma femme ?

— Dans l'affaire de Draguignan-Promotion, les témoignages de certains de vos anciens amis la mettent en cause pour une histoire de voiture.

Retour dans ma nuit dracénoise. De nouveau le silence. Un an et demi de silence, un an et demi de nuit. Les visites sont de plus en plus rares. Le téléphone ne sonne plus. La porte ne s'ouvre plus que pour la douce Martine qui, chaque jour, apporte un peu de réconfort et les quelques provisions nécessaires. Nous ne disposons d'aucun revenu, ni d'un centime d'économies. Plus rien. J'ai appris à planter et entretenir courgettes, poivrons et tomates. Je cultive mon jardin. Quelques allers et retours à Paris pour les auditions au palais de justice. Quelques anciens copains de la bande à Médecin se sont cotisés pour payer ces déplacements.

La conclusion ? Un non-lieu total et définitif. Je ne suis coupable de rien. Pas plus que ma femme.

Le départ d'Algérie s'est fait dans le fracas des bombes et des tirs de fusils-mitrailleurs. Le départ de l'ex-ORTF s'est fait dans le vacarme des événements de Mai 68. Le départ de Draguignan, dans le chaos et une totale incompréhension.

Rencontre avec Médecin à Nice. Il eût été préférable que je ne la sollicite pas. L'homme est lui aussi assiégé, reclus dans sa mairie. Il paraît avoir perdu la raison. Peu de temps avant, dans une réunion publique, il avait, sans rire, conclu son discours par cette phrase inouïe :

— Je suis le roi de Nice !

Dans le hall de l'hôtel Négresco, nous sommes seuls. Je le connais bien, il a sa gueule des mauvais jours. Alors que la presse déchaînée révèle chaque jour les errements de sa gestion, il m'inflige une longue leçon de morale, un cours magistral et irréel de « morale politique ». La « morale politique » enseignée par le professeur Médecin ! Notre séparation est totale.

Geste émouvant qui me rappelle les douleurs de mon enfance ; ma femme m'attend à Draguignan en triant consciencieusement des lentilles. Dans cette maison horriblement silencieuse, nous revoilà pauvres, probablement plus encore que je ne l'étais dans l'humilité de Belcourt, à Alger. Tous ces braves petits bourgeois qui, aimablement, s'étaient offerts à m'aménager une clôture, à réparer le portail, m'adressent leurs factures. Plus pitoyable : un architecte local, dont le projet avait été retenu pour la construction d'un établissement scolaire, s'invite un matin. J'attends qu'il m'apporte un peu de réconfort. Pas du tout, c'est pour me demander de lui signer un avenant, anti-daté, au devis de la réalisation.

De nouveau la nuit. De nouveau le silence. Un appel téléphonique nous réveillera. Nous avions presque oublié le bruit strident de cette sonnerie. Alain Madelin, le seul homme politique qui ne soit jamais venu à Draguignan. Nous étions amis. J'ignorais qu'il pût rester aussi fidèle.

— Je sais que tu vis un calvaire. Je sais que tu n'as aucune ressource. Viens à Paris, j'ai une proposition à te faire.

Il entend mon silence.

— Dis-moi la vérité. As-tu, au moins, les moyens de faire le déplacement ?

— Non, mais je viendrai. Je ne sais comment te remercier.

— Je demande à mon chef de cabinet de t'envoyer le billet d'avion ; à Paris je te logerai.

Entre les rangées de poivrons et de tomates que je ne suis pas peu fier de voir pousser, les pleurs et les rires. La nuit semble s'estomper. De loin, montent les bruits de la ville. Disparue, la surdité que le cerveau tétanisé a infligée. C'est la fin d'un nouveau chapitre. Les racines des arbres que nous avons plantés garderont, peut-être, le souvenir de mon passage dans ce département qui me condamne pour délit d'ingérence dans les affaires « réservées ». D'au-tres, qui avaient cru y prendre racine, reposent à quelques mètres sous terre. L'ombre du Var, inquiétant et dange-reux, tarde à s'estomper. Sans doute valait-il mieux que le départ du pied-noir de Belcourt s'effectuât ainsi.

# *Les racines desséchées ne repoussent jamais*

En plein cœur de la haute vallée de l'Ariège, à quelques kilomètres de Foix que domine toujours le château de Gaston Phébus, le village de Massat est une vaste place entourée de petites maisons grises. Au Moyen Âge, les hommes avaient, sans doute plus qu'aujourd'hui, le sens de la vie communautaire. Les maisons, formant de multiples cercles concentriques, constituaient des ensembles urbains à l'image des familles qui tentent, tant bien que mal, de préserver leur identité en demeurant, elles aussi, groupées en autant de cercles dont l'épicentre reste l'ancêtre le plus ancien et le plus sage. La place du village constitue ce centre, pas seulement géographique mais surtout familial, culturel et historique. Près d'elle, les baraques les plus vieilles, celles des plus anciens, puis vient le deuxième cercle, celui des enfants et petits-enfants, suivi d'un autre plus récent, et d'autres encore. Comme pour marquer la ressemblance du village avec la configuration familiale, le totem qui se dresse sur la place porte les noms de ceux qui doivent rester dans les mémoires. Ils ne sont certes pas les pères fondateurs — l'Histoire en a perdu le souvenir —, mais ils étaient les plus anciens. C'est le monument aux morts qui porte, gravés pour l'éternité, plusieurs dizaines de patronymes qui, dans l'inconscient collectif, sont tous ensemble le père commun à tous les habitants.

L'évolution de ces villages très lentement construits,

qu'aucun architecte n'a imaginés, suit naturellement une autre évolution : celle des familles, de la grande famille de la communauté. Nos cités modernes, pensées par de savants architectes, coupées par de gigantesques et monstrueuses artères, ignorent ce besoin de la vie en communauté. Les familles sont devenues bien trop nombreuses et la plupart d'entre elles sont composées d'immigrés, dont le passé a été abandonné quelque part, bien plus loin, sur d'autres terres. Leurs racines vite desséchées n'ont pas résisté au temps. Elles ont disparu en poussière que les tempêtes de l'Histoire, les révolutions, les guerres, les cataclysmes ont dispersée dans l'oubli. Dans les villes d'aujourd'hui, ne subsistent, fidèles à cet esprit grégaire des ancêtres, que les vieux quartiers. Les totems, la représentation matérielle, figée dans le ciment, du père de la cité, ont été expédiés dans des sites aménagés pour les grandes manifestations publiques. Les racines de la communauté et de la cité, ces monuments aux morts, ont été arrachées, transplantées dans les périphéries des vieux centres historiques. Les villes modernes, qui souffrent peut-être de cette absence de racines, ont perdu un peu ce réflexe communautaire. Les maisons modernes n'ont plus à demeurer en cercles concentriques puisque, précisément, ce centre n'existe plus. Les villes modernes n'ont plus de racines profondément enfouies dans la terre du centre géographique et historique. Les quartiers pourraient être de modernes petits villages, attentifs à préserver des identités résistant au temps et aux événements, mais les hommes, qui ne sont plus attachés à leur terre, vont et viennent, s'installent ici et déménagent ailleurs, en flux incessants, et dévitalisent les débuts de racines vite arrachées et aussi vite disparues.

Massat est un minuscule village de l'Ariège : une épicerie, une boulangerie, une boucherie, et, tout de même, deux hôtels. Le cimetière, comme dans la plupart de ces petites bourgades, est resté près de la seule église. Assis à la terrasse d'un minuscule établissement qui fait office d'épicerie-bistrot-magasin de journaux, face au monument aux morts, j'éprouve une impression étrange, jamais encore ressentie : la conviction d'appartenir à la communauté de ce village et la certitude aussi d'en être totalement étranger. Sur la dizaine de noms gravés figure sept fois mon patronyme. C'est là, dans cet Ariège, que sont nés et qu'ont vécu mes ancêtres. À l'entrée du département, un immense panneau porte une inscription révélatrice de l'extrême pauvreté de cette terre et de son splendide éloignement de tout : « L'Ariège, terre courage. » Des provinces de France les plus oubliées dans la course à la richesse, l'Ariège est sans doute la plus déshéritée. Ses sites sont somptueux, exceptionnellement beaux, mais les ressources des hommes dérisoires. Il en est ainsi depuis des centaines d'années et il en sera probablement ainsi pendant longtemps encore. Au cœur du pays cathare, les esprits sont restés fermés, sévères, sombres. Les hommes sont durs, opiniâtres, résistants et secrets. Les vestiges préhistoriques, gravures rupestres dans des grottes gigantesques au silence angoissant, montrent des représentations de cultivateurs ou de chasseurs. La terre devait être aussi peu fertile qu'aujourd'hui, le gibier plus abondant.

Il se dit que Napoléon, qui aimait la compagnie de géants aux carrures impressionnantes pour sa garde rapprochée, avait choisi des Ariégeois, pour leur taille exceptionnelle et leur résistance aux épreuves. L'un d'eux, un capitaine, se couvrit de gloire à Austerlitz. C'était un géant, évidemment, portant une splendide moustache. Ses compagnons de combats et l'Empereur l'avaient surnommé : « capitaine Moustache ». Il portait mon nom. Ce capitaine Moustache, aussi courageux que coureur de jupons impénitent fut, dit la petite histoire, choisi malencontreusement par Napoléon pour parcourir au galop, dès la victoire, la route d'Austerlitz à Paris afin de raconter à Joséphine les détails de la bataille. Joséphine, qui n'était pas spécialement fidèle et acceptait volontiers la compagnie très rapprochée des officiers de son auguste mari, reçut avec des égards spéciaux ce géant impressionnant, et le fit coucher dans ses appartements. Funeste initiative qui provoqua la fureur de l'Empereur. Le malheureux capitaine Moustache fut sans doute expédié vers d'autres cieux. Il mourut vraisemblablement, oublié de tous, quelque part en Russie. Un ancêtre ? Peut-être. Qu'importe, en fait. Dans la plupart des villages environnants, des dizaines d'autres familles portent le même nom. Sur les tombes des cimetières, des centaines de stèles portent, gravé dans la pierre, ce nom, le mien. Il était aisé pour les générations précédant ce siècle de connaître leurs origines, leurs racines. Les guerres, les révolutions ont provoqué des flux migratoires laissant croire aux hommes qu'ils pouvaient replanter leurs racines sous d'autres cieux. Certains, qui avaient survécu à ces cataclysmes historiques, ont également émigré, parce qu'il ne pouvait en être autrement, parce que la terre était trop pauvre, parce que dans les familles trop nombreuses seul l'aîné pouvait espérer survivre sur la minuscule exploitation familiale. Les autres ? Dès l'adolescence, à peine âgés de quatorze ou seize ans, ils étaient chassés du cercle familial, abandonnés sur le bord de la route, contraints d'aller chercher ailleurs une subsistance moins maigre, plus sûre que dans cet Ariège déshérité.

À la fin du XIXᵉ siècle, certains partirent pour les États-Unis participer à la construction de la célèbre ligne ferroviaire transcontinentale. D'autres émigrèrent en Algérie. Il est difficile aujourd'hui d'imaginer le courage de ces gamins, à peine sortis de l'enfance, partant sans le sou, avec pour tout bagage une besace de vieux vêtements, pour des terres inconnues dont la seule évocation devait inspirer la terreur. L'Amérique, c'était la terre des Indiens sauvages et cruels. L'Algérie, c'était la terre des lions et autres fauves épouvantables. Des illustrations puériles, dans les manuels scolaires, montrent des dunes dans des déserts infinis. À quoi pense un gamin de quatorze ans, assis sur un banc de son village, la veille d'un départ qu'il sait définitif pour une destination aussi inconnue que dangereuse ? Il est probablement rentré tard dans la nuit pour tenter de trouver le sommeil dans son petit lit d'enfant. À l'aube, à l'heure où père et mère commencent déjà le travail des champs, il s'est peut-être assis, un dernier instant, sur une margelle en ruine, a jeté un dernier regard sur sa terre, les collines splendides, les montagnes, au loin, des premiers contreforts pyrénéens. Les larmes aux yeux, il est parti, à pied, d'un pas d'abord lent, hésitant, puis de plus en plus rapide, comme pour tenter d'étouffer son désespoir. Ce gamin était mon arrière-grand-père.

Il avait en poche un acte administratif lui donnant la concession de l'exploitation d'une ligne de transport entre Alger et Cherchell. Des noms qui ne signifiaient rien pour lui. Illettré, il ignorait qu'entre ces deux villes demeurent pour l'éternité les ruines de la splendeur conquérante de Rome et le souvenir de saint Augustin, un des Pères de l'Église. L'aurait-il su, il est peu probable que cette connaissance l'eût consolé. Je suis revenu dans cette ferme, une masure d'où il partit un jour des années 1800. Je me suis assis sur la petite margelle toujours en ruine et j'ai tenté de retrouver son souvenir. Le goût des Français pour les recherches généalogiques procède, dans une société mondialiste et génératrice de solitudes affreuses, du besoin de retrouver des racines et, avec elles, une sorte de pause dans la course de plus en plus frénétique et démente vers des lendemains de plus en plus incertains. L'homme invente des techniques toujours plus sophistiquées destinées à optimiser la communication avec ses congénères et, paradoxalement, il paraît en avoir peur. Le grand saut dans la mondialisation l'inquiète. Il semble le refuser, tout en le préparant. C'est une démarche respectable et cocasse de retrouver les noms et prénoms des ancêtres de la dixième génération. Respectable, car il semblerait qu'au fond l'homme, depuis les âges préhistoriques, n'ait pas réellement changé. Toujours cette même peur de la mort.

Cocasse parce que la démarche aboutit à une accumulation de noms et prénoms déshumanisés. Qu'importe que le trisaïeul se soit appelé Louis, Ernest ou Henri ? Quel est l'intérêt de savoir qu'il fut paysan ou chef de guerre, évêque ou prince ? La seule question, que ces chercheurs ne se posent jamais est : pourquoi ? Il serait plus intéressant de comprendre pourquoi celui-ci s'est engagé dans des troupes de mercenaires bataillant aux quatre coins de l'Europe, pourquoi celui-là, quittant aussi son village natal, est, un jour, parti faire fortune dans une autre province, pourquoi l'autre est entré dans les ordres, mû seulement par une soudaine foi ou pour échapper à la famine. Pourquoi ?

À Massat, devant l'entrée de l'auberge des Trois Seigneurs, la patronne, Angèle, qui fait également la cuisine et le ménage des chambres, est aussi grassouillette que gentille et généreuse. Elle m'a, patiemment, écouté lui raconter cette histoire.

— Ah ça, c'est sûr, ne cherchez plus, vous êtes bien de l'Ariège !

Ce retour au pays mérite une petite fête : une énorme soupière d'écrevisses et une multitude de petits plats. Elle sait faire la cuisine divinement. Elle aime régaler. La salle à manger est pleine quatre mois de l'année. Mais la mémoire s'obstine, l'entêtée, à rester humaine. Elle ne veut pas intégrer ces souvenirs ariégeois qui ne procèdent de rien. Elle ne peut pas. À quoi bon chercher des racines quand l'absence de souvenirs ne permet pas de les reconnaître ? Elles sont desséchées. Elles ont disparu en poussière, abandonnées sur le long trajet, à pied puis en bateau, que le gamin de quatorze ans, l'arrière-grand-père, a effectué de Massat à Alger.

Rien, dans l'église de Massat, n'a changé depuis deux siècles. Elle n'est pas spécialement belle. Elle est d'une simplicité à l'image exacte de la population de la bourgade. Le bénitier est installé à l'entrée, comme dans la plupart des églises. L'arrière-grand-père y a été probablement baptisé. Bien entendu, l'esprit force à recréer ces événements familiaux, mais ils me laissent insensibles. Ce ne sont pas mes souvenirs. Ils ne sont pas inscrits dans la mémoire de ma sensibilité. Le promeneur, athée ou croyant, entre toujours dans une église. Par souci d'y découvrir quelques splendeurs architecturales ? Rien n'est moins sûr. Il s'agit souvent d'un prétexte, facilement avancé, pour tenter de découvrir « autre chose » : le silence sacré des sanctuaires permet surtout de déceler le fond de l'âme d'un village. C'est là, plus qu'ailleurs, qu'ont été ressenties pendant des centaines d'années les émotions les plus fortes des hommes et des femmes, tentant dans une simple prière de trouver un peu d'espoir, un début de consolation. L'église est le seul bâtiment qui soit porteur d'une aussi puissante charge émotionnelle. Elle a été le théâtre des événements quotidiens, les plus anodins et les plus graves. Elle est le miroir magique qui reflète, pour l'éternité, la vie de la communauté. On y entre pour sentir cette vie, pour tenter de regarder dans le miroir et mieux percevoir la conscience collective, toutes les consciences collectives accumulées dans un petit périmètre par plusieurs dizaines de générations. Il fallait entrer dans cette église. Il le fallait pour essayer de retrouver une émotion qui m'aurait miraculeusement rappelé le souvenir du gamin en partance pour les rives de la Méditerranée, mais c'est un leurre. La charge émotionnelle d'une église est la somme de toutes les émotions. Elle ne permet pas le tri. Elle n'est pas divisée artificiellement en tiroirs dont l'ouverture soudaine ramènerait, comme par enchantement, l'esprit et le corps cent cinquante ans plus tôt. C'est impossible. Pourtant le destin, qui joue si souvent avec la sensibilité des hommes, voulait ce matin-là nous adresser un clin d'œil. Sur le côté gauche de la nef : une Vierge noire, statuette totalement incroyable au fond de ce département de l'Ariège, statuette inouïe, dont la présence, à des milliers de kilomètres de l'Afrique, est presque saugrenue. Une Vierge noire, identique à celle qui ornait l'autel de la basilique de Notre-Dame d'Afrique, sur une colline dominant la baie d'Alger. Pourquoi ? Comment cette statuette est-elle arrivée là ? Les hommes et les femmes de l'Ariège ne sont pas bavards. Ils n'aiment pas les curieux et détestent les questions. Cette présence reste une énigme. Sans doute valait-il mieux qu'il en soit ainsi. Le mystère permet toutes les hypothèses, autorise les petits arrangements avec la réalité, laisse libre cours aux interprétations subjectives qui engendrent les émotions qu'on souhaite ressentir, fussent-elles artificielles. Ce fut le seul moment de réelle joie. Un moment de bonheur intense. Il pouvait exister un lien magique entre cette terre natale qui me laissait totalement insensible et l'Algérie où étaient restés mes souvenirs.

Dernière promenade, à pied, jusqu'au hameau voisin, jusqu'à la baraque où est né l'arrière-grand-père. La seule émotion ressentie viendra du paysage somptueux. Les voisins regardent, avec inquiétude, ce type trop bien vêtu qui n'est pas de leur monde. Il en est un, probablement centenaire, qui accepte de répondre, laconique, volontairement sourd à l'avalanche de questions : « Oui ! » Rien à tirer de plus. Oui, il a connu les neveux et nièces du gamin qui a quitté l'Ariège pour l'Algérie. Que sont-ils devenus ? Ont-ils eu des enfants ? Sont-ils quelque part ? Mutisme. Sa petite-fille, une femme d'une cinquantaine d'années, sort, furieuse, de la petite maison devant laquelle le vieux prend le soleil : « Ça suffit ! Laissez-le, il doit faire sa sieste ! »

Au fond, toute cette démarche était ridicule. La quête de racines n'est authentique et ne rend heureux que si elle s'accompagne de souvenirs. La quête de racines est inutile quand elle est déshumanisée. Elle ne provoque des émotions que si elle restitue l'esprit et le corps dans un environnement familier. Les racines desséchées, transformées en poussière ou pourries dans la terre, ne méritent pas d'être déterrées. On peut les regarder, les analyser, les disséquer, on ne peut pas les replanter dans le décor imaginaire de ses propres souvenirs, dans le terreau de sa sensibilité. C'est stupide d'imaginer être ariégeois.

Jacques, un jeune Niçois qui m'accompagne dans ce retour aux sources, est aussi beau garçon que fou de pêche. Avec sa femme, il m'a docilement suivi dans cette quête inutile. N'y tenant plus, voulant enfin, avant de quitter le département, en découdre avec le poisson, il est debout au bord d'un immense lac, canne en main. Il va me montrer son talent. Deux heures plus tard, rendu muet par sa déconvenue, il range son sac. La nuit commence à tomber. Je le regarde, attendri. De ce foutu lac où l'arrière-grand-père venait sûrement pêcher lui aussi, il n'a pas été capable de sortir le plus petit poisson.

— Je sais pourquoi je rentre bredouille. En fait, tes poissons ariégeois sont racistes. Nous sommes niçois, ils ne nous aiment pas.

18 heures. Nice respire enfin un air un peu plus frais, que la mer toute proche rend toujours humide. Les corps sont encore en sueur. Ce mois de juin sera chaud, annonçant un été probablement torride. La promenade des Anglais tente de redevenir une vraie promenade. Les nombreuses voies de contournement, réalisées pendant les décennies Médecin, n'ont jamais pu empêcher les touristes, et les Niçois aussi, de traverser la ville par cette route de bord de mer. Il est vrai que le paysage est splendide lorsque l'eau est calme. Il paraît ressembler aux millions de cartes postales qui l'ont rendue célèbre sur toute la planète. Au fil des années, cette avenue imaginée par le prince Jean, le père de Jacquou, est devenue une autoroute presque impraticable. La multitude de feux tricolores n'évite pas que la traversée s'avère un véritable exploit. Les conducteurs, malgré les vitres ouvertes, étouffent, les mains collées aux volants surchauffés. Et comme, sur les bords de la Méditerranée, rien ne se fait dans le calme et la sérénité, hurlements et insanités s'échangent bruyamment entre les malheureux piétons et les conducteurs de voitures, qui, dès le feu passé au vert, s'imaginent prendre le départ des 24 heures du Mans... pour une centaine de mètres. Le nouveau maire a imaginé les contraindre à ralentir et, peut-être, à emprunter d'autres routes, en réduisant la largeur des chaussées, dans l'espoir de refaire de cette fausse autoroute la promenade des années trente, quand les calèches longeaient, le plus lentement possible, les rives pour donner tout le temps aux belles Anglaises en villégiature d'admirer le paysage. En ce temps-là, il était

de bon ton de se montrer à la terrasse du Palais de la Méditerranée, dont les ruines, aussi laides que dangereuses, sont le seul vestige, un peu pitoyable, de cette gloire passée.

Nice est devenue une métropole. Médecin l'a voulue ainsi, avec, évidemment, les innombrables défauts propres aux grandes agglomérations. Les souvenirs de la promenade sont ceux aussi du Palais de la Méditerranée. Il est peu probable que Niçois et touristes retrouvent un jour, sur cette avenue, les comportements de leurs ancêtres, dans le charme désuet mais attendrissant d'un bonheur de vivre qui reste figé sur les photos jaunies par le temps. Tout au début de cette promenade, dans le jardin Albert-I<sup>er</sup>, le théâtre de verdure est désormais fermé. La tente qui le couvre, et que j'avais fait installer, est, elle aussi, en ruine. C'est là que se sont déroulés les grandes manifestations publiques, les meetings politiques que Jacquou transformaient régulièrement en messes bruyantes et enfiévrées, et les spectacles, tout aussi bruyants, interdisant aux riverains de trouver le sommeil avant l'aube. Elton John y a laissé le plus glorieux souvenir. Ce soir-là, la foule, à l'extérieur, était plus imposante que sous le chapiteau. Son contrat prévoyait que lui fût livrée, avant le spectacle, une caisse du meilleur vin de Bordeaux. Le chanteur guitariste Santana était, lui, un tantinet plus loufoque. Avant d'entrer en scène, alors que le public commençait à hurler d'impatience, il avait fermement exigé que lui soit immédiatement trouvée une table de ping-pong. Il avait besoin de se détendre avant d'affronter ses fans ! Juste le temps d'échanger quelques balles avec un machiniste. Le groupe des Rolling Stones atteignit probablement le comble de la douce démence. Il était clair, pour ces chanteurs à la notoriété planétaire, qu'aucun de leur caprice ne pouvait leur être refusé. Nice étant la ville du carnaval, ils voulaient le voir. Malheureusement, chars grotesques et grosses têtes avaient défilé plusieurs mois auparavant. Ce détail les laissa parfaitement indifférents. Ils voulaient un carnaval avant d'entrer en scène. En toute hâte, il fallut trouver quelques clochards et des employés du comité des fêtes pour ouvrir le hangar des carnavaliers et récupérer quelques grosses têtes, sales et déjà en état de décomposition. Tout ce petit monde débarqua devant le somptueux hôtel Négresco, où quelques rares passants médusés les virent esquisser quelques pas de danse, dégoulinant de sueur sous les carcasses affreusement lourdes. Le groupe des Rolling Stones jeta un œil méprisant sur le spectacle minable. Ils avaient vu le carnaval, ils étaient prêts à entrer en scène.

Cet hôtel Négresco est le dernier vestige des années de gloire de la promenade. Entretenu avec autant de goût que d'autorité par une femme, seul maître à bord de cet immense paquebot de luxe, il a conservé son style un peu vieillot, mais assez pompeux pour rester digne des célébrités qui consentent à rester quelques jours à Nice avant de retrouver Cannes ou Monaco. Il y a une vingtaine d'années environ, il s'équipa, non loin du gigantesque hall d'accueil à peu près toujours vide, d'un si luxueux cabinet de toilettes que les Niçois, vite informés de l'existence de ce petit bijou, imaginèrent toutes les astuces pour entrer, aussi naturellement que possible, traverser les salons et aller faire leur pipi en prenant le temps de s'extasier sur la décoration napoléonienne de ces cabinets devenus légendaires. Mais le palace a mal vieilli, lui aussi. Quelques chambres ont dû être fermées pour cause d'insalubrité. Une commission de sécurité envisagea même d'exiger la fermeture complète de l'établissement. Crime de lèse-majesté pour la propriétaire, grave atteinte à la réputation de la ville pour tous les Niçois. La commission dut effectuer une rapide retraite stratégique. Quelques travaux y furent toutefois exécutés. Devant l'entrée, paraissant ignorer la chaleur ou la pluie, le voiturier, auquel le costume inventé par la propriétaire donne l'étrange physionomie d'un garde suisse en faction devant le Vatican. Devant ce temple païen, il passe autant de temps à surveiller les voitures de luxe qu'à poser sagement aux côtés des touristes japonais.

La clientèle des autres hôtels de cette promenade,

rachetés par diverses mutuelles, est presque entièrement composée de retraités. Cette évolution fut le plus cuisant échec de Médecin. Elle commença quand explosa l'affaire Fratoni. Celui qui voulait être l'empereur des jeux de la Côte avait, discrètement, « acheté » les parts de la fille de la propriétaire du Palais de la Méditerranée. Cette jeune fille disparut un jour, probablement assassinée dans des circonstances restées mystérieuses plus de vingt ans après. Cette mort annonça la chute de Fratoni et la fin de ses rêves, avant une fuite au Paraguay rendue inévitable par les poursuites du fisc et de la justice. C'était aussi le début de la fin du règne de Jacquou.

Un buste en bronze de Jean Médecin est resté sur son socle, deux cents mètres plus loin, dans les jardins où chaque dimanche venaient danser jeunes et vieux, au son d'un orchestre qui s'était approprié le kiosque à musique, autre vestige de ces années presque oubliées. Le buste du prince Jean observe de ses yeux de bronze la mer et cette promenade qu'il ne reconnaîtrait sûrement plus. Les balades des Niçois restés fidèles à cette avenue se font sur le seul trottoir bordant la mer, entre les chaises centenaires, toujours bleues, qu'il fallait auparavant louer à l'heure, et en tentant d'éviter les jeunes lancés à toute allure sur leurs rollers. Quand tombe la nuit, les pas conduisent instinctivement vers la place Masséna, dont l'aménagement ouvre une perspective exceptionnelle sur la vieille ville, puis vers le vieux Nice, dont la remise en état a demandé des trésors de patience et d'efforts. Les minuscules boucheries, épiceries et boulangeries sont devenues d'innombrables restaurants et commerces de vêtements.

Les deux églises les plus visitées restent la cathédrale Sainte-Réparate, qui conserve les reliques d'une inconnue dont la foi et les prières sauvèrent Nice d'une effroyable épidémie de peste, et, bien évidemment, la chapelle dédiée à cette bonne sainte Rita. Ces pas, sur un itinéraire qui paraît tiré d'un guide touristique, sont, en fait, mes propres pas. Il n'est pas une rue, un bâtiment, une petite place qui ne me rappelle des milliers de souvenirs. Sur la place Saint-François, royaume des poissonniers, Paulette trône derrière son étal. Sa voix puissante couvre tous les bruits. Impossible de ne pas l'entendre. Elle n'est pas vulgaire, elle est niçoise. Elle ne vend pas, elle impose ses poissons, non sans infliger à ses clients la longue litanie, hurlée elle aussi, des recettes locales qui vont faire de son pageot ou de sa sardine un plat digne de Bocuse. Quand Médecin était à la mairie, la place Saint-François était un passage obligé, non pas tellement pour acheter du poisson, mais parce qu'il savait y trouver un de ses copains, un autre spécialiste du petit rouget, l'étonnant Michel Feid, dont le visage avait eu, un jour, le tort de paraître ressembler à celui d'un truand notoire aux côtés de Valery Giscard d'Estaing ! Michel Feid est devenu très vieux. Il a disparu du paysage local. Comme son chef, le patron des copains du maire, Max Gilli, il ignorait superbement les établissements bancaires. Il ne savait pas qu'il pût exister des carnets de chèques. Tout s'achetait et se vendait en espèces. Cette pratique parut si étrange au fisc qu'il écopa d'un redressement vertigineux. Sa retraite en fut accélérée. Récemment, sans avoir le moins du monde changé ses habitudes, il se présenta dans une agence immobilière pour acheter un petit appartement. Il ne discuta pas le prix. Devant le courtier sidéré, il sortit de ses poches des liasses sales de billets, pour un montant de plusieurs millions de francs.

À quelques mètres à peine, point de convergence quasi obligatoire autant pour les copains de Jacquou que pour les noctambules, se trouvait, jusqu'à ces dernières années, le plus célèbre vendeur de pizzas et de pans-bagnats : le kiosque de Max. Max Gilli, bien sûr, contrevenant à tous les règlements administratifs, avait obtenu d'installer sur la voie publique son établissement, aussi connu des Niçois que l'hôtel Négresco. Max Gilli est mort. La nouvelle municipalité a fait raser le kiosque pour y aménager une petite place. Il s'y vendait les meilleurs légumes farcis de la région. Aujourd'hui, à quelques pas de là, s'est installé un McDo. Une aubaine pour la prétendue promenade du

*Les racines desséchées ne repoussent jamais*

Paillon, monstrueuse verrue, bâtiment aussi laid que parfaitement ignoré des Niçois. Le rêve de Jacquou était peut-être de forcer les habitants à escalader les quelques rares escaliers pour contempler, de la terrasse, une vue somptueuse sur la vieille ville. Pure utopie ! Il est parfaitement incongru d'espérer obtenir des passants de monter ou descendre, ne serait-ce qu'un étage, même pour admirer les superbes toits de la vieille ville. Cette esplanade est restée désertée, ou plutôt si mal fréquentée que la seule solution pour éviter qu'elle ne devienne un Bronx local fut d'en interdire les accès.

Je suis assis à la terrasse du Café de Turin. Cet établissement était une étable, dernière étape française pour les cochers sur la route de l'Italie, vers Turin. Les propriétaires, commerçants rusés, la transformèrent vite en une petite halte gastronomique. Ce café de Turin, l'un des plus anciens commerces de la ville, n'est plus la propriété d'un Niçois. Il est passé entre les mains d'un homme du grand nord, un Normand, semble-t-il, qui a fait de ce bistrot le rendez-vous de tous les amateurs de crustacés. Il s'y vend des tonnes d'huîtres et de crevettes, d'oursins et de clams. Refusant toute réservation, les serveurs slaloment, plats d'huîtres et verres de muscadet en main, entre les files impressionnantes d'habitués qui attendent sagement sur le trottoir. De la terrasse, on aperçoit facilement la statue du héros national, Garibaldi, parti de Nice pour aider à l'unification italienne. Sur l'immense pelouse qui entoure la statue, les gamins du lycée Masséna tout proche sont étendus, nonchalants, devant leurs paquets de frites et de hamburgers achetés chez McDo. Ils sont sans doute trop jeunes pour savoir que Médecin a écrit un livre de cuisine niçoise et pour avoir connu Max Gilli, qui aurait probablement accusé de haute trahison ces jeunes, indifférents à la dégustation de pans-bagnats dont l'huile d'olive versée généreusement sur les tomates et poivrons dégouline dangereusement sur les lèvres et les chemises ! L'évolution de la ville tend à gommer lentement les traces visibles des décennies Médecin. La bande à Jacquou a disparu, qui

380

n'était ni plus, ni moins fréquentable que celles qui entouraient quelques autres grands barons de province. C'est un des copains assis près de moi, devant son verre de muscadet, qui, haussant les épaules, me rappelle cette petite vérité.

Gabriel Villa fut de ceux qui avaient en charge la responsabilité commerciale du mensuel du maire, *L'Action Côte d'Azur*, source et aboutissement de subsides plus ou moins transparents. Il est devenu un des grands patrons français de l'affichage urbain. Nous regardons, amusés, un de ces panneaux « 4 par 3 » dont il a la concession. Une très belle photo de la promenade et une légende saugrenue qui rappelle aux Niçois que, face à la mer, sont alignées des chaises bleues ! Gabriel Villa a abandonné la vie politique bien après le départ honteux de Médecin. Ce Corse, au tempérament étonnamment résistant, était et reste toujours l'ami intime de celui qui, avant les élections municipales rendues inévitables par le cataclysme politique, assura la transition. Il était, en mairie, un personnage incontournable, à la fois secrétaire, directeur de cabinet, adjoint spécial. Le maire par intérim, Honoré Bailet, avait commencé sa carrière publique aux côtés de Jean Médecin. Chevillard de profession, il était aussi gentil et généreux que dénué de courage et de cette résistance indispensable dans une période particulièrement troublée. La chambre régionale des comptes, les services nationaux du fisc, la justice, la police étaient installés en mairie. Bavastro, alors encore président du quotidien local, autant acharné à abattre le système Médecin qu'il avait complaisamment aidé le maire avant sa fuite, pressait le malheureux Bailet de se porter partie civile dans toutes les « affaires ». La préfecture voulait également que cette constitution de partie civile permette de porter une estocade devenue inutile, tant la fin du règne était désormais évidente. La préfecture avait « oublié » que ses services avaient complaisamment accepté toutes les délibérations municipales. Aucune affaire dite politico-financière découverte et condamnée dans d'innombrables communes de France ne fut de nature à inciter la Justice et l'État à demander aux préfets des explications sur leur curieuse interprétation du contrôle de légalité.

Bailet, déboussolé, assommé par le séisme qui secouait la ville, était touchant d'incompréhension et de tristesse. Bien que déjà âgé, il était flanqué d'une somptueuse créature dont il était très amoureux. Malheureusement, cette jeune personne avait eu la malchance d'engendrer un garçon qui ajouta aux troubles ambiants par un acte épouvantable et qui paralysa plus encore le malheureux Bailet : il assassina un restaurateur du cours Saleya, en plein centre de la ville. Nous nous rencontrons dans son bureau de maire pour un entretien irréel. Il est enfoncé dans le fauteuil qui doit lui sembler gigantesque, et me regarde entrer, figé.

— Toi qui le connais bien, comme moi, pourquoi m'a-t-il fait ça ? Je ne lui avais rien demandé ! Je ne voulais pas être maire ! C'est une catastrophe, que vais-je faire ?

Bailet, devenu maire de la cinquième ville de France, est au bord du coma, pas si feint que cela car il souffre de malaises cardiaques et passe son temps à ingurgiter des dizaines de médicaments. La tâche est insurmontable pour cet homme qui, dans sa jeunesse, a connu une petite gloire locale en gagnant quelques courses cyclistes. Il ne prononcera aucun discours, ne rencontrera aucun visiteur illustre ou plus humble, sans commencer par rappeler son passé de coureur cycliste. Quand la nouvelle de l'assassinat, attribué au fils de sa compagne, plongea dans la stupeur tous les Niçois, il prit la fuite lui aussi... en Tunisie, incapable de supporter ce nouveau coup du sort auquel il était parfaitement étranger. La mairie avait besoin d'un maire, fût-il intérimaire. Gabriel Villa veillait, temporisait autant qu'il le pouvait, mais il était clair que Bailet devait rentrer. Seulement il était vert de peur. Il préféra donc rentrer en France par Marseille, un large chapeau sur le crâne, les yeux abrités derrière d'énormes lunettes de soleil. Il arrive, désemparé, dans le hall de l'aérogare où l'attendait Gabriel Villa. L'homme est tellement traumatisé qu'il se

trompe de file d'attente au poste douanier et se mêle sagement, aussi discret que possible, à la longue file des immigrés tunisiens. Derrière la vitre, Gabriel Villa gesticule
pour lui faire comprendre qu'il doit rejoindre l'autre file.
Bailet, épaules voûtées, les yeux fixés au sol, craignant la
présence de photographes, ne voit rien. Le douanier, stupéfait, lui voyant tendre sa carte de parlementaire français,
le tire de son apathie et l'accompagne jusqu'à la sortie.

Bailet est harcelé par les émissaires secrets et officiels du
RPR qui lui ont déjà choisi un successeur. Il leur cédera,
bien sûr, dans le secret d'un petit appartement parisien où
Gabriel Villa tentera, jusqu'au bout, de le joindre, mais en
vain, pour l'aider à résister aux pressions. Ce brave Honoré
Bailet n'était pas un homme de pouvoir. Il était l'un des
plus fidèles de la bande à Jacquou. Force est de reconnaître que cette fidélité lui donna le courage de refuser que
la ville se constitue partie civile dans les affaires.

Dans le cimetière de Gairaut continuent à voisiner
Médecin, réduit à un petit tas de cendres, et ses plus proches copains, Max Gilli et René Pietruschi, l'ancien gourou
des associations des amis et de la permanence électorale.
À quelques centaines de mètres, redevenu totalement
étranger à la politique locale, un minuscule jardin me permet de retrouver les gestes indispensables à la culture des
tomates et des courgettes, ceux que m'avait enseignés la
brave Geneviève sur le marché de Draguignan. Ce n'est
certainement pas une réussite exceptionnelle, mais je
pense que Geneviève serait un peu fière de son élève. Il
m'arrive de retourner sur ce marché de Draguignan. Ma
première visite, plusieurs années après l'abandon de la
mairie, me parut une épreuve insurmontable. Mon fils
aîné, à mes côtés, sent que j'ai la trouille !

— Tu n'as absolument rien à te reprocher. Laisse-moi
le volant, c'est moi qui vais conduire.

J'étais parti en larmes de Draguignan, j'étais paralysé par
l'angoisse en passant le premier rond-point, précisément
celui qui avait été une de nos réalisations. Et puis, c'est
l'enchantement. La douce Martine est là. Elle sourit et

pleure aussi. Une étreinte silencieuse qui dure longtemps, très longtemps. Sa mère, évidemment, a préparé un repas aussi pantagruélique que délicieux. C'est une habitude. Jean Allione et sa femme sont incapables de dire un mot. Le bonheur les rend muets. Ils savaient que nous nous reverrions un jour. C'est Martine qui en était la plus convaincue.

— De toute façon, je vous rappelle un détail : au moment de quitter votre bureau de maire, nous étions face à face. Je voyais que vous étiez au bord des sanglots. Je l'étais comme vous. Avant d'accueillir votre successeur, vous m'avez glissé à l'oreille : « Je veux être enterré dans le cimetière de Draguignan. »

C'est incroyable. Je l'avais oublié. J'aimais donc tant cette ville et ces gens simples, ces ménagères, ces vendeurs bruyants sur le marché, ces femmes et ces hommes restés fidèles malgré la tornade politico-judiciaire qui me virait comme un malpropre de la ville. C'est vrai, j'aimais cette ville et son petit peuple. Je voulais tellement y replanter mes racines.

Sur le marché, certains visages ont changé. D'autres sont inconnus. Jean-Louis Arnéodo a toujours sa gueule d'ange. Il avait posé, à mes côtés, pour les affiches de campagne. Il a modéré son goût pour l'alcool, s'est marié. Il fait le paysan. Derderian hurle toujours autant, couvrant les autres bruits de ce marché. Toujours aussi généreux. Le père Sanchez, qui n'a rien perdu de son accent de là-bas, a ouvert une boulangerie. Son fils regrette un peu ses années de footballeur, quand il s'entraînait à Cannes, près de Zidane. Mais il faut bien travailler sérieusement ! L'élégante Lily Renard, la vieille dame qui s'était spontanément avancée vers moi, le matin de ma première visite sur le marché, est toujours aussi distinguée. Souriante et étonnamment jeune sous ses cheveux complètement blancs. Le bon docteur German, le célébrissime docteur de la Résistance, n'est plus maire de Flayosc, mais tous les ans il préside la cérémonie aux victimes de la répression nazie. Il est tout à fait inutile de l'écouter. Son discours est inchangé depuis vingt ans. Il ne s'en cache pas : mêmes feuilles jaunies sorties d'un tiroir, sur lesquelles il lit consciencieusement les mêmes incantations. Ce soir, l'esprit serein, il ira ranger dans ce tiroir son petit discours, peut-être pour l'année prochaine s'il est toujours de ce monde. À quelques mètres de ce monument du souvenir, reste, calfeutré dans le joyeux désordre de sa petite villa, Jean Costa, installé nuit et jour devant ses équipements sono. Il est l'arrangeur génial auquel sont restés fidèles Michel Sardou et Johnny Hallyday. Il est devenu, certes, un peu ours, perdu dans ses rêves musicaux, ses souvenirs de compositeur. Il avait composé une chanson, *En Dracénie*, dont notre équipe avait fait un hymne de campagne quand, enfin, résonnaient les dernières notes de l'exaspérant air des esclaves de *Nabucco*. Le père Roger Quaranta, fou de musique qu'il enseigne encore à quelques gamins, fait aussi le paysan.

Curieusement, comme si les mauvais souvenirs de la tempête avaient été oubliés, les mains se tendent, des bras m'étreignent. Ce n'est pas une nouvelle campagne électorale, c'est à la fois plus simple et moins fabriqué, le simple bonheur du retour en famille. Les autres cataclysmes politico-judiciaires, encore plus effroyables et sanglants, qui se sont abattus sur le Var, font de mon petit naufrage une aimable plaisanterie. L'environnement politique a totalement changé. L'ami Arreckx a sombré, autant dans le ridicule que le pitoyable. Un élu du Front national occupe son siège qu'il croyait imprenable. À Saint-Raphaël, Laurin, l'ancien « préfet » du RPR local, s'est fait oublier dans une tranquille retraite de sénateur. Le jeune et séduisant Léo, devenu un François Léotard aussi triste que glacé, a mordu la poussière dans des batailles électorales qui lui auront, au moins, permis de découvrir l'épouvante des trahisons, à l'image de celle qu'il m'infligea. Il est empêtré dans des affaires politico-judiciaires qui inciteraient presque à le retrouver pour lui témoigner un peu de réconfort. Mon successeur à la mairie de Draguignan, l'ancien socialiste devenu ami de Léo et adhérent du parti républicain, a été lamentablement battu par... un socialiste ! Retour à la case départ. Le journaliste fouineur, qui avait rêvé et réussi le pari de finir sa carrière professionnelle sur un « coup » digne de ses confrères du *Washington Post*, a pris, lui aussi, sa retraite. Retour à l'anonymat. *Var Matin*, dont les titres assassins ont laissé des traumatismes inguérissables dans les cerveaux de mes enfants, n'existe plus. Il a été racheté par *Nice Matin*.

La ville a changé, elle aussi. Elle s'est sans doute développée, mais paraît avoir replongé dans une étrange torpeur. Soldani est mort, emportant dans le secret de sa tombe le mystère d'un attentat jamais élucidé. Cette ville que je rêvais de promouvoir au rang des grandes cités touristiques de la Méditerranée est, semble-t-il, atteinte de léthargie. Les routes qui y conduisent ont été améliorées, développées, mais elles ne paraissent pas avoir empêché les esprits de retomber dans le sommeil. Au Grand Café, qui était le lieu de rencontre de l'opposition de « droite », le gros Arnéodo, aussi gentil que volubile, a laissé sa place. Sur le terrain de Valentini, qui avait accueilli l'immense chapiteau, a été construite une clinique, à quelques dizaines de mètres de cette prison source de passions. Valentini est mort. Tous ces détails n'ont plus grande importance. Sur le boulevard Clemenceau, artère principale de la ville, les militaires sont toujours contraints de se présenter en civil. Les commerçants sont les mêmes. Les petits bourgeois font semblant de ne pas me voir, et les autres me saluent, m'invitent à boire un petit rosé. Mais c'est, encore une fois, dans la plus vieille artère de la cité, dans son cœur historique, dans la rue de Trans, que la chaleur de ces retrouvailles est la plus forte et la plus douce.

— Jean-Paul, tu te réinstalles à Draguignan ? Reviens, me lancent en chœur les époux Lagrave qui tenaient, à l'entrée de cette rue, le bureau de tabac le mieux fourni en cigares.

Cette lente promenade dans la plus vieille artère de la ville est émouvante certes, décevante aussi. En la rendant piétonnière, en y installant un poste de police municipale, mon objectif était de tenter une réhabilitation à l'image de celle que Médecin avait réussie dans le vieux Nice. Visiblement, cet objectif n'est plus d'actualité pour la municipalité en place. La chaussée est sale, de nombreuses boutiques ont fermé, des maisons sont en ruine. Il se dit qu'il vaut mieux de pas s'y égarer, le soir tombé. Dommage !

Les racines ? À Nice, Guttierez, le pied-noir volubile, a conservé, malgré les années, l'épouvantable accent de son quartier natal de Bab el-Oued. Il est incontournable dans la vie nocturne de la ville. Il a fait le restaurateur, tenu des boîtes de nuit. Sa gentillesse et sa bonhomie font oublier son accent, lorsqu'il propose ses pizzas ou petits choux farcis, dans un des plus vieux établissements de la vieille ville. Lui, le pied-noir, trônant dans un des sanctuaires de l'âme niçoise. Les racines ? Il s'en moque éperdument. Il rigole doucement quand on s'avise d'évoquer ce problème métaphysique devant lui.

— Tu ne vois pas qu'eux aussi, les Niçois, et tous les Français ont perdu leurs racines ? Ce ne sont pas les racines qui nous manquent, ce sont les repères. Nous avons perdu nos repères.

A-t-il raison ? Le désenchantement des Français est profond, sans doute plus grave que ne le disent les brillants politologues, à la lecture, déprimante, des chiffres de l'abstentionnisme les soirs d'élections. C'était si facile de juger le monde, entre la droite et la gauche, les « bons » Occidentaux et les « affreux » « Rouges ». Vision réductrice et périmée ? Certainement, mais elle était si pratique, si confortable. La société, elle aussi, a la tête qui bourdonne. Dans le vacarme des marteaux piqueurs détruisant le Mur de Berlin, elle a entendu ce foutu « son de cloche » d'Albert Camus, preuve de la prise de conscience de tous les absurdes, mais affreusement angoissant. Et si notre pays avait, lui aussi, perdu ses racines ?

Ce n'est pas des économistes qu'il faut attendre les

remèdes miraculeux. Ces modernes Diafoirus ont un langage si abscons, si étranger aux angoisses et inquiétudes quotidiennes, que leur présence au chevet du malade est parfaitement inutile. Quand donc ce foutu rêve, nécessaire au retour de l'espoir, reviendra-t-il dans la terminologie exaspérante des élus ? Leur mission est précisément de laisser croire en des lendemains meilleurs. Le rêve est le paramètre indispensable à la communication commerciale. Il l'est resté, il est même devenu trop présent, trop puissant. En revanche, il est totalement absent dans la communication politique. Il n'y a plus rien à comprendre, parce que les « petits livres rouges » des états-majors politiques sont vides. Les pages sont désespérément blanches. Il n'y a plus de manuels, parce que les hommes chargés de les écrire n'ont plus rien à dire. Comment leur reprocher de ne pas expliquer aux autres ce qu'eux-mêmes ne comprennent plus ou ne savent plus imaginer ?

Face au port de Nice, la terrasse du bar de Roger. Roger est intarissable, il boite bien un peu, ce qui lui permet de prendre tout son temps, et même exagérément, pour servir un inconnu. Il a le calme olympien des vieux Niçois qui en ont tellement vu que le spectacle du quotidien les laisse indifférents. Il vaut mieux être son « pote » pour bénéficier d'un accueil amical. Pour les autres, bougonnements et lenteur calculée. Roger est, au fond, comme tous ces vieux Niçois, un brave type, sympathique et généreux. Mais on n'est pas, précisément, un vrai Niçois si on ne hurle pas un peu, si on ne fait pas semblant de se laisser emporter par des colères feintes qui paraissent terribles. Tout en bas de la rue Antoine-Gautier, dont les seuls luxueux magasins sont tenus par des antiquaires devant lesquels stationnent, en double file, les somptueuses voitures d'émirs ou de riches Italiens, parfois suivis de très près par d'impressionnants gardes du corps, le quartier Ségurane. Roger se moque éperdument de ces étrangers. Il dit haut et fort qu'il s'en fout.

— Tu comprends, tous ces gens passent par là, venant de Cannes avant de rejoindre Monaco, mais ils ne restent pas à Nice.

Il a peut-être raison. Roger, ignorant superbement les clients étrangers à sa ville qui attendent devant son comptoir de tabacs, prend tout son temps, assis près de moi, pour m'expliquer le bon temps où il passait des nuits à jouer à la « mura ». Ce jeu d'argent piémontais est parfaitement incompréhensible pour qui n'est pas né dans le vieux Nice. Les partenaires tapent bruyamment sur la table, annoncent des chiffres par le simple jeu des doigts et des coudes, qu'il faut absolument assener sauvagement sur la table. Ce jeu a été inventé par les bûcherons piémontais qui y perdaient leurs économies et les salaires qu'ils n'avaient pas encore encaissés. Il est désormais interdit, mais on y joue encore. Son partenaire préféré était Charles Caressa, le patron des communistes locaux.

— Pourquoi, tu es communiste toi aussi ?

Je crains qu'il ne m'assène une gigantesque baffe. Ses mains sont impressionnantes. Mais il part d'un énorme éclat de rire :

— Moi, je vote Pasqua ! Tu m'entends ? La politique, pour moi, c'est de la merde ! Je ne connais qu'un seul Pasqua, encore Pasqua, toujours Pasqua, mais Caressa est mon copain.

Je ris franchement. Tout mon parcours politique m'a éloigné autant de l'un que de l'autre. Roger sait que je suis pied-noir, mais il consent à me considérer comme un Niçois. Il conserve pour Médecin une tendresse un peu irraisonnée, parce qu'il entend hurler, devant ses clients indifférents tant ils le connaissent bien, toutes les « conneries » que l'ancien maire a faites dans sa ville.

Les « affaires de fric », comme il dit ? Il s'en fout. Non, ce sont quelques anciennes réalisations qui lui restent sur l'estomac.

— Je peux bien te le dire, toi tu me comprendras : mais cette voie rapide, ce palais des congrès...

Suit une longue litanie de tout ce qu'il estime avoir défiguré la ville.

— Ah ! mais ça n'empêche pas qu'il a été un grand
maire. On ne peut pas expliquer tout cela aux autres. Ils
ne comprennent rien. Tous ces Parisiens, écoute-moi bien,
je vais te dire : ils sont fous, qu'est-ce qu'ils viennent foutre
ici ? Tu es niçois, comme moi maintenant, tu me
comprends, non ?

Sur une des collines qui dominent Nice, se trouve le
plus grand cimetière. À Caucade. Tout près d'une petite
chapelle, la tombe de mon père. À ses côtés ont été réunis
les restes de deux grand-mères, ramenés d'autres villes de
France. C'est mon père, inconsciemment, qui a replanté
sur cette terre, sur les bords de la Méditerranée, de nouvelles racines restées vivantes, amoureusement entretenues
par le rappel des souvenirs gravés dans une mémoire restée intacte. Les souvenirs des événements certes, mais plus
sûrement ceux des émotions, toutes les émotions apaisées
et redevenues tendres, retrouvées dans les petites rues du
vieux Nice et sur le marché de Draguignan. Le dernier
cadeau, héritage unique mais somptueux que m'a légué
ce père mort sans m'avoir expliqué d'où nous venions. Il
ne parlait que très peu. Il ne disait rien de cette famille
dont je cherchais les racines que le destin avait dispersées.
Une quête ? Propos outrancièrement sublimé pour une
démarche inutile et un tantinet imbécile. Il avait raison.
Les racines sont là où se reconstitue une famille, où s'accu-
mulent lentement souvenirs et émotions, là où se trouve
hélas, un jour, la première nouvelle tombe familiale.

Demain matin, j'irai prendre mon café, à Nice, chez
Roger, puis je retournerai dîner à Draguignan. Nous lon-
gerons le boulevard Félix-Faure. Ma femme, une fois de
plus, ne pourra résister au plaisir de me montrer la clinique où elle est née. Pour rejoindre la place Garibaldi, une
seule voie : la rue Bonaparte où demeure, scellée dans le
mur d'un immeuble, une plaque rappelant que le jeune

général, partant pour l'Italie, y passa quelques jours. Un autre chapitre de l'histoire de France raconte qu'il y découvrit les charmes d'une jeune et jolie Niçoise, une certaine Paulette. Ma mère nous accompagnera. Auparavant, exaspérante, incorrigible, elle aura déposé un cierge dans la petite église de sainte Rita.

Les quartiers de la Marine à Oran, de Belcourt à Alger, Notre-Dame d'Afrique, la basilique de Santa Cruz, l'Ariège, c'est si loin. Ma fille, assise près de moi, me rappelle, un peu excédée, mais tendrement :

— Papa, ça commence à bien faire ! En réalité, tu sais, ton Algérie natale, comme ton Ariège, on s'en fout un peu !

Elle a raison. Nous n'en parlerons plus.

# TABLE

*Cet ouvrage a été composé par Nord Compo.*
*Achevé d'imprimer sur Roto-Page*
*par l'Imprimerie Floch à Mayenne,*
*pour les Éditions Albin Michel*
*en décembre 1999.*

*N° d'édition : 18622. N° d'impression : 47595.*
*Dépôt légal : janvier 2000.*
*Imprimé en France.*